教育研究探索集

探索集

王炳仁 ◎ 著

九州出版社
JIUZHOUPRESS

图书在版编目（CIP）数据

教育研究探索集 / 王炳仁著. -- 北京 ： 九州出版社，2023.10

ISBN 978-7-5225-2384-2

Ⅰ．①教… Ⅱ．①王… Ⅲ．①教育研究－文集 Ⅳ．①G40-03

中国国家版本馆CIP数据核字(2023)第202628号

教育研究探索集

作　　者	王炳仁　著
责任编辑	姬登杰
出版发行	九州出版社
地　　址	北京市西城区阜外大街甲35号（100037）
发行电话	（010）68992190/3/5/6
网　　址	www.jiuzhoupress.com
印　　刷	河北赛文印刷有限公司
开　　本	710毫米×1000毫米　　16开
印　　张	28.5
字　　数	437千字
版　　次	2023年10月第1版
印　　次	2024年1月第1次印刷
书　　号	ISBN 978-7-5225-2384-2
定　　价	99.80元

我的教育研究探索之路

  1936 年 11 月，我出生在绍兴县最东南角曹娥江西岸与嵊县、上虞交界处一个名为下市头的小村子里，这里的农民 90% 都是王羲之的后裔。由于生存条件每况愈下，这一支"书圣"后人已经逐渐远离了好学尚文、酷爱书法的传统。到了 20 世纪 30 年代，这里已经很少有人高小毕业，绝大多数家庭没有一本像样的书。我的父母也没有文化，家中只有一册不让人们随意翻阅的宗谱。所谓"耕读传家"，已经成为过去时。少儿时期的我，常常仰望家乡会稽、四明两山的巍巍青峰，时时聆听匆匆北流的剡溪、曹娥两江阵阵涛声，一次又一次地自我发问：通向外面世界的路在何方？

  1944 年春，父母亲为了使我能够识得一般的路标门牌、学会简单的计算，送我进入了离家 1.5 公里的嵊县三界镇国民中心小学接受启蒙教育。在我小学五年级下学期时，这里的人民也迎来了解放，1950 年初，我加入了中国少年儿童队，开始知道"为人民服务"的道理。

  1950 年夏季，我顺利完成小学六年学业，因为家中需要劳动力，无法报考初中而辍学了，姑且让我有机会离开家庭，去帮助土地改革工作队做事。通过近 8 个月土改工作，我提高了文字水平和计算能力，学习了党的土地改革政策，更亲身感受到了令我终生难忘的共产党人一心为民、艰苦奋斗、实事求是的优良作风。同时也因为受到工作队中几位大学生的鼓励，立志继续求学。

1951 年 8 月的一天，得益于一位小学同班同学的通报，我参加了第二天在嵊县城关举行的失学青年招考，被嵊县的所有初中录取。由于家庭经济条件的限制，我选择了能够享受"人民助学金"的新办浙江省立嵊县初级师范学校。从此，开启了我嵊县初级师范学生、慈溪师范和余姚师范学生、杭州大学教育系学生的 10 年师范生涯，这在很大程度上决定我日后将从事教育科学的教学或研究。

1961 年杭州大学教育系毕业后，我被留在本系教育史教研室当助教，主要任务是在职进修，兼做学生工作，还参加过本省诸暨农村"四清"和那里的乡村教改实践。1970 年秋季开始，学校开始招收工农兵学员，我们教育系不在其列，我奉调去学校马列主义教研室，落实到数学系负责三个班的哲学和党史两门课的教学工作，教过三届学生，总算成为一名能够站在大学讲台上讲课的教师，并且亲身体会到教育学和心理学对于做好教育教学工作的有益作用。

1976 年"文革"结束以后，全国范围内开展了实践是检验真理唯一标准的大讨论，党的十一届三中全会宣布社会主义中国进入改革开放的历史新时期，解放思想、繁荣学术的春风扑面而来，教育科学研究的气氛也开始空前活跃。1977 年下半年，我回到了教育系，除了参加 77、78 两届学生的招生工作，还有幸于 1977 年、1978 年连续参加了两次分别在开封和芜湖举行的全国性教育学学术讨论会，1980 年又参加了在无锡市召开的首次全国伦理学年会。正是在这样的背景下，我正式迈出教育研究探索的步伐。

当时我是教育学教研室副主任和讲师，我的主要任务是从 77 级学生开始新开德育原理课程，也为本系干部班学生、心理系学生和全校选修课等讲过教育学。同时还为省委教卫部主持的高校学生工作干部培训、浙江大学的中层干部学习班、杭州市的中学校长班和省内共青团系统讲教育学和德育原理。当时我的探索首先是在德育原理中引入了伦理学的内容，其次实行了"走出去请进来"的教学模式。这样做既使教学提高了理论的含量，也能够比较紧密地联系教育改革发展进程中大中小学德育的实际，提高了教学的实效。与此同时，我还通过编教材、写文章、参加学术研讨，对教育科学的许多理论问题和实践问题进行探索。从 1977 年的开封讨论会起，我在教育学界多次提出人的全面发展实质是差异发展，认为应该因生施教，搞好德智体美劳教育，有差异地落实社会主义全面发展教育目的。我在国内较早发表了关于青少年品德发展规律的论文，较早主编出版了有关古今名人家教遗产比较完整的学术资料。我还就怎样认识美育的地位和有效实施美育，怎样对中小学学生进行爱国主义教育提出自己的意见。在到 1987 年的 10 年中，与我有关的 2 本教育学教材和 1 本学术资料获得了浙江省社会科学优秀成果一个二等奖，两个三等奖。我的教学和研究也引起了当时共青团中央有关部门的关注。

1987 年春节后，我结束了教育系的课务，通过了副高的评审，根据《浙江教育报》1984 年 11 月 24 日公布省教育厅任命我为新设直属单位浙江省教育科学研究所副所长的决定，正式离开杭州大学，前往省教委报到，协助时任省教委主任兼省教科所首任所长我的老师邵宗杰先生开展教科所工作，这标志着我的人生进入了专职从事教育科研的阶段，也是我教育探索更加面向教育实践的时期。在省教科所工作的 10 年中，自 1987 年起，我先后还兼任过近 20 个与教育科研有关的职务，都尽力做过一些事情，但我的主要工作岗位一直在省教科所和省教育学会。在领导的信任和本所同志的热情支持与配合下，我就如何建设好以年轻人为主的浙江省教科所，努力提高群众性学术团体省教育学会等机构的活力，组建全省性上下左右联通、专兼群相结合的教育科研网络，进行了积极有益的探索。并且通过组织、主持或参与包括"柯桥教育实验""小学生良好个性品质培养实验研究""小学生爱国主义教育实验"在内的各类课题研究、组织或参加各种学术活动、主编省内小学品德课试用教材等形式，探索教育规律，研究促进教育有效改革健康发展的理论和对策。在这个过程中，我对于教育学、德育学、班级教育学和家庭教育学原理的认识也有所深化与提升。我是国内学界研究农村义务教育质量第一篇论文的作者；我在《教育研究》杂志率先发表培养青少年社会责任心的论文；我较早提出了"班级教育"的概念，主编了班级教育论专著，获得国家教育科学优秀成果二等奖；我所主持的中小学传统美德教育课题成果，入选为 1993 年在北京香山召开的东方伦理道德与当代青少年教育国际研讨会大会发言材料；我参与指导的宁波象山石浦镇家庭教育经验，通过 1991 年 5 月全国家长学校学术讨论会传到全国；我关于教育与生产劳动相结合的论文，被收入国家哲学社会科学"八五"规划重点课题"教育同生产劳动相结合的研究与实验"丛书。我的工作得到了领导、国内同行和我杭州大学老师的肯定。大家认为浙江省教科所是全国最好的教科所之一，肯定 1987 年以后 10 年是省教育学会最活跃和有成效的时期。1990 年 1 月省教委任命我为省教科所所长，1993 年 9 月 30 日我晋升研究员职称。

1997 年 2 月，我正式工作的年龄到限，怎样过好退休生活的问题摆在我的眼前。我考虑，自己读的是师范，比较熟悉的是基础教育，经过改革开放以来近 20 年的教学和研究实践，对基础教育研究探索的兴趣更浓，感情更深，虽然到了退休年龄，体格还健，头脑尚灵，觉得还有不少事想做、能做，不想离开我所钟爱的教育科研另找门路，只想继续进行德育、班级教育、家庭教育等研究，为教育科研贡献余热。我认定，不同的人为人民服务的形式可以不同，我这样做就是适合于我的为人民服务方式，也是我过好晚年生活的较好举措。于是我愉快地继续担任省教育学会副会长至 2005 年，担任省教育学会实验学校分会会长至 2006 年，至今还是省教育学会实验学校分会的名誉会长、乡村教育分会的顾问。

从退休至今的 25 年中，我的教育科研探索平台主要是省教育学会实验学校分会。我与分会理事会和秘书处同人一起，努力把学会办成促进会员学校校长教师成长的共同体，继续坚持教育科研助力学校教育改革发展和提高教育质量的策略，主要做了几件事情：第一，推动和支持了实验学校分会开展全省范围大型课题群的研究。其中，《东南沿海地区小学道德启蒙教育和小学生道德心理研究》课题由我策划设计和组织指导，并写了第一章，获得省"九五"教育科学规划重大成果一等奖。第二，经过长期努力，促成了由省教育学会主办、实验学校分会承办的"教改先锋校长""教改之星""智慧班主任"三大品牌性评选活动的全面持续开展。这些评选活动，坚持方向性，注重学术性，强调真实绩，方法有创新，评后继续关心，效果很显著，凸显了分会同人关于好校长、好教师和好班主任是办好学校、全面提高教育质量决定性因素的理念。第三，举办了许多有效的学术活动，想方设法开好每年的学术年会，定期评好会员选送的论文。第四，主持或指导编写了一批本会名校长、十佳智慧班主任文集和家庭教育经验集，课题研究成果集，优秀论文集等。此外，我还先后指导过几十所学校的课题研究，已知其中有 6 所学校的课题获得浙江省人民政府和中国教育学会的奖励。2009 年以来，我的主要精力集中于班主任工作的研究，除了前面已经提到的工作之外，我还乐于和一些十佳班主任探讨班级教育和家庭教育等问题，书面或口头向他们提供力所能及的帮助，但更主要的是从他们那里吸收精神和学术营养。

岁月流逝。昔日深爱苏联英雄奥斯特洛夫斯基人生名言的农村少年，今日已是鬓发如霜的奔九老人。回顾我的一生，是从教的一生，走的是一条教育科学教学和研究之路。我的探索比较适应时代，面向实践，突出重点，有所见解，兼具学术性和操作性。我还把对科研工作管理机制的研究作为探索内容，也有一定的成果。但是限于水平和精力，我的工作和学术探索成果不很出众，而且肯定存在许多不尽如人意之处。不过，我觉得自己已经尽力了，我没有虚度此生。与此同时，在爱人和孩子们的关心与支持下，我整理了 40 余年来自己撰写的 150 多万字文稿，从中挑选了 40 篇有关教育方针和目的、城乡教改实验、中小学德育、中小学班主任工作、家庭教育、师德等自认为大体反映我教育研究探索的思考和实践，且尚有点价值的文字，另外收录了一篇案例，编写了两个附录，定名《教育研究探索集》付梓。这也算是我对自己、对家人的交代，向党和祖国人民的一份汇报，或许还可供教育系统有心做研究的后来人参考。

2022 年 11 月

目 录

教育目的思考

城乡教育改革

德育问题研究

班级教育研究

师德和家庭教育

附　录

教育目的思考

教育目的论

一、教育目的概述

（一）教育目的是什么？

生产劳动和其他社会活动的目的性，是人类区别于一般动物的重大特征。培养年轻一代的教育活动，是人类社会借以延续发展的重大活动，同样具有明确的目的。自有文字记载以来的历史表明，古今中外举办教育的社会组织、国家政府、私人或私人集团，都有自己的教育目的。许多教育家、思想家都提出过他们关于教育目的的主张。连被称为教育无目的派代表人物的现代美国大哲学家、教育家杜威（1859—1952）教授也有自己的教育目的。他说："学校教育的目的，在于通过组织保证各种生长的力量，以保证教育得以继续进行。使人们乐于从生活本身学习，并乐于把生活条件造成一种境界，使人人在生活过程中学习，这就是学校教育的最好产物。"① 他是要求学校让学生在模拟社会生活的学校生活中做中学，发展能力，不断生长，成为能够适应现实资本主义社会生活的人。

那么，到底什么是教育目的，怎样简要说明教育目的内涵和外延呢？历史上，多数研究这一问题的人，基本上都肯定所谓教育目的就是规定教育必须把受教育者培养成为怎样的人，但是没有进一步深入探讨。只有极少数教育家对于教育目的的内涵和外延进一步提出过自己的具体看法。德国教育家约翰·弗里德里希·赫尔巴特（1776—1841）便是其中之一。他除了主张教育

---

① 华东师范大学教育系，杭州大学教育系. 现代西方资产阶级教育思想流派论著选 [M]. 北京：人民教育出版社，1980：30.

3

的目的在于培养有美德的人之外，还认为教育的目的可以分为两类，一类是必要的目的，指的是一个人在他的任何活动中都必须达到的目的；另一类是可能达到的目的，指的是学生根据自由选择给自己提出的在未来在某种范围内进行何种职业活动的目的。他的看法，启发人们要进一步拓宽思路讨论教育目的问题。

社会发展了，教育也发展了，在我国已经进入改革开放新时期讨论什么是教育目的，应该与时俱进，有所发展。笔者认为，教育目的是对教育必须培养什么样的人及其必备素质规格要求的规定，它包含以下3方面内容：第一，对必须把受教育者培养成什么样的人所作出总体规定，包括规定所要培养的人在德、智、体、美、劳等方面必须达到的基本素质要求。这是总的教育目的。第二，根据不同行业不同部门对人的不同特殊要求确定的专业教育目的。第三，规定同一类教育中不同类型、不同教育阶段学校的培养目标和对其受教育者德、智、体、美、劳诸要素的具体要求，这是服从总教育目的的分教育目的或曰具体培养目标。由此可见，教育目的实际上是在总教育目的统率下的一个教育目的体系。在实际生活中，人们有时候也以"教育方针""教育宗旨""培养目标"等来称呼教育目的。需要说明的是，这里所说的教育，主要是指培养年轻一代的教育。

（二）确定教育目的的依据

任何一种教育目的的制定，都有其依据，人们不会无根据地提出一种教育目的。综观中外历史上人们提出各种教育目的依据，主要有下列四个方面。

1.依据掌握教育的人的根本利益，或者提出教育目的的个人所代表的根本利益

例如，我国儒家经典《孟子》"滕文公"篇在介绍上古夏商周三代的教育时曾说："夏曰校，殷曰序，周曰庠，学则三代共之，皆所以明人伦也。"这里的"皆所以明人伦"，说的就是夏商周三代以培养能够明了君臣、父子、夫妻、兄弟、朋友伦常的年轻一代为学校教育目的。"滕文公"篇紧接前文进一步说："人伦明于上，小民亲于下。"意思是说，受过教育的统治阶级年轻一代，进入国家政权和其他上层社会机构之后，就会执行化民成俗的任务，用人伦大道教育下层小民，使小民气质发生变化，能够相爱相亲，和睦相处，不惹是生非，并且成为习俗。既然小民们相亲相安了，自然也会亲爱君王，不犯上作乱，不会去危害奴隶主贵族和封建大地主占有社会财富统治社会的根本利益了。

又如，公元前 6 世纪后，在希腊奴隶制社会内，出现过两种貌似不同的教育目的。作为当时希腊商业中心的雅典，同东方各国的频繁交往和文化的高度发展，以商业奴隶主财阀集团所领导的奴隶制共和国，为了巩固和发展雅典商业中心的地位，维护以家庭蓄奴为特点的商业奴隶主的利益，提出了培养和谐发展的人的教育目的。后来希腊奴隶主阶级大思想家亚里士多德（前 384—前 322）在他的《政治学》中进一步认为，"对教育的忽视终会导致政体的灭亡"[①]，强调国家应该对奴隶主子弟进行公共教育，主张理性的发展是教育的目的，要使他们在身体、德行、理智、审美能力等方面得以和谐地发展。而斯巴达则是一个少数人残酷剥削压迫多数被征服者民族成员的农业奴隶主社会，为了防止和镇压被征服奴隶的武装起义，以及抵御异族的侵略，这里的农业奴隶主贵族随时需要备战，而其学校则实行武士教育，以把农业奴隶主贵族子弟训练成为驾驭奴隶的剥削阶级武士为教育目的。其实这两种教育目的都是根据奴隶主贵族的根本利益提出的，只因为两地奴隶主所占有的生产资料不同、统治方式和生活方式不同而有所不同罢了。

再如，到了公元 5 世纪后期到 15 世纪中期，自西罗马帝国的灭亡直至文艺复兴的中世纪欧洲，封建割据所带来的频繁战争和教会对人们思想的禁锢造成了生产力发展的停滞，民众生活在毫无希望的痛苦之中。这里的教育主要有世俗封建领主的骑士教育和教会的教育。在以超经济强制为特征的欧洲封建社会中，世俗领主的统治是以剑来维持的，军事体育对于冷兵器时代解决封建领主之间的冲突具有重大意义，所以那时欧洲的骑士教育的目的就在于训练身体强健、动作敏捷、无限忠于自己领主的军人。而通过培养大批僧侣向民众灌输教会的"禁欲"信条，让底层民众相信"在'现世'生活愈恶劣，享受'来世'永久幸福的机会也愈多"这类谎言，从而无力也无法作任何反抗，以巩固僧侣阶级统治，是僧侣贵族根本利益所在。所以他们要大批举办以训练僧侣为教育目的教区学校、僧院学校和大教堂学校。

我们的社会主义教育目的，必须反映祖国和全体人民的根本利益，为了千家万户和年轻一代的幸福。

---

① 亚里士多德. 政治学 [M]. 西安：陕西师范大学出版社，2022：250.

2. 教育目的受社会生产力水平的制约

生产力是社会发展的根本动力，社会愈发展，教育培养作为生产核心要素生产者的任务愈重。因而教育目的的确定必然会反映生产力的要求，受生产力发展水平的制约。生产力对教育目的的制约作用，主要是通过对新一代生产者素质规格提出要求来实现。但不同的时代有不同的情况。

在古代，劳动工具原始落后，生产操作简单粗放，劳动生产的持续进行主要通过父传子、师带徒的形式进行传承，劳动生产率的所谓提升主要依靠挖掘生产者的体力资源来实现，还谈不上科学和精细生产技术的应用，生产力的发展相当缓慢，对教育所培养的人很少有科学技术知识和能力方的要求。但生产力总是要发展的，随着社会生产力的发展，产品竞争出现，对生产者素质的提高的需要就逐渐呈现在人们面前。以欧洲为例，到 12 世纪时，工商业的发展，要求劳动者有初步读写知识，所以当时欧洲除了教会学校、骑士教育学校，还产生了由手工业者联合会创办的行会学校和商人联合会创办的基尔特学校，以培养新一代手工业劳动者和商业经营者。到了 19 世纪下半叶，马克思在《资本论》中严肃指出，在大工业生产的条件下"承认劳动的变换，因之也就是承认劳动者尽可能多方面的发展，乃是社会生产的一般规律，而如何把诸关系适应于此规律的正常实现，就成为生死问题"。正是告诉人们应当根据大生产规律的客观要求，改变资本主义社会生产关系为核心的社会关系，改善新一代工人的教育，把培养全面发展劳动者作为工人教育的目的。稍后几十年，连封闭保守腐败的清政府，基于贫弱挨打的现实，也有点儿感受到了大工业生产的这种要求，不得不于其 1906 年（光绪三十二年）3 月在《学部奏请宣示教育宗旨折》中正式提出改国家的教育宗旨为"忠君、尊孔、尚公、尚武、尚实"5 项，并称前两项是"中国政教之所固有，而亟宜发明以距异说者"，后 3 项是"中国民质之所最缺，而亟宜箴砭以图振起者"。主张纠正以往不重视此三者之谬误，旨在让学生学习现代科学技术，以增强实力和国防。当然，这一教育宗旨变动更表明清朝统治者们通过改良教育，以维护摇摇欲坠的封建统治的企图。

当今世界，科学技术已经成为强大的社会生产力，发展日新月异，生产劳动对提高生产者的智力水平的要求，已经被普遍反映到学校教育的目的上来。不论是社会主义的教育，还是资本主义的教育，如果其教育目的不反映现代生产、现代科技对生产者的智力规格的要求，也就不可能真正适应经济和社会发展的客观需要。

而且，现代生产，不只是对生产者的智力规格直接提出了特定的要求，也对生产者的其他素质提出了新的要求。现代企业必须在竞争中求生存，在竞争中求发展。而要想在竞争中取胜，就要求从事大生产的人们除了恪守职业道德之外，还要有进取、创新、开拓精神。同样，现代生产也对人们的审美素质提出了更高要求，并且提供了时间和物质条件。

3. 教育目的的确定，必然会受到有关社会意识的影响

教育目的由人制定，而人是有自己的政治观、世界观、人生观、伦理观、教育观和人才观的，有的人还有自己的宗教观。而所有这些观点，都是社会意识在个体身上的体现，教育目的必然要受到制订者所认同和坚持的社会意识的影响。在人类历史上，这样的事例很多，下面列举比较典型两则。

其一，我国上古三代的学校教育以培养"明人伦"的君子、贤人和士为教育目的，在此后近两千年的封建社会，虽然有一些思想家和教育家，如荀子、董仲舒、王充、韩愈、张载、王安石、朱熹、王阳明、王夫之、颜元等，都提出过自己教育目的，但正如王阳明（1472—1529）在其《万松书院记》中所说："夫三代之学，皆所以明人伦。""古圣贤之学，明伦而已。""'人伦明于上，小民亲于下'，家齐国治而天下平矣。是故明伦之外无学矣。外此而学者，谓之异端；非此而论者，谓之邪说；假此而行者，谓之伯术[①]；饰此而言者，谓之文词；背此而驰者，谓之功利之徒，乱世之政。"认为以往教育家们提出的教育目的都跳不出"明人伦"范围。之所以如此，笔者以为，主要是因为夏商周三代之治曾被孔孟儒学奉为行仁政尚德治之典范，而在秦汉以后的封建社会，在意识形态方面是儒学为主导的社会，许多后来的儒学大家在论述教育目的时必然受前辈儒家思想的影响乃是情理中的事。

其二，捷克教育家杨·阿姆司·夸美纽斯（1592—1670），曾在世界教育史上作出过杰出的贡献，他的《大教育论》是世界教育学的经典之一。但他是一位虔诚的基督教徒，还是捷克民主教派"捷克兄弟会"的领袖之一，除了热

---

① 伯术："伯"通"霸"，伯术即霸权之术。

爱祖国，曾为祖国独立而奋斗，他也笃信基督教现世"禁欲"、追求来世自由幸福的教义，并从这种教义中引申出他的为人的来世做准备的教育目的，成为他教育遗产中的消极成分。

我们长期的革命和建设实践反复证明，马克思主义，特别是中国化的马克思主义是指引我们革命和建设不断取得胜利的指路明灯。马克思主义教育思想是马克思主义的有机构成部分，我们研究和确定中国社会主义教育目的，自然应该自觉接受马克思主义教育思想的指导，发扬马克思主义教育思想的基本精神。

4. 受教育者的身心发展规律也制约教育目的确定

学生是教育的对象，教育目的就是要解决好把学生培养为什么人的问题。但儿童青少年是逐步发展成长的，因此教育目的的确定不能不考虑学生成长发展的规律。特别是各级学校培养目标的确定，必然要根据学生身心发展的规律，充分照顾他们的年龄特征，既考虑他们德、智、体、美、劳各方面的发展需要，也要考虑他们的发展可能性，还要注意各级学校教育要求的梯度性和连贯性。在现实生活中常常可以看到一些教育错位的现象，例如要求小学生达到大学生的品德水平，企图让小学生提前学习中学生，甚至大学的课程，而大学里却在补小学生应该养成的行为习惯的课。之所以发生这一类现象，往往是由于教育目的中第二层次的目标没有严格按照不同阶段学生身心发展的需要和可能来确定，或者是由于实际教育工作者没有认真按照正确教育目的和要求坚持落实。

（三）教育目的的作用

人们要想真正从思想和行动上重视教育目的，首先应该理解教育目的在理论上和实践上的地位，而要明确教育目的地位关键在于搞清教育目的的作用，因为它的地位决定于它的作用。

1. 教育目的是一切教育活动的共同目标

教育是一个复杂多样的庞大体系，现代社会更加如此。单就培养年轻一代的全日制学校育而言，其中有无数不同类型、不同教育阶段的学校。包括不同民族、不同办学主体的学校。"十年树木，百年树人"，要把一个无知的稚童造就为符合一定社会和阶级要求的新人，得经过各级各类学校的长期培养。怎样才能保证各级各类学校都能培养出合乎一定社会或阶级需要的人呢？怎样才能使同一国家内各地区各民族的教育、公私立教育沿着共同的方向前进呢？最重要的是必须明确地规定不同社会、不同国家各自统一的教育目的。只有明确规定统一的教育目的，教育这个庞大而复杂的育人系统和成千上万的教育者，包括学校专职教师、社会教育机构成员和广大学生家长，才会有共同的奋斗目标，并且能够按照这个目标，有计划、有系统、有针对性地定向培养好年轻一代。

2. 教育目的制约教育的制度、内容、方法和组织形式等各种教育要素

办教育，培养人，除了确定教育目的，还需要围绕教育目的建立一定的教育制度，确定一定的教育内容，选择恰当的教学组织形式和方法等。所有这些要素，都必须以教育目的为依据，并受教育目的的制约。假若教育目的要求培养的是不同层次的全面发展的社会主义新人，那么教育内容中既要有普通教育，也要有职业技术教育；既要重视德育、智育，也要重视体育、美育和劳动教育，坚持五育并重。在教学方法上就要重视启发教育，正面引导，指导学生自学、自理、自律，鼓励他们独立思考、实践锻炼等。如果这些教育教学要素背离教育目的，各行其是，而不互相配合、共同努力，就不可能培养好社会所需要的一代新人。

3. 教育目的是评价教育质量的最基本的标准

评价教育工作，是教育工作中的一个重要环节。现代社会，随着科学技术的发展，教育评价的水平远非古代社会可以比拟。但是，仍然有一个用什么标准评价和怎样进行评价的问题。以我国目前的情况而论，什么是好学校，什么是好教师，什么是好学生，怎样才是好的学科教学，怎样才算高质量的教育等，对于这些问题，从学校内部到学生家庭，以至整个社会的上上下下都有不同意见。

其实，国家社会以人为本，教育造就的是国家社会的一代新人，这是关乎中国前途和广大人民群众根本利益的百年大计。要评价一所学校，一个地区，乃至一个国家的教育工作的好坏、质量之高低，除了要看各项具体工作的好坏，归根到底应该看是否根据国家教育目的，为国家和社会造就了一代合格的新人。一切教育工作，如果不以统一的教育目的作为过程评价和终极评价标准，就可能误入歧途。例如，如果纯粹以升学率为唯一标准去评价学校教育和教师的工作，很可能使一些学校和老师的教育教学工作失去正确的方向，以致产生所谓"缺德""轻体""少美""无劳"，或者使学生的正当的兴趣爱好和才能特长得不到发展，甚至还会诱发某些学校和教师的弄虚作假的行为。只是以教育目的作为评价教育工作的最重要标准，不是能立竿见影的。因为，学校的各项工作是否符合教育目的，学校培养的学生是否达到了教育目的的质量要求，合格的比例到底有多少，在许多情况下是不能立即作出明确判断的，甚至还要待学生走上社会后的表现来证实，因此就有一个努力提高评价工作科学性的问题。

4. 教育目的是教育学理论体系的核心

既然教育工作是培养一个社会、一个民族、一个国家所需要的一代新人的活动，那么教育学就是一门育人学，教育目的就是它的核心内容，其他方面的内容必须围绕着教育目的展开。据此，教育学的体系就有必要进一步深入研究，争取在原来基础上有所发展，有所突破。

总之，教育目的是统率我们教育工作的"纲"，是教育工作的出发点和归宿，是教育学理论体系的核心。对于当代我国实际教育工作而言，它是引导人们对为谁培养人、培养什么人、怎样培养人等根本问题取得正确认识的旗帜；它是统率一切教育活动的共同目标，制约着教育的制度、内容、方法和组织形式，包括课程教材等各种教育要素的改革、建设和运行；它更是评价教育工作的基本标准。要想办好教育，提高教育质量，关键在于要科学地制定正确的教育目的，千方百计落实教育目的。只有坚持这样做，才能使教育这项未来引领当今的千秋大业，真正获得成功。

二、我国的社会主义教育目的

（一）我国全面发展社会主义教育目的的确立和发展

新中国成立后，国家非常重视教育目的的确定。1949 年 9 月 29 日通过的《中国人民政治协商会议共同纲领》规定："人民政府的文化教育工作，应以提高人民文化水平，培养国家建设人才，肃清封建的、买办的、法西斯的思想，发展为人民服务的思想为主要任务。"这一规定体现了人民教育事业的宗旨，明确了"培养国家建设人才"是解放初过渡时期新中国教育的目的。1957年，在完成了过渡时期的总任务后，毛泽东在最高国务会议上发表《关于正确处理人民内部矛盾的问题》讲话，明确提出："我们的教育方针应该使受教育者在德育、智育、体育几方面都得到发展，成为有社会主义觉悟的有文化的劳动者。"当年 6 月 26 日，第一届全国人民代表大会第四次会议通过了周恩来总理关于"我们今后的教育方针，应该是培养有社会主义觉悟的、有文化的、身体健康的劳动者"的意见，正式确定了我国的社会主义教育目的。1964 年 3 月 12 日，毛泽东又在给北京一位中学校长来信的批示中强调，要"培养青年们在德智体诸方面生动活泼主动地得到发展"，进一步明确了他主张的全面发展的内涵。这一教育目的是毛泽东教育思想的组成部分，是对于马克思主义全面发展学说的继承和发展，它在 1957 年以后的相当长的时间内，一直指导着我国的教育工作，对我国教育事业的发展有重大影响。

党的十一届三中全会以后，我国的全面发展教育目的又有了新的发展。1981 年 11 月国务院总理在五届全国人大四次会议作政府工作报告时说，我国教育的基本方针是"使受教育者在德育、智育、体育几方面都得到发展，成为有社会主义觉悟的有文化的劳动者和又红又专的人才，坚持脑力劳动和体力劳动相结合，知识分子与工人农民相结合"。1982 年 9 月 1 日，党的十二大报告要求学校教育培养"一代又一代的社会主义新人"。1982 年 12 月 5 日第五届全国人民代表大会第五次全体会议过的《中华人民共和国宪法》第二章第四十六条规定"国家培养青年、少年、儿童在品德、智力、体质等方面全面发展"。1985 年《中共中央关于教育体制改革的决定》给我国教育事业提出了伟大而艰巨的任务：为本世纪 90 年代以至 21 世纪初叶我国经济和社会的发展，大规模地准备新的能够坚持社会主义方向的各级各类合格人才。其中包括数以亿计的工业、农业、商业等各行各业有文化、懂技术、业务熟练的劳动者；数以千万计的具有现代科学技术、经营管理知识和开拓能力的各种经济工作者；数以千万计的能够适应现代科学文化发展和新技术革命要求的教育、科学、文化、卫生、理论、新闻、出版、外事、法律、军事方面的专业人才和各方面的党政工作者。所有这些人才，除了必须具备各自需要的知识技能和智力水平之外，特别要求他们都应该有理想、有道德、有文化、有纪律、热爱社会主义祖国和社会主义事业，有为国家富强和人民富裕而艰苦奋斗的献身精神，都应该不断追求新知，具有实事求是、独立思考、勇于创造的科学精神。这一具有历史意义的决定，又给我国的全面发展教育目的注入了适应新时期需要的新内容。今后随着社会主义事业的发展，我国社会主义全面发展教育目的还会有所发展，但是可以相信，培养德智体美劳全面发展社会主义新人的基调不会改变。

（二）新时代我国的全面发展教育目的

习近平总书记在党的二十大报告中强调："育人的根本在于立德。全面贯彻党的教育方针，落实立德树人的根本任务，培养德智体美劳全面发展的建设者和接班人。"非常清楚地告诉我们新时代我国的社会主义教育目的。笔者的理解，新时代的教育目的应当称为立德树人的中国特色社会主义全面发展教育目的。这是对马克思恩格斯全面发展学说和毛泽东全面发展教育思想的新发展。

三、落实我国新时代社会主义教育目的

落实新时代有中国特色的社会主义全面发展的教育目的，对于义务教育阶段的学校而言，应该根据党的二十大精神，从自己学生和学校实际出发坚决贯彻执行中共中央、国务院 2019 年 6 月 23 日《关于深化教育教学改革全面提高义务教育质量的意见》中一整套重要规定。在此前提下，笔者提出以下建议。

（一）要建立学校全面培养学生的教育体系

要根据习近平总书记 2018 年 9 月 10 日在全国教育大会上的指示，努力建构自己学校德智体美劳全面培养学生的教育体系。首先应该根据国家的统一教育目的，面向第二个百年奋斗目标实现之日，确定自己学校中长期的培养目标和德智体美劳各育具体素质的培养要求，以及分年段、分层次的要求，定出主要培养措施，做到面向未来，要求合理，层次分明，下能保底，上不封顶，面向全体，落实到人，方向正确，引导有效，保证高质。我想特别强调的是，面向全体必须落实到每个学生，不但目标要落实到每个学生，教育

措施和教育效果也应该落实到每个学生，决不能忽略和放弃任何一个学生。不落实到每个学生的面向全体口号叫得再响，也是假的。与此同时，还应该把培养任务分别落实到每一位教育者，包括尽力落实到广大学生家长。

（二）要准确理解它的理论源头——马克思主义的全面发展学说

马克思主义全面发展学说，是马克思主义的重要构成部分，其精辟论述主要包含在《共产党宣言》《资本论》《哥达纲领批判》《共产主义原理》《反杜林论》《德意志思想体系》等经典著作中，要点有：（1）指出了劳动者的全面发展是社会大生产规律的客观要求。（2）论述了社会全体成员的全面发展是共产主义的条件和特征，也是不以人们的意志为转移的社会发展的必然趋势。因为私有制只有在每个人都得到全面发展的条件下才能消灭；各尽所能、各取所需的共产主义，只有随着每个人的全面发展而使生产力大大提高，从而一切公共财富泉源得以尽量涌现的时候才能实现。（3）讨论了人的全面发展的内涵、形态、内在动力和相互关系。（4）指明了废除私有制的基础上，消灭旧的分工，变换工种，进行生产教育，共同享受大家创造出来的福利，以及城乡融合，是实现社会全体成员全面发展的条件。其中教育和生产劳动相结合，是实现社会全体成员全面发展的极其重要的条件。

马克思主义的全面发展学说给我们今天教育工作者仍然有许多重要启示。

1. 既然机器大生产对劳动者的全面发展提出了迫切要求，并为此创造了物质条件和时间条件，而以公有制为基础的社会主义制度又使全社会成员的逐步全面发展成为可能，那么我国的社会主义教育就应当从自己国家社会主义建设的实际出发，根据需要和可能，实施好有中国特色的全面发展教育，为建设好社会主义，为逐步实现社会全体成员全面发展而努力。

2. 要把教育和生产劳动、社会主义建设的实践结合起来，努力培养全面发展的社会主义新人。

3. 实现人的全面发展，是指以每一个人的全面发展为条件的全社会所有人的全面发展，说到底就是在踏踏实实为共产主义奋斗的过程中进行的，需要我们全体人民世世代代地不懈努力。

4. 马克思和恩格斯在讲劳动者和社会全体成员全面发展的基本内涵时都强调才能的全面发展，在讨论全面发展的形态、条件和内在动力时，强调个人独特而自由的发展和社会一切人的自由发展。笔者认为，"才能""独特"和"自由"三个关键词，应该是马克思主义全面发展学说的精华，对我们义务教育学校明确和坚持教育目的，实施好全面发展教育具有重要的意义，值得我们充分重视。

所谓"才能"，指的是知识和能力，"知识"是指真知、真理、广博知识、真才实学。"能力"是指运用知识、技能在社会交往和实践中发现、分析、解决各种各类社会、自然、思想意识方面问题的本领，而且人们的发展过程中，德智体美劳各方面乃至知情意行诸要素，都有才能的问题。"才能"虽然不是人全面发展内涵的全部，但"才能"是关键生产力，是实现共产主义社会的关键条件，也是人全面发展的基本要素。恩格斯在《给国际社会主义者大学生代表大会的信》中曾经严肃指出："为了工人阶级的解放，我们所需要的不是响亮的口号，而是充实的知识。"我们党和国家曾经要求年轻一代又红又专，到了当代在强调德育为首的同时，要求学生在增长知识见识上下功夫，反复强调学生实践、创新等关键能力的培养。

肯定"独特"，是因为人们各不相同，每个人的发展需要和可能性是不同的，个人内部各种要素的发展也不平衡，都是有自己个性的、有独特形态的差异发展。所以，如果我们欲将全面发展的教育目的落实到每个学生，就应该鼓励和帮助每个受教育者乐于根据教育目的的基本要求，做到各展其长，各尽其力，力争有差异地全面发展，或曰有差异的社会化。如果从一个人的终身发展而言，只要他德智体美劳诸方面所包含的发展潜能都被充分地激发出来，都得到了充分的差异发展，应该认定他已经进入了优质全面发展的良好状态。而一切人的全面发展则是在无数个人积极主动生动活泼独特发展基础上和谐组合的万紫千红艳丽画卷，绝不是"齐步走""同高矮""一刀切"的刻板形态。因此，我们培养全面发展的新一代决不能运用一个模子铸标准件，也不应该把学生分成"学霸"和"学渣"。

强调"自由发展"是由共产主义的本质所决定的。从马克思恩格斯在《共产党宣言》等著作的论述看，共产主义社会的成员应该是全面发展的自由人。他们摆脱了旧世界的锁链，成为社会的主人、自然的主人、自身命运的主人。而对当代正在成长中的孩子们，首先应该引导他们逐步成为支配自己发展的主人，能够自尊、自信、自强、自主、自觉、自律、心情愉悦、坚持不懈地正向发展，不是被强制受压抑的发展，不是被当成工具的发展，更不是一种戴着脚镣跳舞式的发展。如果从心理学的观点考虑，全面发展，正是年轻人成长的需要。当然，怎样帮助孩子们成为自己成长的主人，怎样让孩子感受到健康成长是自己的需要和幸福，大有文章要做。

（三）要重视对我国教育传统进行总结和清理

我国官办教育和民间教育都已经有几千年历史，在长期的育人实践中积累了许多有益的经验，形成了不少为历史所证明的正确教育观点，但也有很多糟粕，我们要认真总结和整理自古以来我国传统的教育思想，吸收其中有利于社会主义教育目的制定和落实的精华，摒弃有碍社会主义教育目的制定和落实的糟粕。例如，孔子在《论语》中提出了"君子理想"和对"君子"具体规格所作的详细阐述，他在教育弟子过程中实施的"因人施教""启发式教育"，主张培养人应该"循序渐进"，以及后来《孟子》中切莫"揠苗助长"的忠告，《礼记》"学记"篇"学不躐等"的论述，对于我们确定和落实社会主义全面发展教育目的，很有值得研究和借鉴的地方。而陶行知先生[①]主张解放儿童的头脑、双手、嘴、时间、空间，从而解放儿童的创造力，对我们培养改革开放时期全面发展的社会主义新一代，仍然具有指导意义。至于那种实际上实施"读书做官""应试第一"的教育目的，以及将与这类教育目的相适应的"注入式""题海战术"等作为教育的主导模式的做法，都大不利于我们的社会主义全面发展教育。

（四）要认真总结和发扬我们自己的经验

新中国成立以来，围绕着提高教育质量这个永恒课题，教育系统的无数同人为此作出了艰苦努力。其中许多人走落实教育目的提高教育质量之路，创造了不少可供借鉴可以发扬的成功经验，也有值得我们当代教育工作者吸取的教训。下面列举近30多年以来，我所了解的有关材料，供大家研究思考。

由浙江省教委主持，自1987年至1995年的"柯桥教育实验"，就是改革农村教育、促进农村义务教育阶段学生全面发展的实验。

杭州市上城区天长小学的"差异教育研究"，源于对马克思主义全面发展学说的理解和学生健康发展的需要，于20世纪80年代确定研究，历经李承

---

① 陶行知. 创造的儿童教育 [M]// 陶行知文集. 南京：江苏教育出版社，1986.

龙、何蕙、方莉、楼朝晖四代校长的努力，获得杰出的成就。与天长小学齐名的西湖区学军小学，在杨一青任校长期间，就开展了发现、保护和促进学生个性特长的研究，也有许多成功的案例和经验。

宁波市实验学校校长联谊会，由该会会长陈伟忠领衔，近几年来一直致力于"构建'特色各美、五育共美'宁波样本的研究与实践"这一大课题群的工作，形成了德育从心、志、情、格融入，智育从法、思、深、广融入，体育从健、敏、息、力融入，美育从赏、鉴、想、创融入，劳育从技、耐、恒、神融入的"五育融合"的培养模式，有效培养学生德、智、体、美、劳全面素质，开发出落实新时代中国特色教育目的的"宁波样本"。

绍兴市鲁迅小学在10多年前就要求学生努力使自己成长为具有独立的人格、独特的个性、独创的精神、独秀的品性的"四独娃"。以"四独娃"成长规划为引领，在教育教学中实现"四独"育人，充分关注学生个性的发展与综合素养的提升。以课时改革为切入点，全面实施整合贯通的素质教育现代课程设置模式，在构建"百草园"数字课程平台，建设"百草园"创新实验室和综合实践基地，把课程做小做精，充分尊重学生的课程选择权，实施全方位、全过程的迭代评价机制，实现家校社协同育人等方面都有闪光的亮点。

绍兴市柯桥实验中学着力改变班级授课容易扼杀学生个性的缺陷，结合本校的实际，提出了"教与学，从统一迈向定制"的思想，确定了"立足规范、精准教学、灵动提质"的教学策略，对课堂、作业、辅导、拓展作了全面的改革，八年如一日开展教学全流程"分层选学、自主思学、微课助学、异想拓学"的"四学"改革，以学为中心，突出选择性与个性化，促进了学教变革，走出了一条班级授课背景下大规模培养与个性化发展相融合的课改之路，引起了全国教育界的广泛关注。

金华市从1995年起开展了"中小学生日常行为规范养成教育的理论与实践"研究，编写了适合义务教育阶段学校使用的小学初中生日常行为规范养成手册18册，经国家教委德育处审订许可公开出版。手册的内容包括"学会生存""学会学习与劳动""学会关爱尊重""修己善群"等4大方面50个细目，形成系列，有正确的方向性，很强的针对性、适用性、操作性，分布于相关各册之中，循序渐进，反复教育，反复训练，不断提高。并从1997秋季开始，在市区和所辖县（市）实验性、示范性学校试用，最多时试用学校达到 300 余所小学和初中，占当时全市学校总数的 60%；学生数约 30 万人，占当时全市学生总数的 70%，收到了良好的效果。金华市第五中学，坚持以教学为主渠道，实施全面发展教育，强化师能建设，变革传统教学模式，全力推进以教学目标的适度、教材的宽度、思维的效度、训练的强度和评价的温度为理念的"五度"教学模式。

嘉兴市海宁市谈桥中心小学是一所百年农村老校，长期以来全校教师忠于职守，倾力培养全面发展的学生。基于现状，找准起点，为学生精确定位，努力找准每个农村学生的原点、起点和起跑线，找到合适的教育切入口，在德智体美劳各方面精准发力，努力培养全面而有个性地发展的新时代新农村小学生。为了培养全面发展的学生，他们建设美丽校园，认为环境对于小学的孩子有不可抗拒的影响；坚持不懈地培养一支朴实无华又真心热爱学生的教师队伍，认定这是送给学生最好的礼物；同时还关注细节，尊重农村家长，提升农村家长对教育的重视程度和家教能力，形成家校育人合力。该校已经成功创建浙江省现代化学校、浙江省体育特色学校、嘉兴市新优质学校、嘉兴市首批劳动教育实验学校等，每年获评海宁市发展性评价优秀学校。

浙江省第三届基础教学成果奖一等奖获得者张柯老师认为，首先，要对学生培养目标有精准的画像，并通过具有传统特色的课程、活动和评价来推动落实。其次，要非常重视对教师的教育行为有同步培养引领。不仅要有"师生行为公约"，每当对学生有培养要求时，也要对教师提出自我更新的要求。再次，评教师的教，重视一个"爱"字，课堂民主、和谐，师生间有真诚的情感交流；能赏识学生，能掌握"无错原则"，学会延迟评价，鼓励性评价使用恰当；能了解学生，尊重学生思维，肯定学生的创见、与学生平等对话。最后，要将学校的办学思想、文化深入到家庭教育中，感召、协同父母提升教育理念和能力，开展对应的家校教育活动，构建整体育人的氛围。

十佳班主任朱旭艳认为，应该立足新时代教育培养目标，改变评价体系，从对学习的评价到为了促进学习的评价，倡导过程性评价、分项式评价、表现性评价，通过数字赋能、综合画像、过程留痕、成长激励，全面推进学校综合评价改革。通过评价"看见"全部学生的所有成长过程，"促进"他们习惯养成、兴趣激发、能力养成，最终"成全"每一个学生的个性发展、差异发展、全面发展。省十佳智慧班主任柯民军老师的温情带班策略，尤其为学生量身定制的生日诗教，有效引导学生前进，受到教育部奖励。省十佳班主任胡亚珍从一年级开始的六年中持续不辍地组织学生开展课余厨艺劳动，巧妙地把五育融合其中，受到许多媒体好评，家长和群众普遍赞誉。

关于班主任，还应该提到 20 世纪 90 年代舟山市岱山县长涂中学的一位优秀班主任赵盛成老师，他和学生共同制定班级发展目标，进而启发每个学生制定自己每个时期的发展目标，使全面发展成为每个学生的自觉追求和行动，效果很好。后来他进入北仑顾国和中学仍然坚持这样做。

最后，2005 年开始的浙江省教育学会关于落实新课程三维目标的研究和最近几年全国性培养核心素养研究，也都有很宝贵的经验可以总结。

总之，我们应该非常珍惜自己和同人创造的各具特色的经验，要像蜜蜂采蜜那样汇集各家精华，即使是教训，也应该从中吸取成功的养料，以补益我们的研究和实践，为解决好全面落实新时代全面发展教育目的，促进教育教学改革与发展，大面积提高义务教育阶段学校教育质量这个历史性重大课题，作出我们的贡献。

（本文原系本人和已故方天培教授共同主编《初等教育学》中由本人执笔的第三章"教育目的"，1987 年 7 月由浙江教育出版社出版。收入本集时在保留"五育"提法、教育目的制定的依据、教育目的的作用等相关内容的同时，作了较大修改）

主要参考文献

[1] 曹孚. 外国教育史 [M]. 北京：人民教育出版社，1979.

[2] 顾树森. 中国古代教育家语录类编 [M]. 上海：上海教育出版社，1983.

[3] 马克思主义经典作家论教育 [M]. 北京：人民教育出版社，1959.

[4] 马克思，恩格斯. 共产党宣言 [M]. 北京：人民出版社，1971.

[5] 毛泽东. 关于正确处理人民内部矛盾的问题 [N]. 人民日报，1957–06–19.

[6]《中国教育年鉴》编辑部. 中国教育年鉴（1949—1981）[M]. 北京：中国大百科全书出版社，1984.

美育简论

　　美育，也叫审美教育，是教育者根据一定社会或阶级的要求，有目的、有计划地培养和提高学生感受美、鉴赏美、表达和创作美的能力，使学生具有一定的审美情趣，掌握一定的审美观点和审美标准的教育活动过程。它是学校教育的组成部分。古今中外，许多教育家都很重视美育。古希腊的思想家、教育家柏拉图和他的学生亚里士多德主张德、智、体、美和谐发展。近代卓越的瑞士资产阶级民主主义教育家裴斯塔洛奇的教育要素论，也包括体育、劳动教育、德育、美育和智育等方面。我国杰出的近现代教育家蔡元培先生，在辛亥革命胜利的次年，针对清政府的"忠君""尊孔"教育宗旨，在阐述南京临时政府的教育方针时，明确提出美育，在中国近代教育史上首倡美育与德育、智育并列之议。有些国家，虽然没有明确地把美育列为教育的组成部分，但实际上还是有美育的因素。

　　我们社会主义学校的美育，是社会主义全面发展教育的重要组成部分，它的任务，就是要培养和发展学生对于完善、健康、进步的美的感受、欣赏和表达创作能力，并使他们逐步具有崇高的审美情趣，掌握马克思主义的审美观点和审美标准。这是造就社会主义全面发展的一代新人所不可缺少的。

　　我们知道，美和丑，是一种客观存在。人类在开始社会生活之后，就逐渐碰到怎样区别自然界中事物的美丑，怎样评价人们的思想言行的真假、善恶、美丑，怎样美化自己生活等问题。感受美、鉴赏美、创造美是人类生存和发展所必需的内容，渗透于社会生活的各个领域，推动着人们进取、创造。而且，人类在改造自然和改造社会的长期斗争中，形成和发展了一种爱美恶丑的特性。例如，原始人虽然生活条件极差，但也要用兽骨羽毛等物来美化自己的生活。四五十万年前的北京猿人，已有爱美的萌芽。一两万年前的山顶洞人，已经知道利用矿石中的红色粉末来作装饰品。7000年前的河姆渡人和5000年前的良渚人，都有骨玉装饰物，还在器皿上绘画简单的鸟兽形象和图案。后来，人们又逐渐学会用有节奏的声音和动作，来表达自己劳动的辛勤、收获的愉快和其他方面的感情，这就是艺术美的起源。随着生产的发展，文明程度的提高，人类社会分化出了艺术创作的专门部门。这种专门部门随着社会的发展而不断发展，并且反过来对人们提出感受美、鉴赏美和创造美的愈来愈高的要求。正如近代英国资产阶级哲学家和教育家斯宾塞在他的《教育论》中所说的："到了自然的力量已经完全被人征服、供人使用，到了生产的方式已经达到圆满地步，到了劳动力已经节约到最高程度，到了教育已经安排得当，能比较迅速地为较重要的活动做好准备，到了因此而有大量增加的闲暇时间，那时候艺术和自然中美的东西就很合理地在所有人的心中占有很大的地位。"

不仅如此，由于经济、文化的不断发展和人们思想的日益丰富，社会生活本身对人们的审美要求更高了。事实说明，从政治思想、道德品质到生活方式，能不能正确区分什么是美好的，什么是丑恶的，已成为决定青少年身心健康和发展前途的重大因素。这就向学校提出了必须对青年一代进行审美教育的任务。

我们是社会主义国家，发展社会主义生产的基本目的，就是要满足人民群众日益增长的物质和文化方面的需要，其中当然也包括通过各种途径满足人民群众爱美的需要。我们不但要实现四个现代化，而且要建设高度的社会主义精神文明，其中也包括要求使广大人民群众，尤其是年轻一代，具有正确地感受美、鉴赏美和创造美的能力。教育工作者应当充分认识美育的特殊职能，切实加强对学生的审美教育，以利于培养全面发展的社会主义新人，为党的事业服务。

为了搞好美育，必须有目的、有计划地以自然美、艺术美和社会生活之美为教育内容，对学生进行审美教育，引导学生正确地去感受、欣赏自然美、艺术美和社会生活中的美。而所有完善、健康、进步的美的事物，由于其有鲜明生动的美的形象，或者既有形象性又有丰富的情感性，因此，都能深深地打动学生，发挥教育、陶冶的作用。我们伟大的祖国山河锦绣，无限美好。学校应当有计划地组织学生搞一些有意义的游览活动。青少年们或在泰山望日出，或在黄山看云海，或去海宁观潮，或在西子湖畔漫游，很多人都会感到心胸开阔，精神舒畅，深深地感到做一个中国人是多么自豪，油然产生保卫祖国、建设祖国的爱国主义责任感。

艺术美最集中、最典型地反映了现实的美。艺术作品的共同特点是具有鲜明生动的美的艺术形象，以及寓于美的艺术形式之中的炽烈丰富的思想感情。可谓美形于表，寓情于内，情理交融。这种美的形式适合人皆爱美，青少年尤其爱美的心理，能够引人注意，对人们的思想感情发生深刻的影响。故而，组织得好的艺术美的教育活动，具有引人入胜、动人感情、清人理智的陶冶作用。在抗日战争时期，毛泽东同志就深刻地指出，文艺是"团结人民、教育人民、打击敌人、消灭敌人的有力武器"。这也是对于艺术美的教育陶冶作用的正确论述。重温毛泽东同志的这段话，不禁使人回想起，在抗日战争的烽火年代，亿万工农和有志青年，高唱《义勇军进行曲》，挥舞大刀，英勇地杀向日本法西斯强盗；在解放战争中，我军广大指战员在党的领导下，高唱着"向前、向前"的雄壮歌曲，为祖国的独立解放而浴血奋战。作为教育工作者，许多同志都有这样的亲身体验：一部好电影、一首优秀歌曲、一幅壮美的画卷和一篇文学佳作，其教育陶冶的力量常常超过成人化的说教。艺术美的这种作用，不仅为我们所认识，而且早为古人所认识，尤其是在以思想道德为主要内容的奴隶社会和封建社会教育中，艺术美的陶冶作用更为许多思想家和教育家所重视。史有孔子闻韶乐三月不知肉味，魏文侯听今乐不知倦，听古乐则卧之说，生动地反映了艺术对人们心灵的感化、陶冶作用。司马迁在《史记》中论到奴隶社会统治者为什么要制乐教民时，明确地指出："乐者，圣人之所乐也，而可以善民心。其感人深，其风移俗易，故先王著其教焉。"孔子之所以要整理《诗》《乐》教育诸生，也是因为他从经验中认识到"诗可以兴，可以观，可以群，可以怨，迩之事父，远之事君"，以及"乐所以修内"。至于近人，梁启超就讲过："情感教育的最大利器是艺术。""音乐、美术、文学三件法宝，把情感秘密的钥匙都掌住了。"我们社会主义教育工作者，应该更自觉地重视并发挥社会主义的艺术美在教育陶冶年轻一代心灵方面的巨大作用。

　　自然，生活中存在的一切，并非都是美的，学生也不可能丝毫不接触现实生活中的丑恶现象和文艺作品中某些不健康的东西。社会生活非常复杂。有时在一个人物身上同时存在着美和丑两个相反方面。如有的人外貌是丑的，但心灵是美好的；有的人外貌是美丽的，内心却是肮脏的。再如，在艺术中，有的作品形式是美的，而内容却是低级庸俗甚至反动的。面对这些复杂情况，有些人能够择美弃丑，有些人则以丑为美，原因何在呢？这里有一个是否有正确的审美情趣、审美观点和审美标准的问题。因此必须培养学生高尚的审美情趣，对他们进行马克思主义的审美观点和审美标准的教育。一个人有了高尚的审美情趣，掌握了马克思主义的审美观点和审美标准，他在感受、欣赏、表达和创作美时才有正确的方向。

　　但是，一个人的审美情趣是由多种因素构成的。除了和他的审美观点和审美标准等有关外，还和他的世界观、人生观以及道德情操紧密地联系着。人们之所以在审美问题上有不同的情调、不同的兴趣和追求，根子常常在于人们心灵的状况不同。至于人们的审美观点和审美标准，既有共同性，又有差异性。它的差异性，虽然和民族习惯、历史传统、文化修养、职业生活、个性特点等等有关，但和人们的阶级立场、世界观、人生观、品德情操也有很大关系。尤其是对于那些和人们的阶级利益紧密联系的事物，人们对其美丑的评价，必然具有阶级性。所以，培养学生高尚的审美情趣和对学生进行马克思主义审美观点和审美标准教育的过程，在很大的程度上也是共产主义思想品德教育的过程。

　　还须指出，对学生进行审美教育，培养和发展他们正确地鉴赏美、表达和创作美的能力，是以发展他们正确感受美的能力为前提的。因为一个人如果失去了对客观事物的感受能力，是谈不上对美的鉴赏和创造的。所谓正确地感受美的能力，既是指对美的事物及其属性的感知能力，也是指对美的事物的比较、联想和想象能力，以及对美的事物的情绪体验的能力。培养和发展了这些能力，也就是发展了学生的形象思维能力。形象思维是指人们在对客观对象进行观察的基础上，运用头脑中形成的表象，进行比较、联想、想象、创造新的形象的过程。在进行形象思维时，常常有人们的思想意识、道德情感等加入其中。它是人脑的一种机能，与人们的生活、学习、工作、研究和创造活动关系极大。按照辩证唯物主义的认识论，形象思维能力的发展，只能在进行形象思维的实践中才能实现。发展学生的形象思维能力，主要应该在需要开展形象思维的教学和教育活动中进行。学校在引导学生进行感受美、鉴赏美和创造美的实践时，不但要求学生准确地对对象进行感知，而且必须积极进行形象思维，以形象思维为支柱。所以，实施美育的过程，也是发展学生形象思维能力的重要途径。

有的同志认为，美育可以包容于德、智、体三育之中，理由是美育是用形象化的方法进行思想教育，美育发展学生的形象思维，属于智育范畴等。一切事物都存在着这样那样的联系，整个世界就是由数不清的矛盾交织、联系在一起的错综复杂的统一体，所以，事物之间有联系，不等于彼此之间可以替代。以德、智、体、美、劳诸育而论，它们也是互相联系、互相渗透的。譬如，知识有陶冶性，德育要有知识性，为什么就没有人提出两者归并呢？更何况美育具有社会需要它完成的特殊任务，它依据自己的特殊活动规律，发挥着自己的作用。

实践是检验真理的唯一标准。我们长期否认美育的严重教训告诉我们，取消美育，既不利于教育质量的全面提高，也不利于为祖国培养各种艺术人才。为了实现社会主义全面发展的教育目的，应该重视美育。一切有远见、有社会主义责任感的教育工作者，应该把自己的思想从忽视美育的老框框中，彻底解放出来。我们要在实践中不断总结经验，努力丰富和改进美育的内容和方法，增强美育的效果。当前，全国开展的"五讲四美"活动，既是德育，又是美育。它赋德育以美的意义，并且必然促使德育寓于丰富多彩、饶有兴味的审美活动之中，从成人化、简单化、形式主义的束缚中摆脱出来；它既有极大的针对性，又有极强的吸引力和感召力，是对青少年深入进行共产主义理想和道德教育的好形式。我们要切实抓好"五讲四美"活动，使德育与美育熔于一炉，把年轻一代的心灵塑造得更美好。

[原载《杭州大学学报》(社会科学版)第 11 卷第 2 期，1981 年 6 月]

关于落实教育与生产劳动相结合原则的思考

一

教育与生产劳动相结合，是现代教育的基本原则、马列和毛泽东教育思想的重要内容、党和政府的一贯教育方针。邓小平同志高瞻远瞩，在领导全党全国开始实现工作着重点转移的同时，根据实现四个现代化，科技是关键教育是基础的战略思想，对教育与生产劳动相结合这一重大课题进行了精辟论述，为丰富和发展马列、毛泽东教育思想作出了重要贡献。

首先，邓小平同志全面、系统、精要、正确地概括了马克思、恩格斯、列宁、毛泽东有关教育与生产劳动相结合的意义和作用论述的基本精神，有力地捍卫了这一伟大学说。

其次，邓小平同志对于新时期贯彻教育同生产劳动相结合方针的目的和应持原则作了重要论述。他说："为了培养社会主义建设需要的合格人才，我们必须认真研究在新的条件下，如何更好地贯彻教育与生产劳动相结合的方针。"[①] 并且认为："现代经济和技术的迅速发展，要求教育质量和教育效率的迅速提高，要求我们在教育与生产劳动相结合的内容上、方法上不断有新的发展。"[②] 这非常明确地告诉我们：（1）在建设有中国特色社会主义的新时期，我们必须继续贯彻执行教育与生产劳动相结合的方针；（2）在新时期实行教育

---

① 邓小平．在全国教育工作会议上的讲话（1978 年 4 月 22 日）[M]// 邓小平文选，1975—1982 卷：100—107.

② 邓小平．在全国教育工作会议上的讲话》（1978 年 4 月 22 日）[M]// 邓小平文选，1975—1982 卷：100—107.

同生产劳动相结合的目的是培养社会主义建设的合格人才，这是教育同生产劳动相结合的核心所在；（3）必须根据党的实事求是的思想路线和一切从实际出发的原则，联系新形势、新任务、新情况、新问题，认真研究如何才能更好地贯彻这一方针，走出一条适合自己国家新形势、新任务的教育与生产劳动相结合的路子。尤其要根据经济和科技的迅速发展必然要求教育质量和效率迅速提高的趋势，在教育与生产劳动相结合的内容和方法上应该不断有所创新，有所发展，决不能停滞不前。所有这些，对于指导全党全国排除各种干扰，在新时期创造性地贯彻执行教育与生产劳动相结合的原则，无疑具有重大的现实意义。

最后，邓小平同志为我们指明了贯彻教育与生产劳动相结合方针的基本内容和途径，包括坚持对各级各类学校的学生进行劳动教育和促使整个教育事业同国民经济发展的要求相适应两大方面。他强调："更重要的是整个教育事业必须同国民经济发展的要求相适应。不然，学生学的和将来从事的职业不相适应，学非所用，用非所学，岂不是从根本上破坏了教育与生产劳动相结合的方针？那又怎么可能调动学生学习和劳动的积极性，怎么可能满足新的历史时期向教育工作提出的艰巨要求？"[①] 在这里，邓小平同志引导我们，从国民经济和社会发展的全局，或者说从发展整个社会生产力的全局，来思考教育与生产劳动相结合的意义，使我们认识到：国民经济如果没有与其发展要求相适应的教育为其提供数量足够、质量合格的各类人才和智力支持，那么它就不可能得以迅速而健康地发展；因而迅速发展社会生产力这个社会主义的本质功能也不可能真正实现。反之，教育如果不与国民经济的要求相适应，努力提高质量，培养出数量质量和类型都符合国民经济发展要求的建设者，不为经济建设这个中心服务，脱离社会、脱离实际，为教育而教育，它就不可能真正成为社会主义现代化建设的基础，或者建设有中国特色社会主义百年大计之"本"。所以，教育与生产劳动相结合，既是国民经济和社会发展的杠杆，也是教育自身健康发展的基本条件。这样，小平同志的论述，不但使我们对于教育与生产劳动相结合之意义的理解，开阔了视野，提

① 邓小平. 在全国教育工作会议上的讲话（1978 年 4 月 22 日）[M]// 邓小平文选，1975—1982 卷：100—107.

高了境界，而且也使小平同志关于教育与生产劳动相结合的思想，顺理成章地成为他建设中国特色社会主义理论的有机组成部分。小平同志的论述要求教育全方位、全过程地实现与生产劳动相结合，与国民经济的发展要求相适应。这是因为，教育如果不能在事业规模、发展速度、结构布局、各项体制、教育思想、教学内容、教学方法、考试制度等方面，全方位地适应国民经济和整个社会健康发展的要求，就不可能圆满完成为经济和社会发展培养建设者和接班人的任务。这样，小平同志的论述实事求是地拓展了教育与生产劳动相结合的范围与内容，把教育与生产相结合的理论和实践，推向新的发展阶段。小平同志这一指示，也指明了教育与国民经济发展相适应的主要方向。十年树木，百年树人。教育是培养人进行劳动力再生产的事业，也是一项效益相对滞后的系统工程。我们今天正在培养的年轻一代，不仅中小学生要到下个世纪才能起作用，即便是大学生也主要是在下一个世纪的社会主义建设中显身手。当我们站在 20 世纪 90 年代考虑这一时期的教育如何与国民经济发展的要求相适应的时候，我们应该明确地意识到，虽然今天的教育也应有助于今天经济和社会的发展，但主要应该为 21 世纪中期实现我国社会主义建设第三步战略目标做准备，主要应该与 21 世纪中期前我们的经济和社会发展的要求相适应。所以，我们今天就应该面向未来，面向世界，认真研究 21 世纪中期前，我国社会主义现代化建设将面临什么样的国际环境和国内条件，将需要多少种类、多少数量及何种素质的建设者，作为面向 21 世纪的今日教育应当如何与之相适应等。这就叫百年大计，需提前筹划，超前安排。虽然这样做是有困难的，但是必须这样做。否则，教育与生产劳动相结合的原则就不可能从根本上得以落实。基于以上认识，笔者认为，小平同志关于贯彻教育与生产劳动相结合，"更重要的是整个教育事业必须同国民经济发展的要求相适应"的论断，是他教育思想的最精华部分，是他对马列毛泽东教育与教育劳动相结合学说的创造性发展，是新时期我国教育改革和发展的指针。

当然，为了造就社会主义建设事业所需要的一代新人，不但整个教育事业要适应国民经济发展的需要，而且各级各类学校的学生也应该参加一定的生产劳动，接受有计划的劳动教育。这是使年轻一代在德智体美劳诸方面生动活泼主动地发展，具有未来社会主义建设事业所必需的素质的必要途径。

所以，小平同志强调："各级各类学校对学生参加什么样的劳动，怎样下厂下乡，花多少时间，怎样同教学密切结合，都要有恰当的安排。"[①] 对此，我们也应该从事关培养社会主义建设者和接班人，实现社会主义现代化建设宏伟目标全局的高度，深刻领会，认真加以落实。

二

自从小平同志在 1978 年全国教育工作会议上发表上述关于教育与生产劳动相结合的重要指示 16 年来，在党和政府的领导下，我国教育界为贯彻教育与生产劳动相结合的方针，做了大量的工作，陆续推出不少新的举措，我们应该有正确的认识。就笔者所知，列举如下：

1. 适应经济体制、政治体制和科技体制改革的需要，持续开展教育改革。改革不适应社会主义建设事业需要的教育体制、教育结构、教育思想、教学内容和教学方法，推动教育事业更自觉地服务于经济建设这个中心。1985 年 5 月出台的《中共中央关于教育体制改革的决定》，1993 年 2 月中共中央和国务院共同发布的《中国教育改革和发展纲要》，其共同的目的就在于面向现代化，面向世界，面向未来，加快教育改革和发展，提高广大劳动者以至全民族的素质，多出人才，出好人才，建立适应社会主义市场经济体制和政治、科技改革需要的教育体制，更好地为社会主义现代化建设服务。可以相信，只要我们坚决按照中央的部署，以改革促进发展，教育与生产劳动相结合这一马列主义教育理论的根本原则，是可以得以落实的。

2. 实行科教兴省（市）、科教兴农战略，推行农科教或经科教结合、产教结合、学用结合、职业教育与文化教育结合等教育与生产劳动相结合的新举措，引导教育克服脱离社会、脱离实际的倾向，使之既能为当地经济社会发展服务，又有利于培养有志于投身家乡建设的各类合格的建设者。这对于今后地方经济尤其是农村经济的发展，将会产生重大的积极影响。而地方经济尤其是广大农村经济的发展，又将对我国社会主义现代化建设第三步战略目

---

① 邓小平. 在全国教育工作会议上的讲话（1978 年 4 月 22 日）[M]// 邓小平文选，1975—1982 卷：100—107.

标的实现，发生举足轻重的影响。

3. 在全国普通中学开设劳动技术课，改善小学的劳动课，作为实施教育与生产劳动相结合、对学生进行劳动教育的重要措施。许多中学认真落实劳动基地、落实劳动实践活动，落实班级考核制度，落实劳技达标要求，努力做到劳技教育同当地生产劳动相结合，劳技教育与发展当地经济相结合，劳技教育与文化课教学相结合，劳技教育同勤工俭学相结合，理论与实践相结合，讲授与操作同步，既狠抓劳技课堂教学主阵地，又积极开展劳技课外兴趣小组活动，多方开辟校外实践基地，并且把思想品德教育贯穿于劳技教育的全过程，想方设法使劳技教育整合"五育"，收到了良好的育人效益，为当地经济输送了大量合格人才，同时也产生了一定的经济效益。[①] 有些中学还形成了由劳动技术课、值周班劳动、公益劳动、校办厂劳动、校外劳动基地劳动、社会实践活动等组成的劳动教育系列。不少小学也因地制宜认真地进行着劳动教育。有的以劳动教育为突破口，积极实施素质教育，开辟了劳动基地，自编了劳动教材，制订了考核制度，在劳动教育改革上有新的进展；有的以培养学生自理能力为突破口，调整了教学计划，制订了《发展小学生自理生活能力大纲》，编写了城市小学劳动课教材，改善了劳动课教学条件，改革了劳动课教学；[②] 有的根据当地农村生产生活特点，编写劳动课补充教材，开展兴趣小组活动，也使劳动教育收到较好效果。

但是，从总体来看，要真正落实邓小平同志关于教育与生产劳动相结合的指示，还有许多艰巨工作要做。

首先，正如李鹏同志在今年全国教育工作会议上的报告所指出的："必须清醒地看到，我国教育事业的发展还不适应现代化建设的需要，教育改革还滞后于建立社会主义市场经济体制的要求。"[③] 教育同社会和生产实践相脱离的状况，亟待进一步改变。21 世纪建设者必需的爱国精神、进取精神、创造精神、科学态度、远大志向和献身精神，以及良好心理品质的培养，还没有

① 童克祖，等. 加强劳动技术教育，为农村经济建设培养合格人才 [M]// 浙江省教育学会. 浙江省义务教育的实践与理论. 北京：团结出版社，1993：289—298.

② 李承龙，等. 加强小学劳动教育，培养生活自理能力的实验探索 [J]. 教育研究，1990(7).

③ 李鹏. 动员起来，为实施《中国教育改革和发展纲要》而努力 [A]. 1994–6–14.

引起各级各类学校的足够重视。

其次，各级各类学校对学生的劳动教育还不尽如人意。就中小学而言，尽管许多学校在这方面做了很好的工作，但是不同的学校对劳动教育的落实程度很不平衡。虽然，在现行教学计划中明确规定了开设劳动课和劳动技术课的目的、要求和具体安排，但是如何有计划地对学生进行劳动教育，根据教学计划规定的要求养成中小学生应该具备的劳动观点、劳动态度、劳动习惯、劳动技能和心理品质，在很多中小学一直没有解决好。一些学校至今还没有按计划开设劳动和劳动技术课；有些学校开了，但课时不足，或者常被其他活动冲掉；有些学校按要求开足课时，但仅仅停留在传授有关课本知识，很少甚至没有实践活动，使一门实践性极强的课程，停留于纸上谈兵阶段。至于如何有目的有计划有步骤地在劳动课或劳技课中切实解决学生普遍存在的现实思想问题，更不为人们所注意。既然许多学校连教学计划规定的劳动课和劳技课要求都还不能落实，那么公益劳动之少、家务劳动之不被重视，也就不难理解了。前几年有一位同志对县内城镇和农村三、四、五年级共 40 名小学生参加劳动的情况进行调查。结果表明：在 20 天中，三年级学生平均每人每天劳动时间只有 0.326 小时，四年级只有 0.2 小时，五年级只有 0.197 小时。三个年级平均一下，平均每人每天在学校和家里参加劳动的时间只有 0.249 小时。另有一个统计材料说，北京市青少年每天平均参加家务劳动的时间只有 0.2 小时，浙江只有 0.17 小时，但美国青少年每天平均参加家务劳动 1.2 小时，泰国 1.1 小时，韩国 0.7 小时，英国 0.6 小时，法国 0.5 小时，日本也有 0.4 小时，都高于我国北京和浙江。[①]

做什么事情都要看效果。劳动教育是否真正落实，主要也应该看效果。在劳动教育中，帮助学生掌握现代社会生活所需要的基本劳动技能是非常重要的。但这相对来说比较容易解决。相反，在帮助学生确立正确的劳动观点和态度、养成良好的劳动习惯方面，由于所遵循的规律和所受的外部影响都比帮助学生掌握劳动知识技能复杂得多，则显得更其困难。所以，看劳动教育的效果，应该非常注重学生在劳动观点、态度、习惯方面的表现，否则也

---

① 浙江省家庭教育学会. 浙江城乡家庭教育调查研究报告总报告（李志强执笔）[M]// 浙江省家教会编. 家庭教育面面观. 杭州：浙江大学出版社，1993.

会背离教育同生产劳动相结合的根本目的。如果说，这种观点可以成立，那么应该认为情况是相当不能令人乐观的。例如，1985年5月，笔者与两位同志曾向某沿海地区三所中学316位初、高中学生作问卷调查，在回答对所学各门课喜欢或不喜欢时，竟然没有一位同学表示喜欢劳技课；被调查的154位高二学生，在填写准备长大后做什么工作时，只有两位同学明确表示要当新农民，14名同学想当工人，两项相加也不过占被调查生总数的10%强一点。[①] 又如，1990年浙江省德育研究会曾在全省范围内进行过一次德育工作情况调查，在63份学校卷的教师座谈记录项内，几乎每所学校的教师都提到学生艰苦朴素观念淡薄，讲排场、比阔气、奢侈浪费之风日盛。[②] 所有这些，自然都是与正确劳动观点、劳动态度大相径庭的。在这次调查的同时，笔者也曾向某经济比较发达县的22位乡镇中学校长（或书记）调查。据这些同志分析，在他们这些学校中约有30%的学生读书的目的是离乡离农，约有26%的学生没有艰苦奋斗的思想，约有16%的学生不爱劳动，劳动态度很差，约有22%的学生缺乏对家庭、学校、祖国的责任感，甚至不知道"责任感"是什么。虽然这些仅仅是估计，而且受"家丑不可外扬"观念的影响，很可能有所缩小，但也已经能够说明一定的问题。再如，今年（1994）6月浙江省教委调查组在宁波市六个县（市）对36所中小学调查表明：在被调查的1220名小学生中，有16.77%的人认为劳动是不必要的，15.73%的同学承认因为嫌累而不愿干家务劳动；在1048名初中生和1155名高中生中，分别有42%和46%的人说自己根本不参加家务劳动；还分别有23.40%的小学生、49.06%的初中生和46.8%的高中生承认自己有损坏公共财物的行为；同时，目前中学生中普遍地缺乏吃苦耐劳、艰苦奋斗、勤劳节俭的品质，高消费、追名牌、讲排场、乱花钱的现象相当严重，分别有22.48%的被调查初中生和37.23%的高中生自述有这方面的问题。[③] 难怪有些专家认为懒惰和缺乏责任感是这一代青少年的两大缺陷。这次调查还有一项内容是请被调查者回答自己崇敬哪些

---

① 罗维江，周谷平，王炳仁. 关于中学生思想品德状况的调查 [R]. 1985–6.

② 浙江省中小学德育新格局课题组. 中学德育的转机与问题（吕国才执笔 [R]// 浙江省教委办公室编. 浙江省1990年教育工作调查报告选集，25—39.

③ 浙江省教委调查组. 浙江省中小学生思想政治道德面貌调查报告 [R]. 1994–8.

人。据象山县两所城乡小学和三所城乡中学统计，分别只有 7% 的小学生和不到 10% 的中学生表示崇敬工农和其他普通劳动者。

以上材料足以证明，"如果只是让学生关起门来读书而不参加劳动，不接触社会实践，不了解工人农民是怎样辛勤创造社会财富的，不培养劳动人民感情，是不利于他们健康成长和全面发展的"。[①] 我们应该从提高劳动教育的育人实效入手，认真研究在建立社会主义市场经济体制、加快改革开放步伐的世纪之交，怎样才能真正落实教育与生产劳动相结合的原则。

三

那么，怎样才能落实小平同志的重要指示，全面贯彻执行教育与生产劳动相结合的方针呢？

首先，是应该让思想冲破"牢笼"，使行动摆脱"枷锁"，为"落实"扫清障碍。

所谓让思想冲破"牢笼"，使行为摆脱"枷锁"，主要是指教育系统乃至全社会人们有关教育问题的思想和行为，应该彻底冲破和摆脱传统陈腐落后教育思想和教育模式的束缚。我国是一个有悠久历史文化传统的国家，在教育方面同样有许多优良传统需要我们去继承和发扬，但也有一些陈腐落后的传统，至今仍在禁锢着人们的思想，束缚着人们的行动。这种陈腐的传统教育思想的不良影响，集中反映在"应试教育"模式的危害上。"应试教育"或曰单纯应付考试的倾向，使教育偏离教育方针的轨道，忽视年轻一代跨世纪整体素质和综合能力的培养，扼杀学校及其师生的生气与活力，是教育内部阻碍教育与生产劳动相结合的主要因素。对于它的危害，万里同志在 1985 年全国教育工作会议上的讲话、李鹏同志 1994 年在全国教育工作会议上的报告，已经讲得非常透彻。现在的主要问题是应该采取具体措施，纠正这种有害倾向，真正把一般号召变成实际行动。

有议论认为，对"应试教育"已经批了多年，就是解决不了，说明它有存在的理由或基础，现在人为地想纠正它是不可能的，主张听其自然。十分

---

① 江泽民. 在全国教育工作会议上的讲话 [A]. 1994-6-14.

明显，这是一种"凡是存在的就是合理的，凡是合理的就是真理"的错误逻辑。如果依了这种错误主张，"应试教育"必将愈演愈烈，我们的教育也会更加脱离社会、脱离生产，既误人子弟，又贻害社会主义事业，造成严重后果。

但是，确实也需要认真地考虑一下，为什么减轻学生过重负担喊了30年，批评片面追求升学率和单纯应付考试的倾向也搞了10多年，问题还是没有解决。有的同志认为，在中国这个有悠久考试历史的国家里，考试对教育的导向作用是非常巨大的，单纯应付考试的倾向实质上就是让教育工作围绕考试转。要纠正这种极其有害的倾向，也必须在彻底改革考试制度上做文章。不抓住考试这个牛鼻子动手术，又怎能扭转单纯应付考试的倾向呢！基于这样的认识，他们将在自己权力所及的范围内，本着全面贯彻教育方针，全面提高教育质量，有利于一代新人健康成长的宗旨，对中考和高考进行积极的改革，是值得称道的。此外，为了扭转单纯应付考试的倾向，下列三条似乎也是可行的：（1）鉴于我国基础教育地方负责，分级管理，管理的主要责任落在县一级的实际情况，应该把领导学校摆脱"应试教育"倾向作为县级政府管理教育的主要职责之一，并在这方面加强对县级政府的督导评估，以充分发挥县级领导在扭转"应试教育"倾向中的主导作用。（2）目前许多学校和教师从内心来说并不赞同"应试教育"，但往往迫于来自上面和社会上的压力或者利益所致，不得不如此。所以，在解决了领导问题的同时，有必要通过改革利益导向机制，引导广大校长教师摆脱"应试教育"。可否考虑今后凡是自觉摆脱"应试教育"、真正全面贯彻教育方针、重视学生全面素质培养、教学教育有特色的学校和教师，在评优、奖励、聘职、调资、购房等方面给予优惠。（3）要善于总结推广广大教育工作者摆脱单纯应付考试倾向、全面提高受教育者素质方面的成功经验，组织大家经常学习和讨论这些经验，让群众自己教育自己。

其次，应该引导全社会都来落实教育与生产劳动相结合的方针。

教育与生产劳动相结合，事关全社会全民族的利益，自然也需要全社会共同参与落实。上至党和国家的领导，下至普通公民，人人都有责任。小平同志讲的两大方面，教育事业与整个国民经济发展的要求相适应问题，教育系统应该努力贯彻执行，国民经济其他各部门乃至整个社会也有责任给教育提供足够的条件，使之能够主动与国民经济和社会发展相适应。在对学生进行劳动教育方面，教育部门自然有不可推卸的责任，但社会各部门和广大家长也应为学校进行劳动教育，积极提供实践场所，选派优秀的兼职教师，创造有利于劳动教育的社会环境，主动配合学校搞好教育。

这里且不说在支持教育与国民经济和社会发展的要求相适应方面，全社会还没有尽到应有责任，就是在支持和配合学校对青少年进行劳动教育方面，我们的社会也还需要大大加劲。前面我们列举了许多学生在劳动观点、劳动态度以及相应品质方面存在的问题。这些问题表现在学生身上，根子却在社会、家长和学校身上。谁都知道，物质生产活动是人类社会存在和发展的基础，物质生产活动一旦停止，人类就会随之毁灭。我们社会主义建设，也是以物质文明建设为基础的。而在物质生产部门，埋头苦干，创造财富的，主要是广大劳动者。历史是以广大劳动人民为主体的人民群众创造的。可是，时下我们的社会是怎样看待物质生产劳动和物质生产劳动者的呢？我们的传媒可以用极大的热情去吹捧"大款""大腕"，炒红"歌星""明星"，却很少去宣传普通劳动者平凡而伟大的事迹；我们的许多精神生产部门和精神生产者，推出了不少卿卿我我、抒发个人感情，甚至于不堪入目入耳的"产品"，但是讴歌劳动和劳动人民的好作品实在太少；许多广告冠以"贵族""富豪""豪门""皇家"等，不知心目中是否还有劳动人民。这种舆论上的误导，导致社会上许许多多人价值取向的错误倾斜，"劳动高贵、劳动光荣、劳动人民伟大"的观念被愈来愈多的人视为背时。谩骂体力劳动者，侮辱、殴打环卫工人，在有的城市里多次发生。真希望我们的领导能够接见今日的时传祥！正是由于这种错误价值观、荣辱观的影响，有的家长以"不好好学习让你去当环卫工人"为由逼迫孩子用心苦读；许多家长不让孩子参加体力劳动，从小教育孩子长大了不能当工人农民；有的家长甚至把自己的孩子"调教"成"学校大款"。前面提到对40名小学生20天内参加劳动情况的调查，在这40人中只有3人的家长经常要求他们参加劳动，而有23人的家长不要求他们参加劳动。笔者1990年向某县22所乡镇中学的领导调查也发现有53.58%的小学生家长、42.1%的初中生家长重智轻德，忽视体美劳。还有一项由浙江幼儿师范学校教师做的《杭州市区3~7岁儿童家庭教育的调查研究》(1988年)反映，在被调查的297户家庭中，没有一位家长希望自己的孩子将来当商业工作者和农民。①正是社会和家庭这类不良影响的潜移默化作用，加上学校也不够重视劳动教育或教育方法不当，造成了这一代青少年学生在劳动观点、劳动态度、劳动习惯和劳动能力上的许多问题。

为了使全社会能够全方位地贯彻落实教育与生产劳动相结合的原则，看来有必要对全社会进行教育方针的再教育，开展教育与生产劳动结合问题的大讨论，出台一些要求社会各界和广大家长贯彻执行教育方针的硬性措施。

最后，应该牢记小平同志"认真研究"的要求，切实加强教育与生产劳动相结合重大课题的研究。据笔者所知，今年纪念中国教育学会成立15周年举行的优秀论著评奖，在25篇获奖论文中只有一篇是关于教育与生产劳动相结合的论文，在38部优秀专著中没有一部这方面的书。这既反映了这方面的研究太少，更反映教育与生产劳动相结合问题在实践上没有受到应有重视，应该努力加以改变。这方面的研究，内容丰富，范围很广，包括对马列毛泽东和邓小平关于教育与生产劳动相结合思想的深入学习和研究，对国内外实施教育与生产劳动相结合的经验进行科学的总结和进一步理论提炼，对新形势下进一步贯彻教育同生产劳动相结合的原则进行理论与实践的探索，对未来我国经济社会发展可能向教育提出的要求进行科学的预测，对国内外在实施教育与生产劳动相结合方面的信息与成功经验进行传播与推广等。这种研究应当走出书斋，突破少数人的范围，坚持理论与实际相结合，专业研究者与实际工作者相结合，研究队伍与广大教师相结合，少一点学究气，多解决一些有价值的实际问题。例如，怎样以立法形式保证教育与生产劳动相结合，怎样正确评价一个地方（县市等）的教育是否与国民经济的发展要求相适应，怎样使劳动教育整合"五育"发挥综合育人效益，怎样把劳动教育中的品德教育与传统美德教育结合起来等，都是很值得研究的实际问题。

（原载《教育研究》1994年增刊。收入全国哲学社会科学"八五"规划国家级重点课题"教育同生产劳动相结合的研究与实验"丛书《邓小平教育与生产劳动相结合思想的时代特征》，教育科学出版社1995年6月版。）

---

① 浙江省家庭教育学会.1987—1999家庭教育论文选.

城乡教育改革

浙江农村职业技术教育改革初探

——绍兴市农村职业技术教育调查

　　发展职业技术教育是教育改革的重要内容之一。近几年，我省职业技术教育有了较大的发展，已初具规模，形成网络，但发展还很不平衡，特别是缺乏系统的规划和研究。为了系统研究我省的职业技术教育，为制订我省的职业技术教育发展战略提供可靠的实践和理论依据，自 1987 年始，我们选择了具有代表意义的绍兴市，进行了较系统的农村职业技术教育发展情况的调查。在调查过程中，我们走访了绍兴、新昌、嵊县、上虞等县，听取了县领导和一些部门领导对本县职业技术教育发展的设想和对职业技术教育的要求。还到一些职业技术学校进行了实地考察和访问。

　　通过调查，我们基本弄清了绍兴市农村职业技术教育的发展过程、办学的基本模式及经验教训，了解了当地政府领导对发展农村职业技术教育的设想和所采取的措施，了解了经济部门（包括工厂、企业）和群众对发展职业技术教育的迫切愿望，发现了当前农村职业技术教育发展与经济发展不相适应的一些表现，也看到了农村职业技术教育发展的方向。

　　首先，我们感到农村职业技术教育的发展是健康的，基本适应了农村经济发展的需要。近几年来，绍兴农村的经济发展很快，乡镇企业异军突起，使农村经济结构发生了根本变化，特别是农村劳动力结构的变化和劳动力的转移，对人的素质提出了新要求，要求大量具有一定文化基础知识，又有专业技术的高、中、初级技术人才和熟练劳动者充实到企业中去。但是，绍兴市原有各种专业技术人员的数量和质量，远远不能适应绍兴经济和社会发展的需要。据 1985 年绍兴市专门人才调查统计表明，全市企业中专业技术人才只占在职人员总数的 11.4%。其中大专以上文化程度的只占全市人口的 0.23%，远远低于全国 0.6% 的平均水平，甚至比西藏的 0.3% 的水平还低。这同绍兴市经济发展的现状和趋势是极不相称的。而在企业部门的专业人才中，工程技术人员仅 16.4%，农业技术人员才 10.9%，财会人才仅 4.9%。至于整个职工队伍的文化技术素质就更低了，有半数职工只有小学文化程度，70% 是初级工。这就要求我们的教育，特别是农村教育为企业培养初、中级技术人才和高质量的技术工人，以提高企业职工队伍的素质，增强企业的竞争能力。

绍兴市农村职业技术教育的发展顺应了农村经济发展的需要，现已稳步发展，形成了一定的规模。截至 1987 年底，全市有独立设置的职业技术学校 45 所，普通中学和成人学校附设职业班 21 处 40 个班。共招生 5580 人，在校生达 12060 人。1987 年，各级各类职业技术学校共招生 6976 人，占整个高中阶段招生数的 40.3%，而且已经培养了一批合格毕业生，他们在各自的岗位上为发展当地的经济作出了成绩。如绍兴县马山区建筑技校 1986 年 40 名毕业生，有 10 人领取了县城建局颁发的施工员证。该区合作建筑公司在上海承接的 17 项总值为 1200 万元的工程，其中的 10 项就是由该校毕业生负责编造预算的。

经过几年的努力，绍兴市各县基本上根据各自的经济发展特点和实际情况，形成了不同的职业技术教育办学模式。上虞县实行宏观控制，合理布局，形成"卫星式"的职教网络。他们根据上虞县区域、人口、工农业生产情况，考虑到普高与职高布局的平衡和合理，调整网点布局，每一区办一所职业学校，以区为单位，实行两条腿走路的方针，充分发挥区、乡（镇）办学的积极性。除县职业技校和由县属中学改办的三所职校属县教委管理外，其余职校（班）均由区、乡（镇）管理。在专业设置方面也在全县范围内统一调整，使每所学校有一个比较稳定的专业，各校之间又不重复同一专业，并根据社会对人才数量和规格的不同要求，由县教委平衡、协调新的专业设置，不搞一刀切、一阵风式的盲目发展。经过几年努力，全县各校（班）开始出现生气和活力，形成了以县职技校为中心，谢塘职校、沥海职校、上浦职校三足鼎立，向四周扩散的"卫星"形布局结构。在办学形式方面，展开横向联系，拓宽联合办学的路子。"以我为主，大家来办"已经成为该县联合办学的主导思想；多层次、多形式、全方位是该县的联合办学方法。具体地讲，有同级单位"横波型"的联办，如教委与农委，学校与工作站挂钩等；有不同级单位"纵波型"联办，如县教委与乡联办；有"单向型"联办，如县职技校某个专业与某一部门联办；有"协助型"联办，如上浦职中与上虞机厂联办的企业管理专业；还有"混存型"联办和"扩散型"联办等。

绍兴县根据产业结构层次和各区乡镇企业发展趋势及"两户"需要来设置职业学校的网点和专业。办学形式以联办为主，贯彻"谁办学、谁出钱、谁受益"的原则。县教委先后与县经委、科委、二轻公司、水产局、乡镇企业局等12个部门，柯桥、钱清、陶堰等13个区、乡（镇`）及一家企业联办了15所职业技术学校。

随着该市职业技术教育的发展，目前越来越多的基层领导和人民群众认识到发展职业技术教育的重要性。该市的新昌、嵊县，由于种种原因，职业技术教育发展比较缓慢，但经济和社会发展的客观需要，使那里的领导也开始感到职业技术教育的重要性。广大家长看到职业技术学校确实能给家庭和孩子带来实惠，也纷纷送子女上职技学校。而青少年学生看到职业技术学校符合自己的志向，对自己的前途充满信心，学习积极性普遍较高。上虞县电子电器职业技术学校一个班的学生，在回答我们问话时，异口同声地表示：他们是喜爱电子职业技术，自愿报考入学的，经过两年学习，确已学到了一技之长，相信踏上社会后能适应社会的需要，完全有信心用自己的诚实劳动自立于社会，贡献于社会。

农村的社会各界也是这样。当他们感受到职业技术教育确实有利于经济和社会发展时，就会要求职业技术教育进一步发展。嵊县计经委的同志告诉我们，嵊县工业企业中的劳动者素质较低，以1985年为例，全县企业工人总数25812人，其中大专文化程度的只有67人，占职工总数的0.26%，初中及以下文化程度的有21109人，占职工总数的81.8%。职工中没有专业技术职称人才。再从工业的操作形式来看，工艺落后，还有7179人在进行手工操作，占职工总数的28.2%。所有这些，对发展经济是极为不利。要发展工业，就要培养人才。人才的培养，要靠教育，要加强职业技术教育和职前培训。

综上所述，我们深深地体会到，中央关于改革中等教育结构，大力发展职业技术教育的决策是完全正确的。职业技术教育的发展是社会及经济发展的必然趋势。

其次，我们感到农村职业技术教育的发展有其自身的客观规律，受到诸多因素的制约。

一是农村经济的发展直接制约着职业技术教育的发展，是影响农村职业技术教育发展的首要因素。一方面，农村经济发展的水平、结构和速度，要求农村教育培养与之相适应的劳动者和各类人才，制约着农村职业技术教育发展的速度、规模、布局和专业设置；另一方面，经济的发展为职业技术教育的发展提供了良好的物质技术条件。如绍兴县就是突出的例子。绍兴县的职业技术教育起步较早，1983 年开始在 5 所中学试点。随着该县经济的迅速发展，职业技术教育也有了迅速发展。1987 年全县工农业总产值达到 51.07 亿元，比 1980 年翻三番，比 1986 年增长 18.9%。人均收入达到 931 元。其中，乡镇企业产值达 43.6 亿元，占整个工农业生产总值的 85.4%，经济的发展，特别是乡镇企业的发展，为农村劳动力转移提供了条件，为发展职业技术教育创造了条件。在短短的几年内，绍兴县的职业技术学校 1983 年的 5 所发展到 1987 年的 15 所，初具规模，形成了网络。该县柯桥、齐贤等地，素有"日出万丈绸"之称，又有精于"三缸"（酱缸、酒缸、染缸）之盛誉，丝绸、酿造、针织、是他们的传统工艺。目前全县共有轻纺企业 1192 家，职工 135857 人，其产值占全县乡镇企业总产的 77.76%。它和机械电子（占总产值的 5.43%）、建筑材料（占总产值的 3.78%）、缝纫（占总产值的 2.16%）成为该县乡镇企业的四大台柱。这就决定了该县职业技术教育以轻纺职业技术为主，根据各地经济发展的不同特点来设置不同专业的职业技术学校。在柯桥、齐贤两地，县教委和区政府、县乡镇企业局、县经委一道联办了两所纺织职业学校。钱清区以机械电子工业为主，县教委和二轻公司、钱清区政府联办了钱清机电职业技校。马山和越南区为建筑业作劳务输出，就各创办了一所建筑职业学校。棠棣乡是绍兴县的"花卉之乡"，在那里办了花卉园艺职业学校。这些学校和当地的经济发展休戚相关，人才的培养与经济发展需要紧密相连。这就形成了一个和经济发展同步的职业技术教育网络。事实证明，农村职业技术教育主动适应经济发展对人才的需求，是农村职业技术教育强有力的生命所在。

相反，在经济发展缓慢的地区，职业技术教育的发展也较慢。有的县的经济发展水平不太高，虽然从各级政府部门到教育部门都充分认识到了发展职业技术教育的重要性、迫切性和必要性，但经济上发展水平不高，阻碍了职业技术教育的发展，到目前为止，也只有4所职业技术学校。

二是人们的思想观念影响着职业技术教育的发展。随着改革的深入，社会的发展，人们的思想观念也在发生深刻变化。这种思想观念上的变化，又反过来对经济和社会发展产生各种影响，自然也会影响农村职业技术教育的发展。通过调查，我们深深感到，尽管农村干部和群众中那种鄙薄职业技术教育的陈腐观念不可能在短期内完全清除，但是只要他们树立了靠知识技术致富和农村经济社会发展离不开教育的观念，就会对职业技术教育采取积极态度，从而有利于职业技术教育的发展。在靠职教致富的思想支配下，近几年来，绍兴市农村报名读职业技术学校的初中毕业生数量激增，上虞县1987就年有95%的初中毕业生报考职业技术学校。

农村各级干部树立依靠教育发展经济和社会的观念，对于职业技术教育的发展有很大的意义。在这方面，上虞县县长顾仁章同志是非常值得称道的。这位20世纪50年代毕业于浙江大学建筑系的中年知识分子，就任上虞县长之后，对上虞经济社会发展与人才培养关系有全面的考虑。他认为，人才的培养，需要通过各种类型各种层次的教育。职业教育是一条主要的途径。基于这样的认识，他一直关心全县的职业技术教育，亲自为县职业技术学校选校址，召集县有关单位负责人会议，决定给县职技校投资170万元。这些都对该县职业技术教育的健康发展产生了很好的影响。

然而，毋庸讳言，在绍兴市各地当前还存在着一些阻碍职业技术教育发展的思想观念。主要是长期以来对就业者的政治文化技术准备缺乏应有的要求，鄙薄职业技术教育。认为职业技术教育不是正规教育，是一种捎带任务，把发展职业技术教育作为"弥补普通教育高中招生不足的权宜之计"。还有，片面追求升学率的观念，成了阻碍职业技术教育的又一大障碍。在这些陈旧观念的影响下，就出现了种种不利于职业技术教育发展的表现。如把办学条件比较差、升学率低的普通中学改成职业技术学校。师资配备，设备添置，统统不管。有的甚至挂一块牌子了事，课程还是普通中学的那一套。

三是职业技术学校自身需要进一步改革和完善，以适应经济社会改革发展的需要。任何事物的发展，都有其外部的原因和内部的原因。从内因的角度看，主要是应该切实解决职业技术教育主动适应当地经济发展需要的问题。职业技术教育只有主动地适应了经济发展的需要，才能充分地发挥它的作用和效益，不断地增强自身的活力。而要使自己主动适应当地经济发展的需要，职业技术教育就应该不断地改革和完善。在这方面，上虞县电子电器职业技术学校做得比较好。该校从1984年试办职业班以来，共招收职高新生492人，已为社会输送了141名有文化、懂理论、会操作并有一技之长的初、中级电子电气电工和土建专业的毕业生，77名维修家用电器的合格从业人员。学校坚持自力更生，就地取材，着力于解决专业师资，充实必要的实验设备，实行教育、实习、生产、经营紧密结合，在社会上赢得了较高的信誉。他们在实践中不断地摸索改革，广泛收集信息，拓宽专业面，从宏观上保证职高毕业生的"适销对路"。自开办职高以来，已经进行了四项专业调整。1986届学生以学电子技术、家用电器装配、测试、维修为主，1987届学习电子技术和电工技术并重，1988年根据社会上各建筑公司水电安装工人较多，但识得土建图、会绘制水电配套图、会搞较准确的水电单项预决算的集安装、管理知识于一身的人才少的信息，将原计划的学习电子技术和电工技术为主，改为以学习水电设计安装技术为主。学校能够围绕着经济发展需要转，就立于不败之地。

但是，从整个绍兴市农村的职业技术教育看，即使是一些办得比较好的学校，也暴露出了许多与当地经济建设发展不相适应的地方。主要存在着以下四对矛盾。第一对矛盾是经济发展对人才需求的多种规格、多种层次与职业技术教育培养单一化之间的矛盾。近年来，农村经济在不断地发展变化，特别是乡镇企业迅速发展，需要大批多规格、多层次的人才，而目前的职业技术教育培养目标单一化、层次单一化。从整个职业技术教育来看，没有形成一个完整的科学体系，只有高中阶段有职业技术教育，初中和小学毕业后没有职业技术教育，只有单枪匹马，没有齐头并进，满足不了经济对劳动者素质的不同需要。第二对矛盾是办职业技术教育的客观要求与所谓"正规教育"观念之间的矛盾。相当一部分职业技术学校追求职中毕业生文化科学知识相当于普高毕业的目标，课程向普通中学靠，教育要求向普通中学看齐，实行所谓"正规教育"，把职业技术学校办成"四不像"，搞得师生没有信心。把职业技术学校理解为中专，希望像中专那样包分配（其实中专也在改革之中），片面地追求"就业率"，也是所谓"正规教育"观念的一种表现。不少学校和家长以学生毕业后进入乡镇企业的多少，作为评判职业技术学校质量高低的标准，认为学生毕业后能进入乡镇企业才真正发挥了作用，才算是教育为经济服务。于是就出现了一种新的错误观念，认为经济发达地区才有办职业技术教育的必要，而经济不发达的地区没有办职业技术教育的必要。看来，回家当专业户，自谋职业不算就业的观念必须改变。第三对矛盾是商品生产发展的多变性与职业技术教育的相对稳定性之间的矛盾。社会主义商品经济是在竞争中进行的，具有不断更新变化的特点，包括工艺不断更新，花色品种不断变换，旧的行业不断被淘汰，新的行业不断产生等，加之乡镇企业一般规模较小，对某一专业的人才需求量小、品种多。但是"十年树木，百年树人"，培养一个人才毕竟不等于生产一件小商品。教育的周期是比较长的，其专业总是要求比较稳定的。这就要求我们处理好教育与商品生产多变性的关系。然而，目前我们的职业技术学校所有的都是稳定的专业，一般是三年毕业，于是往往会出现这样一种情况，就是刚开设了一个新专业，可是等学生临毕业，社会对这类专业的需求就饱和了。有时某一行业很兴旺，急需大量的人才，而职业技术教育缺乏同类专业，等开设起这一专业后，到学生毕业时，这一行业却又衰退了。商品经济的市场调节机制和教育的这种计划机制产生了尖锐的矛盾。即使是某些针对比较固定的产业兴办的职业技术学校，在设置专业时也需要进行科学的论证，作周密的打算与考虑，要预测经济发展的前景，掌握市场行情的发展趋势。绍兴县目前纺织工业约占整个乡镇工业的60%以上，各区都办有纺织职业班，但前景如何，也是难以预料的。所有这些都说明，绍兴市的职业技术教育在学制和专业设置方面，都应该在改革中前进。第四对矛盾是职业技术教育内容、方法的普通化与职业技术教育目标的专业化之间的矛盾。现在的职业技术教育存在着一种倾向，就是文化课向普通中学靠，专业课向中专甚至高校看齐。学校从领导到教师扣住"文化课要求相当于高中毕业"的条款，不断地加深加宽知识面。所以，职业技术教育一定要摆脱这些思想的束缚，在课程、教材、教法方面进行改革，使培养的毕业生能够较好地适应乡镇企业和整个农村经济社会发展的需要。

再次，农村职业技术教育应该正确认识、认真研究毕业生的出路问题。前面说过毕业生回家当专业户、自谋职业也是就业。职业技术教育的发展，要求全社会能够逐步树立这一观念。但这并不等于学校与社会可以不对毕业生的出路负责。从绍兴市农村职业学校的情况看，毕业生的出路大致有这样几种：(1)乡镇企业委托代培；(2)招生计划与企业招工计划合二为一，学生进了某个专业，就成了某个企业的候补职工；(3)请对口的乡镇企业招收职业技术学校有关专业的毕业生；(4)有的县工商行政管理局和县科委发文规定，持有某些职业技术学校毕业证书的青年，毕业后立即可以领到独立开业的营业执照；(5)给学生一定的谋生本领，便于他们回乡从事一定的专业生产，并继续与他们保持联系，给予他们指导。此外，我们觉得还可以给学生以特种专业技术，使其获得一技之长，毕业后到全省全国就业谋生。这种考虑对于某些有特种手艺的地区是比较可行的。总之，在社会主义初级阶段，我们既要宣传回乡谋生也是就业，更要重视为学生考虑毕业后的出路。

最后，为了促进农村职业技术教育的健康发展，应该努力提高农村中小学教师的职业技术素质，认真改革中师和高师教育。大力发展农村职业技术学校，也不能忽视在普通中小学渗透职业技术教育。我们感到在农村中小学渗透职业技术教育的必要性在于：在现阶段我国普通高中的毕业生只有少数能够升入高一级学校；接受过职业技术教育的普通中学初中毕业生进入职业高中后安心、易学好，回家乡后也能较快地适应工农业生产；职业技术素养是每个有教养的公民必不可少的素养。为了在中小学渗透职业技术教育，就要提高中小学教师的职业技术素养，使他们除了从事文化科学知识教学外，能够掌握一门实用技术。我们在调查中发现不少职业技术学校之所以办得好，重要的一条就是那里的老师中原来就有一批掌握实用技术的人。这就使我们想到提高广大中小学教师职业技术素养，在中小学中渗透职业技术教育的问题。

为了提高中小学教师职业技术素养，我们建议，要使现有的 40 岁以下的中小学教师通过多种渠道掌握一种以上与当地经济社会发展息息相关的实用技术，并且还应该把这一任务在中师和高师教学中落实，切实改革师范教育。我们感到，如果广大教师人人掌握一种以上实用技术，他们就有了两种以上服务手段，两种以上谋生手段。这对于社会，对于后代，对于他们本身，都无疑都是大大有益的。

（原载《探索》1988 年第 6 期，作者 4 人，依次为王炳仁、庞志康、童先荣、陈贤祝。王炳仁主持调查，庞志康执笔。）

制定农村九年制义务教育质量规格的
几个问题①

一

百年大计，质量第一。质量是经济工作的生命，也是教育工作的中心问题。我国党和政府向来重视提高基础教育的质量。1963 年 3 月，中共中央在《关于讨论试行全日制中小学工作条例草案和对当前中小学教育工作几个问题的指示》中指出：中小学教育质量的高低，不仅关系到能否把我们的后代培养成为有社会主义觉悟的有文化的劳动者，而且直接影响我国高等教育和科学研究的水平。一二十年以后我们新的一代的精神面貌和知识水平将会如何，我国的科学文化将会达到什么样的水平，以至于我们能不能在比较短的时间里，把我国建设成为一个具有现代工业、现代农业、现代科学技术和现代国防的社会主义强国，在相当程度上取决于现在中小学教育的现状如何。因此，提高中小学的教育质量，是一项具有战略意义的任务，应该把它摆到党和政府的重要议事日程上来。在关系我们国家和民族的前途与命运的关键性的 90 年代，我们更应该重视提高基础教育的质量，真正把它作为基础教育工作的中心环节，花大力，下苦功，认真地将它抓好。正是基于这样的认识，我们感到对基础教育质量的现状进行实事求是的调查研究，并制订出科学的质量规格和指标体系，为广大基础教育工作者确立科学的基础教育质量观、具体

---

① 据《教育与教学研究》第 1 期（2018 年 1 月）所载南昌师范学院王明露《农村义务教育质量研究：内容、理论基础及发展趋势》称："初步查阅可知，1991 年王炳仁发的《制定农村九年制义务教育质量规格的几个问题》，是学界明确以'农村义务教育质量'为研究对象的第一篇论文。"

可行的目标体系和质量评价标准，是十分必要的。

二

50 多年前，毛泽东同志说过："大家明白，不论做什么事，不懂得那件事的情形，它的性质，它和它以外的事情的关联，就不知道那件事的规律，就不知道如何去做，就不能做好那件事。"[①] 我们研究农村九年制义务教育的质量规格和指标体系，一个基本的前提，就是要弄清义务教育的性质及其与实行义务教育以前的小学教育和初中教育的关系。不搞清这些，大家在讨论义务教育的质量规格和指标体系时，就会缺乏共同的立足点。

关于义务教育，中共中央关于教育体制改革的决定，对它作了这样的界定：义务教育，即依法律规定适龄儿童和青少年都必须接受，国家、社会、家庭必须予以保证的国民教育。这是目前我们国家对义务教育性质和特点最具有权威性的表述。从这一表述中我们还可以明白义务教育同实行义务教育以前的小学教育和初中教育的区别。

首先，义务教育是一种国民教育，它的任务是造就一代忠于自己国家和民族的国民。虽然在接受过义务教育的年轻一代中，不可避免地会出现一批出类拔萃的人，然而义务教育的着眼点并不在于选拔进入社会上层领域的英才。恐怕这是世界上一切实行义务教育的国家和地区对义务教育性质的一种共识。所不同的是，不同社会制度的国家，它们的性质不同，它们所代表的利益不同，因而它们所要造就的国民当然也是性质不同的国民。义务教育的国民教育性质，决定了它与实行义务教育之前的小学教育和初中教育有很大不同。在我国，实行义务教育之前，我们虽然明确地认为，小学和初中教育都是基础教育，也要求通过小学和初中教育把儿童少年逐步培养成我们社会的"自觉的积极的成员"（1952 年 3 月《小学暂行规程草案》和 1951 年 3 月全国第一次中等教育工作会议提出的普通中学宗旨），但并没有明确提过小学和初中教育是国民教育。而在人们头脑中影响比较深的是对中学甚至小学的双重任务要求。应该实事求是地认为，初中毕业生（在一定时期内甚至小学毕业

---

① 毛泽东. 中国革命战争的战略问题 [M] // 毛泽东选集. 北京：人民出版社，1966：155.

生）既有直接走向社会的，又有升入后一级学校的，乃是客观事实，学校的任务就是要根据党和国家的教育方针，都把他们都培养好。然而，在"万般皆下品，唯有读书高"的陈旧传统思想和其他复杂因素的影响下，许多中学事实上把注意力集中在使一部分学生升学上面，许多小学也把注意力集中在使学生升上名牌中学上面，盼望他们顺利地从名牌中学再升上大学，进入社会上层。所以，在相当一段时期内，许多中小学实际上是在"唯升学体制"内运行。这种"唯升学体制"是一种封闭的自我服务体制，在它那里，似乎上学是为了升学，办学是为后一级学校服务，因而也主要受后一级学校的要求制约。而后一级学校，尽管可以把有关社会主义觉悟甚至社会主义接班人的要求，写在纸上，挂在口上，可是，由于各种复杂的原因，它们所实际上要求于前一级学校的，主要还是为自己输送考分高的新生，因而就导致许多小学和初中忽略年轻一代社会主义国民素质的培养。由此可见，我们现在来研究和制定农村九年制义务教育的质量规格和指标体系，如果不能牢牢地把握住义务教育的国民教育实质，不能跳出"唯升学体制"的框框，是断然不能成功的。同时，既然义务教育是一种国民教育，那么它必然会要求人们把对受教育者进行思想政治训练，培养他们的国民精神和民族意识，放在教育工作的首位。人们的国民精神和民族意识，是区别不同社会制度国家国民和不同民族国民的基本标志，因而培养受教育者的国民精神和民族意识，就形成了义务教育的核心或灵魂。综观世界，自从 1619 年德意志魏玛邦政府颁发第一个有关义务教育的法令以来，目前在全世界 199 个国家和地区除 6 个情况不明外，到1982 年至少已有 163 个国家和地区，对儿童和青少年实施着年限不等的义务教育。在实行义务教育的资产阶级国家里，不管它是实行天皇制的东方日本，还是起劲标榜"自由、民主、平等"的美英法等西方大国，它们除了给受教育者以一定的知识技能外，首先考虑的是如何从小把全体国民训练成忠于国家的臣民，拥护社会制度和社会秩序的公民。例如，在美国到处都在对年轻一代公民进行爱美国的教育，甚至不认真唱美国国歌会遭到谴责和攻击；在日本，实行义务教育的小学校和中学校（相当于我国的初中）里，通过道德课、特别活动、各科教学及整个学校生活，不断地向年轻一代灌输着国家主义思想和大和民族精神，究其原因，盖在于此。

我们是社会主义国家，我们所实行的义务教育无疑与资本主义国家的义务教育在本质上是对立的。然而，我们切不可因此而忘却我们的义务教育的核心是用社会主义的国民精神和民族意识去武装年轻一代，把他们培养成拥护社会主义的，有强烈民族自尊心、自豪感、自信心和责任感的国民。相反，应该始终不渝地坚持德育为首，采取切实措施，加强对新一代国民的社会主义、爱国主义教育和四项基本原则教育，加强社会主义、共产主义的思想道德教育。而我们在制定农村九年制义务教育的质量规格与指标体系时，同样也必须牢牢地把握住义务教育的这一核心问题或灵魂。

其次，义务教育是一切符合规定的适龄儿童青少年都必须接受的强制性教育。因为对于所有符合条件的适龄儿童青少年，以及国家、社会、家庭来说，这都是一种必须履行的法律义务。正是由于义务教育是依法律规定适龄儿童和青少年都必须接受的国民教育，所以在实行九年制义务教育的小学和初中里，尤其是初中里，它们的教育对象比之没有实行义务教育的小学和初中，进一步扩大了。如果说在实行义务教育之前人们所强调的"面向全体，造就全体"是指全体在校（在班）学生，那么，义务教育所指的"面向全体，造就全体"，则是指全体必须依法接受教育的适龄儿童和青少年。而且实施义务教育后所扩大的那部分教育对象，往往是在实施义务教育之前可能会被学校筛选下来的那部分。那一部分人或者是因为知识智力基础不够，或者因为厌学，或者是因为其他原因，没有进入中小学。因而在实行九年制义务教育之后，教育行政部门和学校就面临着怎样使这部分人留得住、学得好的问题；在研究和制定九年制义务教育的质量规格和指标体系时，不但要认真考虑现阶段我国社会主义事业对国民的素质要求，而且必须考虑包括这部分人在内的全体义务教育对象的可接受性。

再次，在实施义务教育之前，小学和初中虽然有联系，但是作为两个教育阶段来对待的，即小学作为一个独立的教育阶段，初中和高中合为一个中学阶段。因为它们是两个不同的教育阶段，所以在确定教育任务、具体培养目标和教学教育内容安排时，小学作为独立一部分来安排，初中作为中学的一部分来处理。连近年来颁布的中小学德育大纲（纲要）和中小学学生行为规范，也作这样的处置。所谓要搞好小学和初中的衔接，也是在这种情况下提出来的。可是，实行九年制义务教育后情况就应该不同了。在这时，小学阶段和初中阶段合成一个完整的九年国民教育阶段，它们共同的任务是培养和训练新一代国民。于是就要求人们把它们作为一个整体，通盘考虑它们的具体培养目标、教学教育内容和方法。因此在我们看来，今后不但要有九年制义务教育的教学计划、各科教学大纲和教科书，还要有九年制义务教育德育大纲、学生行为规范，等等。而这种变化，也理所当然地应该反映到研究和制定农村九年制义务教育质量规格和指标体系的工作上来，乃是毫无疑问的了。

三

实际教育工作中有一个教育质量问题，教育思想理论上自然会有教育质量观的问题。所谓教育质量观，指的是人们对教育质量问题的观点、主张、理论。它所要回答的，包括诸如什么是教育质量，应该有怎样的教育质量，怎样才算是高的教育质量这样一系列的问题。仁者见仁，智者见智。撇开人们的阶级立场不论，人们世界观、人生观和教育观（尤其是教育观）不同等原因，便可能有不同的教育质量观。讨论农村九年制义务教育质量规格及指标体系的研制问题，无论如何不可能回避义务教育的质量观问题，更何况前面关于义务教育性质、任务和特点的讨论，也顺理成章地要引出关于义务教育质量观的讨论。

有一种看法认为，考分和升学率就是质量。考分愈高，升学率愈高，教育质量也就愈高。因而主张用统考的考分和毕业生进中专、上重点高中的升学率来衡量小学和初中的教育质量。由于升学率的高低也是靠考分支撑的，所以我们把这种看法称为"考分质量观"。这种"考分质量观"是"唯升学体制"的伴生物，是片面追求升学率错误倾向的一个大支柱。在我们看来，所谓片面追求升学率的错误倾向，至少有下列特征：第一，它以追求使更多的学生升入中专大学或重点中学为办学的唯一目标；第二，它以各科、各育在争取高考分或提高升学率中的作用，确立它们的实际地位，决定对待它们的态度；第三，为了争高考分或提高升学率，任意打乱正常教学秩序，违反教育规律，甚至不惜违背党和国家的教育方针，偏离社会主义方向；第四，它以考分或升学率的高低，作为评价学校教育质量高低、教师勤惰和学生优劣的唯一标准。这四条，条条都体现了"考分质量观"。真理过头一步，就会成为谬误。考试作为检查教学效果的一种手段，考分作为评价学生知识技能掌握程度的一种标志，只要恰当运用，是能起积极作用的。然而这种"考分质量观"却是把考试尤其考分的功能无限夸大甚至神化了，因而成为一种谬误。它的危害在于，它把培养社会主义劳动者和接班人的教育扭曲为"应试教育"，它迫使应该生动活泼积极主动地健康发展的新一代成为分数的奴隶，它会在"分数面前人人平等"的口号掩盖下，悄悄地把教育事业引向歧途。

还有一种看法认为，教学大纲和教科书反映教育质量，教育质量的高低，就看广大学生对教学大纲和教科书要求的达成度。我们暂且把它取名为"教材标准质量观"。这种质量观得到各种版本教育学教科书的广泛支持，被许多人认为是一种科学的质量观。其实，现实的社会生活，早已对这种质量观提出了质疑，以至于我们不得不对它作一番认真的审视。

首先一个问题是，学生掌握了课本以外的知识和技能（例如，杭州众安桥小学的学生发现珍稀的中华虎蝴蝶并且写出了小论文；绍兴柯桥实验区的两位初中学生对本乡宜不宜发展茶叶生产问题从资源生态环保等角度作了全面论证）算不算质量？反之，学生掌握了教材所要求的知识，却不了解社会生活中所必需的基本常识，例如，有的初中生地理教材的内容可以背出来，但不了解本乡本区的地理状况；或者虽然学到了不少书本知识，可是一进入社会却无法按照书本知识的要求去做，例如不少年轻人曾学过化学生物，并得到过好分数，却仍然加入了污染环境和破坏生态平衡的行列，所有这些难道可以断定教育质量高？

再一个问题是，即使学生掌握了教材所要求的知识和技能，而且一般也能实际运用，是否可以说教育质量很高了？其实，在这些问题的背后，还有一个根本性的问题，那就是既然学校教育的质量要求是由教材要求来标志的，那么教材的要求又是根据什么来确定的呢？毋庸置疑，教材乃至整个学校教育的要求，应该根据我国社会主义建设对年轻一代参加农村健康文明的社会生活，建设社会主义新农村的要求来确定，而不是根据人们的主观想象来确定。许多人之所以持"教材标准质量观"，一个重要原因是假定现行教材全面正确地反映了社会生活对年轻一代的要求，而且也符合不同教育阶段受教育者的接受能力。其实，他们误把教育学对教材理想化的要求和假定，当成了现实。现实的情形是，现行教材"亿人一书"的状况，正是它脱离火热社会生活实际的表现。也正因为这样，所以教材改革成为当前教育改革中的一场重头戏。即使今后新编的九年制义务教育教材，比较全面、比较好地反映了社会生活对于受教育者的要求，并且适合他们的接受程度，我们也要按理论联系实际的原则，处理好各地社会要求与教材要求的关系，不能头足倒置地以教材标准作为制定九年制义务教育质量规格和指标体系的依据。因为社会生活日新月异地前进着，而教材总是相对地滞后的。况且，在片面追求升学率的错误倾向还相当有市场的情况下，很难保证持"教材标准质量观"者不向"考分质量观"靠拢。

我们在柯桥教育实验区，根据许多受完农村基础教育后进入农村的青年不适应农村社会主义建设要求，"文不像秀才，武不会耕种"，甚至成为"书呆子加懒汉"等状况，明确地提出农村基础教育应该促进年轻一代良性社会化，使他们成为适应、服务、促进农村两个文明建设的生力军。我们认为，农村九年制义务教育既然是一项为农村造就新一代社会主义国民的工程，那么正像产品质量应由用户来鉴定一样，它的质量主要应该反映在毕业生进入农村社会之后的实际表现上。如果受完九年制义务教育的青年进入农村社会后，绝大部分人在思想政治道德和文化科学素质以及体质方面，能够适应、服务、促进农村两个文明建设，那么它的质量就是高的；反之，如果许多毕业生进入农村社会后，在智力和体力方面不适应农村社会主义物质文明建设的要求，在思想道德上怕农厌农，甚至很快接受腐朽思想和落后生活方式，它的质量就必须打上问号。我们暂且把自己的质量观称之为"教育社会化质量观"或"适应、服务、促进质量观"。我们坚信自己的质量观，认为它反映九年制义务教育的性质和任务，符合辩证唯物主义认识论和历史唯物论关于人民是创造历史动力的原理。相信只要坚持按照这样的教育质量观去抓好农村九年制义务教育的质量，最后就能培养出建设社会主义新农村的浩荡大军。

四

理论的生命，在于它源自实践，指导实践。一种理论，一项原则，如果能够凝固在操作程序上面，它对实际生活所起的作用就会更大。为此，我们根据自己对义务教育性质任务特点的理解和自己所坚信的教育质量观，正在柯桥教育实验区发动那里的教育工作者，研究制定农村九年制义务教育的质量规格和指标体系。在初步的实践中，我们碰到的又一个主要问题是，在具体研究和制定的时候，到底运用什么样的思维方法。更具体地说，到底是按照演绎法呢，还是运用归纳法？不少同志在研究教育质量规格体系或其他方面问题时，主要运用演绎法。譬如，教育要培养和提高受教育者的德智体美劳等素质；"德"又分政治品质、思想品质、道德品质，"道德品质"又分社会公德、国民公德、职业道德、家庭婚姻道德，如此等等，层层推演成一个庞大而完整的指标体系。我们并不拒绝演绎法，但是，我们认为，在没有比较完整而准确地把握社会对年轻一代的要求之前，运用演绎法难免会主观臆想，违背实事求是的要求。根据这样的认识，我们开始进行了这样三项调查：第一，关于"柯桥的昨天、今天和明天"调查。第二，关于本地区有贡献人物的调查。第三，关于初高中毕业生回乡后情况的跟踪调查。这三项调查的主要目的，在于了解柯桥社会的今天和未来对于当地九年制义务教育的要求。在调查的基础上，去粗取精，去伪存真，运用归纳的方法归纳出柯桥经济和社会对九年制义务教育的质量要求，作为我们制定农村九年制义务教育质量规格和指标体系的基本依据之一。除此之外，我们还向广大学生家长和社会各界定期开放教学过程，目的也是要了解社会对学校的要求。"国家兴亡，匹夫有责"，农村的年轻一代，同样面临着当前严峻的国际形势，同样负有反对"和平演变"和建设有中国特色社会主义的使命，因此对柯桥年轻一代的要求不仅仅是柯桥经济和社会发展的要求。然而，任何人总是应该立足本职为国效力的，柯桥农村青年只有把柯桥的社会主义两个文明建设推向前进，才谈得上尽了"匹夫之责"。所以，准确把握柯桥经济和社会发展对年轻一代的要求，乃是至关重要的。

在实践中，我们还进行了建立质量规格和指标体系的初步尝试。我们主张应该从毕业生进入社会后的实际表现来看九年制义务教育的质量，所以我们并不仅仅试图在学校教育的圈子内，按德智体美劳五个方面来确定质量规格和指标体系，相反，还按社会生活分成政治生活、职业生活、文化生活和家庭伦理生活四大基本块的实际情况，再提出具体要求。譬如，针对农村社会要求年轻一代爱农、为农，而农村青年普遍存在着"轻农""厌农""离农"思想，我们把使学生知农、学农、爱农、立志兴农列入质量要求之内；针对种植业和养殖业后继乏人，我们提出学生受完九年义务教育之后，要学会（主要在初中阶段学）两项农活，否则不予毕业；针对柯桥乡镇企业就业者都是离土不离乡的农民工人，他们有休闲时间，但文化生活比较贫乏的实际，我们规定每个青年受完九年制义务教育后，都必须学会一种乐器，学会一两样球类活动。此外，我们还主张把学校没有流生、考试没人作弊、师生友爱、近视眼人数多少等也列入质量要求。毛泽东同志说得好："人类总得不断地总结经验，有所发现，有所发明，有所创造，有所前进。停止的论点，悲观的论点，无所作为和骄傲自满的论点，都是错误的。"只要坚持以马列主义毛泽东思想作指导，紧密依靠广大教育战线内外的群众，埋头苦干，深入研究，我们一定可以研制出比较科学的农村九年制义务教育的质量规格和指标体系。

（原载《上海教育科研》1991 年第 6 期）

让整体实验沿着自己的轨道健康发展

一

我国基础教育领域的整体实验是一种着力于教育结构功能的整体优化，着眼于使受教育者整体素质更高的教育实验。它的兴起，是由于单项或单科的教育实验明显地暴露出不适应深化教育改革、全面贯彻教育方针、大面积提高教育质量、提高受教育者整体素质的要求，需要有更先进的实验形式来补充甚至替代。近十年来，尤其是中共中央关于教育体制改革的决定公布以来，各种类型和规模的整体改革实验点遍及城乡，取得了令人瞩目的成效，显示了它的生命力。

当然，面对一种新生事物，难免见仁见智，褒贬不一。对于整体实验也是这样。有一种代表性的观点认为，目前教育界所进行的整体实验，只是一种准实验。何为准实验？说得明白一点，就是一种不很够格的实验。这种观点的主要理由有二：其一，是在实验过程中，由于整体实验是一种多因子、综合性的实验，很难控制变量；其二，是在分析实验结果时，往往只能找出因变量变化的综合性原因，而不大可能——对口隔离归因分析。这些都不符合现行许多教育实验法书籍的要求。在现行教育实验法的理论看来，教育实验法区别于其他研究方法的主要特点就在于控制，而且由于它能够严格地控制变量，因而就能够对于自变量和因变量的关系作出比较准确的隔离的归因分析。既然现行的整体实验很难做到这些，自然就只能算作科学性较次的准实验。于是，就逼使人们不得不认真地想一想：整体实验是否就是准实验？它的出现，到底是我国教育实验水平的下降还是提高？而且，人们也不难理解，这一问题的正确解决，对于整体实验的健康发展，具有重要意义。

　　唯物辩证法有一个著名的原理，就是具体地分析具体情况，用不同质的方法解决不同质的矛盾。由此，我们可顺理成章地引申出应当用不同标准评价不同对象的结论。众所周知，现行许多教育实验法书籍对教育实验的种种要求，基本上移植自传统的心理学实验法，对于教育心理学实验和简单的教育实验比较适用。然而，整体并不是部分的简单凑合。相对于因子很少的单项实验，整体实验不但是多因子、综合的、复杂的实验，而且已经产生了质的飞跃。因而也就不能简单化地用现行书籍中对实验法的一般要求去评价它。如果硬要这么做，那就会阻碍整体实验的健康发展。

　　同时，我们还知道，实践是检验真理的唯一标准。一种理论，一种方法，它的科学性如何，应当由实践来作结论。马克思主义之所以是科学的真理，就是因为它不是僵化的教条，而是行动的指南，能够指导无产阶级的共产主义运动，为共产主义运动的实践所反复证明。同样，要证明整体实验的科学价值，主要不能看它是否符合心理学实验法的要求，而应该由教育改革和发展的实践来检验。然而，一旦我们把目光转向教育改革和发展的实践，就会吃惊地发现：主要应用心理学实验方法、被认为科学性较强的单项实践或单科实验，往往不能顺利地适应教育改革深入发展的形势；相反，被认定为准实验的整体实验，却随着教育改革的深入发展应运而生，并且已经在理论和实践的结合上，在落实教育方针、促使基础教育由片面的应试教育转变为全面的国民素质培养、大面积提高教育质量等方面，做了大量成功的探索。至此，对于综合性、整体性的教育改革来说，究竟是哪一类型的实验比较适应它的要求，结论不是非常明白了吗？

　　至于整体实验的兴起是标志着我国教育实验研究水平的降低还是提高，只要指出如下两点就清楚了：第一，我们已经有一大批人基本上能操作这类规模和难度更大、要求更高的实验。第二，它已经而且正在继续取得明显的实验效果。所以，笔者认为，应该而且必须推翻整体实验是准实验的结论。

二

　　必须指出，用心理学实验的要求来评价整体实验，不仅是用单项、单科实验模式来要求整体实验的问题，而且还是用某种自然科学（心理学主要属自然科学）的实验模式来支配某种社会科学（教育学属于社会科学）实验研究的问题。如前所述，既然不能用解决某种质的矛盾的办法去解决另一种质的矛盾，那么，用心理学的实验要求来规范整体教育实验，用心理学的实验模式来支配教育学的实验，不但会阻碍整体教育实验的发展，而且还会阻碍整个教育实验研究的健康发展。所以，我们主张推翻整体实验是准实验的结论，不但是为整体实验正名，更有一层较深的用意在于希望整体实验尤其是整体教育实验，冲破传统的心理实验模式的束缚，遵循自己的规律，沿着健康的轨道向前发展。我们深深地感受到，是用某种模式去框住整体教育实验，还是让它沿着自己的轨道健康发展，这是影响整体教育实验继续发展提高的又一重大问题。

为了使整体教育实验能够沿着自己的轨道健康发展，至关紧要的一点是应当按照整体实验的本来面目去认识整体教育实验，根据它的规律和特点，引导它健康发展。有必要说明的是，我在这里说的整体教育实验是存在于实际生活中的。例如，我所见到过的浙江杭州天长小学、胜利小学、求是小学和安吉路学校的同志们所实施的整体教育实验，而不是某些同志想象中的甚至理想化的"整体教育实验"。愿望再美好，如果不符合实际，也不足为研究问题的依据。

那么，应该怎样才能按照整体教育实验的本来面目去认识整体教育实验呢？笔者认为，同任何事物的出现有它自己的原因一样，认识当前的整体教育实验，第一，必须要弄清它是怎样兴起的。第二，正像所有事物的存在都有其理由一样，应该搞清整体教育实验存在的理由，或者说它所承担的使命或任务。第三，对人类的实践区别于对其他动物实验的重要之点，就在于它的能动性，或曰有一定的思想理论指导。作为社会主义教育改革实践的一个方面或部分，整体教育实验的指导思想究竟是什么，也很值得我们认真分析研究。第四，在教育改革的实践中，人们不难发现，实施整体教育实验的具体模式是多种多样的，仅《中小学整体改革研究会第二届研讨会综述》（见北京宣武区教科室和海淀区教科所汇编《教育科研资料》1990 年第 2 期）就归纳出"主体式""链式""综合式""主题式""抓纲式""群体式"等六类模式。但是，万变不离其宗。这些具体模式都根据整体教育实验的本质特征而由人们在实践中创造出来的，如果背离了整体教育实验的本质，那么它们就不成其为整体教育实验的具体实施模式了。所以认识整体教育实验，关键是要认清它的本质。抓住了它的本质就等于抓住了牛鼻子。至于具体的做法，就可以因地制宜、因校因班制宜地创造发挥了。第五，整体教育实验，是实验实施单位全体教育工作者和全体学生，甚至学生家长和有关社会各界的教育改革实践。在这一实践中，人们各自扮演着何等角色、起何等作用，以及如何整体配合等，也不能不作一番考察研究。

关于整体教育实验的兴起，本文开头已经说过，这是改革之必然，群众的创造，这里不再赘述。仅就其余几点简述了一孔之见，意在引玉而已。

关于整体教育实验存在和发展的理由，实际上指的是教育改革要求整体教育实验承担的任务、使命，或者说要求它实现的目标。因为如果教育改革的实践不需要整体教育实验承担一定的任务、使命，实现一定的目标，整体教育实验就没有存在的必要。那么，什么是整体教育实验所面临的根本任务和使命呢？对于这个问题，许多同志有过回答，而且回答不尽相同。我们认为，最根本的恐怕是教育改革和发展的实践要求它为优化全体适龄儿童少年的全面素质，高质量地实现国民教育任务，探索规律和对策，促进教育改革的深化和教育事业的健康发展，为建设有中国特色的社会主义服务。正是由于教育改革和发展的实践，要求整体改革教育实验承担这些艰巨任务，而整体教育实验已经或者正在承担起这些任务，所以整体教育实验才得以存在和发展，才有生命力。

关于整体教育实验的指导思想或理论武器的问题，应该肯定系统论在给予人们从整体上认识对象、思考问题、解决问题的思路方面的功绩。可是，不能不注意到另一种倾向，那就是少数同志以为指导教育研究"新三论"灵，"老三论"不灵了。不说别的，许多同志在接触系统论之前就知道事物内部各个部分之间、事物与事物之间都存在联系，要用全面的观点、联系的观点，还有发展的观点观察世界，研究问题。这些认识是从哪里来的呢？很明显是学了唯物辩证法得到的。更何况，唯物辩证法作为一种世界观和方法论，对于包括系统论在内的自然科学和社会科学研究都有普遍的指导意义。因此，当我们肯定系统论对整体实验的指导作用时，千万不可忘却了唯物辩证法。

另外，有必要指出，系统论的整体观，虽然能帮助人们整体思考和分析问题，并处理诸实验因子的关系，但不能给整体实验以方向和内容，也不能指导整体实验按照什么社会要求处理好各构成部分的关系。而从许多整体教育实验的实践看，马列主义、毛泽东思想和邓小平同志关于教育工作的重要论述，党和国家和教育方针，以及科学教育学的许多原理，都实际指导着整体教育实验的健康运行，忽略这一点，是不公道的。

说到整体教育实验的本质，从大教育的观点出发，说它主要在于整体优化教育内部的结构、功能以及相关的外部条件的说法，是有道理的。联系当前我国基础教育的实际，笔者主张，整体教育实验的实质是：以端正教育思想为主导，通过改革，转变基础教育的模式，优化它的整体结构功能和外部条件。组织整体实验的具体的措施尽管可以放开，但教育思想、教育模式、结构的功能等方面要控制好。

最后，关于实验的动力问题。据我不完全的了解，目前主要有两种观点。一种认为教育实验要成为科学实验，就必须在它发展的每一步都有严密的设计，然后由实验人员和教师去操作。在这里，实验的主导力量是教育科研人员。还有一种看法认为，"人民，只有人民才是创造世界历史的动力"。根据这一历史唯物主义原理，应该让广大师生和群众成为实验主人，成为推动实验健康发展的动力。浙江绍兴的柯桥教育实验区就是这样做的。在那里，课题负责人出思想、出思路，教育科研人员是参谋，具体的课题设计和操作是那里的教育工作者和有关方面的同志。那里的同志们认为，只有这样，指导实验的先进理论才有可能在实践中深深扎根，推动那里的教育健康发展，并且才有可能造就一支有较高科研水平的基层教育工作者队伍。我在这里提到柯桥教育实验区的做法，并不希望其他整体教育实验都这样做，只希望引起大家的思考。

以上是我关于整体教育实验的意见，我以为只有实事求是去认识和驾驭整体教育实验，才能使它沿着自己的轨道健康发展。

三

理论的任务不仅要正确地反映实践，而且主要应该指导实践。既然来自

59

心理学实验的理论已经不适应整体改革教育实践的需要，不适于指导整体教育实验的实践，那么实践就会呼唤并推动新的实验理论出现。这就是整体教育改革实验给予我们教育科学工作者的命令和机会。停滞的论点和无所作为的论点都是错误的。我们中国的教育科学工作者，不但善于吸收引进国外的、其他学科的适合于我国教育工作实践的理论和方法，更有决心和魄力抓住时机，努力研究适合于我国整体教育改革实践所需要的教育理论和方法，包括整体实验的理论和方法，以推动它的健康发展。基于这种考虑，笔者建议，有志于此的同志着重对下列问题作深入研究：

一、整体教育实验的性质特点。包括对"整体教育实验"这一概念的界定，它的内涵、外延的揭示，教育实验与心理实验异同之比较，单项教育实验与整体实验异同之比较，中外历史上整体教育实验包括柏克赫司特的"道尔顿制"[①]、陶行知先生的晓庄师范、育才学校等与当今我国教育改革实验之比较分析，以及整体教育实验实质的揭示。

二、整体教育实验运动规律和存在模式的研究。包括对整体教育实验产生和发展原因的分析，它的几种存在模式的共性和个性的研究，实施整体教育实验成功的经验和失败教训的总结，对整体教育实验发展趋势的预测，以及整体教育实验与教育内外相关因素联系的研究。

三、整体教育实验指导思想或理论基础的研究。首先要搞清实际指导整体教育实验到底有哪些理论，这些理论为什么能和怎样指导整体教育实验，它们之间的关系如何；同时还应在实践经验的基础上，作出新的理论概括，以便指导整体教育实验。

四、整体教育实验的操作研究。包括操作方法论的研究，实验方案的设计研究，实施过程的控制研究，实验资料积累和处理研究，对实验的评价标准和评价方法研究。此外，还包括实验目标设立的研究，实验力量调配的研究等。

---

① 道尔顿制：美国教育家柏克赫斯于 1920 年在美国马塞诸州道尔顿市道尔顿中学创行的一种教学制度，具体做法是：（1）把教室改为各科作业室；（2）废除班级课堂教学、日课表和固定的教材，把各学科的教学内容制成按月完成的作业大纲，规定应该完成的作业，学生与老师订立学习公约，按照自己的兴趣、能力，自己安排学习时间，到学习室学习。学生可以提前完成学约提前毕业，也可以延迟学约，推迟毕业。道尔顿制曾于 1922 年介绍到我国，在一些学校试行。

　　笔者深信，在马列主义、毛泽东思想和邓小平有中国特色社会主义理论的指导下，只要我们广大教育工作者协作攻关，锲而不舍，一门源自我国当代教育改革实践并能指导教育改革实践的新的教育实验学一定会建立起来。

（原载《江西教育科研》1995 年第 2 期）

经济较发达地区农村教育模式研究

——"柯桥教育实验"第二轮实验研究报告

一、实验背景

"经济较发达地区农村教育模式研究"，是全国教育科学"七五"规划国家教委级重点课题"基础教育与人的社会化——大面积提高农村基础教育质量实验研究"（即柯桥教育实验）的继续，1991 年被确定为全国教育科学"八五"规划国家教委级重点研究课题，简称第二轮柯桥教育实验。它的确立，反映世界教育改革的潮流，符合发达地区农村社会主义市场经济和社会文明发展的需要，也是柯桥教育实验自身发展的必然逻辑。

自 20 世纪初以来，在经济、政治、科技等因素和激烈国际竞争的推动下，世界范围的教育改革持续不断，80 年代又发展到一个新的阶段。在 80 年代改革的基础上，进一步改革教育，探索具有时代特点和适合各国国情的教育模式，努力提高教育质量，提高人的素质，乃是 90 年代以至 21 世纪世界教育的大趋势。1989 年底，联合国教科文组织在北京召开的"面向 21 世纪教育国际研讨会"重要文件之一《学会关心：21 世纪的教育》，根据人类所面临的一系列世界性的新威胁和新课题，明确地提出，为了"帮助塑造一个人们期望的 21 世纪"，21 世纪的"教育体制应不同于目前的模式"，认为"社会更多地参与学校和学校更多地参与社会"可能是新模式的"最重要的方面"，清楚地预示了这一趋势。

从国内看，我国教育长期受"应试教育"模式的束缚，直至现在仍不同程度地脱离社会实际、脱离学生实际，不能很好地满足经济和社会发展对新一代公民和建设者的素质要求。《中共中央关于教育体制改革的决定》的基本精神就是要摆脱束缚我国教育健康发展的陈腐的教育观念，改革不适应社会主义两个文明建设要求的落后教育模式，保证教育方针的全面落实，培养数量质量都符合要求的社会主义建设者，提高全民族的素质。在《中共中央关于教育体制改革决定》的指引下，我国教育界一些人士，在"七五"期间就进行了教育模式的有关研究。全国教育科学"七五"规划重点研究课题"发达地区农村教育改革研究"课题组在总结江苏等地经验的基础上提出，要在发达地区适时适度地发展办学模式多样的高中阶段教育。《珠江三角洲教育发展战略研究报告》主张以建立社会主义实用型教育体系为该地区教育发展的模式目标。上海郊区的一批乡镇，经过多年探索，初步形成了"立体式，开放型"的社区教育模式。此外，还有人对职业技术教育的办学模式、德育模式、教学模式等进行了研究。所有这些都说明，由于教育改革和发展的实际需要，教育模式的研究，已经日益成为人们所关注的重要课题。

从柯桥教育实验自身看，第一轮实验——"基础教育与人的社会化——大面积提高农村教育质量研究"，就是针对"应试教育"模式使农村基础教育脱离农村社会主义建设实际，使农村新一代不能很好地适应农村经济社会发展的弊端而提出的，并初步探索了使柯桥以至广大农村的基础教育克服这些弊端，真正摆脱"应试教育"的道路。第一轮实验虽然在宣传正确的教育思想，纠正频繁的统考，恢复正常教学秩序，改革中考制度，改善校园气氛，研究课程教材改革，实行社会、学校的双向参与等方面进行了大量研究，取得了明显的理论和实践成果。但是，由于时间和精力等因素的限制，还不可能对能充分体现教育方针的要求，有效地适应、服务、促进农村社会主义建设的柯桥教育新机制、新模式，在理论与实践的结合上进行比较充分的研究和探讨。因此，根据改革重在建设的原则，第二轮柯桥教育实验理所当然地以研究教育模式为其主要任务。考虑到绍兴县在 1990 年全国首届农村百强县评选中名列百强县的前 10 位，1994 年根据收入分配、物质生活、精神生活、人口素质、生活环境、社会安全与保障等 6 个方面的基尼系数、恩格尔系数、人均每日蛋白质摄入量、劳动力平均受教育年限、享受社会保障人口的比重等 16 项指标的全面考核评价，成为浙江省首批农村小康县之一，而柯桥三镇又是绍兴县内相对发达地区。1995 年柯桥三镇工农业总产值 88.59 亿元，其中工业产值 87.43 亿元，占工农业总产值的 98.7%，农民年人均纯收入 3354元，位列我国农村经济较发达地区的前茅，它的新教育模式的一般原理和结构，肯定会对其他经济较发展地区农村有参考价值。同时，研究柯桥地区的新教育模式，也必然要联系其他经济较发达地区教育的状况，研究这些地方的教育模式，故本课题定名为"经济较发达地区农村教育模式研究"。

二、理论依据

本课题以马列主义、毛泽东思想和邓小平建设有中国特色社会主义理论为指导，运用多学科的理论成果进行研究。

（一）辩证唯物主义和历史唯物主义的原理

主要是：(1) 实事求是，一切从实际出发，理论联系实际的原则。这些原则指引我们坚持以研究经济发达地区农村教育的现实问题为中心，着力把握其普遍面临的基本矛盾，从发达地区农村社会主义建设和教育改革与发展的实际出发，从理论和实践的结合上来研究解决这种基本矛盾的原理、原则和具体方法，探索发达地区农村教育的新模式。(2) 实践第一的观点。它启示我们：教育科研工作者必须面向教育实践，深入教育实践，善于向第一线教育工作者学习，和他们一起在实践中发现和解决发达地区农村教育的主要问题和基本矛盾，并通过亲自实践探索发达地区农村教育的新模式，为农村教育的改革与发展，为建设我国自己的教育学作出应有的贡献。(3) 人民群众创造历史的观点。这一观点认为，人民群众是创造历史的真正动力，革命和建设的任务都只有依靠他们才能实现。它是本课题研究以柯桥地区广大校长教师为主要力量的依据。

（二）马克思主义教育学说关于教育与社会发展、教育与人的发展关系的理论

这一理论指出：教育的发展和社会发展相适应，它的基本职能是通过培养人来促进社会生产力的发展、维护社会的生产关系和推动社会进步。在我国社会主义现代化建设的新时期，社会主义市场经济体制的建立和整个社会

的健康发展，必须依靠于教育，而教育的价值也只有通过适应、服务、促进社会主义物质文明和精神文明才能得以实现。这一理论认为，儿童青少年的社会化是在学校家庭社会的教育影响下实现的。在大力推行九年义务教育的今天，我国基础教育在促进新生一代身心健康发展，帮助他们具备21世纪我国社会主义社会合格成员所需要的思想道德和科学文化素质等方面，负有更加重大责任。只有切实担负起这一重大历史使命，才能确保我国基础教育适应、服务、促进社会主义现代化建设的职能得以实现。同时，也只有真正发挥了适应、服务、促进社会主义现代化建设的职能，才会使我国的基础教育更好促进年轻一代的健康成长。这一理论符合邓小平建设有中国特色社会主义理论的基本精神，是柯桥教育实验指导思想的理论基石。柯桥教育实验就是要探索能够保证这一理论贯彻到底，使之落实于发达地区农村教育之中的一整套理论原则和操作办法，并将这些"物化"为新的教育模式。

此外，我们还运用社会学和系统科学的原理和方法，指导柯桥教育新模式的研究。

三、实验设计

（一）假设

1. 关于发达地区农村教育新模式的假设

本课题的主要任务是在绍兴柯桥教育实验区范围内，进行经济较发达地区农村教育新模式的实验研究。我们假设：能在帮助农村新一代作好未来社会生活的准备，实现优质社会化过程中起主导作用的农村教育模式，是最能适应、服务、促进社会主义新农村建设的经济较发达地区农村教育模式。

两点说明：（1）教育模式是多类型、多层次的。大至教育的整体功能，小至课堂教学的结构和方法，都可以有多种多样的模式。柯桥教育的新模式本身，也是一个层次性的结构。但是，在实验设计时，不可能也没有必要面面俱到地对柯桥教育模式各层次的内容作出规范。这是因为实验设计者不可能作出如此具体的构想；更因为我们认为这样的努力并不是明智的，这样作出的具体构想，也不一定有利于广大教师、干部、群众积极性和创造性的发挥，以及不同社区不同类型学校的发展和提高；最重要的是因为教育的一切方面都围绕着实现其目的和功能而运转，教育模式的建构也必须服从、服务于教育目的和功能的实现，并受教育目的和功能模式的制约。所以，关键在于建构目的功能模式。本假设所指的柯桥教育模式应当属于实现目的的功能模式。
(2) 任何一级学校培养的人，最终都要进入社会，参与丰富多彩、变化发展、充满挑战的国内甚至国际社会生活。他们应该在今后的社会生活中堂堂正正地做人，认认真真地做事，热爱社会主义祖国，拥护党的基本路线，创造性地劳动和工作，成为有益于当地经济社会发展、有益于国家民族、有益于人类进步的新一代社会主义公民和建设者。因此，任何一级学校教育都应该根据需要和可能，为学生今后参与社会生活做好准备，帮助他们逐步掌握一定的科学文化知识，必要的劳动和生活技能，以及各种社会生活的规范，逐步具备社会主义两个文明建设所必需的政治态度、价值观念、道德品质、法治意识、知识技能、审美能力、创造精神、心理素质和健全体魄，实现全面发展，实现社会主义的社会化。努力使学校由对学生在校的几年负责，转为对他们离校后负责；由适应后一级学校的要求，对后一级学校负责，转为适应社会进步的要求，对经济和社会发展负责。只有这样，学校教育才能从自己的特点出发，最有效地适应、服务、促进当地乃至国家的社会主义现代化建设。正是基于这样的认识，我们作出了上述假设，并且认为上述假设的模式，可能是经济较发达地区农村教育最好的模式。

2. 关于怎样才能形成经济较发达地区农村教育新模式的假设

我们就怎样才能形成经济较发达地区农村教育新模式问题，作了如下假设：

在加快我国社会主义现代化建设步伐的新时期，只要坚持以"适应、服务、促进"社会主义新农村建设为中心，努力建立我国农村教育正确的功能观和价值观，使之为广大学校教职工和当地干部群众所接受，并且从较发达地区农村经济社会和教育自身的实际出发，努力优化较发达地区教育系统内部若干具有决定性意义的子系统，改善其外部关系和条件，建立能够迅速反映社会需求的运行机制，就可以建立起能够在帮助新一代实现社会化中真正起主导作用的经济较发达地区农村教育新模式，有效地"适应、服务、促进"较发达地区农村的社会主义建设。

　　这里，有两点需要进一步说明：(1) 实践告诉我们，教育观念的转变是根本性的转变，它能带动教育工作其他方面的转变。只有从转变人们的教育功能观、价值观入手，把改变人们头脑中的陈腐教育观念，树立进步、科学教育观念这一环节抓好，才有可能解决经济较发达地区农村教育普遍存在的一些严重问题。例如，目前农村教育的现状是，一方面教育严重脱离农村居民的生产、生活实际和农村建设的需要；另一方面农村青少年受完中等教育后仍有 90%~95% 的人要回到农村，这些孩子能够"适应、服务、促进"农村的社会主义建设吗？这是突出的矛盾。一方面要克服学校片面地以提高升学率为办学目标，忽视德、体、美、劳各育，学生课业负担过重，教学质量在"大面积上并不理想"等"顽症"，使农村教育真正摆脱"应试—离农"模式的束缚，逐步形成适应农村的社会主义现代化建设需要的新模式；另一方面支持"应试—离农"模式的陈腐教育观念，是千百年来逐步形成和强化起来的，它已经作为一种习惯势力渗入我们社会文化的深层，受其影响和侵蚀的不但有教育工作者，而且有学生家长和社会各界的人们，而要改变这种陈腐教育观念所支持的陈旧教育模式，往往会触动社会的方方面面，遇到来自各方的阻力，这是农村教育中存在的一大基本矛盾。所以，教育观念的转变会比教育结构和体制等方面的改变更加困难，也更加重要。基于上述认识，我们认为，为了建立经济较发达地区农村教育的新模式，应该把改变人们头脑中的陈腐教育观念，树立科学的教育功能观、价值观放在首要地位。这也是在柯桥教育实验区开展经济较发达地区农村教育新模式实验研究的一项根本原则。(2) 经济较发达地区农村教育是一个系统，柯桥地区的教育也是一个系统，它们内部都包含着许多互相联系的子系统。其中有些子系统，如具体培养目标、教学内容与方法、考试制度、师资队伍、管理体制、教育结构等，对于整个系统的存在与发展有着决定性的意义。另外，整个系统还和社会其他的系统有着密切的关系，社会对教育的需求，包括社区和学生家庭对教育的要求，以及社会对教育的经费投入与参与，对整个较发达地区农村教育系统都会产生重大的影响。所以，我们认为，建立经济较发达地区农村教育新模式，除了应该紧紧抓住建立正确的教育观这一关键环节之外，还应从实际出发，努力优化经济较发达地区农村教育系统内部若干具有决定性意义的子系统，并改善其外部联系与条件，建立能够迅速反映社会对教育需求的运行机制。

（二）实验对象、目标

1. 实验对象

本实验以柯桥教育实验区范围内柯桥、华舍、湖塘三镇九年制义务教育阶段的学校（小学和初中）、成人教育学校（各镇、村成人文化技术学校）和幼儿园为主要实验对象。

2. 实验目标

（1）在第一轮实验的基础上，建构农村教育能够比较有效地适应、服务、促进农村社会主义建设的模式，提出经济较发达地区农村个体预期社会化的目标体系，使造就能够广泛参与社会主义新农村生活的一代新人和大面积提高农村教育质量有稳固可靠的基础。

（2）编写出几科有特色的基础教育主干教材。

（3）建设一批特色学校，形成文明学校群。

（4）建立全区教研、科研网络，形成高素质的科研与管理相结合的管理人员队伍和科研与教研结合的骨干教师队伍。

（三）实验的主要方法

本实验就范围而论是一项区域性实验，就所采用的手段而言属于自然实验范畴，在实验区办公室具体指导下，由实验区全体校长教师、广大学生家长和社会各界参与，在现实的教育教学环境中进行。部分学校还组建子课题组，对某一个方面进行重点研究。由于实验区的范围广，学校多，情况各有差异，加上子课题多，性质不同，本实验研究除采用教育科学研究的基本方法外，还采用下列社会科学研究方法。

——舆论导向法。教育模式的核心是教育观念，要建立先进的教育模式，关键是要以先进的教育思想为先导，帮助实验区的教育工作者、家长以及社会各界，树立适应经济和社会发展要求的教育价值观，所以，我们始终重视国家教育方针政策和先进教育思想的宣传。

——行动研究法。行动研究是在 20 世纪 40 年代初由德国心理学家勒温概括出来的一种研究方法，已被世界各国广泛运用于社会各个领域的研究。

20 世纪 80 年代以来，世界各国越来越注意采用行动研究法来研究教育改革问题。教育行动研究法的主要特征是：（1）研究的目标主要不在于发展和检验理论，而在于解决教育改革与发展中的实际问题，培养提高教育工作者的研究能力和其他素质；（2）强调行动者（教师和教育管理人员）参与研究；（3）不强调研究方法的严谨性，但研究方法、手段要达到一定的科学性，符合教育研究的基本程序。它的研究步骤大致是：

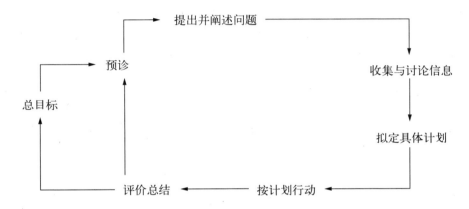

这种方法特别适合大范围区域性的教育改革与实验。

我们在本实验中反复强调要依靠柯桥的广大教师、干部和群众，大家动手，搞好实验，探索具有中国特色的经济较发达地区农村教育模式，而且实际上也是这样做的。

四、实验过程

本实验课题从 1990 年夏开始酝酿到 1995 年夏基本结束，共经历五年时间，分为三个阶段。

（一）实验准备阶段（1990 年夏—1991 年夏）

举办全实验区、中小学校长和实验骨干研讨班，进一步明确实验指导思想，讨论如何进行第二轮实验；征求多方意见拟定第二轮实验方案；向全国教育科学规划领导小组申报"八五"规划课题立项；继续巩固第一轮实验的成果和进行实验的其他准备工作。

（二）全面实验阶段（1991年秋—1994年秋）

在这一阶段，我们根据两项实验假设的要求，采取了下列实验措施，并且始终把引导全实验区广大干部、教师、学生家长和社会有关人士进一步转变教育思想、树立科学的教育观念放在首要地位。我们通过举办全国农村教育综合改革研讨会，在绍兴县政府、县教委支持下多次召开实验工作会议，定期召开各中小学和成人文化技校校长会议和各种专业会议，举办各类课题研讨会、各种讲习班、培训班和各种评比活动（如评选先进实验单位和优秀论文）等，反复宣传和组织学习马列毛泽东和邓小平的教育思想，宣传和组织学习国家教育方针和《中国教育改革和发展纲要》的精神，促使人们树立进步的农村教育功能观、价值观、质量观和人才观，推动各项实验措施的落实。同时也力求使落实各项实验措施的过程，成为引导人们转变教育观念的过程。

1. 巩固和发展社会与学校的"双向参与"模式

学校是社会的有机构成部分，它理所当然地应该反映社会的需求，并努力满足社会发展的需求。但是柯桥地区的中小学管理体制，同全国其他许多地方一样，长期来处于"垂直封闭"状态，与当地乡村社会缺乏有机联系，学校不能及时反映来自当地的经济和社会发展的需求，缺乏对促进当地经济和社会发展的强烈责任心。为了建立能给受教育者的未来生活作好必要准备的教育模式，必须打破这种"垂直封闭"的体制，创造条件使当地群众参与学校管理和学校师生参与社会生活的机制。为此，第二轮柯桥教育实验把巩固和发展第一轮业已开始的吸引社会参与教育的工作作为重要内容，并建立了"学校、社会'双向参与'教育"子课题，积极建构以校董会（社区教育委员会）为核心、班级家长委员会为基干、开放学校教育为重要形式的乡村社会参与学校教育的模式。至于学校师生参与社会生活主要通过举办家长学校，指导家庭教育，优化家庭环境；全实验区所有完小以上学校建立红领巾气象站，直接为群众服务；经常组织文艺演出、书画展览、体育比赛，推动社会文明建设；组织师生进行社会调查、参观访问、参加社会公益劳动、参与农村基本路线教育和向乡村提出发展经济的建议，以及通过成人文化技校兼办全日制职业高中班等，直接为柯桥三镇经济发展提供素质较高的劳动者等多种形式实施。

2. 坚持高标准做好九年制义务教育的普及工作

从义务教育的角度看，柯桥教育的新模式，是为所有依法必须接受义务教育的柯桥三镇适龄儿童少年未来社会生活作好必要准备的模式，也是使所有依法必须接受义务教育的适龄儿童少年实现他们可能达到的社会化的模式，它要求我们坚持高标准做好九年制义务教育的普及工作。第二轮柯桥教育实验在这方面面临的问题主要有两个：一是怎样帮助少数弱智儿童接受教育；二是怎样使全实验区的中小学由第一轮实验鉴定期间仅为 0.41% 的流失生提高到无流失生？

在弱智教育方面，为了探索在农村开展弱智教育的有效模式，第二轮实验开始时就建立了"弱智教育研究"子课题，由柯桥镇梅墅完小承担。该校于 1991 年暑假选派两名教师参加中央教科所组织的特殊教育研讨和培训，回校后任该子课题研究的骨干。经过一段时间研究，形成了"随班就读和集中辅导（下午第一节课后全校弱智儿童集中辅导）相结合的弱智教育模式"，为全实验区开展弱智教育开辟了一条可行的路子。与此同时，全实验区有 11 所小学在梅墅小学的带动下，按随班就读和集中辅导相结合的模式对 120 名轻度弱智的儿童进行教育。到 1993 年下半年，实验区办公室组织力量对全区小学学龄儿童进行普测，累计测出弱智儿童（以轻度为主）450 名，按照梅墅小学创造的模式分散在 36 所小学校接受义务教育。

为争取全实验区无流失生，我们站在全面贯彻教育方针，促进全体适龄儿童少年社会化的高度，从端正学校办学思想和向家长宣传《义务教育法》入手，坚持"内外结合"（"内"是学校内部的改革，"外"指对家长的工作）、"软硬兼施"（"软"指为少数确实有困难的家庭解决实际问题，"硬"指依法采取必要的强制措施），努力做好流失生工作。

3. 建立义务教育阶段柯桥新一代人的素质目标体系

学校是社会定向培养人的专门机构，不论它的性质如何，不论它属于哪一种办学模式，都必须有自己的培养目标，根据培养目标实施教育，也就是坚持培养目标导向。第二轮柯桥教育实验既已选定了优化柯桥教育的新模式，就必须建立与新模式相一致的育人目标。在对"柯桥的昨天、今天和明天""柯桥地区优秀人才素质"和"初中毕业生回乡情况"进行深入调查的基础上，经过反复研究，实验区办公室于 1992 年 5 月提出了《柯桥教育实验区义务教育阶段素质指标体系（征求意见稿）》，明确提出了新一代柯桥人在接受九年义务教育后应该具备参与社会政治道德生活、文化科学生活、职业劳动生活、家庭日常生活方面的 40 项基本素质，要求各中小学联系各自社区经济社会发展特点和学生状况，确定与上述一、二级指标相应的三级指标，借以引导和评价学校的全部育人工作。同时，在全实验区内改中小学生学期《成绩报告单》为《素质报告单》（已于 1993 年由绍兴县教委向全县中小学推广），用上述素质目标要求来评价学生。采取以上措施的目的，是要在全实验区义务教育学校中，逐步形成素质目标引导的育人模式。

4. 坚持义务教育阶段课程教材改革实验

柯桥的义务教育要为柯桥新一代未来生活做好准备，培养能够推进 21 世纪社会主义现代化建设的公民和建设者，在确定素质目标的同时，还必须对原有的课程教材进行改革。只有这样《柯桥教育实验区义务教育阶段素质指标体系》的实施才有依托，才能通过正确解决"教什么，学什么"这个学校教育的根本问题，保证柯桥教育新模式的形成。如果说柯桥教育实验的第一轮主要是对原来的课程教材采取了若干改革措施，为全省的课程教材改革进行积极的探索，那么第二轮柯桥教育实验则主要是通过认真实施浙江省义务教育教学计划，试用省编义务教育教材，进一步深入地进行实验区的课程教材改革实验。因为省编义务教育教材在教育思想上同柯桥实验区是一致的，在课程结构和课程教材的内容方面，着眼于为新一代国民打好必要的社会生活基础，重视因材施教原则的贯彻，与柯桥义务教育阶段素质目标一致。其中"体育与保健"采用了第一轮柯桥教育实验的成果，小学的"生活与劳动"、初中的"家庭生活""职业指导"和英语选修（初二年级开始）等，也是参照第一轮柯桥教育实验的成果"社会活动课"等提出的。另外，同教育部 1984 年颁发的中小学教学计划相比，小学从 11 门课程减为 8 门，总课时减少 400 来节，体现了减轻过重学业负担，促进学生生动活泼地发展的精神。正因为如此，所以从 1991 年秋季起，柯桥实验区各中小学的起始年级率先实施浙江省九年制义务教育教学计划，试用省编义务教育教材，并且从课程教材改革的角度着重采取了下列措施：

（1）全面开设选修课。浙江省义务教育课程体系的一大特点是，在初中阶段课程中设置了文化（含外语、自然科学、其他）和劳动（职业）技术选修课程，实行必修和选修相结合。这样做有利于教学工作适应学生的个性特点，实施因材施教，能够使一部分学生扬其所长，学点适合自己兴趣爱好的、适应当地社会经济发展所需要的知识和技能。全实验区从 1992 年秋季起，在 6 所初中 15 个初二班级里，开设选修课程。有 121 名学生在本人自愿、家长支持的前提下，在英语课时间里选修劳技课或其他文化课程。1993 年秋季起，全部 8 所初中的所有初三年级在允许一部分学生在英语课时间里选修其他课程的同时，还开设了数学 A、B 选修，自然科学 A、B 选修，职业技术教育和其他文化课选修。随着选修课的全面开设，全实验区出现了初三分流的局面，形成了"分流后组单班""分流后组多班""分流不分班"等模式。

（2）重视活动课程的建设。把晨间活动（小学）、班队活动、体育活动、兴趣活动作为课程体系的有机组成部分，纳入义务教育教学计划，确定明确的地位，在每周总课时中占有相应课时，肯定其在同等时间内与其他课程的同等价值。这样做有助于加强对学生的思想品德教育，研究学生的精神生活，扩大学生的视野，增长他们的知识与才干，发展他们的兴趣爱好和特长，促进他们在德智体美等方面生动活泼地发展，也是实现柯桥地区义务教育阶段素质目标的重要途径。为此，这一轮实验也非常重视活动课程的建设，通过培养典型，积极引导，制订规格，缜密管理，认真考核，严格要求等措施，把活动课程开齐开好。各学校普遍以全校或年级为单位，组织图画、书法、雕塑、摄影、文学、歌咏、舞蹈、乐器、棋类、球类、气象、种植、花卉、编织、缝纫、自行车修理等各种小组，既培养和发展了学生的爱好与特长，也丰富了学校生活，推动了校园文化的建设。此外，实验区各初中的三年级还普遍开设了社会实践活动课，让报考高中或中专的学生考后参加一周社会实践活动。

（3）自编乡土教材，重视乡土教育。在农村学校开展乡土教育，对于克服教学脱离农村实际，引导学生了解家乡、热爱家乡，培养起对家乡的责任感，都有一定作用。根据省义务教育教学计划关于必修课的教学应留 5%~30% 的时间用于乡土教学或其他补充教学，以及教材自编的规定，实验区办公室和有关学校组织力量编写了实验区小学用书《乡土教育》《社会交际作文系列训练》，以及初中用书《社会中的能量和信息》等 10 余种乡土教材和补充教材。

（4）在小学低年级大面积实施珠心算教学。珠心算教学是我省慈溪市的一项教改试验成果，在国内外有很大影响，实践已经证明它在开发右脑、发展智能、培养良好心理品质等方面具有不可忽视的作用。考虑到它与本实验宗旨相符，决定建立子课题进行专题研究。1992 年底开始在县实验小学、华舍镇中心小学、管墅分校、柯桥镇中心小学和州山分校等少数小学的一年级中进行推广试验，1993 年秋在全实验区 57 个一年级新生班中全面开展珠心算教学，到 1995 年秋已有 185 个小学一、二、三年级班，共 7377 名学生参加珠心算教学。

5. 完善考试改革

柯桥实验区的考试改革，始于第一轮实验。为确保素质目标的实现，确定本轮实验继续坚持并不断完善这项改革。改革实验的范围涉及下列两个主要方面：第一，改革义务教育阶段各中小学的平时考试。（1）确定实验区各学校不参加市、县教育行政部门的统一考试，实验区也不组织对所属学校的统考。（2）根据"谁教谁考"的原则，由任课老师根据教学指导纲要的要求自行命题。（3）减少考试次数。（4）改变按考分对学生排名次的做法，考试成绩不与师生奖惩作简单的挂钩。（5）变片面的"主科"知识测验为所有学科全面学业成绩的考核。在考试科目上，凡教学计划规定开设的学科，都列入考试范围；在考试内容上，既考知识，又考能力和行为；在考试方法上，由单纯笔试，改为笔试、口试、实际操作相结合。（6）学校加强对试卷的信度、效度的监督和管理。第二，改革中考制度。（1）中考科目由全省规定的语文、数学、英语、自然科学、社会等五科，扩大为初三所有学科；考试内容由单一的学科知识测试，扩大为知识、能力、素质的全面测试；考试方法除笔试外，增加口试和实际操作。（2）贯彻各学科"课时等价"原则，各学科的权重分以该学科的学时数在整个初中阶段总课时数中所占的比例为主要依据来确定。（3）县招生办公室将普通高中、中专的招生名额切块到实验区，实验区根据各校的初中毕业生数及对他们的全面考核，将投档名额分配到学校择优录取。

第二轮实验努力坚持上述改革，并有所发展：（1）在平时考试改革方面，第一轮实验仅在初三年级实施，第二轮实验扩展到初中各年级，并且增加了四项必测内容，即：语文的说话、英语的口语、自然科学的实际操作、音乐的器乐演奏。(2) 在中考改革方面，第二轮实验期间增加了语文的说话、英语口语、音乐的器乐演奏为必考内容。

6. 探索贴近柯桥社会实际、并有时代特色的中小学德育工作模式

育人德为先。加强和改进中小学德育，探索柯桥中小学德育工作新模式，是建立柯桥教育新模式的重要方面。第二轮实验在这方面的探索主要有：(1) 针对"应试—离农"模式教人厌农、离农的弊端，开展丰富多彩、生动活泼的识农、爱农、学农、兴农教育，积极推广湖塘镇型塘中学、柯桥镇双梅中学、湖塘镇中心小学型塘分校、古城小学和湖塘镇中心小学等创造的成功经验。这些经验主要包括组织学生调查本地经济社会发展状况，评选乡村青年十杰，学唱爱乡爱农 10 首好歌，开展学农四项素质达标，进行为农气象服务，对家乡经济发展规划提建议等，激励学生继承和发扬以"勤、智、韧、创"为主要内容的"绍兴精神"，准备为建设社会主义新柯桥、新绍兴而进行创造性劳动。(2) 强化基础品德的培养。通过宣传推广柯桥镇梅墅小学的"老三不"（不乱丢废物、不随地吐痰，做到平时不需扫地）、"新三不"（上课下课不打铃，集合开会不吹哨，抽测考查不需监考）和湖塘镇宾舍小学订立《学生在家守则》，把良好行为习惯的训练延伸到家庭教育等举措，进一步贯彻中小学生行为规范，强化良好行为习惯的养成，突出诚实、自律等基础品德和能力的培养，努力为学生将来成为一个堂堂正正的社会主义中国人打下基础。(3) 在县实验小学和管墅中学开展学校德育的社会适应性研究，以及在学科教学中科学地实施德育的研究。推动广大中小学德育工作改变对外脱离社会发展实际的落后状态，主动吸收社会信息，适应社会文明进步要求，实施"开放式"德育；对内不能充分发挥学科教学主渠道作用的"两张皮"状态，进一步增强学校的德育效能。(4) 积极建构学校家庭社会三结合的德育工作网络。华舍镇中心小学开展少先队社会化活动，组建社会化少先队小队，建立众多的校外少先队之家，聘请校外辅导员，确定校内外少先队系列活动和管理制度；华舍镇中学定期印发家长函授通讯；湖塘镇宾舍小学实施优化家庭育人环境"五个一"工程（每个学生家庭有一个供学生用的学习室或学习角，一套学习桌椅，一盏台灯或普通电灯，一个小书架，一张学生在家作息时间表及《学生在家守则》）；另外还有许多学校通过建立校外德育基地等，都在这方面进行了探索。（5）大力提倡广大教育工作者热爱、尊重、信任和严格要求每一个学生，想方设法调动学生接受教育和进行自我教育的积极性，变学生被动接受的强制式教育为教师引导式教育与学生参与式自我教育相结合的民主型教育。

7. 进行办学特色的研究，建设既有利于儿童青少年成长，又为广大群众所喜爱的文明学校群

同其他模式一样，柯桥教育新模式作为一种具有普遍性、相对稳定性和宏观制约性的办学形式、标准和格局，对于柯桥所有学校都有导向作用和制约作用。但是，共性寓于个性，柯桥教育新模式并不要求扼杀不同学校的不同个性和特色，相反，它体现在有五彩缤纷特色的诸多学校个性之中，或者说，在共性要求的指导下使每所学校都能办出特色。根据这样的理解，这一轮实验在其立项之后，就确定由柯桥镇柯岩分中心学校和柯岩初中等三所初中五所小学分头进行"建设社会化特色学校"的子课题研究。4年多来，这些子课题组普遍经历了学习理论，讨论特色学校的含义、性质和特征；收集资料或实地参观，学习外地建设特色学校的经验，发动教师广泛讨论，确定建设特色学校方案；脚踏实地进行特色学校的建设等实验研究步骤，部分学校的子课题组还联合提出了研究报告。

8. 实施"三加一"培训和成人文化技校兼办职高班，为农村社会主义建设培养素质较高的劳动者

（1）以乡镇成人文化技校为基地，实施"三加一"职前培训。第二轮实验开始时，全实验区仍有65%左右的初中毕业生未能升学而直接进入社会，为了帮助他们进行更多更好的社会生活准备，实验区决定让读满三年初中，未参加升学考试的学生，在初中毕业后立即在乡镇成人文化技校接受为期一个月左右的职前培训。这项培训由各初中和成人文化技校共同组织，与生产单位挂钩进行，课程包括必修和专修两类，根据柯桥地区经济发展的特点，重点进行职业道德、职业指导、农技、纺织、印染、机械、五金、裁剪缝纫、营销等内容的培训。自1991年夏至1995年夏，实验区参加培训班的初中应届毕业生共2062人，占未参加升学考试应届初中毕业生数的96.4%。

（2）成人文化技校兼办全日制职业高中班。在第二轮柯桥教育实验期间，农业生产和乡镇企业中新技术的推广，中高档设备的引进，中国轻纺城的建立和发展，三资企业的举办，内外贸易和交往的日趋频繁，都要求进一步提高柯桥劳动者素质的档次。但是柯桥地区仅有一所只设纺织专业的全日制中等职业技术学校，且又面向全县招生，难以满足柯桥经济和社会发展的需要。为解决这一矛盾，实验区内的成人文化技校从1991年起办全日制职业高中班，到1995年6月共招19个班，其中机械专业4个班，文秘专业8个班，服装专业5个班，烹饪专业2个班，共768名学生；已毕业9个班，291名学生。目前有10个班，在校生468人。这样做的结果，既为柯桥社会主义建设提供素质更高的劳动者，也拓宽了办学路子。

9. 大面积推广幼儿听读游戏识字，积极开展幼儿珠心算实验

幼儿听读游戏识字是天津教育科学研究院和北京国际汉字研究会在总结小学听读识字基础上，经过幼儿园六年实践探索而形成的一种独特新颖的汉字教学方法。它改变了孩子进入小学后才进入书面语言学习阶段的现行儿童汉语学习模式，主张在幼儿学习普通话掌握口语的同时，在游戏中进行书面语言的早期教育——识字与阅读，提前给幼儿一个适宜的书面语言学习环境，使其在学习普通话发展口头语言的同时，自然地学习常用汉字，达到见形而知声（会读），见形而知义（会认）。如果这种学习普通话和识字方法能在农村幼儿园大面积推广，将有可能在基础教育阶段为孩子未来社会生活做更多更好的准备，并且势必对中小学的课程教材体系产生重大影响。

基于以上考虑，1992年10月实验区第一批10个幼儿班开始推广幼儿听读游戏识字实验，到1995年9月已有5批共106个幼儿班（占实验区幼儿班总数的70.4%）推广这项实验，参加幼儿达4000余人。

幼儿珠心算实验在华舍镇中心小学管墅分校幼儿园进行，该校自编了幼儿珠心算教材并取得较好效果，并于1993年10月组织专项鉴定，获得到会专家的肯定。

10. 大力加强师资培训

实验区的全体教师是实验的基本力量，只有全心全意依靠他们，实验才能顺利进行。但要依靠他们，就必须尽力提高他们。大力加强师资培训乃是本实验最基本的保障机制之一。1990年秋，在拟订本实验方案时，实验领导小组就作出了《柯桥教育实验区中小学1990—1995年在职教师培训规划》，着手建立区、校（乡镇中学、乡镇中心小学）两级教师继续教育领导小组，在全实验区范围内坚持不懈地开展培训。培训工作坚持"四为主、四结合"（依靠自己培养为主、在职进修为主、提高薄弱学科〈劳技、英语、音体美等〉师资水平为主、提高青年教师为主，实行师德修养和业务提高相结合、科研和教研相结合、集体培训和与个人进修相结合、全区培训和镇/校培训相结合）的原则，贯彻先培训后实验和从严培训的要求。五年中全实验区外送代培教师112人（初中新教师31人，初中劳技教师6人，幼儿园教师75人），接受学历培训并达大中专及其以上学历的240人（小学教师中师函授毕业163人；自学考试大专毕业11人，初中教师专本函授、电大、自考毕业66人），接受专业合格证的培训并获合格证书的47人（其中37人为中老年教师），举办各类培训班（研讨班、讲习班）48次，参加学习培训的教师4392人次。实验区中小学校长，是实验的领导骨干，每年至少接受一次以上有关实验的集中培训。

11. 建立对初中毕业生的跟踪调查制度

建立毕业生跟踪调查制度，及时反馈社会对学校教育的评价意见和新的需求，对于改进农村学校工作，提高教育质量，乃至建立农村教育的新模式，都具有重要意义。从第一轮柯桥实验起，柯桥教育实验区内各初中就开始了对本校毕业生的跟踪调查。第二轮实验期间这项工作形成了制度，从1991年至1995年，每年4月都要对上两届毕业生进入社会两年来适应社会生活的情况进行调查。内容包括"自我评价""社会（单位）评价""家庭成员评价"三项，调查方法一般是访问本人、家庭和所在单位领导，然后由调查者（学校教师）填写调查表。每次调查完毕后，学校要对调查情况进行综合分析，实验区办公室对各校调查的情况及其结果进行汇总。同时，还通过定期走访有关高中和中专的领导与教师，查阅有关资料，了解柯桥实验区初中毕业生在这些学校生活学习的情况。

12，创办《柯桥教育》

为了宣传先进的教育思想，探讨实验方略，交流实验成果，传递实验信息，培育科研型的柯桥骨干教师队伍。实验领导小组决定创办铅印《柯桥教育》(内刊)。《柯桥教育》于 1992 年春创刊，已出版 11 期并两个专辑，近 90 万字，对于本课题研究的进展发挥了重要作用。该刊中的绝大部分文章，由实验区的中小学教师撰写。

（三）总结阶段（1994 年—1995 年秋）

指导各子课题组撰写实验研究报告，搜集整理各类实验资料，整理出版实验研究成果，撰写实验总报告。

五、实验成果（略）

［本人执笔，完成于 1995 年 10 月。1996 年 6 月由以卓晴君（国家教委中教司司长）、吕型伟（原上海市教委副主任）、吴椿（原江苏省教委副主任）、张定璋（原杭州大学教育系教授）和方天培（原杭州师范大学教授）等专家鉴定通过。原载邵宗杰主编《一个有深远意义的农村区域教育实验》，教育科学出版社，1996 年 10 月第 1 版］

遵循教育规律　办好人民教育

——"柯桥教育实验"的重要启示

　　宇宙间的一切事物，包括自然、社会、人类思维等，都有自己运动发展的规律。规律，是事物内部各要素之间，以及事物与事物之间，客观存在的固有的必然的联系，它制约着事物的发展。人们改造自然、改造社会并同时改造自身的实践活动，只有遵循客观规律，才能获得成功。任何违背规律的行为，迟早会受到客观规律的惩罚。教育也有自身的发展规律。其中，教育与社会发展相适应，教育与人的发展相适应，教育的相对独立性，是它的基本规律。

　　教育与社会发展相适应的规律，或称教育与社会关系的规律，指的是：教育随着社会发展而发展，一定社会需要一定的教育，决定一定的教育；一定的教育服务于一定的社会，影响一定社会的发展，并在一定程度上反映一定社会的发展水平。教育与人的发展相适应的规律，或称教育与人发展关系的规律，指的是：教育既受教育对象身心发展规律的制约，也主导和促进教育对象身心的发展。教育的相对独立性（包括继承性）规律，指的是：教育尤其是学校教育，从社会生产和生活过程中分离出来，成为独立的社会部门之后，渐渐形成了自己不同于社会其他部门的特殊的功能、独特的存在方式和特殊的传统。例如，它的特殊功能是育人，它的特殊存在形式是教与学的矛盾运动，它的特殊传统是重教尊师、爱生敬学。不同社会、不同国家在学制、教学内容、教学形式、教学手段、教学方法等方面有许多可以互相继承借鉴的成分。但教育的独立性是相对的，并不是绝对的。也就是说，它的独立性的许多方面还在一定程度上会受到社会发展和对象发展的制约。以学校教育的组织形式为例，从个别授课到班级授课，就是由于社会对有知识技能的经营者和劳动力的需求之扩大，以及社会有条件支持教育规模的扩大而引起的。除了这些基本的教育规律，教育还有许多较低层次的规律，也在不同方面、不同程度上制约教育的发展。

我们要想办好教育，就应当认真研究教育规律，十分尊重教育规律，自觉遵循教育规律，警惕和纠正任何违背教育规律的行为。二十年前启动的浙江省绍兴县柯桥教育实验，就是一项努力使农村教育真正回归教育规律的著名改革探索。

一、"柯桥教育实验"的缘起——积极回应教育规律的呼唤

"柯桥教育实验"的出现并不是偶然现象，而是时代的产物。1987 年是中共中央十一届三中全会后的第十个年头，改革开放的号角已经响彻祖国大地。地处改革开放东南前哨的绍兴柯桥，凭着其"日出万丈绸"的历史传统和老百姓的精明能干，以纺织业为骨干的乡镇企业如雨后春笋悄然兴起，柯桥轻纺市场也正在孕育发展，前所未有的产业结构变革已在这里的城乡拉开了序幕。所有这些都告诉人们，在中国共产党领导下，我们国家又一次巨大的社会变革正在展开。

市场经济的兴起、产业结构的变革，必然引起人才和劳动力结构的变革和社会文化的变革。然而，大批少文化缺技术、只熟悉传统农业生产的农村劳动力，已经不能适应这一方兴未艾的变革形势。因而，社会就理所当然地向自己的教育发出呼唤，希望教育迅速反映社会对各种新型人才和高素质劳动者的需求，对自己作出符合规律的调整。这些，也正是 1985 年发表的《中共中央关于教育体制改革的决定》的重要精神。

但是，当时仍受应试体制严重束缚的柯桥教育，还无力立即积极回应正在变革发展的经济社会对它的呼唤。同全国农村一样，这里的许多学校仍然无奈地运行在"统考—升学"体制之中，与统考升学关系不大的课程马马虎虎对待甚至停开，课外活动时间移作补课，学生的兴趣爱好个性特长被忽视，师生进校离校"两头黑"，忙忙碌碌于做不完的题目，只是为了应付频繁的统

考，争取较高的升学率。德智体美劳各育，几乎只剩下一个被扭曲了的智育。这样的教育，自然就无暇想到也没有能力和精力为当时许多初中毕业后立即要走向社会的学生们，做好必要的社会生活准备。在这样的校园里不可避免地会充满轻农、厌农、离农的气氛。这种学校教育的第一个直接后果是学生身心受损害，近视眼比率之高大大超出正常允许的范围，厌学情绪在校园里弥漫，流生率居高不下。第二个严重后果是，学生升入高一级学校之后，在庆幸跳出农门之余，害怕再回农村。而许多初中毕业生进入社会后则产生了五个"不适应"，即："思想不适应，有70%的学生不安心农村工作；知识不适应，农村建设中要用的知识没有学过；技能不适应，动手能力差；劳动态度不适应，怕苦、怕累、怕脏；心理上不适应，缺乏兴趣爱好，不会科学地安排工余时间，易受不健康思想和生活方式的影响，有的甚至走上违法犯罪的道路。"[①] 这与热火朝天的农村改革形势格格不入。第三个非常值得重视的后果是，许多学生的个性特长和创造精神严重受抑，甚至人格被扭曲。这样的教育农民不欢迎，学生不喜爱，还带给许多毕业生以痛苦，乃是不言而喻的了。对于这样的教育，有的学生甚至意欲以死与之抗争，也是不难理解的事。

其实，所有这些"不欢迎""不喜爱""痛苦""抗争"，都是教育规律对当时农村教育中种种违背规律的事实所发出的警告，是教育规律对于改革当时农村教育的呼唤。柯桥地区广大校长教师是好样的。他们有强烈的社会责任感，忠诚于党和国家的教育事业，对于当时农村教育中存在的问题，许多人都忧心忡忡，盼望改革。所以，他们一旦认清教育改革的形势，就立即在省市县三级教委的指导下，与专业工作者结合起来，以极大的热情，投入到声势浩大而扎实持久的"柯桥教育实验"中去，以积极的姿态回应教育规律的呼唤。

二、"柯桥教育实验"的运行——按照教育规律改革和建设柯桥教育

在"柯桥教育实验"运行的整整8年时间（1987—1995）里，实验者根据自己对于社会主义教育规律的理解，提出农村基础教育的基本功能是通过促进年轻一代的良性社会化，适应、服务、促进社会主义新农村建设的基本理

---

① 邵宗杰. 一个有深远意义的区域教育实验 [M]. 北京：教育科学出版社，1996.

念，坚定地依靠教学改革和教育实验的第一主人——广大教师[1]，对当时农村教育中的"多发病""常见病"采取了比较有效的改革举措，进行了有针对性地建设柯桥新教育的实验研究。

这些改革和建设措施包括：贯彻落实课时"等价原则"，改革考试制度；根据教育法规，恢复正常教学秩序；严格控制学生在校时间与作业量，减轻学生的学业负担；开展丰富多彩的课外活动，改善校园的气氛；进行义务教育教材实验，在教什么、学什么和怎么教、怎么学的问题上，开展改革研究；建立中小学生素质目标体系，改革评价制度；坚持德育为先，探索柯桥德育工作模式；研究办学特色，建设文明学校群；实施"三加一"培训，为初中毕业生顺利进入社会做好必要准备；对初中毕业生开展跟踪调查，探索检验学校教育质量的新办法；加强师资队伍建设，提高现有人力的效益；建立社会与学校的"双向参与"模式，使学校教育贴近社会、贴近实际等[2]。下面列举几项，略作说明。

首先应该提到，当时柯桥教育中存在的种种弊端，主要是当时的应试体制引发的。正是当时的高考、中考和频繁统考中的考分至上原则，导致了人们教育价值取向的偏颇，使当时柯桥中小学的许多工作陷入了以提高考分和升学率为目标的误区，严重地违背教育规律，偏离了教育方针的轨道。"柯桥教育实验"并不取消考试和考分，只是认为考分评价的使用，应该受正确教育价值观和科学评价体系的制约。如果对考试及考分作用的认识陷入盲目性，将考分的价值无限地扩大，形成"考分拜物教"，必然会把基础教育引入歧途，给社会和年轻一代的健康发展带来巨大的危害。为此，决心以改革考试体制为切入口，对当时的柯桥教育进行系统的改革。要想改革当时柯桥的考试体制，必须改变考分至上的原则。只要人们观念和行动上仍然奉行考分至上的原则，考试改革就不可能真正成功。也正是基于这样的认识，"柯桥教育实验"创造性地提出了现行课程中各学科间等量教学内容和教学时间价值相等的原则，即"等价原则"，取代考分原则。规定实验区学校不参加县以及县以上教育行政部门组织的统考，实验区也不组织所属学校统考；减少考试次

① 邵宗杰. 关于柯桥教育实验 [J]. 教育研究（增刊），1994(3).

② 邵宗杰. 一个有深远意义的区域教育实验 [M]. 北京：教育科学出版社，1996.

数，原则上只进行期末考试；采取"谁教谁考"原则，由任课教师自行组织命题考查；不排考分名次，变考试成绩与对学校、教师、学生的奖惩硬挂钩为软挂钩。同时，还作出了一些颇具独创意义的规定。这些规定是：扩大考试的覆盖面，在考试科目上将教学计划规定要开设的学科都列入考试范围；在考试要求上，规定对学生的经验、知识、观念、行为习惯作全面考查。同时还将普通高中和中专招生名额由县切块到实验区，实验区再将投档名额分配到学校。这些改革原则与举措，也为建立正常教学秩序、减轻学生课业负担、开展丰富多彩的课外活动、建立柯桥德育模式等其他改革和建设措施的顺利推行，为柯桥学校按照教育规律健康发展，创设了良好的前提条件。

我国教育中长期存在的脱离社会脱离实际的负面传统，也是当时柯桥教育中存在种种弊端的重要根源。"柯桥教育实验"认为，办教育必须联系社会，结合实际。要感受社会的脉搏，倾听人民的呼声，了解实际的需求，坚持实践育人。只有这样，才能使农村教育更好地为社会主义新农村建设服务，使农村年轻一代能够更生动活泼主动地全面发展。为此，"柯桥教育实验"创造条件建立了使当地群众参与学校管理和学校师生参与社会生活的机制。在坚持育人为本、教学为主的前提下，实验区的学校逐步确立了以校董会（社区教育委员会）为核心、班级家长委员会为基干，定期开放学校教育为重要形式的乡村社会参与学校教育的模式，冲破了长期存在的"垂直封闭"的管理体制；逐步形成了学校师生有计划、多渠道、多形式地学习社会、服务社会、接受锻炼，积极主动地参与社会生活的格局，渐渐使柯桥教育呈现出勃勃生机。同样也为其他方面改革的顺利推进创造了条件。

学校教育的根本问题，始终是学什么、教什么和怎么学、怎么教的问题。所以，对于存在着严重的脱离社会和学生实际的课程教材进行必要的改革，至今仍然是科学地发展教育的关键性一环。"柯桥教育实验"勇敢地在实验区范围内打响了教育改革的攻坚战，在所属中小学全面开设了选修课，将活动课程纳入义务教育阶段的教学计划，积极组织和鼓励自编乡土教材，重视把德育和智育融为一体的乡土教育，在小学低年级大面积实施珠心算教学，还为稍后开展的全省农村义务教育阶段的课程教材建设，进行了有益的探索，取得了一定成效。

"柯桥教育实验"还根据农村教育要促进农村年轻一代社会化，适应、服务、促进社会主义新农村建设的理念，在深入调查研究和广泛征询各方意见的基础上，确立了义务教育阶段柯桥新一代人的素质目标体系。具体内容包括政治道德生活素质、文化科学生活素质、职业劳动生活素质、家庭日常生活素质等4项一级指标，40项相应的二级指标。而把确立三级指标的权限放给学校，让学校根据自己的实际情况，决定三级指标的内容。这一目标体系既体现了国家关于义务教育阶段学生培养目标的要求，又符合经济发展地区农村年轻一代成长发展的需要，把国家有关培养目标的原则要求，化成因地因时因人制宜且易于操作的具体指标，对于柯桥教育遵循教育规律健康发展，具有正确的导向作用。

综上所述，整个"柯桥教育实验"始终贯穿着怎样使柯桥教育遵循规律健康发展这一重大主题，它所进行的一系列改革，都是为了建设更加符合客观规律的柯桥新教育，并且取得了有目共睹的重大成果，在当时全国基础教育界产生了广泛而良好的影响。北京大学教授冯增云赞誉："从柯桥的中小学看到了中国农村教育的希望。"[1]

三、"柯桥教育实验"的遗憾——无法建立确保柯桥教育按照教育规律长久运行的机制

"柯桥教育实验"是辉煌的，它是柯桥人民在教育史上留下的浓重而精彩一笔。"柯桥教育实验"作为一项建设新教育的探索，在不算太长的时间里，使"实验区广大干部、群众和教育工作者的教育观念发生了积极而深刻的变化，片面追求升学率、违背教育规律的现象得到初步扭转；大大加强了学校与社会的双向参与；广大学生开始从'应试模式'的怪圈中摆脱出来，出现了主动、生动、活泼、全面发展的新气象；学校的德育、美育、劳动教育的地位显著提高，得到加强；初步形成了一支管理与科研结合的管理队伍，教学与科研结合的骨干教师队伍；初步建立了一批具有特色的文明学校群，实验学校的教育质量获得了大面积的提高""一个经济较发达地区农村义务教育新

---

[1] 邵宗杰. 一个有深远意义的区域教育实验 [M]. 北京：教育科学出版社，1996.

模式的雏形已经形成"①。它不但有效地引领柯桥教育走上比较好地遵照教育规律办学的轨道,还为后来全省有关的教育改革与建设,提供了许多宝贵经验和建议;作为一项教育思想和理论的探索,使参加实验的人们对于诸如义务教育的性质、目标,教育评价,经济发达地区农村教育模式等重要的理论与实践问题,形成了有一定水平的看法,成绩也不小。

但是,"柯桥教育实验"也有许多遗憾,其中最为重要的是无法建立确保柯桥教育按照教育规律长久运行的机制。

教育改革关系千家万户,牵动人们的切身利益,触及人们心灵深处的传统观念和各种习惯势力。改变人们陈旧传统观念和习惯势力的难度之大,怎么形容也不会过分。这种情况,甚至在"柯桥教育实验"期间已经有显著的表现。许多人都知道,当时在柯桥实验区领导层内部,围绕着诸如教育功能观、质量观、人才观、招生制度等,就存在着矛盾和冲突。这种冲突不能简单庸俗地理解为某些人之间的不和,而是不同社会思潮和观念之间的矛盾,有其深刻的社会历史和文化背景。当然在实验期间怀疑与否定改革的意见最终未能占据上风,因而也不可能阻止实验的进展。然而,"柯桥教育实验"既是一项正确教育思想引导的实验,更是依靠行政权力支撑的实验。因此,人们有理由担心,一旦主持实验的主要负责同志卸下行政领导职务,实验课题结束后,省教委的权力支持全部撤出实验区,情况会不会发生重大变化呢?由于中国特色的社会主义教育体制尚未真正建立,社会主义的科学教育思想还未在教育系统真正占据主导地位,通过提高学历仍然是农村青年改变自己命运的最重要途径,升学考试的考分仍然是高一级学校挑选新生的最主要标准,从而使后来引起的许多不争事实,证实了这种担心。然而,这种情况的发生,同样不能用谁的责任这类肤浅的论断来解释。在这里,最关紧要的则是,实验应该在一开始就考虑如何建构起确保柯桥教育按照教育规律长久运转的有效机制。

可是,"柯桥教育实验"没有也无法建立这种机制。说其"没有",是主持者实验的柯桥实验领导小组②没有对建立这一保障机制问题作深入考虑,连

---

① 邵宗杰. 关于柯桥教育实验 [J]. 教育研究(增刊),1994(3).

② 笔者也是实验领导小组副组长之一,当时也没有考虑过这个问题。

建立柯桥实验区也只是为了满足实施全国教育科学规划重点项目的需要。不过，即使实验主持者们想到了这一层，其结果如何也难以预料。说其"无法"，是指这种机制的确立需要一定力量的支持，看看我国现行的干部制度，依靠行政的权力来支持这种机制的建立和运行，往往不很保险，重要的是祈求法律保障。但是，柯桥当时只是一个县管区，后来连县管区的建制也不存在了，因而无法为实验区提供保护的地方性法规。这样，就让"柯桥教育实验"留下了一大遗憾。

四、"柯桥教育实验"的启示——自觉遵循教育规律，努力办好今日教育

"柯桥实验"已经过去整整 12 年。12 年来，特别是最近的 5 年多来，随着中国特色社会主义事业又好又快地发展，国家对教育尤其是农村教育投入的加大，我国的教育事业也有了重大的发展，尤其在实现教育公平方面取得了突破性的进展。一些经济发达地区更领潮流之先。在我们省里，义务教育已经步入继续高标准"普九"时期，包括幼儿教育在内的十五年教育已经基本普及，高等教育基本实现了大众化。一些学校的硬件设施，即使按照发达国家标准来要求，也属一流水平。整个教育工作的重心，已经由着重量的扩张转到质的提升，由外延的建设转到内涵的发展上来。教育步入了一个具有里程碑意义的发展新阶段。与此同时，人民群众对教育的要求也进一步提高。其中重要的一条，就是要求我们的学校为年轻一代提供优质教育，真正能够引导他们普遍地茁壮成长。

然而，我们仍然不能低估陈腐的传统教育观念和旧的习惯势力对人们的影响。在什么才是优质教育、什么才是人民满意的学校等问题上，至今仍有不同甚至对立的观念冲突。在包括学生家长在内的许多人看来，所谓人民满意的教育，应该是科学、公平、和谐的教育，是在科学发展观和党的教育方针指导下的科学素质教育。只有真正实施科学素质教育，我们社会下一代的整体，才能协调、和谐、全面而可持续地发展。有了年轻一代整体的协调、和谐、全面而可持续的发展，才能保证我们社会主义祖国的全面而可持续发

展。当前正在进行的基础教育课程教材改革的基本宗旨，正是保证科学素质教育的实施，促进每个孩子的健康发展。我们应该紧紧把握其真谛，推动它的顺利发展。可是在有些人的心目中根本没有素质教育的地位，也无视每个孩子健康发展的权利。他们坚持认为所谓人民满意的教育是高考分、高升学率的教育，基础教育系统学校的一切工作，应该围绕争高考分、高升学率转。为了继续坚持和推行这种见分不见人、为分不为人的"考分至上"教育，有些地方还在继续或变相地搞统考，按照考分排学校的名次，以考分论奖惩。一些学校根本不研究怎样才能使自己的每一个学生得以健康地成长和发展，不了解也不尊重学生主体健康发展的正当需要，继续打着种种幌子顽固地坚持各种加重学生课业负担的错误做法，德育、体育、美育、劳动教育依然没有地位。一些学生因为学校争高考分、高升学率的需要而被不正常地重视，另一些学生则因为同样的原因而被歧视，某些向来被视为基础教育系统"顽症"的现象至今仍然是"顽症"，教育过程中的公平问题，亟待引起人们的关注。这些现象所造成的严重恶果，许多已见诸媒体，有的虽未披露，但人们也清楚。让人不解的是，为什么一些青少年的血泪唤不起那些"顽症"推崇者和维护者的觉醒，难道非要我们的年轻一代乃至整个民族付出更大的代价不可？

以上种种都清楚地表明，"柯桥教育实验"虽然早已结束，"柯桥教育实验"所留给我们的重要启示：只有遵循教育规律，才能办好人民教育，仍然值得我们久久回味。我们教育工作者一定要静下心来教书，潜下心来育人，自觉地遵循教育规律，在教育工作中真正落实科学发展观，才能落实办好人民满意教育的光荣任务。

要遵循教育规律，就应认识和研究教育规律。教育与社会相适应的规律在不同社会有不同的表现形式，甚至在同一社会的不同发展时期也会有一些不同的表现形式和不同的需求；教育与人的发展相适应的规律，由于人的发展尤其人脑的许多秘密尚未完全揭开，人们对于这一规律的认识还远远没有达到科学的境地。所以，认识和研究教育规律的工作也就不可能一次或几次完成。为了顺利地实现党的十七大向教育工作者提出的任务，应该重视对教育规律的研究。在这方面，"柯桥教育实验"的经验值得借鉴。那就是：教育管理工作者、教育科研专业人员和第一线的中小学老师结合起来，在教育改革实践中认真研究和解决教育中的重要实际问题和理论问题，推动教育遵循规律，尽可能地科学运行。教育科学的实践性非常强，那种只说不做、坐而论道式的研究，或像有的同志所说的无问题、无实际研究过程、无真实研究成果的"三无"课题，不可能对怎样遵循规律办好教育这样的重大问题，提出真知灼见。

　　教育是民族振兴的基石，是事关国家兴亡的重大事业。因此，自觉遵循教育规律，办好人民满意的教育，也需要全党全国全体人民的共同努力。这是教育与社会相适应规律的题中之义。"柯桥教育实验"的经验也证明，吸引全社会关心教育、参与教育改革和建设，是让教育符合规律的重要举措。但是，"柯桥教育实验"动员社会参与教育还只局限在村镇和企业层次。事实上，能左右中小学校贯彻党的教育方针，主导一个地方的教育沿着规律健康发展的，是真正负责一个地方教育的党政主要领导。根据我国教育分级管理、省级统筹、以县为主的原则，首先是县一级的党政领导集体。县及县以上党政领导集体和立法机构，能否有正确的教育业绩观、人才观、质量观，能否就一些关系年轻一代成长但容易偏离规律的重要环节，立下地方性法规，在很大程度上影响一个地方教育的健康发展。在教育发展进入新阶段的今天，县及县以上的党政领导集体，能否进一步端正教育观念，更自觉地担负起领导建设科学、和谐、公平、优质社会主义新教育的重任，是遵循规律办好人民满意教育的关键，也是衡量这些领导集体是否真正成熟的主要标志。

（原载《浙江教育学院学报》2008 年 3 月第 2 期）

论重点高级中学的本质与责任

　　重点中学由于其生源较优，毕业生进入高校的升学率较高，长期来深受各级领导和社会各界的关注和厚爱。自从我省教育行政领导部门启动重点中学的等级评估后，加大对重点中学的投入、努力建设高水平的重点中学，纷纷被列入了各市（地）县（市、区）政府的重要议事日程，有的甚至把它作为市长工程、县长工程来抓，广大人民群众更为各地重点中学的建设作出了自己的积极贡献。现在，各界人士，如有可能到我省各地的重点中学去走一走，看一看，就会惊喜地发现，许多重点中学已经旧貌换新颜，或者已经落实了易地新建的规划。有的重点中学用地之充分，校舍之新颖宽敞，各种教育设施之齐全和先进，生动地反映了当地党政领导和广大人民群众所寄予重点中学的殷殷厚望。面对这种情况，假如我是重点中学的校长，就会产生如登高山如履薄冰的感受，要求自己紧密团结和真诚依靠全校师生员工，兢兢业业，科学实干，深化改革，进一步提高教育质量和办学效益，决不允许自己产生丝毫松劲的情绪，更不允许自己和自己的同事们因为评上一、二级重点而沾沾自喜，甚至傲视别人。

　　如何进一步办好重点中学，使之适应 21 世纪知识经济、信息时代祖国社会主义现代化建设事业的需要，适应 21 世纪国际国内环境中城乡年轻一代身心各方面主动健康发展的需要，作为重点中学的领导和师生应该思考的问题很多，应该抓紧改革的内容也很多。在众多的问题中，抓住"牛鼻子"，从而使各种问题都能够迎刃而解，应当是进一步做好今后工作的一种最佳选择。那么什么是进一步办好重点中学的关键所在呢？对于这一点，人们可能仁者见仁，智者见智。我倒以为，正确认识、牢牢把握重点中学的本质，并且为了充分体现重点中学的本质开展一系列必要的改革和研究，乃是进一步办好重点中学的关键所在。因为，不同的事物有不同的质，要认识一种事物，改变一种事物，最重要的是应该认识和把握这种事物的本质。同理，我们要进一步办好重点中学，首先要认识重点中学自身，同时也要对现行重点中学教育模式进行必要的改革。这些，都离不开对重点中学本质的认识与把握。

谈及重点中学的本质，有的同志认为，它是高等学校的生源基地；有的同志认为，它应该是中等英才教育学校；个别同志甚至挖苦地说它的本质就是挖别人的墙脚。我们暂且不对这些看法进行讨论，先来研究一下应该怎样去认识和把握重点中学的本质。作为研究问题的思路，我主张主要从两个方面进行思考：第一，把重点中学作为教育的特殊部分，从其与教育其他部分的联系中考察其本质；第二，从教育行政领导部门有关文件中，按照实事求是的原则概括提炼其本质。对于这第二个方面之所以要强调按照实事求是的原则进行思考，是因为教育行政领导部门文件中的提法，也属于他人的思考和研究成果，是否属于科学认识，同样尚需实践检验。

综合上述两方面思路，首先，重点中学是我国现行专门教育机构的组成部分，它有和其他专门教育机构一样的共同本质，即有目的、有计划、有组织地为社会培养年轻一代的专门部门。具体地说，它是根据我国社会和受教育者自身发展的双重需要，有目的、有计划、有组织地引导受教育者在德智体美劳和心理素质等方面主动健康发展的专门育人机构的组成部分。其次，它是对我国年轻一代实施高中阶段普通全日制教育的专门育人机构。也就是说，它既不属于学校以外的专门育人机构，也不属于对受教育者实施业余教育和专业教育的专门育人机构。而在诸多对年轻一代实施普通全日制教育的专门育人机构中，它又是专司高中阶段教育的机构。再次，它是在我国实施高中阶段普通全日制教育的专门育人机构中，属于要重点办好，负有更重要责任的机构。归纳起来，所谓重点中学是我国对年轻一代实施高中阶段普通全日制教育的专门育人机构中负有更重要责任的机构。这就是我对重点中学本质的基本看法。

为了进一步理解和把握重点中学的本质，有两点特别值得注意。第一，它是我们国家的专门育人机构，它担负着全面培养年轻一代的重任。既然它是我国的专门育人机构，那么在这些机构中工作的人就应该明白育人是不能随心所欲的事情，相反，他们应该根据国家对年轻一代的要求和年轻一代当前与今后健康发展的需要，竭力培养和发展全体学生的基本素质。而且他们还应该明白，人的发展既有阶段性又有连续性，任何一个阶段教育的好与坏，都会对年轻一代今后的终身发展产生影响。所以，任何一个阶段的教育都应为年轻一代的终生发展着想，决不能不顾教育会对孩子的一生产生什么影响。属于青年初期的高中学生已经进入了人生的黄金时代，他们正处在人生智力发展较快时期，开始进入智力发展的高峰时期。他们的抽象思维已占主要地位，已经能够进行理论推断，却富于想象和创造性。同时，他们已进入了人生观开始形成的重点时期，热烈追求理想，关心未来职业，重视人生意义的探索。如果高中阶段的教育者们能够准确把握高中阶段青年身心发展的这些主要特点，善于因人施教，正确引导，必将为他们将来成人成材，在 21 世纪复杂多变竞争激烈的国际环境中为国家社会多作贡献，为他人和自己创造真正幸福，打下坚实而良好的基础。相反，就会贻误他们的终身。这些绝非危言耸听。第二，与一般普通高中比较，它对国家、对民族、对年轻一代以及整个中学教育负有更重大的责任。重点高中的"重"到底重在何处，教育界内外都有不同理解：重在投入，重于师资，重在生源等，众说纷纭。但是，为什么政府要对这些学校进行重点投入，为什么要为这些学校配备当地较好甚至总体上最好的师资队伍，为什么要保证这些学校有较好的生源呢？人们又会有各种回答。经常可以在私底下听到提：为了高升学率，为了提高学科竞赛获奖率，为了增加与提高领导的政绩等。可是，重点是与一般是相比较而存在的，离开了一般也就无所谓重点。重点高级中学有好的设备、师资和考分较高的生源，在校生学科竞赛得奖率高，毕业生升学率高，应该是情理之中的事，没有什么值得宣扬的地方，而且也是一般中学难以仿效、难以办到的事。也就是说，难以成为一般中学学习的榜样，因此把高升学率视为重点高中的本质特征或标志，从逻辑上是很难讲通的。更何况，大量事实已经反复证明，在现今并非完全科学的考试评价制度下，再加上种种人为因素的影响，高升学率也可以运用违背教育方针、教育规律的"土"办法、"粗"办法甚至于"野"办法，以妨碍学生们诸多方面重要素质的健康发展为代价来获得。所以，无论从逻辑上还是从实践上都否定了笼统地认为重点高中应该重在升学率的观点。

为了引导重点高中健康发展与时俱进，浙江省教育委员会1994年8月31日印发的《关于进一步办好重点中学的意见》提出："重点中学是中学教育的骨干。重点中学要为高一级学校输送更多的具有良好思想道德、文化科学、劳动技能和身体心理素质的高质量的新生；要模范地贯彻执行国家的教育方针，按教育规律办事，实现教育教学管理科学化；要率先探索改革，积极开展教育研究，成为一般中学的榜样。"我想这段话就是强调重点中学的责任，要求重点中学模范地执行国家关于教育必须为社会主义现代化建设服务，必须与生产劳动相结合，培养德智体美劳等方面全面发展的社会主义事业的建设者和接班人的方针，认真按照教育规律办学，实现科学化的管理，积极探索改革，实施教育科研兴校的战略，不但要使毕业生输送到高一级学校的数量更多，而且更应重视使这些输送到高一级学校的毕业生真正成为高一级学校中高质量的新生。所谓高质量的新生，文件明确界定为具有良好思想道德、良好文化科学、良好劳动技能、良好身体心理素质的人。因此，高质量的新生虽然也是高考分的新生，但首先应该是高素质的新生。这样的新生对大学生活适应得快，上进心强，发展潜力比较大，在正常情况下，走上社会后德才兼备的成材率比较大，对社会对国家对人类的贡献相对也比较大。但是，如前所述，单纯高考分的新生，不一定都是高素质的新生。所以，"高质量的新生"与"高考分的新生"，虽然仅差两字，却不能同日而语。

此外，应该补充的是，重点中学不但要为高一级学校输送尽可能多的高质量新生，并且也应当使考不上高一级学校而直接走上社会的毕业生，成为自尊、自信、自强、自立和开拓创新的建设者。只有对上述两方面的学生都顾及了，都为提高他们的素质尽心尽力了，才是面向全体学生，对每个学生负责了。而只有对每个学生的健康发展负责，才是真正的对人民对祖国负责，才能真正成为一般中学的榜样。这样做比单纯地帮助升学有望的学生提高考分复杂得多、困难得多，因而责任也沉重得多。然而我们必须这样做，因为不这样做就不是名副其实的重点高中。故而，我认为重点高中的"重"，就应该重在准确地履行自己的社会责任。

当然,时代在发展,情况会变化,人们的思想和行动,应该努力跟上发展了的形势。重点中学也同样,到了一二十年以后,随着高校招生数量的大大增加,所有毕业生都有机会上大学了,到那时就应该进一步研究如何在新形势下更好地发挥自己的作用。但是无论如何,重点中学应该重在履行好自己的社会责任,努力按照国家的教育方针和育人目标,遵循教育规律,科学地办好学校,把所有学生培养成为德智体美劳全面发展的社会主义一代新人,更好地为所有普通高中作出榜样,是不能改变的。

(写于 1995 年参加杭州市三所重点中学督导评估之后)

义务教育阶段实施新课程三维目标研究
（课题方案）

一、选题理由

1. 实施三维目标，事关新课改全局

设置知识技能、过程方法、态度情感价值观三维课程教育目标，是正在进行中的全国第八次课程改革的一大亮点，是吸收半个多世纪来国内外优秀教育目标科研成果，从我国实际出发的创新之举，具有重大的理论与实践价值。从一定的意义上来说，本次课改就是一次意义重大、影响深远、遍及全国的中国特色教育目标操作化的改革实践。能否准确把握和认真落实三维目标的要求，对于保证本次课改的成功，全面推进以育德为核心、以培养创新精神和实践能力为重点的素质教育，具有决定性的意义。教育科研的重大使命就是推进教育改革与发展。课程改革是当前我国基础教育改革和发展的重大事件，怎样实施好新课程的三维目标，无疑应该成为专业和业余教育科研工作者所关注的重大课题。

2. 落实三维目标任重道远，亟待教育科研支持

开展新一轮课程改革以来，基础教育领域的广大教育工作者，特别是许多中小学校长和老师们，怀着高度的社会责任感，想方设法在教学教育过程中实现三维目标，在不少地方已经显现了可喜成果。有的教育局领导认为，实施课改以来许多小学教师的观念有变化，教育行为有变化；学生知识面更宽广了，学习兴趣更浓厚了，厌学的情况减少了；并且还不同程度地推动了所有小学的发展。所有这些，自然同三维目标的正确导向有关。然而，从现实情况看，落实三维目标不但是本次课改的重点，而且也是巨大的难点。据一位校长估计，某首批课改实验区的城区所有小学老师中100节课里有50节课基本能从实际出发，实施三维目标的要求者，或能关注三维目标之落实者，不会超过教师总数的5%；在该城区的某所实验小学里，这样的老师也只有10%左右。有些地方许多教师连什么是三维目标也不知道。某实验小学招考教师，有一道试题要求应试者简要回答三维目标，结果全部答对的，占总应试教师的8.5%还不到。农村小学和升学压力较重的初高中，这方面的情况会更差。至于从三维目标分别落实的情况看，最难的当然是情感态度价值观，但并不等于落实其余两维就毫无困难。以落实知识技能目标为例，怎么样使学生通过知识技能学习，学得更活，变得更聪明，提高创新意识和实践能力，对多数教师来说，还需付出巨大努力。当然，这些只是我们初步掌握的情况，要对全局作出正确的判断，还有待于进一步深入调查研究。

我们分析，许多地方和学校落实三维目标之所以难度较大，既与陈旧的教育观念、思维方式的改变，先进教育观念、思维方式的确立是一个漫长过程有关；也与许多教师对落实三维目标的各种具体要求、具体措施，不能在短期完全把握有关；与缺乏科学有效操作性强的实施三维目标的评价工具有关；还与教育系统内外的其他许多因素有关。这些情况表明，新课改实施三维目标的实践，希望得到教育科研的支持，教育科研在落实三维目标推进课程改革方面应该有所作为。为此，我们新时期的教育科研工作者和广大中小学教师应该发扬为国分忧的风格，义不容辞地承担起研究落实三维目标过程中的各种理论问题和实践问题的使命，为促进新课改健康发展而贡献自己的一分力量。

3. 本省实验学校在课改过程中发挥好带头、示范作用的需要

浙江省基础教育领域从省级到县级建有一批实验学校，教育领导部门命名这批实验学校，主要目的是要求这些学校在教育改革与实验中发挥带头、示范作用。目前，这批学校基本上都已成为浙江省教育学会实验学校分会的成员单位。实验学校分会有责任帮助他们在本次课程改革的过程中，坚持教育科研兴校，以成功的教育科研引导自己的课改实践，在课改重大问题的研究上领先一步、高人一筹，真正成为新课改实验的排头兵。我们申报"义务教

育阶段实施新课程三维目标研究"正是广大实验学校校长、教师们普遍关注并亟待解决的关键性问题，非常适合实验学校在课改中发展提高的需要。相信在专业教育科研人员的带领下，组织我会成员单位进行全省范围的协作攻关研究，对于推动全省实验学校逐步成为新课改领军集团，一定能起重要作用。

二、研究内容

（一）综合研究

落实三维目标的基本情况、初步经验、重要问题与原因和基本对策研究。通过研究提出调查分析报告和进一步落实三维目标的对策报告，形成成功落实三维目标的个案集。

（二）专题研究

1. 三维目标的具体要求和评价工具的研究与实验

（1）三维目标明晰化、具体化、操作化、整合化研究

——各类教育目标行为动词的界定；

——情感态度价值观目标的具体表述；

——三维目标分课程细化、具体化、系统化；

——各课程内部及各课程之间三维目标之统整。

力争在上述几方面提出有价值的研究成果。

（2）实施三维目标的评价工具研制和实验

——各门课程实施三维目标的评价工具；

——实施三维目标的总体评价方案。

力争提出若干课程的有效评价方案，努力形成总体方案。

2. 落实三维目标的校本师资培训和各课程不同类型内容课堂教学落实三维目标若干有效模式研究

——围绕三维目标的校本培训的实验研究；

——各课程不同类型内容针对不同学生、教师有效落实三维目标的不同课堂教学模式的设计和实验。

力争提出实验报告，形成成功课型的教案集与光盘。

三、方法步骤

（一）方法

1. 本研究强调调查研究与实验研究

通过资料搜集、问卷调查、开座谈会、实地考察、听课评课、现场测试、个别访谈、个案研究等，了解落实三维目标的真实情况，成功经验，主要问题，分析原因，提出对策。

通过实验创新校本师资培训机制，验证实施三维目标的评价工具，验证落实三维目标的各种课堂教学模式的科学性与有效性。

2. 本研究重视理论研究

没有理论研究就不可能使课题成果达到较高水平。要注重对国内外相关课程理论成果的收集整理分析，吸收其科学合理成分。在多角度、多层面研究的基础上，注意从理论与实践两个维度进行整合，并且力争有所创新，提出自己有新意有特色的理论见解。

3. 既重视校本研究，更重视协作攻关

本课题的实施，由浙江省教育学会实验学校会会组织课题研究集团，形成百校协作攻关的态势，集思广益，完成研究任务。实践已经证明，只要善于统筹，这样的研究能够解决一两所学校不能解决的问题。但协作攻关，要以校本研究为基础，因此，本课题必须重视调动校本研究之积极性。

（二）步骤

1. 准备阶段（2005年）

——初步调查研究，广泛征询意见，认真学习讨论，形成课题方案；

——申报中国教育学会"十一五"重点课题；

——组建课题组，形成课题集团。

2. 开题培训阶段（2006年春）

——搜集相关文献资料，约请相关专家对课题组全体成员进行基本培训；

——课题组全体成员深入讨论课题方案，具体落实课题研究任务，基本理清各子课题、各学校的研究思路。

3. 课题实施阶段（2006年夏—2009年春）

根据研究内容，落实研究力量，协调攻关研究，逐步形成相关成果，及时编印成册，相机进行多次培训。

4. 课题结题阶段（2009 年夏—2010 年夏）

完成课题报告，汇编出版研究成果，通过课题鉴定。

四、研究基础

——浙江省教育学会实验学校研究会在"九五"期间曾由会长王炳仁主持承担中国教育学会"九五"教育科研重点课题"东南沿海地区小学道德启蒙教育和小学生道德心理研究"并荣获省"九五"教育科学规划重大成果奖。"十五"期间，又有顾问裴文敏和副秘书长叶松伟共同主持中国教育学会"十五"教育科研重点课题"义务教育阶段研究性学习实验研究"在取得多项阶段成果的基础上，结题在即。上述课题实施中充分显示了我会在群众性教育科研中的"团队合作，协同攻关"的优势。由此我会于 2004 年荣获中国教育科研的领头羊称号。我会还有常设的专家组机构，与省内外众多著名专家保持着密切的联系。本题系我会"十一五"期间教育科研的主攻项目，学会将提供人员设备、筹集经费。

——参与课题研究的科研人员具有较高的科研能力。其中多人曾在"八五""九五"期间主持承担过省以上教育科研课题，并多次获奖。

——我省杭州市余杭区、西湖区，绍兴市，宁波市等一批县市区，较早地开展新课程教改实验，并取得一定成果，为本课题研究提供坚实的基础。

——本会课题方案经今年 3 月本会理事会讨论后，今年 9 月在本会会长与 6 市教育行政、教研科研、基层学校的 10 多位同志讨论基础上正式形成，具有广泛群众基础。

——中国教育学会会长、著名教育家顾明远先生年初表示赞同我们这样的研究，本会郑重聘请顾先生为本课题指导师。

（作者注：本方案由本人执笔，2005 年 9 月定稿，时任浙江省教育学会副会长朱永祥、杨一青领衔组织课题群实施，本人也参与，最后通过了顾明远先生为首的鉴定组鉴定。）

一项值得称道的改革研究

　　这本由嘉善县实验小学现任校长沈建华同志编著，并且大部分篇幅由他撰写的《情境识字、阅读欣赏、真情作文》，是记录该校语文教学改革实验的研究报告和论文集。它以清新流畅的笔调、文情并茂的篇章，向我们展示了一项成功的小学语文教改尝试、一个校本教育科研的范例、一种当代中小学校长有效地领导学校教学工作的模式。从中我们还可以深深地感受到作者善学勤思、务实求真的风格，锐意改革、勇于创新的精神，忠诚教育、关注每位学生健康发展的理念，得到很多启发。

　　成功的小学语文教改尝试。中国语文是我国基础教育阶段一门极为重要的课程，其所占课时之多，居所有学科之首。中国的年轻一代学习中国语文，不仅在于掌握学习各种知识的工具、人际交往的工具、表达思想感情的工具；更重要的是在于通过学习语文，感受伟大的中华民族精神，接受人类先进文化的熏陶，锻造健全的人格，逐步成长为无愧于当今伟大时代的堂堂正正的新一代中国人。许多有识之士认为，爱祖国的语言文字，爱通过这种语言文字所传承的中华优秀文化，是热爱祖国的重要表现；我国儿童青少年良好的思想道德和正确价值观之形成，相当部分得之于成功的语文教学。在这里，我还想引用俄罗斯总统普京2000年对俄罗斯科学院士们说的一段话。普京说："传统的人文学科是俄罗斯走向世界、成为强国的理论基础，也是标志俄罗斯作为世界强国的重要依据。"[①] 读读这段话，也可能有助于我们对于语文这门中小学第一人文学科重大价值的理解吧！

　　然而，较长时间以来，由于片面追求升学率的错误导向，我国中小学语

---

① 王志耕. 俄罗斯很多人看过名著 [N]. 环球日报，2004–2–27.

文教学普遍地发生了重考分轻素质、重技巧轻人文、重知能轻精神的异化。语文学科中肯定人、尊重人、理解人、关爱人、信任人、依靠人、服务人、发展人的浓郁人文内涵，几乎被忽略了。本来应该是中国孩子最喜爱学习的中国语文课，却变成为许多孩子厌学、怕学的一门课。实际语文课堂教学中重技巧、重技能的努力，并没有通过学生的表现得到应有的回报。至于语文教学对学生良好情感态度价值观应起的作用得不到落实，更不待说了。

这种令人担忧的语文教学现状，理所当然地激发了一批教学骨干改革中小学语文教学的决心。这些教师有强烈的社会责任感、较强的研究能力和良好的语文素质。沈建华同志就是其中的一位。他和他的同事们，从20世纪末就启动并坚持对本校的语文教学进行改革。在冷静反思的基础上，针对以往语文教学人情流失、真情缺失的要害问题，认真学习国家教育方针和新课程标准，端正自身的教育观念，抓住阅读欣赏这个中心环节，引进并创造了许多适合自己学校的有效形式和方法，尊童心、激童趣、育童真、扬人文。以自己对崇高事业的一泓痴情，激活课文中的深情，培育学生心灵中的真情。经过从"韵语识字"到"情境识字"，从"大量阅读"到"阅读欣赏"，从"循序作文"到"真情作文"，多年坚持不懈地努力，终于功夫不负有心人，结出了丰硕的果实。《"情境识字、阅读欣赏、真情作文"实验研究报告》所记载的实验班在识字、阅读、作文几个方面所取得的显著成绩，令人鼓舞。

但是，在我看来，这项改革的成功，更重要的首先表现在实验班学生对祖国的语言文字有了比较浓厚的学习兴趣。因为兴趣是具有肯定而积极情感的人认识某种事物或爱好某项活动的意识倾向，它建立在需要的基础上，是人们从事学习工作劳动和一切有意义活动的内在动力。学生们对学习语文由厌倦、害怕到产生比较浓厚的兴趣，由心理上远离语文、拒绝语文到亲近语文、拥抱语文，这是学习主体在学习态度方面的一种质的飞跃。它将对语文教学质量的提高、学生人文素质的发展，产生非常积极而深远的影响。

其次，表现在实验班学生阅读感悟能力提高了。关于阅读好书的重要，前人有许多精辟论述，我们耳熟能详，这里不作赘述。2001年初，美国联邦教育部网站发过一篇题为《没有儿童落后》的文章。该文指出："我们有太多的儿童不能阅读。阅读是人才大厦的建筑材料，它必须作为教育改革的基础工程。"这篇文章不无忧虑地认为："我们遇到名副其实的民族危机，在很大程度上，我们将分为两个民族。一个是能阅读的民族，一个不能阅读；一个有理想，一个没有理想。"为此，美国政府提出了"阅读第一"的口号，要求各州实施阅读第一计划。嘉善实验小学语文教学改革的浓墨重彩正是在阅读指导上，成功的亮点恐怕也在阅读指导上。他们不但让所有的学生阅读，而且通过改革实验提高了学生的阅读感悟、体验能力。可以肯定，学生阅读感悟体验能力的提高，反过来会进一步增强学生的阅读的兴趣；阅读兴趣更浓厚了，又会强化良好阅读习惯。而一个民族良好阅读习惯之形成，其巨大意义，又被人们在新的历史条件下进一步加以肯定。许多人认为，一个酷爱读书的民族是有前途的民族。党的十六大已经把"形成全民学习、终身学习的学习型社会、促进人的全面发展"列为全面建设小康社会的目标，大兴阅读之风，自然应该是题中之义。沈建华及其同事们，狠抓学生阅读感悟能力的培养和良好阅读习惯的形成，正是在为实现全面建设小康社会的目标，作出自己的努力。

最后，还表现在他们把新课程改革的许多先进的新理念落到了实处。大家知道，关注每位学生可持续地健康发展，是新课改的核心理念，符合党和国家教育方针的精神。坚持在教学中引导学生求知的同时认真学习做人，切实落实育人为本的要求，也是新课程企图坚持的重要理念。但是如果新教材不能帮助广大教师把这些理念变成操作行为，进而真正引领教师学生教和学的实践，理念再好，也不能真正对教育教学现状发生作用。沈建华同志这项实验研究的重要贡献，就是他们努力落实新课改的诸多新理念。我想特别指出的是，他们在作文教学实验过程中，鼓励每位学生个性化地"说真话、学真人、抒真情"，乃是促进每位学生健康发展的有效措施。

校本教育科研的范例。事实表明，当今时代，教育改革已经离不开教育科研；只有坚持正确的教育科研导向，教育教学改革才能顺利进行，并取得成功。嘉善实验小学的语文教改，同样坚持以教育科研为先导，以研究促改革。他们这种教育科研属于校本科研，即在自己学校范围内，为了解决自己学校教育改革与发展中的理论问题和实际问题，主要依靠自己学校的力量，运用自己学校的资源而开展的教育科学研究。这种校本教育科学研究，适合第一线教育工作者，对提高他们的全面素质有着不可替代的重要作用。目前在我们浙江各地，这样的研究，许多学校都在进行，有的做得很不错，有的还没有入门。从本书所反映的材料看，沈建华和他的同事们所进行的这项校本研究比较规范，许多方面堪称当前校本研究的范例。

第一，教育科研就是解决问题，否则就是无的放矢。校本教育科研就是要解决本校教育教学中迫切需要解决的问题，不是为研究而研究。当然，这里丝毫没有否定校本研究所要解决的问题与整个教育系统甚至社会上的某些问题具有联系。沈建华同志这项研究的特点之一，就是所要解决的问题明确，针对本校语文教学中迫切需要解决问题进行研究，并据此确定切实可行的研究目标和内容。

第二，实验变量和操作因子明确。进行教育科研课题研究，一定要明确本项研究的自变量、因变量和操作因子，否则无法进行具体操作。而没有具体操作，即使课题再有价值，方案设计再好，也不过是纸上谈科研罢了。这里说的因变量，是课题研究过程中因其他因素的改变而引起改变的因素，在多数情况下它的变化就是我们研究工作所要追求的结果；而自变量则是导致因变量改变的因素。在本研究中，自变量就是情境识字、阅读欣赏、真情作文三项，因变量则是与这三项相对应的实验班学生在识字、阅读、作文三方面所引起的知识技能和情感态度价值观的变化。既然自变量导致因变量的变化，那么毫无疑问我们应该把操作的着力点放在自变量上。要通过对自变量中的一些因素施加影响引起自变量的变化，然后引发因变量的变化，达到研究的目标。这些需要对其施加影响的自变量中的因素，就是通常人们所说的操作因子。在本研究中就是"情境识字"中的"组编教学内容""改进教学方法"；"阅读欣赏"中的"确定基本程序""改进教学方法"；"真情作文"中的"明确学习步骤""改进教学方法"等。本项研究明确了变量之间关系，认识到准确确定操作因子的重要，并且恰当地确定了自变量、因变量和操作因子，规范而有序地进行操作，所以达到预期的效果。

第三，实验效果的表述妥帖。不论是进行教育实验研究，还是开展教育行动研究，在最后写研究报告时，都要涉及研究效果。我经常看到一些研究报告，把与本研究毫无关系的那些学校工作成绩，也算到自己的账上，洋洋洒洒罗列一大篇。这样做的结果，不但不能增强研究的信度效度，反而损害其信度和效度。沈建华的研究报告就不是这样，它紧紧抓住因变量的变化，说明研究的效果，实事求是，写作规范，值得仿效。

第四，事物本质并不是短时间能够暴露的，人们对客观规律的认识也不是一两次可以完成的。教育上的研究，同样少有立竿见影的事情。即使认认真真地花上一年半载进行研究，也很难取得某项重要教学改革研究的成功。沈建华和他的同事们深谙这一道理，以锲而不舍追求真理的精神进行小学语文教学改革实验研究，从模仿到消化，到个性化的自主性研究，经历了六年时光，付出了大量心血，取得了显著的成果，但并不就此停步，另辟战场，却仍然郑重表示，为了孩子，要继续实验，继续探索。这种老老实实严肃认真的科学态度，同那些心情浮躁，期望通过很短时间，获得惊人成就的作秀式科研，形成非常强烈的对照；与那种浅尝辄止，一个课题开了头，马上转到另一课题的"老熊扒玉米式"的研究作风也大相径庭，非常值得提倡。

领导教学的有效模式。教学是学校贯彻党和国家的教育方针、全面实施素质教育的基本途径，是学校工作的中心。领导好学校教学工作，是校长的基本职责。时下，中小学内，校长领导教学存在多种模式。有的是指定分管副校长，代表校长专司领导教学之职，校长本人间或就教学出点主意，间或传达一下上级指示，有的甚至干脆不加顾问，可以称之为"委托领导模式"；有的主要通过现代化办公手段，对各种教学进行监控，可以称之为"监控管理模式"；有的通过组织考核评估，实现对教学工作的领导和管理；可以称之为"考评管理模式"。另外，还有一类是校长通过经常性有计划地随班听课，了解和掌握教学实践第一手资料，实现对教学的指导和领导；或者校长亲自任课、亲自参与教学研究，获得对教学改革和发展的亲身体验，实现对教学的领导，可以称之为"参与式领导模式"。本书向我们展示的就是这种模式。沈建华同志是一位长期坚持小学语文教学和研究的专家，在小学语文教学方面有相当深的造诣，已经带出了一批颇有发展前途的徒弟。就任嘉善实验小学校长以来，他仍然坚持语文课的教学和改革研究，亲自上研究课、示范课，亲自动手写课题研究报告和论文，其数量和质量均在一般教师之上。这样做，不但使他取得领导学校教改、课改的发言权，而且因其以身垂范赢得了全校教师对其教改理念和方略的理解与支持，从而成功地领导了本校的教育教学改革实践。当前，在我省实验学校系统，已经有一批像沈建华同志那样改革型和专家型的名校长，我衷心希望在今后若干年内，能够涌现出更多不离课堂的优秀校长，身先士卒，带领学校师生深化改革，全面推进素质教育，推动全省实验学校实现跨越式发展。

（原载沈建华编著《情境识字、阅读欣赏、真情作文》，国际文化出版公司，2004 年 5 月第 1 版）

中小学生的特长及其培养

在我的心目中，于己、于人、于社会有益的特长，乃是人性之奇葩，向为世人所称道。培养中小学生的特长是素质教育的题中之义，应该进一步引起学校、家庭、社会和中小学同学自身的足够重视。

2004年，浙江省教育学会策划编写《学有特长》的初衷，正是希望通过在全省范围内征集和推介"生有特长"的佳作，充分展示近10年来我省中小学开展特长教育的初步成果，以期引起人们对于培养青少年特长的更大关注，造就更多合格加有特长的全面发展优秀学生。在这里，我想联系本书所提供的活生生案例，就特长与特长教育的一些问题与大家讨论。

首先，我想说说什么是特长。

关于特长是什么，人们有多种说法。有一种意见认为，特长就是个体素质结构中最突出的那一种素质。例如，有的同学人文学科方面的素质是其整体素质结构中最为突出的部分，因此人文学科素质就是他的特长。按照这种观点，每一位身心发展正常的社会成员，包括中小学同学们，自然而然都会具有自己的特长。

《现代汉语词典》把"特长"解释为"特别擅长的技能或特有的工作经验"[①]。我想，这里所说的技能应该是指主体在已有知识经验的基础上，经过练习而形成的执行某种任务的活动方式。按其性质和特点，可以分为智力技能和操作技能两类。不过，既然是指特别擅长的技能，应该是属于已经变成熟练技巧了的突出的智力技能和操作技能。至于"特有的工作经验"，在这里也应理解为由实践得来的特有知识技能比较妥当。根据这一解释，我们可以

---

① 现代汉语词典 [M]．北京：商务印书馆，1996：1234．

领悟到：形成特长不但要有一定的知识，更重要的是必须经过实践和练习。

有的研究者则提出，中小学生的"特长是指学生在发展过程中，基于自身条件和兴趣、爱好，通过校内外的训练和学习形成的明显超出同龄儿童一般水平且对学生今后发展具有积极价值的一种能力或能力倾向"。[①] 这一界定把判别学生是否具有特长的方法严格限定为在同龄人范围内进行比较；把学生的特长与学生的发展紧密地联系起来，即将学生特长的形成置于学生的发展过程之中，并强调特长应对他们的健康发展有利；认为特长是一种明显而出众的能力或能力倾向。

本书的事实也告诉我们，要确定一位同学是否有特长，以及其特长究竟已经达到何种水平，应该以同龄人为参照系，依据一定的具体标准来判定。他的某种特长，应该是同龄人范围内某方面的突出的技能和才干。只是由于同龄人样本的选取范围不同，同龄人样本某方面素质或技能的整体水平不同，使同学们的某方面的特长有明显的层次性。这大概就是当今中小学许多方面的特长生都有班特长生、校特长生、区（县、市）特长生、市（地）特长生，乃至省级和全国级特长生之区分的原因吧。此其一。

第二，所谓"三百六十行，行行出状元"，似乎可以理解为社会上有多少种行业，人们就可能会有多少种类的特长。同理，我们中小学同学们的特长也是多姿多彩的。可以说，在他们身心发展水平可及的学科范围、活动领域和生活门类中，都可能涌现出特长生。而且随着社会生活的日益绚丽丰盈，教育改革的不断深入发展，素质教育的全面有效推进，同学们具有的特长门类也会随之而增加。收入本书的 51 位同学，许多人具有传统琴、棋、书、画和写作方面的特长，有的人有音舞、戏曲方面的特长，有的有体育（包括国防体育）方面的特长，还有的具备现代科技创作、小发明小创造、研究性学习的特长，以及随着主持人行业走红而出现的当主持人的特长，更有人集多种特长于一身，如此等等，便是明证。

第三，透过精彩纷呈的特长现象看特长的本质，我们不难发现，各种特长实质上是同学们各种出色的智慧和能力的表现。心理学有"特殊能力"一说，认为"特殊能力也称专门能力，指适合于某种特殊活动要求的能力。如音

---

① 徐钢良．人人有特长 [M]．西安：陕西人民出版社，2000：5．

乐能力、绘画能力、机械能力、数学能力等"。① 本书所介绍的许多同学的特长，正是他们各种突出的特殊能力的外显。不过，在我看来，这些在全省中小学生范围内堪称出众的特长生，不但手巧，而且心灵；不但技能超群，而且很有智慧。因此，我主张各种特长实质上是特长者们出色的智慧和能力的表现。也正是因为这样，所以有人就按照瓦德·加德纳的多元智慧说把人的特长归类为：语言智慧类特长、逻辑数理智慧类特长、空间智慧类特长、身体运动智慧类特长、音乐智慧类特长、人际智慧类特长、内省智慧类特长、综合智慧类特长。

综合上述各点，似乎我们可以得到这样的启示：既然特长门类很广，我们就没有必要一窝蜂似的挤到某一个所谓的热门方面去培养自己的特长，相反，应该仔细评估自己可能发展的长项、强项和自己的兴趣爱好，确定切实可行的递进式发展目标，循序渐进、踏踏实实地去造就自己的特长。

其次，许多同学都希望自己有特长，那么特长究竟是怎样形成的呢？

讨论中小学同学特长是怎样形成的，就是讨论特长形成的规律，对于学校和家庭对同学们进行特长教育，同学们自己进行特长修炼，都有重大的指导意义。

本书虽然不像专门的研究论著那样，用比较符合科学要求的严谨语言阐述特长形成规律，但却用生动的事实告诉我们，中小学生特长形成是一个长过程，是在特殊的实践活动基础上，学生自身条件和外部相关条件综合起作用的过程。它不但用事实证实了教育学、心理学有关人的发展的一般理论，而且还表述了自己的特殊见解。

所谓自身条件，也就是学生特长形成的主观条件或内部因素，包括遗传因素和主观能动性因素两个方面。

关于遗传因素对中小学同学特长形成的作用，本书只有少数几篇文章谈到先天禀赋对某几位同学音乐、舞蹈、戏曲等特长形成的明显作用，而许多文章并没有明确涉及这个问题，但我们千万不能因此而得出结论认为，其他同学的特长形成好像与他们的遗传素质无关。我觉得，我们应该肯定，所有同学的特长形成，都是以他们自身的遗传因素为生理前提的。所谓一定的遗

---

① 朱智贤. 心理学大词典 [M]. 北京：北京师范大学出版社，1989：661.

传素质是一定特长形成的生理前提，确切地说是，指任何人只有具备一定的遗传因素，才有可能在持续参加某种与特长密切相关的活动基础上，在其他条件的辩证作用下，逐步形成自己的某种特长。生来五音不全、嗓门如破锣者，可以歌声，但恐怕难形成歌咏特长；先天平足者，可以跑步，但也难以形成田径运动方面的特长；轻度先天智障者，可能参加一定难度的学习，但不能要求他们学科学习冒尖，或者具备科技制作、创造发明的特长，如此等等。至于遗传因素对某人某项特长之形成，其所产生的影响大小究竟会达到何等程度，恐怕应该因项而异，因人而异，具体分析，具体评估。

所谓主观能动因素，主要是指个人后天形成的那些集中标志其主观能动性的因素，包括心理因素、道德因素、思想政治因素等。关于这些因素在人们成功成才过程中的巨大作用，中外古今的许多名人大家提出过大量我们耳熟能详的精辟见解。例如：诸葛亮的"非学无以广才，非志无以成学"，韩愈的"业精于勤荒于嬉，行成于思毁于随"，郭沫若的"天资的充分发挥和个人勤学苦练是成正比例的"，茅以升的"勤奋是成功之母"，爱迪生的"天才是百分之一的灵感，百分之九十九的血汗"，陶行知的"治学以兴趣为主。兴趣愈多，则从事弥力；从事弥力，则成效愈著"等。当今一些研究者也通过有关成功、成才经验的调查和总结，说明这些因素的重大意义。例如，上海《文汇报》就曾于2003年9月29日"教育家"专栏内发表题为《解读学生成才的"孙子兵法"》一文，总结了当代上海地区优秀中学生的10条成功经验：(1)人品好；(2)有强烈的学习兴趣；(3)有明确的学习目标和实施的具体计划；(4)勤于思考，善于思考；(5)有舍我其谁的必胜信心；(6)认真领悟老师和父母的话；(7)认为刻苦勤奋是最大的聪明；(8)善于向老师学习、向同学学习；(9)拥有良好的学习习惯；(10)形成适合自己的学习方法。如果我们同意学生形成了某种特长也是一种成功，也是成才，或者至少是成才的一个方面，那么我们也应该肯定古今贤哲的有关格言、警句和《文汇报》的上述总结，对于我们弄清中小学生特长形成过程中到底需要哪些主观能动因素，非常有价值。事实上，本书也在不同程度上印证了这些见解与经验。

本书所特别肯定和推崇的影响中小学同学特长形成的主观能动因素，主要有：

兴趣爱好。许多同学兴趣所至，废寝忘食，一往无前，终成特长。

理想追求。理想，包括许多文章中提到的梦想、志向、抱负等。理想追求似明灯，似火炬，似旗帜，似巨手，引导和推动同学们坚持不懈练就某种特长。

责任意识。也有同学较早认识自己对社会、对国家的责任，怀着强烈的责任感培养自己的特长。

自信心强。许多同学坚信自己能够跨越一切困难障碍，到达胜利的彼岸，终于获得成功。

刻苦勤奋。"只要功夫深，铁杵磨成针"，仍然是当今许多身怀特长的优秀中小学同学的座右铭。他们以顽强的意志、坚忍的毅力、勤奋的学习、刻苦的训练，成就着自己的特长之梦。

善于学习。包括长于观察，勤于收集信息，善于思考问题，善于支配时间，有良好的学习方法和习惯。

此外，良好的认知基础，比较丰富的知识储备，比较深厚的中华文化底蕴等，也都很重要。我的一位大学同学沈建中先生，现在是相当有影响的绍兴地方史志专家，得知我正编此书，有一回在电话中真诚地要我向现今的青少年同学建议：不管你将来从事什么具体工作，不论你会养成何种特长，作为新一代中国人，都应趁着年轻努力打好中华文化的功底。

本书告诉大家：这些因素作为中小学同学们特长形成过程中的强大牵引力、内驱力、支持力、调节力，在他们遗传因素基本具备、外部环境条件基本允许的情况下，发挥着决定性的作用。与有的研究把影响学生特长形成的能动结构局限在心理因素范畴，主要强调认知、兴趣、意志的作用相比，本书许多案例证明，学生自身思想道德因素同样是影响他们特长形成的重要主观因素，这是一种更符合实际的有新意见解。

外部条件，或曰环境条件，是指围绕于中小学同学周围，对他们特长形成发生具体的实际影响的因素。这些因素，主要包括家庭、学校、社区、社会等。

家庭条件，包括家庭传统、家庭氛围、父母在特长方面的示范引导、父母对培养孩子特长的意识和举措等。本书告诉大家，优越的家学渊源，父母自身的特长爱好，父母对培养孩子特长的重视，父母善于早期发现孩子特长的苗子，为了培养孩子特长而舍得坚持不懈地在财力精力方面进行必要的投入，或者至少能够对孩子的正当兴趣爱好和培养特长之举表示尊重与理解等，对中小学生特长形成有重要作用。

学校条件，包括学校是否有以生为本、因人施教培养特长的教育思想，是否能够有计划地发现和培养学生的特长，是否能配备合格的指导教师对学生进行有的放矢的特长教育，是否在师生中形成了有利于特长形成的舆论和心理氛围等。千万不可强迫学生接受某种引不起他们兴趣的特长教育，也不要为了某种功利的动机搞拔苗助长式的特长教育。这一点也应引起中小学生家长的重视。本次征文表明，在我省中小学中确实有不少学校重视特长教育，而且正是由于这些学校重视了特长教育并且措施比较得法，因此在那里涌现出来的优秀特长生就比较多。更值得一提的是，书中有的同学讲述自己特长形成过程时，明确地提到自己的理想追求与现行以考分为取材之唯一标准的制度存在着尖锐的矛盾，内心非常渴望改变现行教育的这种弊端，可是改革并非一蹴而就之事，因此他们不得不顶着应试制度的压力去追求自己梦想的实现，并且难免会有一些有悖于应试制度"常理"的言行。面对这样的情况，他们的校长和老师虽然也无回天之力改变这种应试模式，但却能以教育者的良知，给予他们以特有的理解、宽容和支持。每当读到这些文字，我都为之动容。我赞赏这些同学的韧劲，更佩服他们的校长和老师的勇气与胸怀。渴望有更多有识之士能像德清县两所中学的同人们那样，真正成为学生有益特长形成的助产婆。

如前所述，中小学同学特长的形成离不开所有学习和培养特长的实践活动。这种实践活动包括学校组织的集体教学训练，家庭安排的个别指导，同学个人自主安排自学练习，以及同学之间的切磋琢磨，还有以特长服务社会、特长的展示与比赛等。前述各种自身条件和外部环境条件的作用大小、影响优劣，也都在这些实践活动中体现出来。本书提醒我们，只有时时刻刻关注这些活动在培养同学们特长方面的真实有效性，这些活动才能真正成为培养他们特长的基础和温床。

有必要说明，所谓中小学同学的特长是在培养特长的实践活动基础上，在各种主客因素共同的辩证作用下逐步形成，乃是就整体而言，若落实到每一个具体人的特长形成，则情况会有许多具体差别。就主观能动因素而言，有的人可能主要是由于兴趣的引导和推动，有的人主要是意志和毅力的支持。就外部环境条件而言，有的可能是由于家学渊源的熏陶培养，有的人则是因为学校中有这方面的名师。就遗传、主观能动因素、外部环境因素三者具体作用而言，有的人可能是因为天赋特佳，有的可能因为主观上做出了惊人的努力，有的是因为家庭条件或学校条件起了决定性作用。当然，也可能有的同学是因为各种条件都比较优越。我觉得对中小学同学而言，大家要牢记外因是条件，内因是根据；个人无法选择遗传因素，也很难左右外部条件，但可以控制自身的主观能动因素，因此在遗传条件和外部环境过得去的情况下，应该在努力优化自身主观能动因素上下功夫。

最后，让我们来讨论培养特长的意义。

社会上有一种看法认为，特长是宝，身怀一种特长，就多了一种生存的本领。近时期来，人们还进一步认为特长使人生活丰富，精神充实，尤其是随着闲暇时间的增加，特长的乐生意义进一步凸显出来。本书重点向我们展开的不是特长的谋生功能和乐生功能，而是特长的发展功能。这里所说的特长发展功能，指的是特长促进了学生的健康发展，多数有特长的学生是各方面发展较好的优秀学生。这是为什么呢？从本书的材料看，第一，培养特长是一种"扬长教育"，不同于"补短教育"。实际生活中的"补短教育"往往是"短"未补上，"长"却被抑杀，不利于学生发展；特长教育却使学生特长显现，自信增强，有利于学生潜能激发，有助于各种素质发展。第二，训练和培养学生特长的过程，既要有学生自身的良好非智力精神因素作支撑，又是培育他们良好非智力精神因素的过程。事实告诉我们，有特长的同学兴趣广，有追求，意志坚强，很有毅力。这些因素推动他们形成特长，同样会支持他们实现有差异地全面发展。第三，特长的培养离不开实践操作，特长的显露也总是在实践学习和操作活动之中，所以培养特长会大大增强同学们在某些方面的学习能力、实践能力与动手习惯，而这些能力和习惯，都能够迁移到他们学习、活动和生活的其他方面，促进他们各项素质的良好发展，甚至对他们的终身发展也起重要作用。最后，许多特长的形成需要宽厚的素质背景，只有在良好素质的土壤里才能奇花异放，恐怕这也是多数有特长的学生之所以成为各种素质良好的优秀学生的重要原因。

从本书所展示特长的发展功能，我们可以悟出这样一个道理：通过学校教育造就新世纪全面发展的新一代的具体路子不止一条，从培养学生特长入手，促进学生各项素质的发展，也是培养新世纪优秀人才之途。人们常说，只有因材（人）施教，才能实现全体受教育者的真正全面发展。因为，真正符合人性的全面发展并不等于门门功课满分，也不是用一个模子铸就无个性的标准件，而是在于每个学生的各项素质是否从自己的实际出发实现了尽可能好的发展，特别是他的强项是否得以充分发展。而这样的全面发展无论就个体而言还是就人们的群体而言，都是一种有差异的发展，关键在于这样的发展应该使他们生活愉快，并在长大后能够为社会作出贡献，为自己创造幸福。国际数学大师、中国科学院外籍院士陈省身教授曾说："我喜欢数学，也只会做数学。我不会欣赏音乐，不喜欢体育，也不大会做实验，所以只好读数学，做数学，终老一生。钱锺书的数学很差，可依然是大学问家。有些孩子很聪明，善于动手，又有艺术天赋，何必拿数学来苛求他呢？要求人全面发展是一种理想。从多方面培养人也是对的。只是不能用一把'理想'的尺子要求所有人。中国的教育古训是'因材施教'。现在中国的教育太注重'分数'，人人用一个'总分'来衡量。就像旧时科举一律拿'八股文'的写作来选拔人才，不大合理。不拘一格选人才，让孩子自由地发挥才能，应该是我们追求的目标。"[1] 而从培养特长入手，正是落实因材施教这一根本育人原则的一种操作模式。我想这应该是本书给予我们的最重要启示。

最后，诚恳地希望所有具有特长的中小学同学能够再接再厉，因为摆在你们面前的人生之路还很长。

（本文原为《学有特长》的序言，《浙江教育信息报》2006年4月25日"前沿观察"曾以《另一种眼光看学生特长》发表其主要部分。）

---

[1] 我们要对自己有信心 [N]. 文汇报，2004-11-29(9).

聚焦"学本课堂"

——永昌一小听课

  教学是学校教育的主渠道，课堂教学是教学活动的主要形式。正在接受教育的年轻一代，他们能否真正成为德智体美劳全面发展的社会主义建设者和接班人，在很大程度上取决于课堂教学。正是基于这种认识，21 世纪以来，课堂教学改革已经逐步成为中小学教育改革的关键性攻坚项目。

  处于改革大潮前沿的温州市甄海区永昌第一小学，是一所有 108 年历史的名校，地处温州市龙湾区国家重点文物保护单位明代抗倭名堡永昌堡。这里的老师们，有着很强的改革意识，正在进行"学本课堂"的改革实践。他们懂得，促进学生的健康成长是学校一切工作的出发点和落脚点，课堂教学活动的宗旨在于促进课堂内每位学生的健康发展。而要想让课堂教学促进每位学生的健康发展，最重要的是要使每位学生爱学、会学、学好。如果离开了每位学生从他们各自实际出发的爱学、会学和学好，要想让每位学生能够在他们各自基础上健康发展是不可能的。而要使每位学生真正爱学、会学、学好，就应该变强制学生适应"教"的"师本课堂"为真正有利于每位学生学好的"学本课堂"。为此，他们要求教师不但要有一切为了每一位学生健康发展的正确理念，而且还应该在分析和处理教材、确定教学目标、选择教学方法、运用必要的教学手段、设计教学环节、安排教与学的活动和分配教学时间等方面，尊重教育规律，尤其是学生身心发展的规律，努力落实促进每位学生有效发展的要求，认真教好每位学生，正确发挥自己在课堂教学中的主导作用。每位同学也应该在教师的帮助下，逐步做到以乐学、会学和学好为己任，自觉主动地投入课堂学习，充分发挥自身在课堂教学中的主体作用，争取获得良好学习效果。该校于 2012 年 11 月 30 日下午，在二、四、五年级共开出四堂观摩课，正是为了向参加省义务教育研究会年会的同行汇报该校"学本课堂"改革研究的情况。本人有幸参加四年级的听课评课活动，收获不小，启发良多，现诉诸笔端，求教同人。

先说我所观摩的四年级语文课。这堂课的教学内容是《飞向蓝天的恐龙》（第一学时）。执教的王瑞老师根据在语文课内学习科普文章的特点，联系施教班级学生的实际，备课时就具体地确定了识字、阅读、知道恐龙的演化过程、学习总分式和排比句写作等四项教学目标。在实际教学时，由"鸟和恐龙到底有什么联系"这一问题导入，激起学生的学习欲望，开展教学活动。整堂课以恐龙演化为主线，运用先学后教、师生互动、生生互动、知识技能迁移等方法和形式，适当地配以多媒体课件，由易到难，由部分到整体，由老师领着学生学到每位同学独立学，结构严密，脉络清晰，层次分明，重点突出，循序而进，基础比较扎实。从课堂观察可知，初步达到了使每位学生爱学、会学、学好的要求。至于学生们还会遗忘，还需在后续学时和课外加以巩固拓展，自在情理之中。

再说四年级的音乐课。本课时学唱新疆维吾尔族民歌《我是少年阿凡提》。这首歌，节奏活泼欢快热情，风格诙谐，展现了少年阿凡提自信、阳光、爱国、正义、诙谐的性格和品德。在课堂现场，当执教者陈克惠老师用钢琴奏响歌曲的旋律时，几乎每一位学生的眼睛为之一亮，大家爱学这首歌曲是不成问题的，问题是怎样帮助每位同学会学和学好。在接下来的时间里，陈老师以她那娴熟的琴声、甜美的嗓音和优雅亲和的体态语言，以及善于组织教学互动的技巧，指导大家学习这一首美丽的歌曲。她要求每位同学唱歌时坐正姿势，用心体验并热情表达少年阿凡提的阳光性格，引导大家把音乐美和人格美统一，无痕地寓德于美之中。她很重视音乐基本技能技巧的传授，反复地让大家体会和学习带升号、下滑音号、重音号、切分号的部分，以及维吾尔族民歌的特点，但要求适度，充分照顾每位同学的学习能力。譬如，升号比较难唱，她并不要求每位同学都会独立地唱。同样在两次让一部分同学表现手鼓伴奏时，她也止于要求同学会敲，而不要求灵巧优美。她尊重学生，学生模拟冬不拉的弹奏姿势、表示不客气的动作，不强求统一，任大家自己的选择，只要能够恰当达意就好。在她的指导下，所有学生已经能够根据要求唱好《我是少年阿凡提》，被抽问的同学都能够愉快而正确地说出应该向阿凡提学习什么。

课堂教学的改革，需要勇气，需要智慧，更需要坚韧不拔的毅力，任何企图一蹴而就的想法和做法，或者提出所谓完美无缺的要求，都是不实际的。只有育人为本、立德树人、全面发展的素质教育思想真正在全社会深入人心，小班化教学得以在大范围实施，学校师生比达到比较理想的天地，教育者的素质也有更大的提高，课堂教学的改革才有可能进入新的境界。在当前的条件下，永昌一小推行"学本课堂"，能在不长的时间里，取得如此明显的效果，应该充分肯定。深信他们会在吴闪燕校长的带领下，把"学本课堂"的改革做得更好。

两堂课后，参加本次观摩活动的外地同人和永昌一小的部分老师，以及有关教研员，进行了议课、评课活动。首先由两位执教老师说课，学校两位教研组负责老师汇报针对这两堂曾经开展的校本教研情况，并对两堂课教学活动进行评价。然后由来宾和区教研员评议。会场气氛热烈，讨论有一定深度，给人以深刻的印象。

首先，我感到永昌一小的校本教研活动能够围绕"学本课堂"的建设进行，路子对头，应该提倡。尤其值得赞赏的是永昌一小老师在说课和介绍校本教研时，说真话，道实情，并能反思不足，难能可贵，体现了该校"崇实求真"的学风。相信只要能够始终坚持这一良好学风，该校的校本教研一定会不断结出硕果。

其次，笔者身处评课现场，联想以往诸多评课活动，深感评课议课任重道远。为了让评课议课活动对课堂教学真正具有正向激励、导向、监督、推动作用，推进"学本课堂"建设，落实素质教育要求，提出以下建议。

1. 评课者应该有明确的育人为本理念和相应的科学教学质量观，要把注意力集中在实事求是地评价执教老师是否认真关注和努力促进每位学生的良好发展，以及每位学生是否爱学、会学和学好上。同时也应明白，要求每一门学科都能在促进每位学生良好发展方面起应有作用，是从总体上讲的，而且还受各种因素的制约，有一个过程。就一堂课而言，如果教师真正注意到了这一点，并且整堂课没有不利于学生发展的消极因素，就应该鼓励；教学设计比较科学合理，实际效果达到大多数学生都能学好，其他学生也有所得，就应该大加赞扬；而确实能够驾轻就熟地做到绝大多数的课都能够让每位学生爱学、会学、学好，只少数几堂课略为逊色的老师，应该是可以称为教学专家了。

2. 应该尊重和支持执教教师形成自己的教学特色与风格。师各不同，教无定法，任何一堂课只要能够有效地实现"学本课堂"宗旨和目标，就是好课。所以，应该允许不同的老师有自己的教学特色与风格。既要反对用一个模子铸标准件的办法培养所有学生，也不能用一根"尺子"衡量不同教师所实施的学本教学。如果千师一模，"学本课堂"就不会有生命力。

3. 要讲点教学经济学。不讲投入产出之比，不讲费效之比，也不讲上课与演戏的区别，投入高于平常课几倍、几十倍的人力财力，打造出一堂"精品"课，到处表演，脱离中小学的教学实际，价值不大。我们评课不要去吹捧这一类课，相反，应该满腔热情地推崇、支持、帮助像前面所说两堂课那样的家常优质课。

4. 要关注和研究对"学"的评价。囿于时间和其他条件，人们在听完一两节课后所进行的评课，往往会比较忽视甚至忽略对于"学"的评价。其实，教学是"教"与"学"的协同活动，一堂课的教学效果，集中体现在学生怎样学和学得怎样上；每位学生的主体作用是否得以充分发挥，也主要表现在他们的学习态度、方法、习惯和结果上。因此，评课必须评"学"。科学合理地评"学"，既可以促使教师教得更好，也能够进一步激励每位学生根据全面发展方针和教学"三维目标"的要求，好好学习，天天向上。而要想科学合理地评价学生的"学"，光有知识技能的测试是远远不够的。如果永昌一小能够通过校本教研活动研究出有一定科学性和较强操作性的"学本课堂"评"学"办法，将是教育之幸。

（写于2012年12月在温州龙湾区参加浙江省教育学会农村义务教育分会年会后）

德育问题研究

重视德育是教育规律

一

凡办教育，都要用一定社会、一定阶级的政治主张、思想观点、伦理道德教育影响年轻一代，这是古今中外概莫能外的教育规律。

中国古籍《礼记·大学》篇说："大学之道，在明明德，在新（亲）民，在止于至善。"这清楚地表明，中国奴隶社会学校的主要任务，是用奴隶主贵族阶级的立场、观点、思想、道德教育学生，使他们能够按照奴隶主贵族阶级的要求，严于修己，善于待人，并把这两件事做到非常完善的地步。孔子也主张："弟子入则孝，出则弟，谨而信，泛爱众，而亲仁，行有余力，则以学文。"同样强调要把德育放在首位。

孔子以后，许多教育家都认为，教育的最重要的任务是"教人做人"，培养受教育者"孝、弟、忠，信"等思想品德。南宋思想家、教育家朱熹就说过："圣人千言万语，就是教人做人。"后来，宋南礼部尚书王应麟在其《三字经》中总结封建社会的教育是"首孝弟，次见闻。知某数，识某文"，认为"玉不琢，不成器。人不学，不知义"。这说明中国封建社会的教育，一直把向受教育者灌输封建的伦理纲常放在首位。

20世纪30年代，国民政府开展了新生活运动，规定忠、孝、仁、爱、信、义、和、平"八德"为国训，礼、义、廉、耻"四维"为全国学校的校训。并且还规定了忠勇、孝顺、仁爱、信义、和平、礼节、服从、勤俭、整洁、助人、学问、有恒等青年守则十二条，作为学校训导工作的具体目标和内容。

同样，西方统治阶级也很重视德育。例如，整个教育十分注意培养受教育者的勇敢、坚忍和所谓的爱国精神。希腊作家、历史学家普卢塔克在《希腊罗马伟人传》中讲到这种教育时说："至于阅读和写字，儿童学习的只是最必需的东西，他们所学习的其余的东西只是追求一个目的：绝对服从，承受艰难困苦，打仗和征服别人。"

欧洲中世纪的早期，僧侣阶级在学校中也运用教会的说教和牧师教化的方法，向师生宣传无条件地服从、忍耐、勤劳、节制、禁欲等宗教道德。甚至连小学算术课教 1、2、3、4 也必须宣传宗教精神，说什么"1"是指唯一的神，"2"是指耶稣的二重性格，"3"是指神的三位（圣父、圣子，圣灵）一体，"4"是指四个福音的传播者（马可，马太、约翰、路加）。

19 世纪德国教育家赫尔巴特（1776—1841）在其《论世界美的启示为教育的主要工作》中认为："道德普遍地被认为是人类最高目的，因此也是教育的最高目的。"俄国教育家乌申斯基（1824—1871）认为，在教育的各个不同方面，德育应该占首要的地位。他说："我们大胆地提出一个信念：道德的影响是教育的主要任务，这种任务比一般地发展儿童的智力和用知识去充实他们的头脑重要得多。"在法国的中小学里，道德课从 1882 年起就由政府以法令形式规定为整个学校课程的一部分。在日本，自明治维新（1868）以来，视教育为立国之本，以"开展智力"为三大国策之一。但他们的教育并不只重视知识的传授和智力的发展。而是在重视"智力开发"的同时，十分重视道德教育。日本国立教育研究所前任所长、日本比较教育学会会长、国际著名的教育家平冢益德认为，日本办教育，重视道德教育是一大特色。早在 1878 年明治天皇钦示的"教育大旨"中，就明确了忠孝仁义道德。1904 年，日本就正式颁行了国定的修身教科书。1908 年，在伦敦举行第一次道德教育国际会议时，各国代表对日本的道德教育予以很高的评价。第二次世界大战之后，日本教育计划有所修订，但修订后的教育计划，仍很重视道德教育。1951 年文部省颁发了道德教育指导纲要，1977 年又重新制订了道德教育指导纲要。

至于社会主义国家，则重视对年轻一代进行社会主义和共产主义思想品德教育。早在 1920 年，列宁就强调指出："应该使培养教育和训练现代青年的全部事业，成为培养青年的共产主义道德的事业。"苏联教育家加里宁也明确地指出："教育是对于受教育者心理上施行的一种确定的、有目的的和有系统的感化作用，以便在受教育者的身心上，养成教育者所希望的品质。我觉得这样的措辞（当然，这不是要别人绝对赞同的措辞），在大体上是包括了我们所加在教育概念中的一切内容：如培养一定的世界观，道德和人类公共生活规范，造就一定的性格和意志，习惯和兴趣，发展一定的体质，等等。"

毛泽东同志同样非常重视年轻一代的思想政治教育。他曾指出："青年应当把坚定正确的政治方向放在第一位。""不论是知识分子，还是青年学生，都应该努力学习。除了学习专业之外，在思想上要有所进步，政治上也要有所进步，这就需要学习马克思主义，学习时事政治。没有正确的政治观点，就等于没有灵魂。"他强调："思想政治工作，各部门都要负责。共产党应该管，青年团应该管，政府主管部门应该管，学校的校长、教师更应该管。"1958 年，党中央、国务院关于教育工作的指示和后来的大中小学工作条例，都强调要加强思想政治教育。粉碎"四人帮"后，邓小平同志在第一次全国教育工作会议上讲话时严肃指出："'四人帮'对教育事业的破坏，不仅造成科学文化的教育质量惊人下降，而且严重地损害了学校的思想政治教育，败坏了学校纪律，腐蚀了社会主义社会的革命风气。"他号召"从事教育工作的同志，各个有关部门的同志，整个社会的家家户户，都来关心青少年思想政治的进步，把被'四人帮'破坏了的优良革命传统恢复和发展起来"。在党的领导下，20 世纪 50 年代、60 年代前期和党的十一届三中全会以来，在全国范围内已集中开展了三次大规模的共产主义道德教育。当前的第三次道德教育规模更大，影响更深，正在继续深入进行。目标是要把我国青少年和人民培养成有理想、有道德、有知识、守纪律的人。

二

时至今日，由于种种原因，青少年的道德教育问题，已经成为世界各国普遍关注的重大问题。

在美国，青少年道德教育问题正在引起人们的很大注意。1975 年美国第七届盖洛普教育舆论调查得出这样的结论：全国平均有 79% 的人赞成加强学校的道德教育和对学生道德行为的指导，其中学生家长中则有 84%~85% 的人要求学校加强道德教育。1981 年第十三届盖洛普舆论测验，就教育的六种目的投票时，对"教育应当培养学生伦理和道德品质"这一目的投赞成票的最多。人们主张在大学理工科中，学生们也必须修完占总学时 20% 左右的人文学科，并在这些学科中渗透政治、思想、道德方面的观点。所以，在 1976 年出版的由北卡罗莱纳州格林斯保罗大学的达米·梅伯皮尔和俄亥俄州大学的旋米·莱能写的《道德教育》一书中，作者在第一章开宗明义就讲："儿童的道德教育是学校的最古老的任务之一，也是我们最新的狂热之一。"

在新加坡，李光耀大抓礼貌教育，决心要以东方人的道德抵制西方人的"文明"。

在日本，日本政府已经成立了青少年对策本部，由内阁总理任总部长，官房长官任副总部长，统管青少年的教育问题。他们的主要措施包括：(1) 成立各种组织开展青少年教育。首先是成立少年辅导中心，到 1980 年底，日本全国建立了少年辅导中心 548 个，辅导员 7 万多人，经费由总理府补助。这些辅导员主要的工作是对少年进行街头辅导和相谈。1979 年仅警察和青少年相谈的就有 11 万多人次。其次是在全国范围内建立了 6400 个学校警察联络协议会 (3400 多所学校参加)，31 万多个单位警察联络协议会，以及大哥协会。另外，各校都有家长教师联络会。加强对青少年的教育。(2) 内阁总理府和有关部门，在一年中确定若干教育月，对青少年进行集中教育，把平时教育与集中教育结合起来。日本警视厅规定，每年 3 月和 5 月为"发现和保护出走青少年强调月"。法务省规定，每年 7 月为"管治福利犯强调月"(日本称在两性关系方面犯罪者为"福利犯")。总理府决定，每年 7 月为"与不良行为争夺青少年强调月"，在这个月里，广播、报刊、讲演、研究乃至整个社会，都要一起投入明朗社会运动。(根据 1980 年冬参加中国青年访日代表团的一位同志的报告)

在东德，从 1975 年开始就制订了道德教育和法治教育的制度，把道德教育和法律教育列入学校课程，从幼儿园的小朋友到大学生都要受这方面的教育，而且还把这些作为对职工和一般群众教育的内容。据说效果较好。

1980 年 8 月 25 日—9 月 5 日，在委内瑞拉首都加拉加斯召开的联合国第六次预防犯罪及罪犯待遇大会上，针对当前世界青少年犯罪率高妙严重问题，许多国家的代表提出要加强对青少年的道德教育。埃及代表向大会提出了加强青少年道德教育的提案。加拿大代表认为，道德教育要从五岁开始。最后，大会根据学校教育的缺陷，专门作了一条决议，要求学校对青少年和儿童的教育应该加以扩大，不能仅限于书本知识，应该着重发展他们的内在的禀赋。为了达到这个目的，一定要把社会规范、法律规章、伦理道德、思想信条、公民义务，列为学校课程之一。

三

那么，为什么重视德育是普遍的规律？为什么加强对青少年道德教育已经成为当今世界各国普遍关注的重大问题？

首先，是因为年轻一代的发展特点和对现实社会的影响。青少年正处在成长时期，他们朝气蓬勃，精力旺盛，异常活跃，但又不成熟，行为出轨的比率较高，他们的所作所为，直接关系到现实社会的安定，国家和民众的利益。目前世界上许多国家青少年的犯罪率相当高。据 1980 年的数字，美国青少年犯罪达 4.58%，西欧一些国家也在 3%~4% 以上，日本 1978 年是 1.36%，1979 年上升为 1.45%。而据最近日本法务省犯罪白皮书披露，1981 年被检举的青少年罪犯达 21 万人之多，竟占被检举罪犯总人数的一半。青少年犯罪率的不断升高，严重地损害了正常的教学秩序，危害了社会治安，既不利于经济的发展，也严重威胁着一般平民的生活，这就成为许多资本主义国家也普遍重视青少年道德教育的重要原因之一。

其次，从根本上来说，是因为年轻一代是社会的未来，国家和社会的前途命运决定于年轻一代。所以，谁掌握了年轻一代，谁就掌握了未来，谁的事业和利益就能长期得到维护和延续。而要掌握年轻一代，关键是要掌握他们的心；要掌握他们的心，唯一的办法是加强对他们的教育，尤其是思想道德教育。青少年儿童时期正是最最需要教育引导，也是最容易接受教育的最佳时期。一切清醒的当权者都会重视从小对年轻一代加强思想道德教育，以自己的"德"，即自己政治主张、思想观点、道德情操来塑造年轻一代的灵魂，决不放弃对年轻一代教育，更不会听任年轻一代竟然在自己举办的学校里蜕变为自己的反对者。

总之，古往今来人们之所以把对年轻一代的道德教育放在极其重要的具有战略意义的地位，主要是为了维护一定的生产关系，维护各自阶级的利益。对于学校教育来说，就是为了满足一定的经济政治对于培养人才的要求，是由教育的根本规律决定的，也是教育基本职能的表现。

（本文系本人1979—1986年在杭州大学教育系讲授德育原理《思想政治教育的理论和方法》第1讲第1节。）

德育特点和作用

一、德育的概念

德育是教育者根据一定社会或阶级的要求，有目的，有计划地对受教育者施加政治、思想和道德方面的影响，以培养他们具有一定社会或阶级所期望的品德的教育活动。它是学校教育工作的有机组成部分。

我国学校社会主义德育，是教育者根据我国人民培养全面发展社会主义新人的要求，有目的、有计划地对受教育者施加政治、思想和道德方面的教育影响，以培养他们具有社会主义共产主义良好品德的教育活动。它在我国社会主义全面发展教育中占有极重要的地位。一般包括道德教育、思想教育和政治教育三个部分。

德育是教育科学研究的对象，而且也需要教育科学作指导，但是它本身是现实进行着的教育活动，而不是科学。

二、德育的特点

（一）德育的定向性

德育同智育、体育、美育和劳动教育一样，都是学校教育工作的有机组成部分。它和其他各育的主要区别，在于它的任务。德育不像智育那样，主要是为了帮助学生掌握知识技能和发展智力；不像体育那样，是为了增强学生的体质，帮助他们掌握体育卫生方面的知识技能，养成锻炼身体、讲究卫生的良好习惯；不像美育那样，是为了培养学生的审美观点和审美能力；也不像劳动教育那样，是为了培养学生正确的劳动观点、态度、习惯，帮助他们了解现代工农业生产的基本原理，并掌握若干基本技术。它的任务是要培养学生具有适合一定社会或阶级需要的品德。为了培养学生具有这样的品德，它必须在确定自己的目标、内容，选择自己的途径、手段和方法，它要坚持明确而一致的思想政治方向，对学生进行定向培养，也就是在政治上、思想上、道德上为他们定向。这是德育定向性的首要方面。

同时，在阶级社会里，由于智力、技能和大量自然、社会方面的知识没有阶级性，而品德却有强烈的阶级性，因此，以定向地培养学生的品德为己任的德育，必然也成为决定学校教育政治方向的关键因素。同样，社会主义的德育也在很大程度上反映了学校的社会主义性质。这是德育定向性的又一方面。

德育的定向性特点，反映了德育受社会经济制度、政治制度制约和德育又为它们服务的关系，这是由一定社会或阶级的利益所决定的。

德育的定向性启示我们：要从各个方面自觉地坚持德育的社会主义共产主义的方向，坚定不移地培养学生社会主义共产主义的良好品德，并以此作为评价德育的主要标准，努力提高各级各类学校德育的水平。

（二）德育的艰巨性

严格地说，全面发展教育的任何一个方面，要取得良好的效果都存在着一定的难度。然而，德育的特点更显示出它是一项非常艰巨的工程。

因为，所谓定向地培养学生的品德，其实质就是把一定社会或阶级的政治主张、思想观点，道德要求转化为学生自身的品德。而要实现这个转化，在德育过程内部，就要遵循比实施智育、体育等更为复杂的规律，遇到更加复杂的矛盾。以智育为例，由于它主要是使学生掌握认识世界和改造世界的工具，发展他们认识世界和改造世界的能力，因此，它所遵循的主要是学生认识活动的规律。而德育要使学生掌握一定的政治主张、思想观点、道德伦理，逐渐形成他们的品德，除了应该遵循学生认识活动的规律之外，还要遵循学生思想品德形成发展的更加复杂的规律。尤其是以集体主义为核心的社会主义共产主义思想是一种崭新的思想体系，要把它内化为学生的品德，难免会遭到已经通过各种渠道进入学生头脑的各种消极因素的抵制，甚至引起他们个人利益和集体利益之间的尖锐矛盾，只有帮助他们不断战胜各种消极因素，才能达到预期的目的。所以，要使学生形成某种良好品德，不知道要比帮助学生掌握某种知识技能困难多少倍。

而且，由于学校是社会的一部分，学生也不只是生活在学校里，来自国际、国内、社会、家庭的各种政治因素、思想因素和道德因素，既通过影响学生而无时无刻对学校德育效果发生重大影响，也通过影响教师的思想面貌和整个学校的风气，对学校德育效果产生巨大影响。有时候，外界消极因素对学校德育效果的影响，甚至会超过学校自身的努力。这就更增加了学校德育的艰巨性。

我们每一个教育工作者都应该充分认识德育的艰巨性，知难而进，百折不回，为培养年轻一代的社会主义共产主义良好品德，贡献自己的毕生精力。

三、德育的作用

社会主义德育的作用是多方面的，主要有育人作用、社会作用和享受作用。

（一）德育的育人作用

社会主义德育是社会主义全面发展教育的重要组成部分，它在造就全面发展的社会主义一代新人的过程中，起着决定性的作用。

首先，社会主义共产主义的品德同其他性质的品德不同，它不能仅靠历史的道德传统和习俗的感染而形成，更不会自发产生，必须通过从外部进行社会主义共产主义精神的教育或"灌输"，才能形成。在诸多的教育因素中，社会主义学校的德育在培养年轻一代社会主义共产主义良好品德方面起主导作用。而年轻一代的社会主义共产主义的品德，是他们作为社会主义一代新人的基本标志，如果不具备社会主义共产主义的良好品德，就不成其为社会主义的一代新人。所以，社会主义德育对于造就全面发展的社会主义新人，具有决定性的意义。

其次，社会主义德育还能为其他各育的顺利实施和学生的全面发展提供精神保证。不论是智育、体育、美育，还是劳动教育，都是师生共同活动。它们的成功，都离不开师生双方的共同努力。其中尤其是全体学生积极健康的精神状态，在实现各育任务，保证全体学生全面发展方面，具有特殊作用。而要使我们的学生具备积极健康的精神状况，主要应该依靠社会主义德育。

（二）德育的社会作用

我国学校的社会主义共产主义思想品德教育，是全社会共产主义思想建设的重要组成部分，对于我国社会的健康发展起着积极作用。这种作用，随着我国基础教育的逐步普及，还将进一步增大。

历史唯物主义认为，在进步的经济基础上建立起来的先进的上层建筑会能动地巩固和完善自己的基础，并推动社会生产力的发展。当我们在建立了社会主义制度以后，必须在建设物质文明的同时，努力建设高度的社会主义精神文明。以共产主义思想为核心的社会主义精神文明，是社会主义的重要特征。没有这种精神文明，就不可能建设社会主义。而社会主义精神文明的重要方面，就是全国人民思想、政治，道德水平的提高，越来越多的社会成员成为有理想，有道德、有文化、有纪律的劳动者，在全社会建立和发展体现社会主义精神文明的新型社会关系。由此，就必须把决定精神文明社会主义性质的思想建设，放到社会主义精神文明建设的显著地位。

我国学校的社会主义德育，通过传播无产阶级的政治观，马克思主义科学的世界观、革命的人生观和社会主义共产主义的道德观，培养亿万青少年儿童的良好思想品德，积极参与全社会的共产主义思想建设，必将有力地促进全国人民和青少年政治，思想、道德水平的提高和社会的进一步文明安定，推动社会主义现代化建设的发展和经济的繁荣，对我国当前的社会主义精神文明建设和物质文明建设发生积极影响。同时，又因为儿童和青少年是社会主义祖国的未来，通过学校德育培养年轻一代的良好品德，增强他们对各种消极影响的识别抵制能力，是提高新一代国民素质的决定性一环，实际上是为我们祖国 20 世纪 90 年代和下个世纪的健康发展进行超前思想建设，是使我们社会主义祖国能够永葆革命青春活力的一项重要措施，必将对我国社会的健康发展作出重大贡献。另外，理论只有掌握群众才能成为巨大的物质力量，先进的社会意识对社会存在的积极能动作用，主要是通过把它们转化为人们的思想，信念和行为来实现的。社会主义德育通过向人民和青少年传播无产阶级的政治观、科学的世界观、革命的人生观和社会主义共产主义的道德观，培养青少年的良好品德，推动人民和青年努力维护社会主义的生产关系和社会关系，积极从事社会主义建设，自然也就成为实现上述先进社会意识形态积极能动作用的重要途径。

（三）德育的享受作用

德育的享受作用是指德育在帮助人们享受人类物质文明建设成果和精神文明建设成果方面的作用。

人类物质文明和精神文明的建设成果都是人民创造的，理应归人民享受。但是，在剥削阶级统治的社会里，社会的物质财富和精神财富，基本上被剥削阶级所垄断，人民群众不可能真正地、充分地享受物质文明和精神文明的建设成果，无数劳动者被剥夺了享受这些成果的权利。只有在无产阶级和人民大众当家作主的社会主义社会，才使人民群众真正成为既是社会主义两大文明的建设者，也是两大文明成果当之无愧的享受者。

然而，由于社会主义精神文明以共产主义思想为核心，两种社会主义文明的建设，互为条件，又互为目的，因而就要求这两种文明的建设者和享受者有社会主义共产主义的思想品德。单从享受的角度看，如果一个人根本不具备同社会主义共产主义思想体系、道德风尚相适应的良好品德，那么他的思想言行就会和我们高度的社会主义文明很不协调，他不但没有水平享受那些体现共产主义思想的社会主义精神文明建设成果，而且还可能成为对社会有害的人。所以，只有加强和改善社会主义德育，培养年轻一代的社会主义共产主义品德，促使他们全面发展，才能使他们能够自由地、充分地享受两种社会主义文明建设的成果，成为文明幸福的社会主义新人。这也告诉我们，只有在社会主义的条件下，才能真正实现德育的享受价值。

鉴于社会主义德育的巨大作用，我们应当自觉地把它摆到首要的位置上来，在人力、物力、财力等方面增加对它的投资，切切实实地加强它、改善它，充分发挥它的应有效益。

（本文为邵宗杰主编《教育学教程》中本人执笔的第 7 章第 1 节）

品德结构与品德要素

一、品德结构

宇宙间的自然现象、社会现象和精神现象，都有自己的结构，人的品德也有自身的结构。德育理论讲述品德的结构与心理学、伦理学略有不同，原因在于心理学和伦理学只把品德理解为人们反映某种道德的个人特征，因此它们只是从道德认识、道德情感、道德行为等方面讨论品德结构。可是，在事实上，人们除了道德意识和行为之外，还有政治意识和行为，还有反映其他意识形态的思想和行为。所以，应该从实际出发，从更广阔的外延上来研究品德的结构。

下面是我们对品德结构的理解。

（一）个体的品德结构，就其总体内容来说，是政治品质、思想品质和道德品质的统一

政治品质，是个人的政治观点、态度和行为的统一。譬如，一个人有无产阶级的政治观点，坚持四项基本原则，在政治问题上忠诚坦白，没有政治野心，不搞阴谋，不要权术，已经成为稳固的特征和倾向，人们就会说他政治品质好。只要人类还存在着阶级和阶级斗争，只要无产阶级的历史使命还没有彻底实现，社会上还会有政治意识、政治制度和政治组织，人们还会形成不同的政治品质。

思想品质，是指个人的世界观和人生观等思想觉悟水平，是个人品德的内在思想基础。个人在参加人类改造自然、改造社会的实践活动过程中，在接受社会上各种思想观点的影响过程中，会逐渐形成个人对世界的总看法，形成对人生的目的意义和应该如何度过一生的根本看法和态度。这就是人的世界观和人生观。在世界观和人生观的指导下，逐渐形成一定的思想体系，构成人的思想品质，成为人的行为的内驱力，也它影响着个人的政治品质和道德品质的形成和发展。

道德品质，是反映一个人一定道德标准的思想意识和行为方面的稳固特征。包含个人的道德意识和道德行为等两个大方面。只要人类社会存在，每个人都会经常遇到如何处理人与人之间、个人与社会之间的伦理关系这一重大课题，都会在一定的伦理思想、道德规范的影响下，逐步形成自己的道德观念、道德意识和道德行为习惯，这就是道德品质。

政治品质、思想品质和道德品质三个方面，是相互联系、相互渗透的统一整体。在全人类还没有进入高级的无阶级社会之前，对于一个人的品德来说，三部分的内容缺一不可。那种认为"小节无害"的观点，是把政治品质、思想品质和道德品质割裂开来，并把道德品质曲解为无足轻重的行为习惯的错误看法，是有害的；那种一提政治品质就反感，认为是"左"的看法，更是一种不实事求是的危险情绪。如果依了这种看法，放松甚至放弃对我国年轻一代政治品质的培养，其后果无疑是不堪设想的。

（二）从个体行为表现的角度看，品德是人的需要、动机和行为以及其的效果的统一

人的品德如何，经常从他的行为表现出来。所谓"听其言，观其行"，就是强调不但要从一个人的言论，而且还应从一个人的行为表现去评价一个人的品德。可是人们的行为总是受他的思想支配的，是由一定动机所驱使的。而人们之所以有这样那样的动机产生，又和他的具体需要有关。

作为社会的人，人人都有自己各式各样的需要，统而言之，不外乎物质的需要和精神的需要两大类。对物质条件的需要，有先天本能的，也有后天产生的，其中多数是后天产生的。精神方面的需要，则是后天社会生活中形成和发展的，一般都由社会的需要转化而来。人们企望自己努力实行一定政治主张、思想观点和道德准则，就是精神方面的需要。有了这方面的需要，就会使人产生按自己的政治主张、思想观点和道德准则去行动的动机，从而采取和这些政治主张、思想观点、道德标准相适应的行为，引起一定的后果。

所以，可以认为，从行为表现的角度观察，品德是个人的一定需要，动机和行为及其效果的统一。

不过，这里有两个问题值得注意：第一，不同的动机可能采取同一种行为模式，而同一类动机又可能采取不同的行为模式。第二，动机与效果并不时时处处非常吻合。相反，动机好而效果不佳，效果佳而不一定出自良好动机，亦屡见不鲜。故而不应把"统一"二字理解为绝对的一致，只能合理地理解为，应该将人们的品德，包含其内部的需要、动机和外部的行为习惯及其效果统一起来，辩证地评价一个人的品德水平，切不可只抓一头，不及其余。

（三）从个体的任何一种品德都包含若干心理要素的角度看，一种完善的品德是认识、情感、信念、意志和行为习惯的统一体

品德认识，简称知，包括政治认识、思想认识和道德认识；品德情感，简称情，包括政治性情感、一般思想情感、道德情感；品德信念，简称信，包括政治信念、思想信念、道德信念等；品德意志，简称意，包括革命意志、道德意志；品德行为习惯，简称行，包括政治性的行为习惯、符合法律要求的行为习惯和道德行为习惯等。

二、品德要素

（一）品德认识

品德认识，指的是个人对社会关系、道德关系的认识，以及个人在对政治、法律、道德以及其他社会意识的理解和掌握的基础上形成的政治、思想、道德方面的观点、观念和相应的分析判断能力。譬如，人们知道"五爱"的内容和要求，有自己的善恶、荣辱、正义和非正义的观念，能够对自身和他人言行的是非、善恶、美丑、荣辱等作出自己的判断，都说明他们有各自的品德认识。

品德认识在品德的形成发展过程中起着重要的作用。它既是人们品德情感、品德意志、品德信念形成发展的必要条件，也是人们品德行为的先导。

俗语说："知之深，爱之切。"这句话说明认识是情感的必要条件。有的中学生说："爱国不以祖国贫富、强弱为条件，而以对自己与祖国的血肉关系的认识为前提。"说明要爱国应知国，健康的品德情感要以正确的品德认识为条件。

共产主义者有坚定的共产主义信念，在任何艰难困苦的条件下，甚至在有牺牲生命的危险时，都坚信共产主义必胜，是以对社会发展的客观规律的科学认识为前提的，不是一种盲目的信仰，要使青少年树立坚定的民族自信心，坚信自己民族和人民的伟力，充满中国人民必胜的信心，坚持社会主义爱国主义的政治准则和道德规范，就必须使他们了解我们民族的历史和传统，了解我们的党，懂得社会主义必胜的道理。

伟大的爱国主义和国际主义战士邱少云烈士，在抗美援朝的战场上忘我献身的可歌可泣事迹，早已家喻户晓，党和人民褒奖他精神的伟大、道德的高尚。他之所以能够为了不暴露伏击部队的目标，而宁愿忍受肉体上的极大痛苦，在烈火中英勇献身，主要的一点，就是因为他认识到自己的行动与战役胜利之间的关系，认识到自己此时此地对祖国、对人民、对人类所负的责任；中国女排的英雄姑娘们，不怕疲劳，不顾伤痛，坚持从难从严进行训练，累得倒在地上还要咬紧牙关站起来再练，也是因为她们认识到只有平时刻苦训练，才有赛时优异的成绩，而赛场上的胜负又关系到祖国的荣誉。这些，都说明品德认识是品德意志的必要条件。

所谓品德认识是品德行为的先导，首先表现在认识可以直接成为行为的动机。推动人们根据这种认识去行动。譬如，上海汽车修理四厂青年女工陈燕飞同志在 1982 年 4 月 20 日晚带着 5 个月的身孕跳入苏州河的臭水之中，救起了一位投河者，因此被评为《中国青年报》编辑部主持评选的 1982 年全国十名最佳青年之一。为什么在场的许多人没有这样做，而她一个孕妇却能舍己救人呢？除了她具有游泳技术之外，很重要的原因是正确的道德认识推动了她。用她自己的话来说，就是因为在第一个文明礼貌月里，她懂得了"做人要讲道德，见死不救是不道德的"这个道理。也是在 1982 年，杭州市安吉路小学的一批学生曾经集体到市中级人民法院告状一事，就是因为孩子们通过思想品德教育懂得了尊敬老人的道理后，为自己里弄里的一位受不贤媳妇欺凌的老奶奶伸张正义的行为。①

---

① 伸张正义的孩子 [N]. 浙江日报，1982-04-27.

其次，表现在品德认识给人以明确的行为标准。人们理解了政治准则、法律规范和道德原则、规范，就有可能依据这种正确的认识，选择高尚的品德行为。相反，如果一个人的品德认识是错误的，他的行为就没有正确的准绳。

最后，品德认识可以帮助人们选择一定的品德行为方式。事实表明，对待同一件事，同一个问题，不同的人有不同的行为方式。一事当前，人们面临抉择，到底如何处置？要想正确对待，首先要分得清是非、善恶、美丑，搞得清自己面临的现实和不同行为方式可能产生的种种后果，进而选择一种最符合大多数人利益和道德要求的行为方式。而且有时候这种抉择还要比较果断。所有这些归结起来就是要有正确的品德认识，尤其是正确的分析判断能力。一个人政治上、思想上和道德上的判断能力越强，就越有可能择善拒恶，弃恶从善。前面说的陈燕飞在下河救人前看到不少人见死不救，而她将下水时又有人起哄，面临这样情境，她用上述道德认识分析评价别人的言行和自己决定选择的行为方式，深感自己这样做是完全正确的，于是就决心选择下水救人的行为方式，不顾一切地把投河者救了上来。

不过，我们不是唯知主义者，认为一个人的品德认识决定一个人的品德水准。我们认为，品德认识因素，只是构成品德的一个重要因素，而不是唯一因素。因此，我们在强调认识对其他要素的积极作用的同时，还必须看到品德认识转化为品德情感，品德认识转化为品德行为等，都是有条件的。譬如，在现实生活中，有些人道理是懂的，就是行为不对号。究其原因，常常和情感与理智之间的对立有关。也就是说，因为缺乏相应的情感条件，品德认识不能顺利地转化为品德行为。

（二）品德情感

品德情感是人们根据政治的道德的需要，用一定的政治准则、法律规范、思想信条和道德原则、规范去理解、评价、体验对象时所产生的情感。它是一种与一定的政治主张、思想观点、道德规范相适应的情感。

我们知道，情感是对一定对象的态度体验。品德情感所指向的对象，包括社会和自然、他人和本人，民族、国家、家庭、学校、各种企事业单位和自然景象等。但是，确定一种情感是不是属于品德情感，并不决定于它所指向对象的性质，而是决定于人们是否根据一定政治主张、思想观点和道德原则、规范去理解、评价、体验这些现象。假如人们以爱国主义道德标准去理解和体验祖国的宏伟壮丽的自然景色，那么长江、黄河、黄山、泰山、太湖、西湖等，都可以成为爱国主义道德情感的对象。

另外，也并非一切用政治主张、思想观点和道德规范对对象所进行的理解和评价，都会产生道德情感。只有当这些主张、观点、规范被人们内心所接受，并产生按照这些思想、观点、规范行动的需要时，才会引起相应的品德情感体验。

品德情感，无论从内容方面和形式方面都可以分类。我们从以下三个方面为品德情感分类。首先，从品德情感所指向的对象看，有一类指向于阶级、政党、国家和各种政治关系、政治现象，是对这些政治方面的对象所产生的情感体验。例如，对一定阶级的政治责任感，爱国主义国际主义的感情，热爱党、热爱社会主义的感情，对社会主义共产主义事业的革命责任感等，它们都是政治性的品德情感。也有一类并不是明显地指向政治现象，或者说不是以人们对政治现象的体验为基础的。例如，民族自豪感，对一般社会公共福利事业的道德责任感，对他人对同志的同情和友谊感，对父母之爱，对配偶之爱，对子女之爱等，我们称这类情感为一般道德情感。还有一种是以自己为对象的。例如，自尊心、自豪感、羞愧感、主人翁感等，这一类可以称为个人道德情感。其次，按照人们理解、评价和体验对象时所根据的政治准则、思想信条和道德规范的性质分类。例如，在社会主义社会生活中，有共产主义道德原则和规范，有社会主义人道主义原则和规范，还有社会主义国民公德的规范，用这些不同的道德原则和规范去理解、评价对象，就会产生不同性质和水平的道德情感。再次，从产生品德情感的主观原因分类，一种是由个人对某种对象的感知和直觉的评价而引起的直觉的品德情感。例如，一位中学生在大雪天听到呼救声，发现有人落水，立即唤起了道德上的同情心和拯救他人的道德责任感。另一种是由具体的形象引起的体验。例如，看到了天安门广场人民英雄纪念碑，激起了对英雄的仰慕并进而产生了继承英烈们未竟之业的革命责任感。当然，在这两种具体情况下，能不能引起人们政治的、道德的情感体验，以及引起什么样的情感体验，都是以人们的政治的、道德的需要和原有的政治态度、思想水平和道德境界为前提的。最后，还有必要说明从上述三种角度对品德情感所作的分类中，每一类情感，都会有积极的健康的与消极的不健康的表现形式。但是，无论什么样性质的情感，它在人们品德的形成和发展中，都占据重要位置，起着重要作用。

品德情感的作用，主要表现为中介作用。根据情感作用的"两极性"原理，任何性质的品德情感，它都是人们的品德认识在内部升华为品德信念，在外部转化为品德行为的中间环节，起着中介作用。所谓中介作用，一方面表现为它是使品德认识升华为品德信念，外化为品德行为的动力；另一方面又表现为它也可能是这种"升华"和"外化"的阻力。

（三）品德信念

品德信念是人们对某种政治主张、思想观点、道德原则和规范等的由衷信仰和强烈的责任感。往往表现为对它们的正确性的坚信不疑，以及执行捍卫它们的态度坚定不移。它是品德认识、品德情感和品德意志的复杂"合金"。所谓"合金"主要是指信念是认识、情感、意志发展到了一定水平并有机结合的产物。它属于品德的高层因素，在品德形成发展中起着重大的作用。

首先，信念是行为强大而持久的动力。对共产主义事业坚定的信念，推动人们为共产主义而献身；对共产主义道德原则和规范的信念，促使人们采取共产主义的道德行为。而且，由于信念是在实践基础上形成的认识、情感、意志的复杂"合金"，因此，由它作为行为动力，不会发生与情感的矛盾，不存在其他因素阻碍它推动人们行动的问题。

其次，人们因为有品德信念，就会有坚强的意志和毅力，就可能具有政治上的道德上的坚定性和坚持性，而有了这种在任何条件下都自觉履行自己的义务，实行政治主张、道德原则和规范的节操，人们就能由一般政治的、道德的行为习惯过渡到"慎独"的境界。无数的革命先辈和新时期的英雄模范，因为有坚定的革命信念作为精神支柱，就能够始终坚持无产阶级的革命立场，坚持社会主义共产主义的政治方向，坚持四项基本原则，捍卫祖国的主权、荣誉和尊严，捍卫广大人民群众的根本利益，"富贵不能淫，贫贱不能移，威武不能屈"。虽然无人监督，却也能永葆革命气节。

最后，信念也为人们的心境定向。有高尚的政治信念、思想信念和道德信念的人，一般总是情绪乐观，心情开朗，精神饱满，不怕艰难困苦的人。全国闻名的模范教师斯霞同志说过："当我在党的教育下，逐步树立了一切为着孩子的成长，一切为着祖国的未来这样的信念时，我感到我是幸福的。有了这个信念，我千方百计地钻研我的工作，如饥似渴地去补充我的知识，再苦再累也心甘情愿；有了这个信念，个人的安逸，家庭的幸福，只要有必要，我都能牺牲；有了这个信念，所有那些瞧不起'孩子王'、瞧不起小学工作的世俗观念，都不能使我动摇，我都可以像抹去一缕蛛丝一般地把它丢在一边。"[①] 这些话，生动地说明了信念的重大作用。

（四）品德意志和品德行为习惯

品德意志是人们克服障碍，坚持或改变一定政治的、道德的行为方式，调节自己思想情感的精神动力。它的主要作用是促使人们完成行为动机斗争，迅速将自己的品德认识、品德情感、品德信念转化为品德行为；帮助人们自觉地调节自己的言行和情感；帮助人们克服内部和外部的各种困难障碍，无论在顺境或逆境中，都能坚持自己认为正确的行为方式。

品德行为是个人为履行政治的法律的和道德的义务而对社会集体与他人所作的外部反应活动。当人们按照一定的模式形成稳定的自动化的品德行为体系时，这种品德行为就变成为品德习惯。品德行为习惯是品德的外部表现，是人们内心世界的显露。

品德行为习惯在品德形成发展中的地位和作用，首先表现在它是品德的主要标志。一个人的品德如何，必须由行动来证明。想得再好，讲得再美，没有实际行动，还是不行的。但是，不能因此就认为行为习惯是品德的唯一标志。因为，同一种行为习惯可以由不同动机引起，而且人们的某种品德认识、品德情感，要转化为相应的品德行为，有时还受年龄和时机的限制。

其次，品德行为习惯也作用于品德的其他诸要素。品德认识常在实际行动过程中获得，并且巩固和加深；品德情感也常在人们采取品德行为的过程中加深或冲淡；品德意志尤其需要在品德行为习惯的培养过程中锻炼，

---

① 斯霞. 热爱是前提，学习靠积累 [N]. 浙江日报，1981–09–04(4).

离开有目的、有计划地克服各种障碍，持之以恒的品德行为实践，就谈不上品德意志的培养；而品德认识升华为品德信念，也是以品德行为实践为基础的。

（本文系《德育学》第三章第一节，陕西人民教育出版社 1986 年 7 月版）

主要参考文献

潘菽. 教育心理学 [M]. 北京：人民教育出版社，1980.

青少年品德形成发展的一般规律

品德形成发展规律，是指在人们品德形成发展过程中所固有的品德内部诸要素之间、品德和有关内外因素之间的必然联系。掌握这条规律，对于品德的培养和形成都很重要。下面探讨青少年品德形成发展的一般规律。

一、青少年品德的形成和发展受社会条件的制约

社会条件首先是指人们所面临的生产力、生产关系以及各种政治的、法律的社会意识形态的上层建筑。所有这些都是人们品德的来源，是人们的品德具有社会性、历史性、阶级性和时代特征的原因所在。

联系我国的实际，诚如邓小平同志所说："社会主义的经济是以公有制为基础的，生产是为了最大限度地满足人民的物质、文化需要，而不是为了剥削。由于社会主义制度的这些特点，我国人民能有共同的政治经济社会理想，共同的道德标准。"① 毫无疑问，这也为我国青少年儿童优秀品德的形成和发展提供了极为有利的客观条件，决定了我们的年轻一代能够培养成为可以信赖的大有作为一代。但我们生产关系和社会关系中尚存的消极因素，思想意识领域中的非共产主义成分，尤其是腐朽的资产阶级思想和封建思想的残余，国外资本主义思想和生活方式的侵袭，也会不同程度地给青少年儿童带来品德方面的不良影响。

那么，一定的社会条件，是通过什么途径来制约青少年儿童品德的形成和发展呢？事实表明，它主要是通过家庭、学校和社会环境对青少年儿童的

---

① 邓小平. 坚持四项基本原则 [M]// 邓小平文选. 北京：人民出版社，1983：153.

教育影响来实现的。

家庭是社会的细胞，家庭关系在不同程度上反映了社会关系，父母是儿女的第一任教师，家庭的教育在不同程度上传递着一定的社会关系对青少年儿童的影响。孩子年龄越小，对家庭依赖性越大，受家庭的影响也越大。我国古人言道："欲知其子视其母。"在家庭中父母的政治态度、思想观点、道德情操，往往会对子女发生重大影响。在有其他长辈和多子女的家庭中，其他长辈和兄弟姐妹之间的影响，也对孩子的品德发生重大作用。前女子乒乓球单打世界冠军丘钟惠在回忆她少年儿童时代的情况时说过："在认识人类的过程中，对我影响较大的……在家中，是我的哥哥……我很尊敬哥哥，倒不是因为哥哥教会我打球，关键时刻总是和我站在一起，而是我认为哥哥讲的话有道理，做出的事使人服气。……哥哥喜欢看的书我从来不放过，哥哥崇拜的英雄，也是我心目中的英雄。"[①] 父母长辈和家庭中的其他成员，往往通过对孩子的直接教导和对孩子的态度，通过自己对周围人和事的评价与态度，通过自己的言行，通过家风和家庭气氛等，对青少年儿童品德的形成和发展，产生不同程度的影响。这种影响的特点是：耳濡目染，潜移默化，长期作用。据对 938 名中学生的调查来看，遇到问题喜欢找父母兄长商量的，高中生约占 40%，初中生约占 49%。又据向 79 名大学生调查，认为个人品德的形成和发展，受父母、家庭及个人经历影响最大的有 56 人次，占被调查总人次的 70.8%，居所有影响的第一位。对上千名中学生进行的理想调查也表明，在影响学生职业理想确立的诸因素中，家长的影响最大，初二占 26%、高中占 20%。

社会环境，我们指的是除了家庭和学校之外，传递社会条件对人们的影响的一切外部途径，包括物质环境和精神环境两方面。它又有宏观环境和微观环境之别。宏观环境是指一个国家和社会的大环境而言，微观环境是指除家庭与学校之外，青少年儿童与之直接交往的周围环境。在宏观环境中，各种影响青少年儿童品德形成发展的因素是多层多向的；不同的微观环境对青少年儿童的影响往往也有很大差别。而且，宏观环境和微观环境对人们的影响并不完全一致。因此，社会环境对青少年儿童品德发生影响的特点是多层的、多向的、错综复杂的，在不同人的身上会有不同的作用。并且，随着孩

---

① 丘钟惠．"小野马"的理想 [M]// 冠军的童年．天津：新蕾出版社，1983．

子年龄的增长，社会环境对他们发生影响的内容和方式也有不同。年幼儿童主要接受周围有威信的人们的思想、言行、生活方式和形象化的文艺宣传的影响。对青少年来说，社会生活、国家大事、国际信息、各种思想观点对他们的影响则明显增大。

归纳起来，我国的社会环境主要通过下列渠道对青少年儿童的品德发生作用：(1) 舆论宣传。我们的报纸、刊物、广播是党的宣传工具，人民的喉舌，它应该及时传播党的声音和人民的意见要求，是用共产主义思想和道德对人民和青少年进行教育的强大阵地。但是，如果它也传播精神毒素，那么其后果就不堪设想。(2) 文学艺术。文艺是"社会的家庭教师"。(别林斯基语)优秀的文艺作品是引导青少年走向真、善、美的导师；而玷污人类尊严、败坏社会风气的坏书、坏影片、黄色歌曲，则会使一些青少年堕入假、丑、恶的泥潭。(3) 社会风尚。社会风尚以不可忽视的力量影响着人们，对青少年品德形成和发展产生巨大作用。其中尤以社会风尚之核心，党风和干部的作风影响更大。(4) 邻居、街坊、亲友和校外青少年群体。邻居街坊天天相见，亲戚朋友经常往来，青少年所参加的校外同龄人群体和他们的关系更加密切，必然对青少年产生重大影响。(5) 党和政府的各项政策。党和政府的各种政策，是指导"两个文明"建设的。它的实施必然在实际生活中引起各种变化，从而又影响青少年品德的形成和发展。比如农村的联产承包责任制政策，使农民普遍富起来，也使许多农村青少年从生动的事实中进一步体会到党的伟大，改变了相当多农村中学生读书为了跳出"农门"的思想。前述对 79 名大学生的调查表明，这些学生认为自己品德的形成和发展受社会生活、政治事件影响最大的有 33 人次，占被调查总人次的 41.7%，居第二位。

学校是一定社会或阶级培养自己需要的人才的地方。一定的社会或阶级都要根据自己的需要，通过学校教育，有目的、有计划、有组织地培养青少年儿童一定的品德。一般来说，学校通过课内外的教学和教育活动，通过教育者的示范引导，通过学校的环境气氛等，对青少年儿童品德的形成和发展，发生有控制的定向影响。

在我国，社会主义学校应该对青少年儿童社会主义、共产主义品德的形成和发展起主导作用，而且从总体上也确实起着主导作用。1982 年 2 月 17 日春节过后，有一群四十开外的中年人，回到北京二十六中举行过一次别开生面的"班会"。他们是该校五六届"任弼时班"的学生，时隔23年，有的成了大学教研室主任，有的是研究员、技术员、设计员，有的当了中学教师，有的当了行政干部，活跃在祖国四化建设的各个岗位上。回忆当年，正是许多以理想为主题的扣人心弦的班会，激励着他们立下远大志向。后来又是远大的革命理想，支持着他们经受住了各种考验，推动他们去创造。在这次"班会"上，他们感谢中学老师的教导，畅谈为实现新时期总任务而奋斗的决心。上海市特级教师、全国模范班主任于漪同志曾在一篇文章中提到，还在1979年，有些毕业已经10多年的老学生，特地跑来对她说："老师，以后你应多教《文天祥传》，让现在的小青年懂得什么叫中华民族的浩然正气。文天祥富贵不能淫，威武不能屈，可贫贱也不能移啊！外国的先进科学技术我们当然要学习借鉴，但脚要牢牢地站在社会主义的土地上。"① 此外，被称为"生活中的许灵均"的天津市叶迪生工程师和捐献十万遗产的优秀青年杜芸芸等，都谈到新中国成立以来学校的"五爱"教育对他们的深刻影响。所有这些，绝不只是几个个别事例，而是集中说明了新中国成立以来我国社会主义学校教育，在党的领导下，在培养青少年社会主义、共产主义品德方面，确实起着主导作用。列宁早就说过共产主义思想不能自发产生，要靠从外面教育灌输。青少年学生社会主义共产主义品德的形成，主要应该依靠学校教育培养，这是我国青少年社会主义共产主义品德形成发展的重要规律。轻视和放松学校德育，甚至散布德育无用论，在理论上是错误的，在实践上是很有害的。

二、青少年品德的形成和发展，与他们自身身心发展水平有依存关系

辩证唯物主义的认识论和心理学都认为人们认识世界的过程，是人脑反映客观现实的过程。离开人脑这个加工厂，人们是不可能认识世界的。同样，人们不论是形成一定的品德认识，还是形成一定的品德情感，或确立坚定的品德信念等，也都离不开人脑反映外部世界的心理过程。而心理过程又是以

---

① 于漪. 既教文，又教人 [N]. 语文学习，1979(3).

人脑的高级神经活动为其生理基础的。所以，青少年儿童品德的形成和发展，对于他们自身的身心发展水平有依存关系。其主要表现是：

（一）青少年品德的形成和发展，要以自身心理水平和体力水平为前提

研究表明，青少年儿童许多品德开始形成，或者进入发展高潮，常和他们的身心发展特点相联系。青少年儿童品德认识水平和情感的发展与提高，对于他们的认识能力有依存关系。青少年儿童的品德行为，常常要以他们的心理水平和体力条件为前提。不同时期青少年儿童的不同心理特点，常常会给他们的品德带来许多特点。

皮亚杰认为，对于"祖国"这一概念，"儿童直至年满十二岁或十二岁以上才能对这一概念获得恰当的情感价值"。[1] 我们认为这些被研究的儿童之所以在 12 岁以前不能对"祖国"这一概念获得恰当的情感价值，是和当时他们还不能深刻理解"祖国"这一概念有关，而不能深刻理解这一概念，又与他们思维发展水平有关。所以，皮亚杰的这一研究，也说明了青少年儿童品德认识和情感的发展提高，与他们的认识能力有，依存关系。

对于中学生理想状况的调查，更清楚地表明，青少年身心的成熟是他们个人理想形成发展的条件。由于青少年身心的渐趋成熟，不但使他们自我意识进一步发展，意识到自己的成熟，意识到自己即将像成人一样陆续走上社会，而且也促使他们的眼界从学校扩大到社会，注意社会动向，关心祖国的前途和人类的命运，在正确的教育引导下，他们就会渴望自己成为一个对社会有贡献的人，渴望自己的祖国会建设得更美好。这就为许多青少年远大革命理想的确立奠定了基础，使青年期成为人们理想形成的关键时期。

（二）青少年许多品德上的变化发展，有其心理上的原因

模仿性人皆有之，青少年儿童的模仿性特别强，而且特别爱模仿新奇的事物。模仿常常是创造之先导。可是，假若模仿的指向不对，也会导致品德方面的问题。这种情况，在青少年儿童中常有发现。一类是他们模仿的对象不好。譬如模仿影视作品中男女之间令人作呕的表现，某些影片中强盗、贼王的行为，常常成为少数青少年堕落的原因。另一类情况是，所模仿的对象并不坏，甚至是好的，但后果不好。如因模仿功夫片中的某些动作而损坏了

---

① ［瑞士］皮亚杰，英海尔德. 儿童心理学 [M]. 北京：商务印书馆，1980：113.

公物。有的少年，为了模仿狼牙山五壮士的英雄行为，手拉手从二楼向石板地面跳，谁不敢跳，谁就是"胆小鬼"，结果 5 个人都不同程度受伤。不过，这也提醒我们，只要我们为青少年树立令人信服的榜样，并引导他们以正确的方式学习模仿，就会对他们品德的形成发展产生重大的积极影响。

青少年儿童的好奇心也很强，对于新奇的东西，常常想知道个究竟。好奇心作为人们企图探究未知领域之奥秘的心理状态，它可能引导人们去探索自然和社会的秘密和规律，去追求科学真理，去创造人间奇迹；但也可能驱使人们作出不道德的甚至违法的行为。这后一点，在青少年中有不少教训。

稳定的兴趣是人们的个性特征之一，它也常常可以在青少年个人理想确立过程中起催化作用。据调查，675 名初三学生，他们的职业理想受兴趣影响的占 35%；1066 名高中学生，他们的职业理想受兴趣影响的占 39%。兴趣成了影响他们理想确立的首要因素。

此外，儿童和少年的自制能力还较弱，有时还会不由自主地做出一些违反纪律、违背公德的事来。

（三）青少年心理发展的阶段性、顺序性和差异性，是他们品德形成发展的阶段性、顺序性和差异性的重要前提

柯尔柏格指出："复杂的道德推理依靠复杂的逻辑推理，个人的逻辑发展阶段在一定程度上限定了他能够达到的道德发展阶段。"[1] 在后面的讨论中，我们还可以看到，不仅青少年儿童思维发展的阶段性在，一定程度上限定了他们道德推理水平的发展，而且他们品德的其他方面的阶段性、顺序性、差异性，也是以其心理发展的阶段性、顺序性和差异性为前提的。

三、青少年的品德在他们自己的实践活动的基础上，通过自身内部的矛盾斗争形成和发展，他们自身的主观能动性起着极其重要的作用

实践既是人们认识的基础，也是人的品德形成的基础。首先，实践是品

---

① [美]柯尔柏格. 认知发展的道德教育论 [M]. 载 [美] 泊沛尔和莱恩合编. 道德教育（英文本）. 1976.

德的源泉。人们是在实践中认识社会、人生，认识并处理人与人之间包括道德关系在内的各种关系，接受各种思想观点、道德准则，形成自己的立场、观点和道德品质的。其次，社会实践向人们提出各种要求或问题，引起人们思想上的矛盾斗争，并促使矛盾转化。再次，实践也是检验品德的标准。总之，离开青少年儿童自己的实践活动这个基础，去谈论他们品德的形成和发展就难免陷入唯心论和机械论，就不可能真正揭示他们品德形成和发展的规律。

问题在于什么是实践。毛泽东同志在《实践论》中写道："人的社会实践……不限于生产活动一种形式，还有多种其他的形式，阶级斗争，政治生活，科学和艺术的活动，总之社会实际生活的一切领域都是社会的人所参加的。"[①] 这就告诉我们，人们所参加的一切社会实际生活，都属于实践的范畴。

以学龄期的青少年儿童为例，他们所参加的活动有两大类：一类是组织在教学和教育过程中的活动，课堂教学、课外活动、生产劳动、必要的社会活动、党、团、少先队和班级的活动等；另一类是学校教学教育过程以外的活动，如家庭中的各种活动，社交往来，校外俱乐部的活动等。在不同类型的实践活动中，都伴随着一种反映人与自己同类往来特殊需要的交往活动。按照毛泽东同志的上述意见，所有这些活动，无疑都属于社会实践的范畴，都是青少年品德形成发展的基础。就拿学校内的教学教育活动来说，它们本身的社会意义、性质、内容和形式和贯穿于这些活动中的品德教育；这些活动中表现出来的教育者和学生集体的精神面貌；在这些活动中经常进行着的互相评价等，都会对青少年品德的形成和发展产生重大影响。

调查发现，在被调查的 158 名高师学生中，有 118 名学生高中毕业时的理想是工程师、文学家、法官等，被录取到高师后，曾产生过不同程度的苦恼。后来，在高师的学习实践中，不断接触中学教育实际，接受各方面的教育，逐步认识到教育事业在社会主义事业中的重要地位，树立了做一个人民教师的光荣感，逐步克服了看不起教师的错误观念，立志做一个名副其实的"人类灵魂的工程师"。如果这些学生不亲自参加高师教学和教育的实践，是

---

① 毛泽东. 实践论 [M]// 毛泽东选集. 北京：人民出版社，1969：260.

不会有这样大的进步的。所以，教育学认为，没有活动就没有教育，良好的活动会给学生良好的教育，不良的活动会给学生带来不良的影响，应该寓教育于有益活动之中。

不过，青少年儿童的实践活动对他们的品德形成发展的巨大作用，是通过引起青少年儿童的内部矛盾，并促使这些矛盾的转化来实现的。如果没有这种内部矛盾的推动，就没有他们品德的变化和发展。

下面概括地说明我国青少年品德形成发展过程中的内部矛盾：（1）从矛盾的社会性质和内容看，有无产阶级思想和非无产阶级思想的矛盾，进步思想和反动思想的矛盾，先进思想和落后思想的矛盾，真善美和假恶丑的矛盾等；（2）从品德的知、情、意、信、行五要素去观察，有知和不知的矛盾，信和不信的矛盾，认识和意志的矛盾，知和行的矛盾，良好行为习惯与不良行为习惯的矛盾，以及个人期望和能力的矛盾等；（3）从个人与社会、内部与外部的关系看，有个人的志愿要求和国家、社会利益的矛盾，党和国家对青少年的品德要求和他们原有品德水平之间的矛盾等。所有这些矛盾，又可以进一步概括为积极因素和消极因素的矛盾。在我国推动青少年品德形成发展的基本矛盾是：反映党和人民政治、思想和道德要求的青少年形成良好品德的需要同他们原有品德水平之间的矛盾。

但是，人们品德方面的矛盾总是具体的，对象不同，他们的矛盾也可能不同。需要具体分析。举例说，两位学生都因为考试不及格而灰心丧气，放松了对自己的要求。其中一个可能是因为不懂得失败是成功之母而悲观失望，是正确认识和错误认识的矛盾；另一个可能是觉得从此会被人看不起，虚荣心使他消沉下去，是健康情感和不健康情感间的矛盾。再则，在不同年龄阶段的青少年儿童身上，具体矛盾的情况也不完全相同。大体上，幼儿和小学儿童主要是知与不知、会与不会、情与理、知与行、认识与意志、期望与能力方面的矛盾。到了中学以后，青少年学生随着年龄和阅历的增长，知识的丰富，不同的思想观点、道德情感甚至政治主张方面的矛盾逐渐突出起来，而且他们中间品德方面的分化也逐渐明朗起来。另外，上述青少年儿童品德内部三类矛盾是互相联系的，尤其是其中的第二，第三类是离不开它们具体内容的性质来考察的。

总之，青少年儿童的品德是在他们的内部矛盾推动下不断发展的。如果积极因素在他们身上占主导地位，他们的品德就积极向上发展，否则就可能向着不利于社会主义共产主义的方向发展。我们实施学校德育应当把力量放在促使学生内部品德方面的矛盾向着有利于社会主义共产主义的方向转化上，努力把社会主义共产主义的思想意识、道德规范转化为学生的优良品德。

刘少奇同志说过："革命者要改造和提高自己。必须参加革命的实践，绝不能离开革命的实践；同时，也离不开自己在实践中的主观努力，离不开在实践中的自我修养和学习。如果没有这后一方面，革命者要求使自己进步，仍然是不可能的。"① 这一点，对于青少年儿童品德的形成和发展也是完全适用的。事实说明，在同样的社会条件下，在同样的集体中，从事同一类活动，接受相同或相似的教育，不同的青少年儿童由于主观努力和自我修养等方面的不同，品德方面的成长发展可能大不相同。有的青少年上进心强，努力方向明确，对自己要求严格，自觉接受党的教育，努力修养，进步很快；有的青少年缺乏上进心，没有正确的前进目标，不能自觉接受党的教育，也不注意自我修养，结果进步甚微，甚至被资产阶级思想和生活方式所腐蚀。即使境遇完全不同，由于主观努力，有时处于逆境的青少年比在顺境中的青少年进步更快的情况，也不少见。所以，青少年儿童的主观能动性在他们品德形成发展中起着极其重要的作用。

那么，什么是青少年品德形成和发展过程中的主观能动性呢？有的同志认为这种主观能动性主要是指青少年儿童原有的品德水平。我们觉得这种看法还不能回答这样一个问题，即为什么原来品德水平比较相近的青少年儿童，在其他外部条件相同或相似的情况下，后来在品德方面显现出各种不同程度的差异？因此，我们以为青少年品德形成发展过程中的主观能动性，主要表现为他们接受教育和进行自我教育方面的自觉性、积极性、主动性和坚持性。一般来说，幼儿和学龄初期儿童的主观能动性，主要表现为自觉接受教育，主动为集体、为别人做好事，自觉调节自己的某些日常行为。自我意识开始觉醒和进一步发展的少年和青年，在品德方面的主观能动性，则表现为自觉地树立正确的前进目标，较好地调节自己的情感和行为，坚持自己正确的目

---

① 刘少奇. 论共产党员的修养 [M]// 刘少奇选集（上册）. 北京：人民出版社，1981：99.

标和行动，正视自己思想上的矛盾，勇于修正自己的错误，而且还能够自觉接受党的教育、师长的指导、同学的帮助。在多数情况下，主观能动性在青少年品德的形成发展中的作用，与其年龄成正比。

基于主观能动性在青少年儿童品德形成发展中的重要作用，进行品德教育应该调动受教育者接受教育和进行自我教育的自觉性和积极性，重视青少年的自我教育能力的培养，加强对他们进行自我修养的指导。

四、青少年品德的形成发展有长期性、阶段性、顺序性和差异性的特点

（一）长期性

同一切事物的发展是由量变到质变，由局部的质变到质的飞跃一样，青少年儿童品德的形成和发展，也是要经过长期积累的，具有长期性的特点。

我们知道，人们对事物的认识不是一次完成的，而是由近及远，由表及里，由浅入深，由片面到全面，由具体到抽象，由现象到本质，由感性到理性，经过多次反复才能实现的。认识自然是这样，认识社会也是这样。但是，如果说青少年学生认识自然，可以通过教学过程基本实现的话，那么他们认识社会、认识人生、掌握社会、人生和道德方面的知识，形成自己的思想观点，道德观念，就要复杂得多。不但要依赖于认识能力的发展，而且要经常通过头脑中正确认识和错误认识、正确思想和错误思想的斗争，通过自身的实际体验，还同人们的阅历和经验有关。然而，比起情感来，认识的提高还是比较容易的，高级情感的培养就更加困难，改变也不容易。正像毛泽东很早就指出的那样，情感的转变要经过长期的甚至痛苦的磨炼。再说行为习惯，它的形成大致分4个阶段：第一步是按照教育者的指令或要求行动；第二步是需要有教育者或集体的提醒，才能按照一定的行为方式行动；第三步是在变化了的环境和条件下，尚需提醒，才能按一定的行为模式行动；第四步是在任何条件下，都能自觉地按照一定的行为模式行动。因此，习惯的形成更是一个长期的过程。而要改变一种坏习惯，克服已经形成的动力定型，就越发困难了。至于信念，既然它是人们的认识、情感等发展到一定程度的"合

金"，它之不易形成也不易改变，乃是显而易见的。

青少年品德形成发展的长期性，还同许多品德之间互相联系、互相渗透、同时形成有关。在社会主义时代，热爱社会主义祖国和热爱共产党的品德是密切联系的，不可能设想一个真正热爱社会主义祖国的人，却会是一个不热爱中国共产党的人。勤奋学习和遵守学习纪律，热爱劳动和爱护公共财物，也都是密切联系的。一个勤奋学习的人，理所当然应该是一个自觉遵守学习纪律的人；一个真正热爱劳动的人，绝不会是任意损坏公物的人。许多品德需要同时形成，亦即具有同时性，必然会增加形成的难度，使它的形成和发展具有长期性。

我们已经知道，青少年儿童品德的形成和发展受着各种外部因素的影响，而且这些影响常常会出现不一致的情况。尤其是某些消极影响和青少年儿童内部微观环境的不同形式的结合，会使许多人品德的形成和发展呈现曲折性，甚至具有反复性。某工读学校有位同学，在评上市三好生代表会议的代表之后，满心希望学校和家长能让他早日离开这所学校。可是他爸爸却说这所学校好，想让他在那里再待一些时候。由于他平时常把工读学校看作"劳教学校"，所以他爸爸的一句话就引起了他的极度不满，一气之下出走了。所以，这种曲折性和反复性也导致了青少年品德的形成和发展的长期性。

另外，青少年儿童个人品德的形成和发展，总是和他们的群体品德水平密切相关。而青少年儿童群体的品德水平的提高是一个"滚雪球式发展"的过程。一种先进的思想和道德首先总是被群体中的少数先进分子所接受，并通过他们逐步带动其他积极分子，进而带动全体成员。这也是青少年儿童品德的形成和发展之所以具有长期性的一个原因。

（二）阶段性

青少年儿童品德的形成和发展虽然是一个长期积累的过程，但却是可以分阶段的。据柯尔柏格介绍，杜威曾假设儿童的道德有 3 个发展水平，即前道德或前世俗水平、世俗水平、自律水平。皮亚杰在杜威的基础上，通过实地访问和在有规则的游戏中对儿童进行观察，作了确定儿童道德推理阶段的第一次努力，提出了 3 个发展阶段。第一阶段是前道德阶段，在这一阶段，儿童对规则没有义务感。第二阶段是他律阶段，在这一阶段，儿童认为对规则的字面上服从就是正确的，他们的义务就是对于权力和惩罚的屈从，这一阶段的年龄是 4~8 岁。第三阶段是自律阶段。在这一阶段，儿童已能考虑到执行规则的目的和结果，同时把义务建立在互惠和互换的基础上。这一阶段的年龄，是 8~12 岁。而他本人，也自 1955 年起，通过跟踪的和跨文化的研究，验证杜威和皮亚杰所确定的水平和阶段，重新确定了儿童道德发展的水平和阶段。其中第一个水平是前世俗水平，包括第一阶段避免惩罚和服从权威的定向阶段，第二阶段工具性的相对主义的定向阶段；第二个水平是世俗水平，包括第三阶段人际关系协调一致或"好男孩—好女孩"的定向阶段，第四阶段根据"法律和秩序"的定向阶段；第三水平是后世俗的、自律的或掌握原则的水平，包括第五阶段执行社会契约和恪守法规的定向阶段，第六阶段根据普遍的伦理原则定向的阶段。日本的伊藤富美在全面介绍西方关于儿童道德发展阶段论的各种看法后也指出，儿童的道德发展，一般要经历前道德阶段、服从大人权威的他律阶段、过渡阶段、道德权威内在化阶段、客观的自律道德阶段。在我国，无论是从品德认识发展的本身规律看，还是从中小学生生理、心理发展和学习内容的情况看，中小学生的品德认识发展以分成下面 3 个阶段为好：即小学阶段，这时学生的认识处于较低水平；初中阶段，这是一个过渡时期；高中阶段，这时学生的品德认识已基本趋向成熟。

除了品德认识的发展有阶段性外，其他方面品德的发展也有阶段性。对 1800 名大中小学生的调查分析发现，青少年儿童从入学到走向社会，其个人理想的发展，经历了 3 个水平不同的阶段，童年期是理想萌芽阶段。这个时期，儿童有对未来目标的向往，但还谈不上有真正明确而固定的奋斗目标。具有模仿性强、富于情绪色彩和空想色彩的特点。少年期是理想开始形成的时期。他们中的不少人开始思索人生问题，开始比较严肃地考虑自己今后的目标和道路，开始有比较明确的职业理想，但这种职业理想主要从个人兴趣出发，而且仍不稳定，所谓"少年多志，志不常"，反映了这一时期个人理想的特点。青年时期进入了世界观、人生观和理想形成发展的关键时期。许多先进青年，以社会需要为前提，科学原理为依据，革命信念为支柱，树立了自己的革命理想。

再从我国青少年儿童应该具有的品德的总体结构看，一般来说，小学阶段是形成和发展国民的基础品德和日常行为习惯时期，初中阶段是形成和发展国民的品德并开始确立理想的时期，高中阶段是形成世界观、人生观和政治立场的关键时期，大学阶段是世界观、人生观和政治立场基本形成和成熟的时期。

（三）顺序性

青少年儿童品德形成发展的各个阶段并不是互相割裂的，它们是一个由低到高的序列，有着自己的顺序。例如，从他们的品德认识的发展趋势看，一般是由近及远，由浅入深，由具体到抽象，由片面到全面，由简单到复杂，由以别人的品行作为认识对象到同时以自我的品行作为认识的对象，并且由以行为的后果和个人的利害为标准进行判断，发展到以动机和效果相结合进行判断，以及主要从社会利益出发进行判断。从他们个人理想的发展看，其内容，总是由生活理想和职业理想向着道德理想和社会理想发展，或者向着道德理想、社会理想、生活理想、职业理想相结合的方向发展。其对象，总是由个别具体到抽象概括，即由以单个英雄或被设想的人物作为追求的对象，向着以综合概括的形象作为理想追求的对象发展。其可行程度，总是由幻想到比较实际可行的方向发展。其对待理想的态度，一般也是从空想色彩较浓，向着为理想而扎扎实实地行动的方向发展。此外，青少年儿童各类品德的发展，一般都存在着由他律到自律的顺序。似"蘑菇云"那样，由一点而逐步扩散、逐步上升的状态。

（四）差异性

邓小平同志指出："我们要求所有的人都努力上进，但毕竟还要看各个人自己是否努力。集体的努力也是各个人努力的综合表现。这种个人努力程度的差别，即使到共产主义社会也会存在。毛泽东同志说过，一万年以后也会有先进和落后的差别。因此，我们在鼓励帮助每个人勤奋努力的同时，仍然不能不承认各个人在成长过程中所表现出来的才能和品德的差异，并且按照这种差异给以区别对待，尽可能使每个人按不同的条件向社会主义和共产主义的总目标前进。"[①] 邓小平同志的这段话明确地告诉我们，差异性是青少年

---

① 邓小平. 在全国教育工作会议上的讲话 [M]// 邓小平文选. 北京：人民出版社，1983：108.

儿童品德形成发展的客观规律，同时也告诉我们，青少年儿童品德方面之所以出现差异的根本原因是个人努力程度的差别，根据青少年儿童品德的差异性，我们的德育也应该承认差异，区别对待。

青少年儿童品德的差异性主要表现在以下几方面：

1. 相同年龄、相同年级的学生品德发展水平不完全相同。以初二年级学生在道德认识和言行一致方面的差异为例，据 1981 年夏秋对两座城市 465 名初中生（主要是初二）的调查，他们道德认识大致可以分三级水平。第一级水平，基本掌握正确的道德知识，具有正确的道德观点，能够根据社会主义社会的道德标准评价自己和别人的言行，在进行判断时，既能考虑行为后果，也能联系行为动机。共 60 人，占被调查总人数的 12.9%。第二级水平的学生具有一些基本的道德知识，有一定判断是非的能力，能够对一些具体行为做出某些正确的判断。但是道德知识贫乏狭窄，理解也比较肤浅，缺乏运用道德标准评价自己和别人的能力，判断水平较低，就事论事。共 342 人，占被调查人数的 73.5%。第三级水平的学生缺乏起码的道德知识，对道德概念的理解极其肤浅、模糊，甚至歪曲地、错误地进行理解，因而是非界限不清，缺乏正确的道德判断能力。共 63 人，占被调查人数的 13.6%。从言行一致的情况看，这 465 人中能够做到言行一致的占 33.5%。动机好、意志弱，有时言行不一的占 37.62%。在集体压力下积极表态，但言行不对号的占 13.2%。

2. 在相同水平中，不同的个人有差异。譬如有的初二学生他的道德认识属于第一级水平，但言行不一；而有的初二学生道德认识属于第一级水平，言行也能一致等。

3. 不同性别的青少年儿童他们的品德有差异。女孩子成熟早、懂事早，爱学习，爱劳动，守纪律，有礼貌，友爱互助，讲良心，为集体做事自觉、积极、主动。她们对职业理想和生活理想的追求早于男孩，而且往往考虑个人生理特点和体质条件。在政治方面，总体上也比男孩稳健。男孩成熟较迟，懂事较迟，在学校里有越轨行为的比女孩多。但他们追求顽强、勇敢、诚实、公正等品质，考虑职业理想时选择开阔，要求较高，为集体做好事或帮助别人时不大怕艰苦，有"男子汉"气魄，但有时也会有"讲义气"成分。

五、先入为主也是青少年品德形成发展的重要规律

我们的古人早就指出："蒙以养正，圣功也。""少成若天性，习惯之为常。""童蒙无先入之杂，以正导之而无不顺受。"先入为主，当然首先是指一个人从小接受的思想和道德，可能在他的个人意识中占主导地位，在对于后来的影响进行选择时，容易接受与先入者一致的影响，拒绝不一致的影响。其次，也是指人们某一种品德形成过程中，先接受的影响可能起主导作用，造成某种意识倾向。不过，先入者要在人们品德的形成和发展中占主导地位，起主导作用，也是有条件的。最起码的一点，就是先入的影响应该能够压倒其他影响，并在人们的头脑中造成优势。但先入的影响即使在人们的思想意识中形成了优势，在一定的条件下，也是可以改变的。正因为这样，所以后进的青少年通过外界的帮助和主观的努力，可以转变为先进的青少年，而先进的青少年如果放松了自己的要求，并且受了外界的不良影响，也可能倒退落后。

总之，青少年儿童的品德是在他们自己的活动的基础上，能动地接受外部社会条件的各种影响，通过自身内部矛盾的斗争，经过长期积累而形成和发展的。由于这个过程对他们自身身心发展水平有依存关系，所以就显出自己的阶段性和顺序性。但这种阶段性又不等于一刀切，而是存在着各种各样差异的。这种差异性，主要取决于青少年儿童自身主观能动性的状况。此外，青少年儿童品德的形成和发展，往往是先入为主的。对青少年儿童进行品德教育，应当掌握和运用这些规律。

（本文先刊于华中师范大学《教育实验和研究》1984年第4期，后成为华中师范大学、陕西师范大学、杭州大学、四川师范大学、西南师范大学、西北师范大学合编《德育学》的第三章第二节，陕西人民教育出版社1986年7月版。）

主要参考文献

[1] 毛泽东. 在延安文艺座谈会上的讲话 [M]// 毛泽东选集（第三卷），北京：人民出版

社，1953：804—835．

[2] 潘菽．教育心理学 [M]．北京：人民教育出版社，1980．

[3] 雅科布松．论道德情感 [M]// 苏联德育心理研究．陈会昌，译．太原：山西省教育科研所内部出版．

[4] 刘献君．试论培养大学生的自我教育能力 [J]．教育研究，1982(12)．

[5] 吕文升．对青少年理想形成过程的探讨 [J]．教育研究，1981(4)．

[6] 曹国旗．中小学生的道德认识发展趋势初探 [J]．教育研究，1982(4)．

[7] 赵相国．对学生理想发展过程的若干特点的探讨 [J]．浙江省教育学会简报，1983(8)．

德育的原则和方法

一、新时期中小学德育的基本原则

德育原则，是指教育者在进行思想政治教育[①]时应当遵循的基本要求。它是人们在长期教育工作的实践中，根据德育的性质、任务和对德育规律的认识，并在批判继承历史上某些反映德育共同规律的原则的基础上制订出来的。

德育原则和德育规律不同，规律是客观的，原则是主观对客观规律的一种反映。德育原则只有正确地反映德育的规律，才具有真正的科学性，才能有效地指导实际的思想政治教育工作。

关于社会主义中小学的德育原则，许多教育学教科书都有表述，其基本观点一致。这里我们着重讨论我国进入以经济建设为中心的新时期后，中小学德育应当遵循的若干基本原则。

（一）共产主义方向性原则

德育的共产主义方向性原则根据德育的社会制约性规律确定，反映我国党和人民对中小学德育的根本要求，是新时期中小学德育的根本原则，是我国社会主义学校德育与其他阶级学校德育的根本区别的主要标志。

贯彻这条原则，对德育的基本要求如下。

（1）必须从新时期我国党和人民培养和造就社会主义建设者和接班人的

---

① 学校德育，在"文革"前称为政治思想教育；党的十届三中全会之后一般称为思想政治教育，到了20世纪90年代初，统一称为德育，包括思想教育、政治观点教育、道德教育；到了1999年6月13日，中共中央、国务院发布《关于深化教育改革全面推进素质教育的决定》，将心理健康教育纳入德育范畴。

根本目标出发，安排德育和任务和内容，选择德育的方法。

（2）必须以马列主义、毛泽东思想为指导，坚决贯彻落实党和国家的路线方针政策。

（3）要把这一原则落实到德育过程的一切方面，落实到青少年的日常学习、劳动、工作、生活和其他活动中去，通过各种途径，统筹各种力量，对他们进行共产主义教育。

（4）要从小抓起，从基础抓起，培养青少年儿童的良好思想品德。

由于封建思想的残余和资产阶级思想还在通过多种途径腐蚀影响人民和青少年儿童，由于非马克思主义的教育思想还有市场，所以坚持共产主义方向性原则是一个充满矛盾斗争的艰巨的过程，我们应该努力提高自身的思想觉悟水平，认真严肃地贯彻这一原则，从小学一年级的德育开始，从培养学生的基本行为习惯和基础品德做起，努力贯彻落实这一原则。

（二）针对性和及时性原则

德育的针对性原则，是马克思主义认识论和辩证法的要求，是一切从实际出发，理论联系实际，实事求是这一马克思列宁主义毛泽东思想的根本原则在德育过程中的具体运用。它反映了青少年儿童的思想品德的形成和发展的一系列规律对德育的要求。无数事实反复证明，它是思想政治教育成功的基本条件。

（1）贯彻针对性原则，对思想政治教育有这样一些基本要求。

第一，要经常认真研究有关思想政治教育的新情况、新问题和青少年儿童的新特点，有的放矢地进行教育。新中国成立以来，我们在党的领导下，以优越的社会主义制度为依托，坚持对青少年儿童进行社会主义共产主义思想教育，取得显著成绩。但是，新时期的思想政治教育和"文革"前的思想政治教育相比，面临着新情况、新特点、新问题。即使在粉碎"四人帮"之后几年来，思想政治教育工作所面临的情况也有变化。以大学的教育对象为例，当前在校的小年龄大学生和1977届、1978届的大学生有许多不同的地方。同样，目前的初中生，主要是粉碎"四人帮"之后上小学的少年，与前几年的情况也有所不同。所以，我们一定要经常研究新时期与思想政治教育有关的新情况、新问题、新特点，采取有效措施，把工作做细做活。

第二，要针对不同发展阶段学生生理、心理以及思想品德方面的普遍特点，确定具体的教育要求和教育内容的高度、难度、广度、深度，选择最佳的教育方法。根据教育对象的年龄特点和年级特点，有的放矢地实施教育。

所谓年级特点，是年龄特点和学校集体生活教育影响相结合的结果。

首先是基础年级的特点。基础年级，主要是指4个一年级（小学一年级、初中一年级、高中一年级、大学一年级）。大家知道，孩子在进入小学之前主要是享受成人保护他的权利，其主要活动是游戏。进入小学一年级起，他开始承担起好好学习准备为祖国社会主义建设贡献力量的社会义务。但是六七岁的孩子年龄小，独立活动能力还比较弱，他们要求师长帮助，需要模仿着老师的行为来适应学校生活。所以，根据一些同志观察，小学一、二年级的学生都有这样一些特点：他们感到环境新、老师新，一切都新鲜，他们听话、守规矩，特别爱模仿老师，对老师很亲热，但缺乏集体观念，各顾各，甚至爱互相告对方的"状"。以后，随着学生进入不同的学习阶段，环境改变，学习任务、内容、方法的改变，要求他们采取新的姿态，适应新的环境和新的任务。这就使以后的基础年级都有自己的特点。一般来讲，青少年上进心和好胜心都比较强，有在新的学习环境中更加向好向善，获得老师同学好评的愿望。所以，初一年级、高一年级和大学一年级的学生，都有新鲜感、上进心和感到不适应的特点。良好的开端，是成功的一半。充分利用这种由于学习环境、任务、内容的改变，以及由此带来的一年级学生们的特点，抓紧四个一年级的思想政治教育，对于学生在整个学习阶段思想品德的健康发展，关系很大。我们建议：小学一、二年级，要重视日常生活学习良好行为习惯培养和最基础的道德知识教育，以后的3个一年级，也都要重视对他们进行一个中学生、大学生应该具有的基本品德的教育，培养严守学生守则和学校规章制度等良好的行为习惯，都要重视对他们进行理想教育和做好学生班集体的工作。

其次是转折年级的特点。转折年级主要是指小学三年级、初中二年级、高中二年级，大学二、三年级（指四年制大学而言）。这一个年级阶段的学生，学校环境已经熟悉，学校生活已经适应，对老师同学也比较熟悉，并且由于经受了老师同学的一定评价和影响，也逐步形成了个人对集体对老师对同学的看法，所以成为每个教育阶段中学生变化最明显的年级时期。譬如，小学三年级的学生一般都特别好动，开始独立思考，要求老师把他们当成小大人，男孩子中有些同学开始不服从女学生干部的管理，而且他们的自治自理能力有所增强，集体意识也有明显发展。对于他们，一方面，老师不能完全用教育一、二年级的办法来教育他们；另一方面，只要善于培养班集体，发挥学生班集体和少先队的作用，三年级学生也能顺利成长。又如，许多初中二年级学生已进入了青春期，生理上的变化，引起了心理上的许多矛盾和不适应，搞得不好很可能产生抗拒性甚至反社会性行为（也有的同志认为，在小学五年制的情况下，大多数学生在初中三年级进入青春期，这里有个具体情况具体分析的问题），同时，他们既无初一学生那样的新鲜感，又不像初三学生那样感到有升学问题的压力，对自己的要求容易放松。而且，在目前的师资条件下，就算大部分学校已经克服了重高中轻初中的偏向，较强的师资力量暂时还不可能配置在初二年级的身上。上述种种情况的综合，使初二年级成为初中阶段学生中思想品德方面变化最大的一个年级。有的同志生动地形容初二年级是初中生德智体重新站队的时刻，许多关于青少年犯罪始犯年龄的调查，也一再告诉我们，13岁（一般指初中二年级）是一个非常值得我们注意的年龄。我们要全面抓紧这一年级的思想品德教育，加强班集体活动，继续深入进行集体主义教育，在日常学习生活中向他们提出各项具体要求，规定严格制度，坚持正确的政治方向。特别要教育他们树立崇高理想，自觉遵纪守法，增强辨别能力，努力争取"三好"。同时要狠抓后进生教育，为他们一生打好正确做人的基础。类似的情况在大学二、三年级中也可以看到。在大学二、三年级学生中，大多数人已适应大学的学习生活，但也很可能出现明显的分化。以饱满的政治热情、旺盛的精力，积极争取成为三好学生、优秀团员，要求入党，认真学习马列主义毛泽东思想，努力向科学知识的高峰攀登者有之；埋头业务，成绩不错，但在思想品德上放松对自己要求的有之；认为大学也不过如此，各方面放松对自己的要求也有之。其中少数人甚至混日子，表现很差。在这段时间里，大学生班级的思想政治教育，一方面，要继续加强对学生进行无产阶级政治观点和革命理想教育；另一方面，要进一步巩固提高班集体的战斗力，扩大积极分子队伍，加强班级正确舆论的培养，形成好的班风；再一方面要抓好"三好"评比和建档工作，狠抓后进生转化工作。

最后是毕业年级。从小学至大学，4 个毕业年级有一些共同特点，即将毕业都要考虑升学或就业的问题。当然，小学毕业班与中学（尤其是高中）、大学毕业班的情况不同。高中毕业生考虑升学或就业的问题，精神上的压力最重，大学中专生主要是考虑分配等问题。对于不同教育阶段的毕业班学生，都应抓紧思想政治工作，加强爱国主义教育，前途理想教育，使学生正确处理国家需要与个人前途关系，做个合格的毕业生。

第三，要针对不同类型学生的不同特点进行教育，包括要针对不同学校不同年级中不同类型的学生的共同特点进行教育，要针对不同类型中不同学生的个别特点进行教育，也要针对男女学生的性别差异进行教育。

要认真分析研究青少年儿童各种思想行为的不同原因，有针对性地进行教育。

（2）贯彻德育的针对性原则，也必然要求坚持德育的及时性原则，否则针对性原则不可能真正贯彻落实。打仗要抓住战机，播种不能耽误农时。人的思想情绪是发展变化的，不能及时进行教育，也不能取得应有的好效果。坚持及时性原则，对思想政治教育的基本要求是：

第一，要抓准教育的最佳年龄、基础年龄及时进行教育。传授知识发展智力要抓最佳年龄，青少年儿童思想品德的形成发展也有最佳年龄。有人研究一个人的良好语言习惯一般在 12 岁以前为最佳形成时期，所以培养青少年儿童文明礼貌的语言习惯，也应抓住 12 岁以前的最佳时期。人人爱美，青少年尤其爱美，青少年时期是爱美高峰时期。所以，要在一个人的青少年时期抓紧培养起他们正确的审美观点和审美情操，重视对他们进行伦理美德教育，塑造他们美好的心灵。

与最佳年龄相联系，还有一个基础年龄。根据青少年身心发展的规律，可以认为，一个人的小学和初中阶段，即从六七岁到十四五岁，是对他们进行道德教育的基础年龄阶段。小学生活动范围窄，受外界影响比较少，思想单纯，而且模仿性很强，可塑性极大，极易接受教育。而且受了深刻的教育影响对一生都有重大作用。初中阶段是一个人由童年向青年过渡的阶段，也是身心急剧变化的时期，如果我们的教育能够帮助他们顺利完成这一过渡，培养起一个社会主义新人应该具备的基本思想品德，对他们一生具有决定性的影响。

第二，要抓住青少年儿童思想品德发展变化的转机及时进行教育。事物发展由渐变到突变，由渐进到飞跃，都存在着转机，人的思想品德的发展变化在发生突变之前也会有转机。转机的出现，内部的表现是思想情绪的紧张，内心矛盾的激烈，外部常常表现出各种紧张状态，个人可以体验到，旁人也可以了解到。机不可失，时不再来。善于捕捉青少年儿童思想品德发展变化的转机，促使其内部矛盾进行有效转化，是一种教育艺术。

第三，要把思想政治教育工作做在新信息、强信息袭来之前。新信息、强信息容易吸引青少年儿童，容易对他们产生强烈影响，不良的新信息、强信息对青少年儿童特别容易产生坏影响。所以，我们要赶在其对青少年儿童发生影响之前，及早做好工作。而要做到这一点，最重要的是要善于预测各种教育影响，分辨其性质和作用，这就要看教育者的机智了。

第四，要把工作做在人们强烈的情绪体验尚未消失之前。青少年儿童在自己个人和集体的活动中，或成功或受挫折，或获得荣誉或受到批评，都会有一种情绪体验。对他们影响较大的事件，引起的情绪体验往往也比较强烈。但是这类强烈的情绪体验，并不永久持续，却是或迟或早总会消退。一个班的球队比赛胜利了，球队以至全班同学兴高采烈地谈论一两天就过去了；一位同学得到奖学金，兴奋几天之后也就过去了。而各种消极的思想因素，也往往在产生强烈情绪体验，在理智不大容易控制自己的时候悄悄萌发。所以，我们的工作就应该赶在这类体验未消失之前，及时正面诱导。

（三）系统性和渐进性原则

由于青少年儿童思想品德形成和发展是一种长期积累的过程，同时它的发展又有阶段性和顺序性，这就要求我们的思想品德教育应该坚持系统性和渐进性的原则。

系统性和渐进性的基本要求是：

（1）德育应该有目的、有计划、有系统地连贯地进行。不但要考虑每个教育阶段德育的系统性连贯性，还要考虑和解决各个教育阶段之间德育的系统性和连贯性；各级各类学校不但要通盘考虑自己学校德育的计划，并且还要考虑与高一级或低一级学校的衔接；前后任班主任和前后任课教师，也都要考虑教育影响的互相衔接。

（2）德育应该循序渐进。这个"序"既包括青少年儿童思想和道德品质形成发展的"序"，也包括思想政治教育几部分要求和内容之间的序。要根据这个"序"，有计划地对青少年儿童进行认真的教育培养。在教育的要求和内容上要逐步加高、加难、加深、扩大。比如，有的学校在对小学生进行爱国主义教育时，按照这样的顺序展开：一年级着重进行爱国旗、爱首都、爱红领巾的教育；二年级安排"可爱的家乡""党旗，我们热爱您""我爱亲人解放军"的教育；中年级着重进行祖国的壮丽河山、丰富宝藏和祖国的悠久历史、灿烂文化、优良传统的教育；高年级着重教学生初步懂得没有共产党就没有新中国、只有社会主义才能兴中国的道理，激励学生为振兴中华而努力学习。

（3）应该认真处理好学校德育和整个社会对青少年思想道德教育的关系。它们两者，性质相同，目标一致，应该遵循的基本原则和许多方法也相同。前者是后者的极重要的组成部分，是个性与共性的关系。学校德育这个个性，既不能脱离全社会对青少年儿童进行教育的整体，但也不能因此而打乱学校德育的系统性渐进性和相对稳定性，抹杀学校德育的特点。

（4）要做到德育的经常化、制度化、规范化。在当前，实现学校德育的规范化，是一个重要问题。应当根据中央对青少年共产主义思想教育的要求、各类学校的学生守则和思想品德课大纲，联系本地本校的实际，有组织有领导地解决本地本校学生思想行为方面的具体制度的规范。

（四）一致性原则

从品德心理的角度看，人的品德包括知、情、信、意、行5个方面的要素，只有使受教育者知、情、信、意、行全面发展，才能培养好他们良好的思想品德。同时，影响学生思想品德形成和发展的力量和因素是复杂的，如果不使校内外的各种教育力量在正确的方向下统一起来，用先进的思想道德教育影响年轻一代，并帮助他们识别和抵制各种腐朽思想的影响，也不可能达到培养他们社会主义共产主义思想品德的目的。所有这些，都要求我们的德育坚持一致性原则。

德育的一致性原则，对我们的基本要求是：

（1）要努力在德育内容和方法上做到理论与实际一致。

（2）要努力帮助学生做到知行统一、言行一致、表里一致。孔子说："听其言，观其行。"墨子说："士虽有学，而行为本焉。"《荀子》说："口能言之，身能行之，国宝也。口不能言，身能行之，国器也。口能言之，身不能行，国用也。口言善，身行恶，国妖也。治国者敬其宝，爱其器，任其用，除其妖。"事实也说明，喊破喉咙还不如一个实际行动，努力使受教育者做到知行统一、言行一致、表里一致，关系到把年轻一代培养成什么人的重大问题。而要使学生知行统一、言行一致、表里一致，教育者就应该在这方面严于律己，为人师表。

（3）要做到教育者集体对受教育者的影响一致。

（4）要使学生集体对每个学生的影响与教育者的要求一致。

（5）要努力使家庭教育、学校教育对学生的教育影响保持一致，并力争社会各方面对学生的教育影响也能保持一致。

（五）教育者的主导作用和受教育者的自觉积极性相结合的原则

如前所述，德育过程是教育者和受教育者互相交往的过程，也是教育者的教育影响和受教育者的自我教育相结合的过程，受教育者的主观能动性如何，对德育效果发生重要影响。所以，思想政治教育应该坚持教育者的主导作用和受教育者的自觉性积极性相结合。

贯彻这一原则，对思想政治教育的基本要求是：

（1）要热爱尊重教育对象和严格要求教育对象相结合，使受教育者和教育者心理相容，自觉接受严格的教育要求。

（2）教育要重在启发引导，既不越俎代庖，也不消极堵塞，要调动学生的上进心和自我修养的积极性。

（3）教育要重在正面说服，应该恪守不伤害学生自尊心、自信心和上进心的底线，禁止体罚和变相体罚。

（4）要充分发挥受教育者集体的教育作用，也要使受教育者之间互相关心，互相帮助，共同进步。

（5）要注意发扬受教育者身上的积极因素，克服他的消极因素，帮助他们化消极因素为积极因素。

（六）思想教育和解决实际问题相结合的原则

我们思想政治教育的实践证明，要提高受教育者的思想觉悟，不能完全离开一些实际条件。比如，要美化环境应该有必要的工具和材料；要人们不随地吐痰，不能连一只痰盂也没有；要求学生遵守课堂纪律，集中注意力听课，就要排除外界噪声的干扰；要培养人们为祖国而努力学习、忘我工作和劳动的态度，也要有许多具体措施支持这种态度的培养。所以，思想政治教育应该坚持思想教育和解决实际问题相结合的原则。

贯彻这一原则，应该注意：

（1）要始终坚持思想领先。在思想政治教育的范畴内，我们强调要注意解决实际问题，但并不是为了解决实际问题而去解决实际问题。解决实际问题的目的，是为了调动人们的社会主义积极性，更好进行思想政治教育，提高人们的社会主义共产主义觉悟。同时，实际问题需要人们去解决，不能坐等别人来帮助，往往受教育者积极投身解决他们力所能及的实际问题的过程，正是提高他们思想觉悟的途径。而且，不少实际问题的解决是受条件限制的，应该解决的问题并不是立即都能解决的，受教育者如何正确对待这种情况，也常常反映他们的思想觉悟水平。所以，把思想教育和解决实际问题结合起来，并不是两者等量，而始终应该坚持思想领先的基本原则。

（2）要重视必须解决而且通过努力可以解决的实际问题，以调动受教育者的积极性。当有些实际问题暂时不能解决时，一定要耐心细致地做好思想教育工作。有时还应引导受教育者共同努力，创造条件，积极解决某些实际问题。

（3）要在解决实际问题的过程中始终贯穿共产主义的思想教育。

二、德育的基本方法

德育的方法是对受教育者发生各种教育影响的各种教育方式的总和。德育的方法，就是借助于各种不同的、互相联系的思想品德教育方式，对受教育者施加教育影响的。毛泽东说："我们任务是过河，但是没有桥或没有船就不能过。"所以应该重视德育方法的研究。

在教育学中，德育方法也是比较稳定的部分，许多教育学对德育方法的认识基本一致。本文着重介绍说服教育、榜样教育，实践锻炼、表扬奖励批评惩罚，指导自我修养、陶冶教育等基本方法。

（一）说服教育法

说服，是通过摆事实讲道理使受教育者接受真理、提高觉悟的教育方法。

这种方法的主要特点是：第一，摆事实讲道理，以理服人。正如古人所曰："看书求理，须令自家胸中点头；与人说理，须令人家胸中点头。"不摆事实讲道理，不以理服人的方法就不是说服的方法。第二，启发自觉。没有受教育者的自觉接受教育，积极开展思想斗争，在实践中自觉践行正确的教育要求，教育是不能奏效的。

毛泽东说："共产党人在劳动人民中间进行工作的时候必须采取民主的说服教育的方法，决不允许采取命令主义态度和强制手段。中国共产党忠实地遵守马克思列宁主义的这个原则。"吴玉章说："教人毕竟和炼钢不同，人固然也要千炼百锤，但钢是死的，人是活的。做人的工作，不能靠一压二堵的办法，根本问题在于讲道理，耐心教育。"所以，说服是思想政治教育的根本方法。

说服教育的方式是很多的。经常采用的有讲解、报告、讨论、谈话，阅读、参观、访问、调查、示范等。不同的方式，有不同的特点，从不同的角度提高受教育者的思想觉悟。

运用说服教育的方法，应该注意下列各点：

（1）一定要充分准备，有的放矢。

（2）要启发受教育者接受教育的自觉性。首先要使受教育者感到有问题需要解决；其次，要使受教育者有接受教育指导，解决问题，提高觉悟的要求；另外，还要使受教育者有自己来解决问题的积极性。

（3）要以理服人，以情感人，合情合理，入情入理。首先，要摆事实讲道理耐心说理，绝不强词夺理，更不能出口伤人；其次，在说理时要善于运用情感的教育力量；再次，教育者的语言和态度应该是合情合理的。

（4）要贯彻民主精神，鼓励受教育者敞开思想，暴露真情实感，并敢于发表自己的不同意见，通过民主的心平气和的讨论、争论甚至必要的批评，提高思想觉悟。

(5) 要引导受教育者自己分析问题解决问题。

(6) 要与实践锻炼，奖惩等方法密切配合。

(二)榜样教育法

什么是榜样？榜样就是模范和典型的意思。它是在一定条件下的某种道德标准和精神面貌的集中概括和表现，是时代的产物。

榜样教育法就是运用模范和典型的思想行为，对受教育者进行影响的一种方法。实践证明，榜样教育在青少年思想品德教育中占有重要位置。

列宁说："榜样的力量是无穷的。"无产阶级的英雄模范先进典型一经产生，就会以其崇高的思想品德和美好鲜明的形象，对当代人们的精神面貌产生深刻而强烈的影响。首先，它能鼓舞人们去追求理想的人格，从而促使一代社会主义共产主义新人迅速成长；其次，它能激励人们去克服一个又一个艰难险阻，在保卫和建设社会主义祖国的事业中取得一个又一个的胜利。

榜样在青少年成长中具有特殊意义。20世纪五六十年代的许多青年人，今天的中年人，都有亲身的体验。新中国成立后，由于我们党、共青团和学校重视用英雄模范的榜样教育青少年，李大钊、恽代英、夏明翰、方志敏、杨靖宇、刘胡兰、董存瑞、丁佑君、黄继光、邱少云、罗盛教、吴运铎、向秀丽、雷锋、欧阳海、王杰以及保尔柯察金、卓娅和舒拉等英雄人物，曾经教育了整整一代人。那时的学校里，许多班级都争着以革命先烈和英雄模范的名字命名，立志继承先烈遗志，走英雄成长的道路，完成先烈未竟之伟业。许多青少年头脑中有自己的学习榜样的高大形象。至今许多中年人还牢记着奥斯特洛夫斯基关于人生的警言："人最宝贵的是生命。生命属于每个人只有一次。人的一生应当这样度过：当他回首往事时，不因虚度年华而悔恨，也不因碌碌无为而羞愧；临终之际，他能够说：'我的整个生命和全部精力，都献给了世界上最壮丽的事业——为人类的解放而斗争！'"

为什么榜样对于青少年有特别巨大的激励教育作用呢？除了上面讲的榜样的社会作用之外，主要是由于榜样的完美性、鲜明性、生动性，感染力和青少年思维的形象性、行为的模仿性、思想的上进性相结合。

有人认为，儿童是模仿时期，少年是幻想和英雄崇拜时期，青年进入了理想追求时期，都奋力向上，都渴望榜样引路。所以，对青少年进行榜样教育意义特别重大，而且对他们的一生都会产生巨大影响。如果我们不用集中体现共产主义世界观人生观和道德品质的榜样去教育影响青少年，就不可能把他们培养成为有理想有道德有知识守纪律的一代新人。

那么，在新时期怎样对青少年儿童进行榜样教育呢？

(1) 要坚持三性

几十年榜样教育的正反面经验告诉我们，进行榜样教育应该坚持真实性、多样性、深刻性。

所谓榜样的真实性，是指我们所树立的榜样一定要有真实的、为大家所公认的事迹。榜样的形象不能人为地加工，更不能伪造。这是进行榜样教育的基础。

所谓榜样的多样性，就是榜样的多层次性。在我们的革命和建设队伍中有大批值得人们学习的榜样。榜样作为总体，是多层次的，有全面地体现共产主义人生观和道德规范的榜样，有集中体现某一道德规范的榜样，有老一辈革命家和先烈英模的榜样，有本国历史伟人榜样，有外国优秀人物的榜样，有成人的榜样，也有青少年自己的榜样。要根据不同的教育要求和各种类型的青少年的不同特点，为青少年树立各种类型的榜样，让榜样成为他们心中的明灯。

所谓榜样的深刻性，一方面是指作为榜样的人物的思想和行为要有深刻的教育意义；另一方面是要宣传榜样的高尚的思想品德，要使榜样的先进事迹先进思想深深印在青少年的心灵中，引导他们学榜样的思想，走榜样成长的道路，而不是仅仅停留在简单地模仿榜样的个别行为上面。

(2) 要使榜样能够打动更多青少年的心

要选择青少年心目中最敬佩，最亲近的榜样，并结合青少年的特点来学。这里讲的青少年最亲近的榜样，自然也包括他们同学中的榜样。

要讲究教育艺术。譬如，学习中越边境自卫反击战英雄的事迹，不同的地方效果不一样。有的英雄是本地人，就宣传他小时在家的学习生活劳动情况，怎样参军，战争开始后怎样给家里写信，以后又怎样建立英雄业绩，还说他是我们这里人民的光荣，是这里青少年的光荣，使大家感到很亲切，效果就好。有的地方学英雄主要是听报告，但事先作了亲切感人的介绍，给青少年心理上建立了渴望听报告的定势，效果也较好；有的地方报告人一到就读稿子，由于听报告者的许多思想上的障碍没有扫除，所以没有打动广大青少年的心。可见，应该重视从方法上研究榜样教育如何打动更多学生的心。

（3）教育者要成为青少年的榜样。

教育者的榜样，是无声的命令、无字的教科书，是教育者威信的基础，是保证教育正确方向和良好效果的重要条件。

教育者成为受教育者榜样的条件是：第一是教育者的言行一致，还能够走学生的心里，令学生敬佩；第二是各种教育影响的方向正确和尽可能一致。

（三）实践锻炼法

这是让受教育者在学习、劳动、生活和其他各种活动中接受锻炼考验，达到言行一致知行统一的重要教育方法。实践锻炼一般分为在各种规章制度中接受锻炼和在各项活动中经受锻炼两类。

运用实践锻炼法，应该注意：

（1）以说服为前提，始终贯穿说服。我们的实践锻炼，目的是把受教育者培养成祖国社会主义事业的一代新人，建立在启发自觉提高觉悟的基础上，根本区别于旧教育的机械的行为训练。所以，运用实践锻炼的方法，必须以说服为前提，始终贯穿说服。

（2）必须加强指导。教育者应该在下列方面，加强对受教育者实践锻炼的指导，即锻炼目的意义的指导，行为要求和行为方式选择方面的指导，引领受教育者在实践中克服困难、解决问题、达到预定的目的的指导，安全卫生方面的指导。

（3）要及时总结提高。一方面，要及时对受教育者集体和个人实践锻炼中的表现，进行总结评比，肯定成绩找出差距，表扬先进，激励后进；另一方面，要不断为受教育者集体和个人，设置新的前进目标，引导他们不断前进。

（4）要量力而行。对青少年儿童的实践锻炼，要求不能过高过急，负担不能过重，要照顾年龄和性别特点，注意个别差异。量力而行的目的，是为了增强实践锻炼的效果。

（四）表扬批评、奖励惩罚法

这是对受教育者的思想品德进行肯定或否定的评价，促使他们发扬优点、改正缺点、不断上进的重要教育方法。

赞许、支持，表扬，奖励，是程度不同的肯定性评价，能增强受教育者的信心、勇气、责任感、荣誉感和上进心，再接再厉，努力奋进；阻止、批评，惩罚，是程度不同的否定性评价，能够唤起受教育者对自己思想行为中存在问题的警觉，端正对自己缺点错误的态度，提高对缺点错误的认识，中止不良行为，改正缺点错误。

教育者在德育中运用表扬批评、奖励惩罚必须注意：

（1）要实事求是，力求公正。第一，不管是表扬奖励还是批评惩罚，都要坚持行为动机和行为效果相统一，全面准确了解受教育者的实际表现，以事实为根据。只有建立在确切的事实基础上，才谈得上真正的公正。第二，教育者要克服偏爱偏心。对待每个学生一视同仁，否则就不可能做到公正。第三，要区别对待。不同年级或同一年级不同基础不同水平的教育对象，对他们的教育要求不同，对他们的表扬奖励、批评惩罚也应有所不同。马卡连柯认为，"首先要惩罚优秀的，其次才惩罚不好的，或者完全不惩罚"。正确地区别对待，才谈得上公正合理。

（2）要以说服为基础。不管采用哪一种评价方法，都要摆事实讲道理，说明为什么要对受教育者采用这种教育方法。既教育受教育集体，也教育了个人。

（3）要用唯物辩证法的二分法对待受教育者。对受表扬奖励者，应指出其不足，提出更高要求；对受批评惩罚者，也要看到他们身上存在的积极因素，不把他们看死，而要热情鼓励和帮助他们进步。

（4）要得到教育者集体和受教育者集体的积极支持。只有教育者集体、受教育者集体对当事受教育者的评价都一致，教育影响才强而有力，进而当事受教育者的自我评价才可能与教育者的评价一致起来，教育才能真正发生效力。

（5）要以表扬奖励为主，批评惩罚为辅，并且讲究教育艺术。记得曾经有这样一个发生在"文革"前一所乡村小学的故事：上课铃响了，一位女老师，推门进入教室。说时迟，那时快，一条用草绳包扎的水蛇擦着老师的肩膀掉了下来，不知道是哪个淘气包故意挂在门内侧的，这位老师着实吓了一跳。但她没有发火，镇定下来后缓缓地对全班同学说："看来有的同学很爱生物，希望他好好学习争取将来能够当上生物学家。不过，把这条蛇放在门背后，可不是一个好主意，如果有的人胆小真的被吓坏了怎么办？"说完就开始上她的课。据说那个想吓吓老师的孩子，后来真的变好了，也爱上了生物学科了。

(6) 任何一种评价方法的运用，都要考虑教育效果，都要严肃谨慎，不要滥用，不要庸俗化。

五、自我修养指导法

什么是自我修养？自我修养是指人们为了在政治态度、思想品德、生活作风和知识技能等方面达到一定的水平而进行的自我学习、自我陶冶、自我改造的功夫。它包括目标与手段两个方面。思想品德方面的自我修养，是指一个人在思想品德方面的自我教育、自我陶冶、自我改造的功夫。这种自我修养对于培养人的道德品质十分重要。所以，古今中外许多政治家思想家教育家都很重视自我修养。

孔子的"见贤思齐焉，见不贤而内自省也"，荀子的"君子博学而日参省乎己"，曾子的"吾日三省吾身"，所强调的都是自我修养。南宋朱熹可算是一个道德修养的专家，对于道德修养中的各种问题作了探讨，提出修养的目的是"明人伦""变化气质"，修养的根本原则是"存天理、去人欲"，修养的方法有立志、读书、居敬、穷理、力行、涵养、省察等。

刘少奇同志的《论共产党员的修养》教育了整整三代中国共产党人和有志青年。周恩来同志为自己制订了《我的修养要则》，提出了"活到老，学到老，改造到老"的座右铭。他们的一生的言行是共产党人和革命志士仁人进行自我修养的楷模。

今天尚在课堂里的年轻一代之所以应该重视自我修养，是因为他们是即将担负重任的新一代。为胜任时代赋予他们的重任，他们除了必须努力掌握先进科学和文化，更应当具有高尚的思想和品德。但这种思想品德的形成是一个长期的甚至反复的过程。在这一过程中，来自外部的教育影响固然重要，但决定性的因素是他们自身的主观能动性。更何况，一个人的内心世界往往是不会立即地、完全地暴露出来的，一个人也不是时时刻刻都处在他人的监督之下的，这就更有赖于他们的自我修养的功夫。

青少年特别是青年，由于他们抽象思维能力已有一定发展，已具有一定的分析能力，已有一定的是非善恶美丑观念，自我意识已有一定发展，已有初步的自我评价能力，相当多的人有了自学能力。因此，帮助他们进行自我修养，不但是必要的，而且是可能的。自然，我们强调的自我修养，同剥削阶级思想家教育家所主张的自我修养目的要求和世界观方法论的基础不同，应该有更高的境界。

青少年自我修养的主要目标是：

（1）立志

所谓立志，就是解决自我修养的目标和确定一定的政治理想、道德理想问题，它也是道德修养的内在动力。立志可以使人预先明确在道德修养中所要实现的自身改变，按既定的方向去修养和锻炼，并且道德理想和目标可以在道德修养中产生坚强的意志与动力。中国共产党的许多老一辈无产阶级革命家和著名的科学家，以及许多英雄模范人物，就是少有大志，决心为解放自己的民族和人民，为建设社会主义和共产主义，献出自己的一切，而且终身矢志不渝，所以才能克服各种难以想象的困难，为革命为人民作出杰出的贡献。在新时期，我们的青少年负有光荣而艰巨的历史重任，在前进道路上，他们也将会遇到各种意想不到的艰难险阻，如果他们没有理想、意志和毅力，就不可能战胜将会遇到的各种艰难险阻，就不可能把我们的事业进行到底。所以，帮助青少年立志的问题，是非常值得重视。

（2）建立良好的"内心法庭"

道德最后还是要通过人们的信念这个内心的"道德法庭"来调节人们之间的关系的。即使是要使广大青少年自觉地遵纪守法，同样也需要青少年有良好的"良心纪律"和"内心法庭"。至于要把少数青少年培养成为新的一代共产主义战士，更需要他们有对共产主义的坚定信念，具备良好的"内心道德法庭"。

（3）培养"五力"

培养和发展学生在坚定正确的政治方向指导下的自我激励，自我规划，自我评价，自我节制，自我改正的能力。使他们在行动上有所为，有所不为，自觉地把自己控制在正确的轨道上。

指导青少年进行自我修养的主要方法有：

（1）指导读书

包括通过各种方式指导青少年学习马列主义毛泽东思想的著作，党史和近代史的读物，革命先辈和科学家的传记和故事，青少年思想品德修养的书籍，其他各种健康有益的课外读物，从中汲取思想上和道德上的营养。

（2）指导青少年正确进行自我规划

除了使他们明确总的前进目标外，还要指导他们不断地为自己设立与远大革命目标紧密联系的具体目标，采取正确有效的行动去实现这些具体的目标。

（3）指导青少年正确地进行自我评价

指导青少年正确地进行自我评价，就是要帮助青少年根据"五爱""两拥护""四坚持"的要求，坚持言行一致、动机和效果统一的原则，正确地认识自己，剖析自己，要求自己。鼓励他们对自己高标准严要求，扬长补短，防微杜渐，努力上进。

有不少学生坚持写日记，得益不少。应该向青少年提倡真实地、经常地、持久地记日记。

（4）指导青少年进行自我批评。

这里讲的是，要帮助青少年在公开场合表里一致地暴露和检讨自己的思想行为，对自己的缺点错误进行批评，不搞文过饰非、弄虚作假。

（5）指导青少年乐于和善于主动地接受同学同志的帮助

《诗经》上有这样的名句："如切如磋，如琢如磨"，说的是朋友之间要互相帮助，互相批评。为了使青少年的自我修养取得成效，还必须启发引导青少年乐于并善于主动地接受老师同学亲友们对自己的帮助。一个讳疾忌医或故步自封的人，是不可能很快上进。三人行，必有吾师。虚心求教于人，应该是青少年自我修养过程中必须培养的品德。

当然，最重要的是要教育青少年在实践中严于律己，加强修养。

（六）陶冶教育法

陶冶教育是以教育爱为核心的古老而有效的教育方法。它的特点是使受教育者处在充满教育者的教育爱的富有教育意义的"真实"的活动情境中，利用教育爱和情境中的各种"自然"的积极诱因，因势利导，逐步渗透，使受教育者耳濡目染，心灵感化，受到潜移默化的教育影响。在陶冶教育中，教育者并不作烦琐地说教，而是调动各种积极诱因，使受教育者于不知不觉之中受到教育影响。

陶冶教育的主导性陶冶因素是教育者的教育爱和以身作则。教育爱是教育者对受教育者健康成长的关怀和爱护，建立在对社会主义祖国对党对人民热爱的基础上。它既要求教育者像慈母爱自己的孩子那样热爱自己的学生，又要求教育者高于母爱，以祖国和人民利益为重，这是一种自觉的、理智的、高尚的、纯洁的爱。亲其师，信其道。教育爱是陶冶感化受教育者的基本因素，是教育成功的基本条件；如果教育者没有对受教育者深沉的教育爱，即使用千条妙计，也很难吸引受教育者真正参加教育过程，当然也难以收到预期的教育效果。教育者的以身作则对受教育者的陶冶作用也很大。但是，教育者的以身作则要真正成为陶冶因素，也必须有教育爱为媒介。如果受教育者对教育者无感情，不敬佩，他们就不会自觉学习教育者的榜样。

作为陶冶因素的还有环境、气氛、作风，受教育集体对受教育者个人的爱护、受教育者之间的关心爱护，美的教育等。美育历来是思想品德教育的重要手段，在今天，进行美的教育也是根据青少年的特点实施思想政治教育的有效途径。社会主义美育的重要作用之一，就是对青少年进行心灵陶冶。

运用上述思想政治教育的基本方法，除了已经分述注意各点之外，还有4个共同点也应该引起我们注意：其一，德育方法运用之成败，应以教育者的育人责任感为前提。任何好方法，都是由人们运用的，其效果都与运用者的态度和水平密切联系，没有强烈的育人责任感，没有对受教育者健康成长的高度负责的精神，一种被实践证明了的好方法，也不可能在他的手中获得良好效果。其二，都要以唯物辩证法为方法论基础。任何矛盾都是具体的，要想教育获得成效，必须具体分析具体矛盾，具体解决具体矛盾。思想政治教育的基本方法，指出了解决思想品德教育中有关问题的一般模式，而没有规定解决任何具体问题的具体模式。所以，需要我们在实际工作中以唯物辩证法为指导，联系实际情况，具体运用。这是教育艺术的核心。如果把上述基本模式，看成万应药方，是极其有害的。大家熟知的马卡连柯有个要偷烧鸡的学生当众吃完烧鸡，因而教育了这位学生的成功教例。我们个别同志曾不问条件地机械模仿过，结果遭到了失败，就是一个证明。其三，不论运用哪种方法，都晓之以理，动之以情，导之以行，而且都要有约之以律相配合，其四，上述各种方法的运用，只有经过教育者的艰辛努力，才能获得成效。

（本文原为本人德育原理讲稿《思想政治教育理论和方法》第六讲的一部分，杭州大学教育系资料室 1982 年 10 月铅印，收入本书时有所删节。）

17 年德育的粗略回顾

如何正确评价中华人民共和国头 17 年的教育，是正确总结我们自己办教育历史经验的关键。为此，本文试图对新中国成立后 17 年的德育作一粗略回顾。

一、1949—1957 年

这一时期，我们坚持全面发展的教育方针，非常重视用社会主义思想教育学生。党和政府有关领导部门，对于中小学德育的任务、内容、方针、原则、方法、途径等，有许多正确的指示和论述。

关于德育的任务和内容。中央人民政府政务院《关于改进和发展中学教育的指示》规定："政治思想教育的任务，是树立社会主义的政治方向，培养辩证唯物论世界观和共产主义的道德。"当时教育部的负责人董纯才著文对此作了具体解释，他认为："建立社会主义的政治方向，就是要使学生把建设社会主义和共产主义社会作为自己终生奋斗的目标。使他们明白今天的学习，就是为了参加这一伟大事业做准备。培养学生辩证唯物论的世界观基础，就是要使他们对自然现象的认识是辩证唯物论的，对社会生活现象及社会发展规律的认识是历史唯物论的，借以破除各种迷信观念和唯心观点。培养学生共产主义道德，就是要培养他们爱国主义思想，劳动观点，群众观点，爱护公共财物的精神，自觉纪律，以及坚韧，勇敢，谦逊，诚实，节俭，朴素等优良品质。"并且指出，政治思想教育的 3 项任务是紧密联系的，社会主义的政治方向和共产主义道德都是建立在科学世界观的基础之上。

为了实现德育三位一体任务，当时强调以"五爱"为基础的共产主义品德教育，尤其是爱国主义教育、劳动教育和自觉纪律，并且根据不同时期的形势任务，有所侧重。譬如，在刚解放的三年中，较多地强调进行包括热爱祖国、热爱人民、热爱解放军、热爱劳动和国际主义精神在内的"革命爱国主义教育"。杰出的无产阶级教育家徐特立同志还专门写了《论国民公德》，从理论上指导这一教育的顺利开展。从1953年起，我国进入第一个国民经济五年计划建设时期。由于经济建设对于有文化的社会主义建设后备军的需要和教育事业的发展，有大量初中高小毕业生要直接参加生产劳动。所以，1954年1月召开的全国中学会议强调要加强劳动教育，1954年5月22日中宣部发布《关于高小和初中毕业生从事劳动生产宣传提纲》进一步强调，"不论从小学，中学或大学毕业出来的人，都应该积极参加生产劳动，成为有政治觉悟、有文化教养的社会主义社会的建设者"，"自觉地、积极地从事劳动，是人们的一种美德，必须教育青年一代养成这种美德"，劳动教育被提到更高的地位。到了1954年的政务院中学教育指示中，则把以上3个方面合起来，指出"目前应特别着重加强爱国主义教育，劳动教育和自觉纪律教育"。自觉纪律教育，在这一时期始终是很重视的。后来，在全国范围的共产主义道德品质教育活动的基础上，教育部又于1955年5月命令颁布了《中学生守则》18条，进一步用条文的形式肯定"五爱"教育、集体主义教育、自觉纪律教育和文明礼貌，作为学校德育的主要内容。

关于德育的方针。1951年3月1日《人民教育》第2卷第5期编辑部文章《关于思想分析》就提出："当前思想政治教育的基本方针是'肃清封建的、买办的、法西斯的思想，开展为人民服务的思想'。"1954年政务院关于中学教育的指示中提出："必须在中学里巩固和加强工人阶级思想的领导地位，增强社会主义思想，彻底批判资产阶级思想和继续肃清封建的、买办的、法西斯主义的思想残余。"实际上也是对政治思想教育方针的规定。

关于德育的原则、方法和途径。当时从教育行政领导到教育学理论界，都十分强调思想政治教育要根据学生的特点，坚持正面教育的原则，运用说服影响的方法，依靠教师通过各科教学和课外活动进行。譬如，1950年12月《人民教育》社论《继续开展与深入学校教育中抗美援朝的思想教育》认为，"思想教育只有一个最基本的方法，那就是说服和影响"，强调要"循循善诱""以身作则"。上述政务院关于中学教育指示中更明确地指出："政治思想教育，主要依靠教师通过课内各科教学和课外活动来进行。因此在课内课外都应根据青年的特点，从正面积极地以社会主义思想来武装学生。说服是政治思想教育的基本方法。"在强调正面引导说服教育的同时，当时还十分重视教师对学生的态度，要求教师热爱学生，发扬学生的优点，帮助他们克服弱点；在强调政治思想教育主要通过各科教学进行的同时，也要求教师注意教学中的思想性、政治性与科学性，但不要节外生枝，每节课都加上一个政治尾巴。此外，当时还认为，班主任对学生的政治思想教育负有很重要的责任，应该重视班主任的作用。

综观 1957 年以前时期，党和国家把德育看作社会主义全面发展教育的重要部分，提出德育三任务和以"五爱"教育为德育的基本内容，而不同时间的内容重点则根据当时的形势任务和学生的思想状况，有所侧重，基本做到了有的放矢。在方针上，旗帜鲜明地提出在学校里要巩固和加强工人阶级思想的阵地，批判资产阶级思想、封建思想、买办法西斯思想，符合当时的实际情况，基本方面是正确的。在实施德育的队伍和途径上，强调主要依靠通过课堂教学和课外活动进行，同时也重视班主任工作和团队活动，符合社会主义学校以教学为中心实施全面发展教育的客观规律。在德育原则、方法方面，强调根据学生特点坚持正面教育说服影响，反映了社会主义学校无产阶级思想政治教育的本质与特点，符合思想品德形成必须在提高认识、启发自觉、影响情感的基础上，实现由知到行转化的根本规律。另外，这一时期，正是我国教育界大学苏联的时期，凯洛夫《教育学》的"教育论"是广大教育工作者的必读教材，加里宁、马卡连柯、包德列夫等人关于思想品德教育的论著大量地介绍过来。但是，由于我党有优秀的思想政治工作的传统和领导学校思想政治教育的丰富经验，还有我国古代道德教育的遗产可以批判继承，所以，我认为，在指出新中国成立初期我国教育界在学习苏联问题上局部有过教条主义偏向时，不加具体分析地把德育也包括在内是不妥的。

不过，1957 年以前的德育，也存在着一些问题，有了"左"的萌芽。例如，在小生产犹似汪洋大海的我国，刚刚解放，就提出要在学生中彻底肃清资产阶级思想和封建主义思想，不能不说是对和这些思想进行斗争的长期性、艰巨性认识不足，患了急性病，并成为后来放松对封建思想的批判，以及进一步提出一些"左"倾口号的思想基础。

二、1957 年夏—1961 年

1957 年夏天，毛泽东同志针对当时一些青年学生的思想状况，提出要加强思想政治教育。他提出"思想政治工作，各个部门都要负责任。共产党应该管，青年团应该管，政府主管部门应该管，学校的校长教师更应该管"。毛主席还提出学校要培养有社会主义觉悟，有文化的劳动者的目标，明确地规定学校德育的任务是提高学生的社会主义觉悟。

为了加强学校思想政治教育，中共中央和国务院 1958 年《关于教育工作的指示》提出，要加强马列主义的政治理论课，对学生进行工人阶级观点、群众观点和集体观点、劳动观点、辩证唯物主义观点等四个基本观点的教育，以及加强班主任、共青团、少先队的工作。所有这些要求和措施，无疑符合全国人民要求造就革命后代，永远坚持我国社会主义道路的根本利益。

但是，众所周知，从 1957 年夏季起，在我们的工作中，"左"的倾向逐步发展，这种"左"的错误倾向，也影响到教育领域，尤其是学校德育。

首先，表现在对培养目标的解释上，有的文章实际上是偏重于把"劳动者"理解为体力劳动者。为此，要求学生在校期间，应该具有既能从事体力劳动又能从事脑力劳动的思想和技能，做到既是学生又是工人农民。加上当时关于知识分子劳动化，过左地理解为是要消灭知识分子头脑中的资产阶级思想，因此就把学生参加体力劳动，看成是实现培养目标，提高他们社会主义觉悟的主要途径。在这种思想的指导下，自然就要否定 1957 年以前提出的，关于思想政治教育主要依靠教师通过各科教学和各种课外活动进行的主张。譬如《人民教育》1958 年 7 月号评论《破除迷信，做好少年儿童的思想工作》一文，就指责这是在"'保证学校正常秩序'的借口下，紧紧地关起了学校的大门"，只靠书本来形成学生的思想、观点，从而"使儿童的校内生活和学校外面的沸腾的社会斗争、生产斗争脱节。结果使孩子们只想读书不想劳动，只想为个人前途努力，不想为社会主义奋斗。这样发展下去，就只能培养出一些资产阶级的少爷、小姐和脱离实际的书呆子"，认为"学校的正常秩序，应该是课堂学习、生产劳动、社会斗争这三者的恰当结合"。但事实上，所谓"恰当结合"，强调的是生产劳动和社会斗争。这一点可以从当时从中央到地方许多报刊文章，片面夸大劳动在全面发展教育中的作用，和实践中有明显的以劳代教的倾向，得到佐证。

诚然，不可否认，不少青少年学生通过下乡下厂劳动，参加社会斗争，思想上也有一定收获，有的至今印象很深。但是，我们也应该看到，这是以付出了降低文化科学知识学习的质量，损害红专统一，同时使学生在思想上受了"左"倾思想不同程度的影响这样过于沉重的代价换来的。而这种"左"倾影响的获得和当时对德育的任务和内容的理解有关，也与受"共产风"的影响有密切关系。1958年6月1日有一篇《培养儿童的共产主义精神》的文章说："应该培养他们成为有社会主义觉悟的、有文化的劳动者，培养他们成为敢想、敢说、敢做、敢于破除迷信、敢于革新创造、敢于坚持真理为真理冲锋陷阵、树立先进旗帜的人。为了这个伟大的目的，我们必须对少年儿童进行共产主义的教育。"联系当时的实际，这种"六敢"精神，确实包含着一种不顾客观条件、违背客观规律、片面夸大精神作用的盲目蛮干精神。按照这种精神去干，就表现为"共产风""浮夸风"。而"共产风"和"浮夸风"的实质，就是把小生产者绝对平均主义的乌托邦式的共产主义当作科学的共产主义。因此，根据这种精神去教育学生，不可避免地会使他们受到"左"倾思想的影响。另外，1958年提出进行四个基本观点教育，实际上就是马克思主义的辩证唯物主义和历史唯物主义世界观的教育，是非常必要的。但从当时和以后的实际看，主要是进行阶级斗争观点教育，同样也不可避免地使学生在思想上受到阶级斗争就是一切的影响。

既然学生社会主义觉悟的提高主要靠生产劳动和社会斗争，而当时的生产斗争和社会斗争都是以"大跃进"的群众运动的方式进行的，因此，群众运动也被当作学校德育的方法提出来。有些文章甚至批判所谓的"运动过时论"，主张对儿童和青少年进行思想政治教育时要搞"思想运动"。那么按照什么方针来开展思想教育运动呢？上述1958年6月1日那篇文章提出"破资产阶级思想，立无产阶级思想"，后来，又被发展为"兴无灭资"培养共产主义人生观。有的文章并且认为，"一切事物的发展都是对立面的统一和斗争，无产阶级辩证唯物主义的哲学就是斗争哲学，没有斗争就没有发展，没有胜利，没有一切"。虽然，这些言论并不都是只对中小学校的德育讲的，但是，它们同样对学校德育产生深刻影响。从此，中小学的德育也长时期置于"左"倾思想的影响之下。

总之，在这一时期党强调加强学校思想品德教育，提出了使学生有社会主义觉悟的任务，强调加强马列主义政治课和对学生进行马列主义基本观点教育等，都是非常必要的。可是，由于"左"倾错误的影响，在对于培养目标、德育任务、德育内容等的具体理解上存在着偏差，关于德育方针和途径的许多看法是"左"的，因此，这一时期在德育方面也和整个教育工作一样，既然主观上想走中国自己的社会主义办学道路，但不能真正分清什么是社会主义教育，什么是资本主义教育，把"一中心三为主"的教育规律也当资本主义的东西加以批判，把教育与生产劳动相结合简单地看成读书加上大量的体力劳动，甚至以劳代学，几乎全盘否定了新中国成立初期七八年来德育方面的许多正确主张和措施，违背了教育规律，出现了教育与生产劳动分离、红专割裂的倾向。

三、1962—1965 年

这一时期，我们鉴于 1958 年以来的教训，贯彻执行了"调整、巩固、充实、提高"的方针。在教育方面，对于 1958 年时期的错误也进行了不少纠正。这是一方面。而在另一方面，由于当时并没有从思想上对于"左"倾的错误进行彻底清算，加上对国内形势的估计发生了新的偏差，强调以阶级斗争为纲，阶级斗争要天天讲，月月讲，年年讲，因此 1957 年开始的某些"左"的错误又有了进一步发展。这种情况，在学校德育中也较明显。

从德育的任务和内容看，1961 年就恢复了三任务的提法，但与 1954 年提出的三任务不同，而且与 1961 年秋天前后的提法也不同。1961 年 7 月 28 日教育部《关于全日制中小学若干问题的意见（初稿）》提出："中小学思想政治教育的主要任务，是提高学生的社会主义觉悟，培养学生新的道德品德，调动学生学习的积极性，努力完成学习任务。"这样提符合社会主义教育目的要求，体现了以教学为主的思想。《意见》还规定，对小学生主要是进行"五爱"和努力学习、遵守纪律教育，中学还须进行四个基本观点教育。可是到了1963年，明确提出中小学教育的根本目的在于培养坚强的革命后代，德育的任务改成为培养学生的无产阶级立场，共产主义的道德品质和工人阶级世界观3个方面。德育的内容包括爱国主义和国际主义教育，"三面红旗"教育，社会主义和共产主义教育，阶级斗争和反对现代修正主义教育等4个方面。实际上还是以阶级斗争教育为主，而对于共产主义思想品德的基础内容"五爱"教育，比较忽视。

从德育的途径看，由于突出阶级斗争教育，强调革命接班人要在群众斗争的大风大浪中锻炼成长，仍然没有把各科教学和课外活动摆到应有位置，而是以社会为课堂，以阶级斗争为教材。

从德育的原则和方法看，一方面，主张说服引导，运用榜样影响，响应毛泽东同志"向雷锋同志学习"的号召，在中小学开展规模巨大的学雷锋运动，并且还主张把教育贯穿于孩子的日常生活和行动中去，往大处着眼，从小处入手；另一方面，又主张阶级斗争一抓就灵。同时，一方面，主张教师要热爱学生，要做到热爱学生、尊重学生和严格要求学生相结合；另一方面，又于1963年10月起到1964年的一年多时间内，《人民教育》发表了近30篇文章，批判"爱的教育"。

从思想理论上看，1964年错误地批判"智育第一"，1965年鼓吹突出政治，批判冯定同志关于红专关系和人生观的文章，也都必然对于学校的德育发生很大的冲击，致使旧"左"未肃，新"左"又生。

总之，我认为，如果说1962年至1965年是新中国成立后17年教育上的黄金时期的话，那么这主要是指智育和体育。在德育方面，这一时期却是正确和错误混杂时期。这种情况的产生主要是当时政治上的"左"倾在德育上的反映。例如，批判"爱的教育"是为了配合意识形态领域的阶级斗争，批"人性论"；批判所谓凯洛夫的"智育第一"，是为了反修；批判冯定同志的有关文章是为了批判所谓反对突出政治的折中主义。不过，应当指出，事实是最好的教员，群众是尊重事实的。由于1958年时期"左"的倾向所造成的损失人们记忆犹新，广大教育工作者和人民群众在内心上并不赞成教育上这一套违背教育规律的做法，因此，诸如批判"爱的教育"和"智育第一"，在当时还未给教育造成很大损失，只是到了十年动乱时期，这些"左"的做法被推到极端，继续大批所谓"爱的教育"和"智育第一"，才使祸害愈演愈烈。

综观17年之德育，我认为，主流是好的。在继承发扬民主革命时期我党思想政治工作优良传统的基础上，形成了自己的好传统。诸如坚持以共产主义的理想和道德从正确的方向上教育影响青少年学生（就是在以"左"倾思想影响学生的时候，主观上还以为是在对学生进行共产主义教育）；从大处着眼，小处入手；正面教育，说服诱导；热爱学生，精雕细刻；以教学为主，实施全面发展教育；以及德育的思想性，知识性、趣味性相结合，寓教育于教学和各种有益活动等。我们应该继承和发扬这些优良传统，不能因为17年中，尤其是1957年后曾有不少"左"的东西，否认学校德育的主流和好传统。一提传统的教育，就不加分析地加上一个"左"字，或者简单地斥之为"粗、大、空"，认为17年的一套都"过时了"，这不是实事求是的科学态度。但是，反过来，也不能因为肯定17年学校德育的主流和优良传统，而忽视"左"的教训，放松思想上彻底肃清"左"的影响。更不能一提1957年后教育上也有许多"左"的东西，就认为这是否定17年教育工作的伟大成就。这种片面观点只能掩盖教育战线曾经发生过的错误，不能真正捍卫和发扬17年我国教育当中的成就和优良传统。

（原载黑龙江教育科学研究所《教育科学资料（思想品德教育专辑）》1981年第2期）

爱国主义教育在学校教育中的地位与任务

一、爱国主义教育在学校教育中的地位

爱国主义教育在学校教育中的重要地位，首先表现在它能动员不同觉悟层次的师生，把思想和精力集中于为祖国四化而教和学上面，是推动学校搞好全面发展教育的巨大动力。同时，它也是学校德育的基本内容，对于建设学校的社会主义精神文明，提高学生的社会主义觉悟，培养他们的共产主义品德，成为社会主义共产主义新人，起着重大作用。

我们学校所要培养的社会主义共产主义新人，在思想上、政治上首先应当是一个社会主义的爱国主义者。这一方面是由人类社会发展的历史特点决定的；另一方面是由我国当代青少年的现状决定的。

众所周知，人类社会的发展，至今还是按地域划分为国家。人类社会发展的这种历史特点，规定了各国无产阶级要解放全人类，首先要解放自己的民族，改变自己祖国的面貌。在无产阶级这里，爱国主义和国际主义是统一的。同理，在我们社会主义祖国里，任何一个有理想、有抱负的革命青年，他首先应该是一个忠于社会主义祖国，为祖国进一步繁荣昌盛而奋斗的新型爱国者。

应该肯定，我国 20 世纪 80 年代的青少年，其主流是好的，是积极向上的，是完全可以信赖的。但也不可否认，他们确实存在不少弱点和问题。有的是他们的年龄特点和时代特点的表现，有的是精神污染的毒害所致。为了把这一代青少年学生培养成有理想、有道德、有文化、守纪律的社会主义新人，就需要对他们加强爱国主义教育，帮助他们抵制和清除资本主义腐朽没

落的思想和生活方式的污染，把他们培养成为新时期的爱国者。

我国的历史和现实都证明，由爱国主义到共产主义，是中国共产主义者成长的康庄大道。只要努力把广大青少年学生培养成社会主义的爱国主义者，就必定能够从他们中间培养出一批年轻的共产主义战士来。

我们时代，一个忠诚的彻底的爱国者，当他投身于争取民族解放、祖国独立的爱国主义运动之后，经过反复的探索，就不难发现：只有在科学共产主义的思想指导下，才能找到救国救民的真理，夺取救国救民斗争的胜利；只有中国共产党才是中国历史上最先进、最伟大的爱国政治集团，中国共产党人是最杰出、最忠诚的爱国者；只有社会主义才能救中国，才能发展中国。对祖国最深沉的爱和强烈的责任感，必然会推动他最终接受党的领导，接受共产主义，坚定地走社会主义道路。从现实看，在社会主义的中国，社会主义的爱国者，必然也是热爱党和社会主义制度的人。只要他们坚定不移地跟着党走社会主义道路，为实现历史赋予的三大任务而奋斗，就会乐于接受党的教育，逐步提高共产主义思想水平。近几年来，不少青少年学生在爱国主义思想教育下，逐步认识到个人的命运和祖国命运紧密相连，而祖国的锦绣前程又主要决定于我们永远坚持四项基本原则；只有在党的领导下，在马列主义毛泽东思想的指导下，为祖国的社会主义共产主义前途而奋斗，人生才真正有意义；只有确立共产主义世界观和人生观，才能为祖国作出最大贡献。他们主动靠拢党的组织，接受党的教育，努力学习马列主义毛泽东思想，自觉清理自己思想中的错误杂质，不断提高共产主义思想道德水平。这些青年的事例，也生动地说明从爱国主义到共产主义，是培养新一代共产主义战士的途径。

我们的共产主义接班人应当具有的各类品德是互相联系的。爱国主义思想，是形成其他各类品德的基本因素。

青少年的革命的社会政治理想应该是为祖国社会主义建设贡献力量，为共产主义奋斗，全心全意为祖国人民和世界人民服务。而建设社会主义祖国是为共产主义而奋斗的具体表现；为全世界人民服务，也主要应该通过全心全意为祖国人民服务来体现。热爱祖国、热爱党、热爱社会主义制度，是共产主义思想品德教育在社会主义阶段的主要要求，体现着共产主义思想品德在社会主义阶段的基本精神。所以，热爱祖国，热爱党、热爱社会主义制度就成为社会主义新人应该有的基本品德，以培养这些品德为主要任务的爱国主义教育，也成为共产主义思想品德教育的基础。

我国历史悠久，爱国主义教育题材丰富，而且在我国容易动员社会、家庭等各方面力量与学校配合一致。只要我们坚持进行爱国主义教育，一定能开创新时期学校德育的新局面。

二、学校爱国主义教育的任务

社会主义教育的任务，就是要培养受教育者具有共产主义的思想品德，成为有理想、有道德、有文化、守纪律的人。我们学校爱国主义教育的基本任务，无疑是要培养学生热爱祖国、热爱中国共产党、热爱社会主义制度和为祖国社会主义事业献身的爱国主义品德。要落实这一任务，就必须研究爱国主义教育的具体任务。讨论爱国主义教育的具体任务有两种办法：一是具体讨论各教育阶段爱国主义教育的具体要求；二是从分析上述需要培养的爱国主义品德入手，弄清各级学校爱国主义教育的共同的具体要求。本文运用的是第二种办法。

1. 提高学生的爱国主义认识

要帮助学生正确认识我们伟大的祖国。包括了解祖国的版图、人口、自然资源以及它的历史和现状。帮助学生了解祖国的历史，就要使他们了解我们祖国悠久的历史，灿烂的文化，优良的传统及其对人类的贡献；了解新中国成立前，特别是近百年来中华民族被侵略受压迫受奴役和求解放的历史；了解中国共产党领导全国人民为建立新中国而浴血奋斗的英雄历史；了解中国人民解放军的历史功勋。帮助学生了解社会主义祖国的现状，包括了解社会主义祖国的性质，经济、政治、法律、文化教育制度，新中国成立以来在内政外交各个方面取得的辉煌成就及其原因；了解把我国建设成为社会主义现代化强国的宏伟目标及其保证；了解新旧社会、社会主义和资本主义的根本区别。当然也应使学生了解祖国在前进中的困难，懂得这些困难的性质和克服办法。

要帮助学生正确认识中国共产党的领导、马列主义毛泽东思想的指导和社会主义道路同我国人民的关系。使学生懂得中国共产党的性质、纲领、指导思想，知道没有共产党就没有新中国，只有坚持党的领导才有中国社会主义现代化建设的新胜利；要帮助他们懂得"毛泽东思想过去是中国革命的旗帜，今后将永远是中国社会主义事业和反对霸权主义事业的旗帜"①，只有永远高举毛泽东思想的伟大旗帜，才能把中国人民的爱国主义运动不断推向前进；要引导他们懂得社会主义好，只有社会主义才能救中国。

要使学生认识自己与祖国的血肉关系和对祖国的义务。要让他们明白，几千年来中华儿女在祖国这块神圣的土地上，生存、繁衍、学习、劳动、战斗，自己是中华民族的后代。而在社会主义时代，社会主义国家代表各民族人民的利益，人民是国家的主人。要使学生懂得，我们祖国的灿烂文化、优秀传统，各民族的团结统一，是聪明、智慧、勤劳、勇敢的中华民族优秀儿女通过世世代代劳动、战斗创造的。古往今来，无数爱国志士为祖国献出了自己的宝贵生命。尤其是中国共产党领导全国人民英勇奋斗，建立了美好的社会主义江山，根本改变了祖国的旧面貌，为各族人民开辟了民主、自由、文明、幸福的源泉。作为社会主义祖国的儿女，对祖国应负的道德义务就是自觉地为实现我国新时期的三大任务而奋斗。

此外，爱国主义教育还应根据这些认识，引导学生去分辨是非、善恶、美丑、荣辱、好坏，评价个人和他人的言行，确定自己对祖国的正确态度，选择正确的行为模式，提高运用爱国主义思想进行评价、判断的能力。

2. 培养学生的爱国主义情感

要使学生树立强烈的民族自尊心和自豪感。许多事实说明，民族自尊心和自豪感，是健康的民族意识的集中表现，也是激励人们热爱祖国、维护民族独立和国格、人格不受污辱的重要内因。

要培养学生对社会主义祖国、对中国共产党深沉执着的爱，对反对中国共产党，敌视社会主义祖国的反动派的极端仇恨。这种爱憎分明的感情，也是无产阶级感情的重要内容。

要培养学生对自己祖国的高度的主人翁责任感。道德责任感是道德情感

---

① 邓小平. 坚持四项基本原则 [M]// 邓小平文选：第 2 卷. 北京：人民出版社，1993：158.

的核心，它激励人们自觉履行自己的道德义务。没有道德责任感的人既不会真正自觉履行自己的义务，也不会自觉地对自己的行为承担任何责任。在深刻理解自己对祖国应尽义务的基础上产生的对祖国的主人翁责任感，主要表现为对建设祖国、保卫祖国的道德义务的深厚感情和高度的自觉性。它是新中国公民道德责任感的主要内容，也是衡量人们是不是一个忠诚的祖国儿女的重要标志。

毛泽东同志历来重视培养青少年儿童对祖国的主人翁责任感。远在新中国成立以前，他就题词号召："儿童团结起来，学习做新中国的新主人。"今天，我们更应该重视培养他们对自己祖国的主人翁责任感。

3. 培养学生的爱国主义信念

要使他们逐步树立坚定的民族自信心，坚信自己的民族有着伟大的创造力，充满必胜的信念。这也是毛泽东同志一贯提倡和身体力行的。我们有党的正确领导，有马列主义毛泽东思想指导，有优越的社会主义制度作保证，有聪明、勤劳、勇敢、团结一致的亿万人民群众，一定能实现社会主义现代化建设的宏伟目标。

要使学生逐步树立社会主义必定要战胜资本主义的信念。社会主义制度终究要代替资本主义制度，这是一个不以人们的意志为转移的客观规律。青少年学生只有深刻认识这一规律，树立社会主义必胜的信念，才能不被资本主义的表面繁华所迷惑，认清"社会主义异化论"的性质和危害，坚定不移地走社会主义道路，真正成为社会主义的爱国主义者。

4. 培养学生的爱国主义意志

要逐步培养学生具有高尚的民族气节，具有战胜困难，为实现新时期总任务而奋斗的坚强意志。

目前我们的祖国还比较贫穷，物质生活条件在许多方面还不及发达资本主义国家，同时，建设两个文明，将要遇到的困难不会比战争年代少。如何对待这些问题，检验着每一个人的思想情操和革命意志。我们的爱国主义教育应重视培养学生具有中国人的骨气，虽然祖国暂时还比较穷，但决不能动摇赤子之心。教育学生树雄心，立大志，志在四化，志在四方，志在振兴中华。针对当前相当多的学生存在"娇、骄"二气的弱点，爱国主义教育应通过多种形式，培养他们克服困难报效祖国的革命意志。

5. 培养学生的爱国主义行为习惯

重点是要培养学生为实现新时期三大任务而献身的实际行动。要使学生把平时的学习和建设祖国保卫祖国的崇高使命联系起来，为振兴中华而努力学习，争取三好，把学习和参加两个文明建设结合起来；要使学生能够在祖国利益和个人利益发生矛盾冲突的时候，坚持社会主义祖国利益高于一切，自觉地将个人利益服从祖国利益；要使学生能够坚持正义，英勇对敌，敢于和一切违背祖国利益、损害祖国荣誉和尊严的言行做斗争，勇于和一切反对党、反对社会主义、危害祖国的敌人做斗争。

毛泽东同志说："要使全体青年们懂得，我们的国家现在还是一个很穷的国家，并且不可能在短时间内根本改变这种状态，全靠青年和全体人民在几十年时间内，团结奋斗，用自己的双手创造出一个富强的国家。社会主义制度的建立给我们开辟了一条到达理想境界的道路，而理想境界的实现还要靠我们的辛勤劳动。"（《关于正确处理人民内部矛盾的问题》）"为有牺牲多壮志，敢教日月换新天。"过去，为了祖国的新生和社会主义、共产主义的伟大前程，毛主席无私地贡献了自己的毕生精力和六位亲人，许多老一辈革命家鞠躬尽瘁，死而后已。正是由于千百万无产阶级战士和爱国主义者的共同奋斗和英勇献身，换来了新中国和社会主义事业的巨大成就。今后，也只有靠全体人民和青年振奋精神，奋斗不息，才能把我国建设成为现代化的社会主义强国。我们要把培养学生具有为祖国献身的行为习惯作为教育的落脚点，逐步引导学生把一生献给祖国伟大、壮丽的社会主义事业。

以上是社会主义爱国主义教育的主要任务，它们之间是互相联系的。从大的方面说，爱国主义的认识为学生提供正确的指导思想、修养标准、评价标准、行为标准，并且发展他们有关的评价判断能力，是爱国行为的先导和爱国主义情感、意志、信念形成的必要条件。爱国主义的情感，是形成爱国主义信念的重要条件和爱国主义行为的内驱力，"没有'人的感情'就从来没有，也不可能有对真理的追求"。（列宁语）同样，如果没有爱国之情，就不可能立报国之志，成报国之才，有报国之行。爱国主义信念是爱国主义品德的核心，是人们为祖国英勇奋斗忘我献身的最强精神支柱。爱国主义行为习惯，是爱国主义品德的外部表现，它促进爱国主义认识、情感和信念的形成、扩大、加深和巩固。而爱国主义的意志，则是爱国主义行动得以实现的内部保证，同时也在行动中受到锤炼。所以，要坚持爱国主义教育的全面性，通过各种有效途径和方法，从各个角度全面培养受教育者的爱国主义品德，努力争取经过长期积累，循序渐进地全面地落实上述任务。

同时，由于各种共产主义思想品德是互相联系、互相渗透、互相作用的。爱国主义品德是形成其他品德的基础；而学生爱国主义品德的形成，又依赖于其他品德培养。爱国主义教育不能孤立进行，尤其与马克思主义世界观教育、革命人生观和革命理想教育和集体主义教育的关系更为密切。所以，我们在进行爱国主义教育时，要坚持各种思想教育的同步性。

另外，进行爱国主义教育，是抵制资产阶级思想的重要方面，我们要以马列主义、毛泽东思想为指导，把爱国主义教育做得更有成效。

（原载《教育研究》1984 年第 5 期）

论现阶段德育工作的导向

当前的社会风尚不能令人满意，已经引起了广大群众的关注和忧虑；而学校德育工作的削弱，学生思想品德水平之下降，业已成为教育工作中特别严峻而尖锐的问题之一。笔者愿意把自己所思考的几个有关德育工作导向的问题整理出来，以求教于同志们。

一、在确立教育重要地位的同时，应科学地认识德育的价值

党的十一届三中全会以来，我们党和政府反复强调要加强和改善德育，教育行政部门也为此采取了许多措施。但是，令人遗憾的是，直到今天，不仅德育的应有地位仍然没有真正地被确立，相反却有所削弱，这究竟是为什么呢？

一种意见认为，这是由于教育思想不端正，在我国教育界内外，普遍存在重智轻德的思想；第二种意见认为，这是由于德育要求和内容仍缺乏层次性，脱离实际所致；第三种意见认为，这是由于在深化改革、新旧交替的时期，许多教育工作者的素质不能适应新形势下的德育所造成的；还有一种意见认为，在教育系统内部，德育工作者的待遇太低，难以调动广大教师从事德育工作的积极性。

笔者认为，上述意见都是有道理的。但要真正把德育摆到应有的重要位置上来，首先要解决一个大前提，这就是要把教育真正摆到应有的重要位置上来，把全社会的思想道德建设真正摆到重要的位置上来。党的十二大提出，要把教育作为我国社会主义现代化建设事业的战略重点；党的十三大进一步指出，百年大计，教育为本。要求把我们的社会主义建设转到依靠科技进步

和提高劳动者素质的轨道上来。这是继十一届三中全会实现我党工作的着重点转移之后，在社会主义建设内部的又一次着重点转移。如果真正按照十三大的精神办，我们在安排各项事业计划的时候，应该把教育放在第一位；在经费安排上应该首先保证教育事业的需要，然后再来考虑其他方面。要有宁可压缩其他方面的建设规模，放慢其他方面的建设速度，也要保证教育事业的决心、气魄和远见。可是，我们许多干部仍极其缺乏现代教育意识，虽然中央的话他们也常挂在口头上，可惜说归说、做归做。整个教育的地位问题没有真正解决，德育的真正地位又从何谈起呢？同时，学校德育是全社会的社会主义、共产主义道德建设的组成部分，放松了全社会的以马列主义为指导的道德建设，无疑也会影响学校德育的地位。

其次，要科学地认识德育的作用，确立正确的德育价值观。德育的地位，取决于德育的作用；科学地认识德育的作用，才能确立正确的德育价值观。全社会，尤其是全体教育工作者在思想上牢固地树立了正确的德育价值观，才有可能在实践上真正把德育摆到应有的重要地位上来。科学地认识德育的作用，一般应该注意以下两点：第一，必须实事求是地肯定年轻一代是民族和国家的未来，他们的总体政治态度、思想面貌、道德水准，将在极大的程度上决定民族和国家的发展方向、社会性质和精神文明的状况，也给予社会经济建设以巨大影响，这是谁也否认不了的事实。年长的一代，如果想把自己的事业继续下去，发扬光大，就必须在教育培养年轻一代，尤其是在提高他们的政治思想道德水平上下功夫，把对年轻一代的政治思想道德教育，作为全民思想道德建设的重点。第二，必须承认，一个人的儿童青少年时代，不仅是他们长知识、长身体的时期，更重要的还是他们形成思想品德、人生观、世界观和政治态度的最佳时期或关键时期。大量的观察、调查材料表明，儿童少年时期养成的道德品质和行为习惯，终生起作用；年轻时代思想上和政治上表现比较好的，今后在一般情况下大多数人会表现得比较好。所以，应该抓紧抓好新一代的思想品德教育，教育他们正确做人。学校教育应该着眼于育人，基础教育主要应该为年轻一代成为社会的好公民、好建设者打好政治思想道德基础。鉴于九年制义务教育在我国将逐步实行，今后广大儿童和青少年都要接受九年制义务教育，对年轻一代政治思想道德教育的重点，理所当然地应该放在校内。

与此相关，根据十一届三中全会以后我国德育的理论和实践，为了树立正确的德育价值观，还需要在思想理论上正确认识一些关系，澄清一些模糊观念。这些关系包括：（1）物质生活水平和精神面貌的关系，或经济建设和思想道德建设的关系。有一种看法认为，仓廪足知礼义，衣食丰讲廉耻。生产发展了，人们物质生活水平提高了，思想品德面貌自然而然会提高。这种看法，忽略了"穷且益坚，不坠青云之志"和"富贵思淫乐"等事实；否认了人们的思想道德面貌和由此决定的社会风尚，是社会生产顺利进行的条件，劳动者的思想品德是劳动力有机构成中不可缺少的因素，直接影响着生产的发展等为实践证明了的真理，从而陷入了自发论和机械论。正是由于这种思想的影响，社会上忽视了社会主义精神文明建设，学校内忽视了德育工作。我们应该引以为戒。（2）知识与品德的关系。有的人认为办学校就是让孩子读书，书读得多自然会懂道理，德育是多余的。我们不否认许多反映客观真理的知识是形成人们良好品德的元素，但是又必须同时指出，学得了某种知识，并不等于具备了某种品德。因为，人们掌握知识主要依赖于认识过程；而人们品德的形成，不但要掌握有关的知识，更重要的还应把这种知识内化为自己的观点、信念，并真正成为行动的指导。这种"内化"和"外现"过程，都是在人们的道德实践过程中进行的，除了有认识过程的参与之外，还必须有情感过程和意志过程的共同参与，并且要反复强化。同时，作为人们品德的要素，除了有品德认识（即内化了的知识）之外，还包括品德情感、品德意志、品德行为习惯和品德信念。在任何一种完美的品德中，这五者互相联系，互相作用，缺一不可。任何企图以掌握知识过程的规律来代替品德形成过程的规律，以品德的一种构成要素的原始材料来替代整个品德的做法，在理论上是不科学的，在教育工作实践上是非常有害的。

二、社会主义初级阶段学校德育属于社会主义、共产主义思想道德教育体系

要改革和加强学校德育，真正取得实效，应该弄清当前我国德育的性质，

并据此采取有效的措施。不能科学地认识当前我国德育的性质，就难以正确地规定德育的任务、内容和方法，自然也不可能真正把德育工作做好。

有的同志认为，在社会主义初级阶段，我国学校德育姓"社"名"初"，有的同志强调，在社会主义初级阶段，学校德育具有"初级性"。他们都把社会主义初级阶段的德育，理解为初级的社会主义德育。

那么，什么是这些同志所理解的姓"社"名"初"呢？主张姓"社"名"初"的同志强调，初级阶段的精神文明，只能是初级程度的精神文明，主张德育工作只能对学生进行初级程度的精神文明教育。有的同志甚至提出，早晨教师匆匆忙忙从家中出来，挤上拥挤不堪的公共汽车，又匆匆忙忙地赶到学校里对学生进行理想教育，这种理想教育太不理想。按照这种观点，在生产落后，人们物质生活水平较低的社会主义初级阶段，不应该对年轻一代进行革命理想教育，也不能对学生提出较高的思想道德要求，否则就是超越阶段，违背"社会存在决定社会意识"的原理，违背了社会主义初级阶段生产力和生产关系的不成熟性决定了学校德育的初级性规律。大家知道，我国现阶段的主要矛盾是人民日益增长的物质文化需要同落后的社会生产之间的矛盾。笔者认为，正是这一主要矛盾，尤其是社会生产力的落后，决定了我们今天仍然远远没有超出社会主义的初级阶段。但是，不能因为生产力落后就认为我们的德育只能是初级的社会主义德育。因为，在生产力水平低的条件下建设有中国特色的社会主义，尤其必须依靠全民奋起、艰苦创业，要求以马克思主义为指导，努力建设社会主义精神文明，努力形成有利于现代化建设和改革开放的理论指导、舆论力量、价值观念、文化环境，努力克服小生产的习惯势力，抵制封建主义和资本主义的腐朽思想，振奋起全国各族人民和青年献身于现代化事业的巨大热情和创造精神。并且应从年轻一代中培养出新一代共产主义者，作为今后我们事业的中流砥柱。这就说明，实现初级阶段的目标，对于社会和学校精神文明建设的要求更高了，而不是降低了。而要提高全国人民和青少年的思想道德水准，是相当不容易的。在这个过程中不可避免地会遇到封建主义、资本主义腐朽思想、历史遗留下来的半殖民地奴化思想、其他落后习俗和发展商品经济过程中不可避免地会出现的某些消极现象的阻碍和侵袭。我们的学校应通过卓有成效的工作，努力巩固和加强社会主义的思想道德阵地，提高广大青少年以至整个民族的思想道德素质，推动整个社会主义事业不断向前发展。由此可见，从对现阶段我国整个社会和思想道德领域的主要矛盾的分析出发，我们都只能得出现阶段我国学校德育属于社会主义、共产主义思想道德教育体系的结论，得不出"初级性"之类的结论。

同时，我以为把现阶段我国学校德育的性质规定为"初级的社会主义德育"，也不符合我国的现代革命史和社会主义初级阶段的地位。毛泽东在其名著《新民主主义论》中指出："在现在，新民主主义，在将来，社会主义，这是有机构成的两部分，而为整个共产主义思想体系所指导的。"他还说："当作国民文化的方针来说，居于指导地位的是共产主义的思想，并且我们应当努力在工人阶级中宣传社会主义和共产主义，并适当地有步骤地用社会主义教育农民及其他群众。"那时，正是由于在中国共产党的领导下，既坚持共产主义的宣传教育，又坚持新民主主义的行动纲领和方针政策，才造就了一代中华民族的优秀分子，团结大多数人沿着正确方向，百折不挠，夺取了新民主主义革命的胜利。如果认为今天的德育才是初级的社会主义德育，只能对学生进行初级文明的教育，那么当时在苏区和抗日根据地对青少年儿童进行共产主义精神的教育岂不是荒唐了吗？

社会主义初级阶段，是社会主义的一个部分，是共产主义运动发展中的一个阶段，这个阶段必定要向更高的阶段发展。一切生活在初级阶段的有理想有觉悟的人们，都应把推动这个阶段向更高阶段健康发展作为自己的责任。而要改变社会主义初级阶段生产落后的状况，逐步战胜社会主义初级阶段意识形态领域中那些腐朽落后的东西，逐步巩固和完善社会主义的上层建筑和经济基础，就要坚持党在社会主义初级阶段的基本路线，就要有一大批先进分子和广大社会主义好公民在党的领导下为之奋斗。所以，在实行"按劳分配"政策的社会主义初级阶段，必须坚持学校德育的社会主义、共产主义性质，以"五爱"为基本内容，从社会主义初级阶段的国情和学生的实际出发，改革和加强中小学德育，努力把全体学生逐步培养成为爱社会主义祖国的、具有社会公德与文明行为习惯的、遵纪守法的社会主义好公民。并且还应在此基础上，引导他们逐步确立科学世界观以及正确的人生观，不断提高社会主义觉悟，使他们中的优秀分子，将来成长为坚定的共产主义者。

笔者认为，抛开全民奋起，艰苦创业，振兴中华，建设有中国特色的社会主义，谈论社会主义初级阶段，等于没有抓住问题的本质；讨论德育的性质、任务、内容，也难免不发生偏颇。

三、优良传统教育是德育工作的重要组成部分

我国的教育，尤其是学校教育，历来重视对学生进行优良传统的教育，并且积累了丰富经验。《全日制小学思想品德课教学大纲》强调要对学生进行中华民族优秀传统和中国革命传统教育，这是非常必要的。

但是，也有人认为"自从 1840 年以来，总有人用古代的荣耀和伟大，来掩饰近代的贫弱和落后。在近百年的现实痛苦中，好像总需要有一副古老而悠久的安魂剂聊以自慰。从每次震惊世界的考古发现中，似乎总能获得一次安慰。"他们认为："旧文明的沉渣已经像淤积在黄河河道里的泥沙一样，积淀在我们民族的血管里，它需要一场大洪峰的冲刷。"在教育界，也有的同志错误地认为，要 80 年代的青少年儿童学习雷锋，不符合当前形势；对小学生讲"谁知盘中餐粒粒皆辛苦"，不符合时代精神。

笔者认为，否定传统，就是割断连续发展的历史。否定中华民族的传统就是否定中华民族；否定中国共产党领导中国人民进行革命的光荣传统，也就是否定我国的现代史，否定中国共产党的领导；我们这一代人的责任，就是要继承和发扬中华民族的优良传统，继承和发扬中国革命的优秀传统，在现实的条件下，努力建设具有中国特色的社会主义。

要在继承优良传统的基础上开拓创新，就必须坚持对青少年儿童进行两个优良传统的教育。过去如此，目前如此，今后也应如此。如果以往我们学校德育在进行优良传统教育过程中存在这样那样缺点的话，问题并不在于它重视优良传统教育，问题恰恰在于没有认真研究怎样正确地对学生进行两个优良传统教育。在相当长的一段时间中，不少学校在进行传统教育时，往往受"左"的影响，甚至把革命传统教育也纳入了以阶级斗争为纲的轨道；传统教育离不开榜样教育，但是，有些学校进行榜样教育时，主要是引导学生机

械模仿榜样人物的行为，忽视了引导学生联系实际学习榜样人物的先进思想和精神；另外，在少数情况下把不是优良传统也当优良传统进行教育，而且在榜样教育中引导学生继承发展开拓创新方面往往显得不足。这些缺点要克服，两个传统教育要结合实际坚持下去，努力创新发展，切莫把孩子和脏水一起倒掉。

四、正确认识德育工作中的"大气候"与"小气候"的关系

我们不少同志总爱说"小气候"斗不过"大气候"，因此对于搞好学校德育缺乏信心。马克思主义认为，人的本质就其现实性来说是一切社会关系的总和。而社会关系对人的思想品德的影响，总是通过我们通常所说的包括社会、家庭、学校在内的社会环境来实现的。由于我们现在讨论的是学校教育，所以这里讲的环境主要是指包括家庭在内的、孩子们生活于其中的社会环境。这种社会环境包括有形与无形、物质与精神、宏观与微观，也包括人化了的自然。人们在实践中，能动地作用于社会环境，也接受社会环境的巨大影响，这就是我们许多人平时所说的"大气候"的作用。

毋庸否认，由于我们的社会主义经济制度还不成熟完善，商品经济和国内市场还不发达，资本主义、封建主义等腐朽思想的影响还很大，当前经济环境与经济秩序中还存在许多不尽如人意的地方，党风和社会风气方面的问题还相当突出。因而改革开放，发展社会主义商品经济，给德育带来有利条件和机会不易被人们所感受（当然也有人们头脑中轻商卑利观念作用问题），而消极影响倒是经常碰到。教师苦口婆心，还不及家庭里父母一句话，社会上小小一阵风！因此，有的同志叹息："小气候胜不过大气候"，事业心强的同志则要求净化社会环境。

其实，"大气候"对学校德育的影响并不都是消极的，而且可以说主要不是消极的。我们应该充分认识和运用"大气候"给我们提供的有利条件。这些有利条件，主要表现在：党和政府历来关心年轻一代的健康成长，最近几年来，已经发布了许多指示和决定，可以相信今后党和国家将会更加重视儿童青少年的德育，采取更切实有效的措施，保证学校德育工作的改革和建设沿

着正确方向健康发展；在我们党内和社会上，有许多为建设社会主义祖国、保卫社会主义祖国，忘我劳动、英勇奋斗、品德高尚、为人楷模的同志，他们的先进事迹和思想，是对儿童青少年进行教育的生动教材，是我们在新形势下搞好榜样教育的有利条件，只要我们热情地发现这些先进材料，充分运用这些先进材料，一定可以收到良好的教育效果；在社会各行各业中，有大量关心青少年健康成长，善于做年轻一代思想教育工作的同志，只要我们认真地把他们组织起来，形成一支校外青少年教育队伍，使其和学校专门教育工作者队伍密切配合，就能够逐步地使"大气候"和"小气候"对年轻一代的影响协调一致起来。另外，还应该看到，今后社会主义商品经济的健康发展和民主法治建设的推进，也将对我们的学校德育提出新的课题，为学校德育提供有利的条件和机会，我们不应忽略这一事实。

说到"小气候"本身，重要的是要充分认识学校德育的作用，克服无所作为的思想。如果每位校长、每位老师都能进一步振奋精神，真正把全国大多数中小学建设成为思想道德建设的强大阵地，其社会作用和育人作用当是不可估量的。而且，许多事实已经说明，只要教育者充分发挥自觉能动性，并争取各方协作，"小气候"是可以大有作为的。

当然，教育者的素质是十分重要的。全国成千上万的优秀班主任、优秀共青团干部和优秀少先队辅导员，他们的成功，首先决定于他们的素质。为了提高德育工作者的素质，当务之急是要加强对青年德育工作者的培养和提高。在中师应该开设儿童德育课，加强班主任工作的见习和实习；在高师应当开设中学生思想道德教育和中学班主任等课程，让学生在学习期间就到附小附中去做中小学生的德育工作。凡是不愿当班主任，不具备从事德育工作起码知识技能的师范生，不应让其毕业。对于年轻教师，要教育他们热爱德育工作，要求他们做好德育工作，在教师集体中逐渐形成做好德育工作光荣的舆论。

"小气候"要有所作为，还应重视德育科学研究，加强德育科学实验。浙江省教育科学研究所和浙江省中小学德育研究会，已组织小学生爱国主义情感培养和小学生良好个性品质培养的实验，开展中学德育大纲和小学德育纲要可行性的试验研究，并已取得初步成果。笔者期望今后有更多的德育实验典型在全国出现，使学校德育工作逐步实现科学化，不断提高其效率和效益。

（原载《教育评论》1989 年第 4 期，《光明日报》于同年 10 月 18 日以《科学认识德育作用》为题摘要转载）

论民族气节教育

一

民族气节，属于气节的一个方面，指的是人们在处理民族或国家的各种外部关系上表现出来的道德上政治上的坚定性和坚持性。人们不甘侮辱，不受利诱，不怕威胁，不屈高压，不怕孤立，面对强敌，英勇斗争，争取民族解放，维护民族尊严和祖国荣誉，捍卫祖国的独立主权和领土完整，所有这些，都是民族气节。

历史雄辩地证明，中国的历史，就是中华民族的民族气节不断发扬光大的历史。民族气节，是中华民族的精神脊梁，是中国人民爱国精神的核心，是中华民族优良传统的重要内容，是社会主义共产主义教育体系的有机组成部分，只要我们坚持社会主义共产主义教育，就必然应该进行民族气节教育，引导年轻一代弘扬中华民族的伟大气节。

对青少年进行民族气节教育，应服从于造就社会主义接班人和建设者的教育目的。它的主要任务是教育他们不管在何时何地都不忘自己是中国人；深深热爱自己的祖国，并有强烈的民族自尊心和自豪感；把自己的命运和民族的命运紧紧联系起来，以振兴中华维护祖国的利益为己任，有高度的民族责任感；不畏强暴，不怕困难，不受利诱，保卫民族尊严与祖国利益，为祖国争光，为民族争气，有坚强的意志和高尚的节操；为了祖国的独立和尊严，甘愿牺牲自己的利益以至生命，有勇敢的献身精神。

二

为了培养这些品德，着重对他们进行下述几个方面的教育是很必要的。

（一）以中华儿女坚持民族气节的优秀事迹和崇高精神教育年轻一代

据有关资料记载，文天祥在少年时代就崇敬本地先贤欧阳修和胡铨（南宋爱国者，始终反对议和，曾上疏请杀秦桧、王伦等），以他们为榜样；葛云飞从小对抗金英雄岳飞等非常敬仰，写成《名将录》，鞭策自己继承和发扬他们的爱国精神，长大了做一个英勇善战、正直无畏的将领；被誉为用特殊材料做成的抗日英雄杨靖宇将军，同样从小崇敬岳飞，常常表露出要做保卫祖国的"新民族英雄"的远大抱负……大量的事实表明，从小受先辈民族英雄精神的熏陶，对先辈民族英雄和爱国志士无限仰慕，并以他们为榜样立身处世，是历代民族英雄和爱国主义者成长的重要规律。对当今的年轻一代进行民族气节教育，也要有计划有系统地大力宣传从古到今中华儿女坚持民族气节的感人事迹，引导青少年儿童学习他们的高贵品质，指导他们在新的历史条件下，以实际行动继承和发扬民族气节。

中华民族是优秀的民族，中国人民是有骨气的人民。在我国的历史上，特别是近代以来，曾经出现过无数具有高尚民族气节的英雄和志士，在改革开放的新形势下，各地又涌现了大量自觉维护祖国尊严，坚持祖国荣誉高于一切的先进人物和先进事迹，谱写了坚持民族气节的新篇章。所有这些，都是对年轻一代进行民族气节教育的生动教材。当然，为了认真搞好对年轻一代的民族气节教育，还应该进一步开发民族气节教育的丰富资源。

（二）用中华民族先贤有关气节的名句、格言和诗词教育年轻一代

1279 年正月，文天祥在广东海丰北部被元军俘获后押过珠江口外零丁洋时，曾作《过零丁洋》一首，诗云："辛苦遭逢起一经，干戈寥落四周星。山河破碎风飘絮，身世浮沉雨打萍。惶恐滩头说惶恐，零丁洋里叹零丁。人生自古谁无死，留取丹心照汗青。"反映了文天祥高尚的民族气节。后来的多少中华儿女，正是在这种浩然正气的激励之下，为祖国献出了自己的青春和生命。戊戌维新先烈谭嗣同的"我自横刀向天笑，去留肝胆两昆仑"（《狱中题壁》），伟大共产主义战士夏明翰的"砍头不要紧，只要主义真。杀了夏明翰，自有后

来人"，就是中华优秀儿女在不同时代续写的正气歌。即使在今天改革开放的时代，其精神对年轻一代也会有教益。所有这些都说明，我国先贤有关气节的名句、格言和诗词应该成为我们对年轻一代进行民族气节教育的内容。

中华民族，向有崇尚气节的传统。远在上古，就有"圣达节，次守节，下失节"的讲法（见《左传·成公十五年》）。至于孔孟及其以后历代政治家、思想家和各种文人学士，论及气节的语言可以说不计其数。其中孟子的"富贵不能淫、贫贱不能移，威武不能屈"（《孟子·滕文公下》），司马迁的"人固有一死，死有重于泰山，或轻于鸿毛"（《报任少卿书》）等，已经广为传播，教育了无数后世志人仁人。虽然，我国古人提倡气节的目的和气节的实际内涵，难免有时代和阶级的局限，而且确实也夹杂着一些明显的糟粕，譬如北宋理学家程颐的"饿死事极小，失节事极大"，就是束缚妇女的精神枷锁。但是，历史证明，关于气节论述的精华，已经随着历史的发展而变化发展，逐渐被我国人民所吸收，崇尚气节已经成为我们民族优秀的道德传统，成为推动中华民族战胜敌人、维护统一、克服困难、进取创造、生存发展的巨大精神力量。今后，只要我们以马列主义毛泽东思想为指导，坚持社会主义方向，坚持社会主义的培养目标，坚持古为今用，它们仍然可以在对年轻一代的民族气节教育中发挥积极作用。

（三）以中国人民褒扬民族英雄，尊敬爱国志士的感情教育年轻一代

历史是无情的，人民是公正的。中国人民历来是忠奸明辨，爱憎分明。对于民族英雄、爱国志士等一切为祖国作出重大贡献的人们，或建祠，或立庙，或树碑立传，或确定纪念日，运用各种方式加以纪念，竭力褒扬他们的精神。对于那些屈膝投降出卖祖国的民族败类，则无比痛恨，无情批判，将他们永远钉在历史的耻辱柱上。没有感情，就不会有对真理的执着追求。同样，不从情感上深深热爱和敬佩民族英雄、爱国志士，极端鄙弃和痛恨投降派、卖国贼，就不可能真正成为有崇高民族气节的人。所以，用中国人民对民族英雄和卖国贼的爱憎分明的感情，从小教育新一代社会主义公民是非常必要的。孟子说过，人不可以无耻。失去了羞耻之心的人，是不可救药的人。在教育中要特别注意揭露民族败类的丑恶嘴脸和无耻行径，帮助青少年儿童树立卖国投降极端可耻的观念。

（四）要重视中国近代史和当前国内外形势的教育

哪里有压迫，哪里就有反抗。自鸦片战争开始，帝国主义的侵略宰割把中国推向濒临灭亡的边缘，中华儿女奋起反抗，造就我国近现代史上无数民族英雄和革命志士。而在以经济建设为中心建设社会主义的今天，我们仍应警惕帝国主义和一切国际反动势力亡我之心不死，决不能淡化民族意识。"物耻足以振之，国耻足以兴之。"（《礼记·哀公问》）在新时期对年轻一代进行民族气节教育应该紧紧把握这一点，坚持不懈地对年轻一代进行我国近代史和当前国内外形势的教育，特别要重视帝国主义侵华史的教育，使他们永远不忘国耻，激励他们用搞好两个文明建设的实际行动，为祖国争气，保证我们祖国在未来激烈的国际竞争和斗争中立于不败之地。

（五）要重视民族责任感教育

大量的事实表明，民族责任感是民族气节的支点。目前我国许多群众和青少年的民族责任感普遍淡薄，这是真正值得忧虑的事情。我们的学校在对学生进行民族气节教育的时候，应该强化对他们的民族责任感教育，使他们明白自己在 21 世纪进一步振兴中华捍卫祖国利益的艰巨使命，从小引导他们做力所能及地履行社会责任的事，长大了自觉为实现自己的历史责任而贡献青春。

三

对年轻一代进行民族气节教育，不但要选准内容，还应该根据他们的身心特点、思想状况和社会实际，通过各种有效途径，运用灵活多样的方法，做到既有系统性，又有针对性，努力提高教育的实效。

（一）要充分发挥课堂教学在民族气节教育中的主渠道作用

现行中小学教材，有许多可以进行民族气节教育的内容，人文学科自然不必细说，即使自然科学学科也有许多可以结合进行教育之处。我国的自然科学家中有许多具有高尚民族气节的人，应该结合教学，向学生宣传他们的人格。这里的关键问题是，我们的老师是不是真正把德育放在首位，把完成德育任务作为教学的重要任务。同时，也有一个怎样进行教育的问题。笔者认为，在解决了要不要在课堂教学中进行民族气节教育这个大前提之后，接下来的一个重要问题便是教育者自身是不是有爱憎分明的感情，能不能激发学生的感情。情感培养的重要方法之一，就是用情感来诱导和激发情感。如果教师自身不热爱尊敬坚持崇高民族气节的优秀人物，鄙视仇恨一切出卖祖国利益的丑类，很难收到培养学生这方面憎爱分明感情的效果。

（二）要通过课外读书活动进行教育

虽然，教材中含有许多进行民族气节教育的内容，但是鉴于教材的容量有限和教学的多方面任务，毕竟不可能把具有民族气节的杰出人物的思想和事迹都包罗进去。而且，人们都有这样的经验，听人讲和自己读的效果是不全相同的。自己读，读的次数、速度可以由自己掌握，通过自己的思考来领会书的精神，有时候受到的影响特别深。所以，通过课外读书活动对学生进行民族气节教育的工作，一定要抓紧抓好。近一年多来，由于党中央大力加强思想政治工作，狠抓社会主义精神文明建设，出版物的情况大有改观，向青少年儿童提供了许多爱国主义教育读物，学校应该抓住有利时机，切实指导好学生的课外阅读，让它在民族气节教育中发挥应有作用。

关于课外阅读材料，还要重视乡土读物的编写。乡土的东西与人们的联系特别紧密，不但使人感到具体，而且使人感到特别可亲。用乡土的材料对人们进行教育，可能收到好的效果。应该把编写这方面的乡土读物，作为开发民族气节教育资源的重要部分，认真编写出优秀的乡土民族气节教育读物。

（三）要充分运用各种教育场所，对年轻一代进行形象生动的民族气节教育

我国各地，已有许多可供对青少年儿童进行民族气节教育的场所，诸如纪念馆、陈列馆、历史博物馆、民族英雄的祠和庙、战争的遗迹、遗址，等等。现在不少地方在这些场所的基础上建立爱国主义教育的基地，根据教育的要求安排大中小学生去参观、瞻仰、调查、考察，正在收到良好的效果。但是，怎样使这些基地从内容到形式，从教育工作的组织到指导，发挥最佳效益，尚待进一步努力。

（四）要充分运用节日和纪念日对青少年儿童进行民族气节的教育

今年是鸦片战争150周年，从中央到地方都十分重视利用这一历史事件对人民和青少年进行爱国主义和社会主义教育，效果是好的。今后应该在各级各类学校形成运用纪念日和节日进行民族气节教育的制度，年年进行，坚持不懈，逢十、五十和一百周年举行较大规模的纪念活动。现在，中国民间纪念屈原的端午节并没有被学校用来进行教育，岳飞、文天祥、戚继光、郑成功等民族英雄的纪念日也没有普遍被学校运用，今后还应当提倡用这些民族英雄的纪念日对学生进行教育。

最后，应指出人的品德是在家庭、学校、社会的共同教育影响下逐步形成的，培养新一代人的民族气节，也需要有坚持民族气节的家庭环境和社会环境。家庭里和社会上对乡土的不热爱，对祖国语言的不珍爱，对民族优秀传统和习惯的不尊重，对中华民族优秀人物的不尊敬，思想文化上的历史虚无主义和民族虚无主义，对崇洋媚外心理的姑息纵容，甚至影视广告宣传的盲目崇洋等，都不利于新一代人高尚民族气节的培养。从这个意义上来说，目前我国社会政治、经济、文化和日常生活领域中，以及家庭教育中，尚存在着许多不利于年轻一代民族气节培养的因素。在这里，我们要进一步呼吁全社会和广大家庭，为年轻一代成长为有崇高民族气节的社会主义中国人，创造良好环境。同时也建议广大教育工作者，要积极引导年轻一代，不断提高辨别是非、善恶、美丑的能力，努力抵制社会环境中不良因素的侵袭。

（原载《教育评论》1990 年第 6 期，《光明日报》于 1990 年 12 月 28 日发表本文的缩改篇《应当重视民族气节教育》）

努力开创德育科学研究的新局面

——全国德育学术讨论会综述[①]

全国德育学术讨论会于 1990 年 11 月 27 日至 30 日在杭州召开。会议由浙江省教育科学研究所和全国教育学会德育专业委员会联合主办。70 余位德育理论工作者、专业研究人员和实际工作者参加了这次会议，并向会议递交了 50 余篇文章。现将这次会议的主要观点综述如下。

一、关于新中国成立以来学校德育发展的分期和评价

1. 新中国成立后四十年来学校德育的分期

与会同志一致肯定，由于受我国社会政治经济发展变化的制约，新中国成立以来，我国学校德育实践的发展经历了不同的历史阶段和不同的发展里程。对于学校德育发展的具体分期，有 3 种不同意见。有的同志主张分成 4 个阶段，即 1949—1956 年社会主义改造完成的前期的德育，1957—1966 年全面建设社会主义阶段的德育。1967—1976 年"文化大革命"十年的德育，十一届三中全会至今的新时期德育。有的同志主张分为 5 个时期，即 1949—1952 完成新民主主义革命余留任务时期的德育，1953—1956 年完成对生产资料所有制的社会主义改造时期的德育，1957—1965 年社会主义革命和社会主义建设时期的德育，1966 年—1976 年"文化大革命"时期的德育，1977 年以来实行改革开放的社会主义建设新时期的德育。还有的同志认为，新中国成立 40

---

① 本文作于 1991 年 1 月。《教育研究》1991 年第 2 期，曾以《全国德育学术讨论会主要论点综述》为题，发表了本文的第二、第三部分。

年来我国德育存在着明显的周期性波动。大体上说，新中国成立头 17 年是平稳期，"文革"十年是"高涨期"，粉碎"四人帮"后 12 年是低落期，党的十三届四中全会后开始进入转折期。

2. 对新中国成立以来学校德育工作的评价

同志们认为，纵观我国学校德育 40 年发展的历程，头 17 年事实上培养了一批又一批为我国社会主义建设所需要的品德合格的人才，成绩是应该肯定的。"文化大革命"十年动乱，学校德育首受其害，但广大有良知的教育工作者们，仍然在极其困难的条件下，努力培养受教育者的良好品德，这段时间内从学校里培养出来的大多数年轻人，其品德的基本方面还是好的或比较好的。党的十一届三中全会以后，在德育理论探索方面获得前所未有的发展，学校德育的改革也同步进行，具体表现在：(1) 德育价值观发生了深刻的变化；(2) 德育目标的制订及其层次的划分更加切合社会要求和青少年思想、心理实际；(3) 德育内容趋于整体化、序列化、规范化；(4) 德育途径建设趋于系统化、社会化，学校内部齐抓共管和学校社会家庭三结合的德育新格局基本形成；(5) 德育的评价模式初步建立；(6) 开展了不同类型的德育改革试验。但是，应该指出，新中国成立后我国的学校德育工作中存在着运动式，违背唯物辩证法的问题。上海有同志指出，现在提出德育首位，各方面要关心青少年的健康成长当然是好的，但是上海有 32 个单位抓德育却使人忧虑。同时，德育是培养青少年儿童品德的教育工作，应该认真重视对象的研究。新中国成立以来，我们在这方面的研究显得不足，在确立德育目标、内容要求和途径方法时，往往存在着随意性。目前还有许多学校的德育工作还未真正到位，片面追求升学率仍然严重地阻碍着德育工作的正常开展，青少年中的犯罪问题仍然使人焦虑。

上述持"40 年来我国德育存在着明显的周期性波动"这种观点的同志则认为，40 年来我国学校教育在德育和智育之间倚重倚轻，摇摆折腾。德育更是道路坎坷，曲折艰难。他们特别不同意一些同志对十一届三中全会后学校德育工作的评价，认为粉碎"四人帮"后的 12 年是学校德育的低落期，在淡化党的领导和资产阶级自由化思潮双重夹击下，德育被贬低和削弱到无以复加的惊人地步，片面追求升学率愈演愈烈。

还有一些同志认为，不可能也不必要对新中国成立以来的学校德育下简单的结论，重要的是总结带规律性的经验与教训。他们认为，这些经验和教训包括：（1）要对青少年进行正确的分析；（2）要理直气壮地进行共产主义道德教育；（3）德育要坚持理论联系实际、言行一致；（4）要充分发挥党团队的作用；（5）要为青少年儿童的健康成长创造良好的社会环境；（6）要有配套的政策和措施等。

二、关于德育科学化

如何进一步加强和改进学校德育，是这次讨论会的重要议题之一；努力实现德育的科学化，则是同志们普遍肯定的加强和改进德育工作的关键环节。

1. 加强德育科学理论的建设

德育科学化是指德育工作要在科学理论的指导下，按照客观规律办事。这就迫切要求加强德育科学理论的建设。为此，同志们普遍认为，要求加强对德育对象生理、心理、知识、品德状况的研究，寻找德育要求与青少年思想取向之间的交汇点，探索青少年品德内化过程的规律。有的同志还呼吁建立有中国特色的马列主义青少年学或曰马克思主义育人学。因为我们的教育对象是人，要教育人必须首先研究人、认识人。从实践看，我们的一些教育工作者，因为不了解青少年儿童，因而不懂得怎样去尊重人、关心人、教育人，甚至自觉不自觉地在伤害人。所以建立马列主义的育人学，识别和抵制形形色色反马列的关于人的观点和"学说"，是十分必要的。

有的同志还指出，我国现有德育论方面的著作和教材，虽然对德育问题作了许多有益探讨，但是还没有在马列主义毛泽东思想指导下形成成熟的体系，在这方面还需要做大量的工作。

在讨论中，许多同志就我们的学校德育到底是按照"工具论"来进行，还是按照"本体论"的观点来工作，开展热烈的讨论。有的同志认为，在相当长的一段时间里，实际上是"工具论"支配着我们的德育，把德育工作当作救火车，不重视德育在受教育者主体社会化过程中的作用。有的同志认为，至今为止，任何社会的教育，尤其是德育，都是通过培养人为一定的政治经济和社会发展服务的，从这个意义上说，教育就是工具，按"工具论"来搞德育没有什么不可以。有的同志主张"工具论""本体论"的辩证统一，因为德育要培养人当然要重视对人的本体发展的研究，但培养人是为社会服务的，因此要根据社会需要去培养。有的同志认为，对本体论也要具体分析，是人本主义的"本体论"，还是马列主义的本体论。

2. 建立科学的德育工作模式

会上，有的同志提出了道德主体形成过程的"构建说"，认为道德主体的形成和发展过程是个人的道德需求与社会道德生活的要求相互作用、共同构建的过程。并认为这种"构建说"既不同于皮亚杰的"同化、顺应、平衡"说，又不同于现行德育理论的"塑造说"或"改造说"。根据这种"构建说"，他主张学校德育工作模式，应该实现由"内塑型"模式向"外展型"模式转化。因为"内塑型"德育模式的基本特征是强调受教育者接受教育者的要求，严格按教师要求来发表言论和采取行动，忽视受教育者的自我学习和自我评价，忽视教育要求的针对性；而"外展型"的德育模式是以培养社会道德生活主体为目标，以道德主体形成过程的"构建"原理为实践依据所提出的，它主张依据社会道德生活的要求来构建个体的道德素质；强调教育者与受教育者相互作用和影响，强调发挥受教育者自我教育的积极性，重视受教育者有目的有计划地参与社会道德生活实践，并在实践中完善自己的道德形象，同时也注意教育的针对性，重视教育的"最佳期"。

有的同志则认为，学生时期正是成长发育时期。需要有个"他律"阶段，即使到了青年期，也还有不成熟的一面，仍然需要"他律"，需要教师引导，使他们逐步从"他律"阶段向"自律阶段转化。即使成年人也不能完全摆脱"他律"。用辩证法的观点看，"他律"与"自律"的关系，"他律"之中有"自律"，"自律"之中有"他律"。从年龄发展阶段来说，年龄越小，"他律"的成分多些，年龄越大，"自律"的成分多些。但从道德内化过程来说，"自律"与"他律"总是交织在一起的。前几年，由于受西方教育理论夸大"主体"作用的影响，在我国教育界掀起了一股"主体"热，有意无意地否认传统教育中的教师主导作用，否定"他律"作用。我们当然不否认学生的主体作用和"自律"能力，但是如果夸大到可以不要教师，不要教育，把学生"神化"，那也是不可取的。

3. 改进德育方法

同志们认为，在德育目标和内容确定之后，德育方法的选择就是一个至关重要的问题。德育方法既受德育目标制约，又为现实德育目标服务。考虑到长期以来，我国德育中不同程度地存在德育方法的形式主义和成人化倾向。改进德育方法，是实现德育科学化的重要方面。为了适应社会现代化的要求。提高德育效益，有的同志对德育方法的改革提出了这样一些原则和要求，(1) 重视受教育者的自主性，把教育和自我教育结合起来；(2) 重视受教育者心理素质的发展，把品德教育与心理教育结合起来；(3) 重视品德能力培养，把品德规范教育和品德能力培养结合起来；(4) 重视品德践行，把说服教育与品德践行结合起来；(5) 重视暗示教育，把明示教育和暗示教育结合起来。有的同志则认为，改进德育方法，最主要的是遵循学生的年龄特点，贯彻理论联系实际和言行一致的原则。

在这次讨论会上，许多同志就"灌输"问题开展了讨论。有的同志认为"灌输"就是否定学生的主观能动性；有的同志认为如果把"灌输"作为教育来理解，列宁的提法是正确的，如果把"灌输"理解为"注入式"当然不恰当。

4. 建立科学的品德评价体系

建立科学的品德评价体系，也是这次讨论会中引起大家关注的问题之一。有的同志甚至认为，德育科学化的突破口应当是建立科学的品德评价体系。

有的同志把现行对学生品德的测评方法归纳为 10 种，即整体印象评价法、操行评价鉴定法、操行加减评分法、积分测评法、加权综合测评法、模糊数学综合评判法、评分评等评语测评法、考试考核测评法、写实测评法、工作实践考查法，并把它们划分为侧重定性测评的方法、侧重定量测评的方法、中性测评的方法三大类。除了一一指出其优劣外，认为这三大类 10 种方法有 5 个不足，即 (1) 对所测行为的真假鉴别功能严重不足；(2) 测评标准客观性较差；(3) 对测评误差控制的功能较差；(4) 测评方法可操作性差；(5) 测评结果报告的准确性差。为了改进当前的品德测评方法，这些同志建议采取这样两种策略：(1) 适当选择并综合利用现有的各种测评方法；(2) 认真分析当前各种测评方法所存在的关键性问题，并在此基础上进行测评方法的改造和创新。

有的同志认为，要建立科学的品德评价体系。首先正确认识评价的目的和作用。评价的目的，固然是为了使教师在对学生进行品德教育时有更坚定明确的方向，更好地选择和组织教育方法，帮助学生发扬优点，克服缺点，更重要的是为了使学生进一步地认识自己、了解自己，看到自己的个性特点，以便确定未来的发展方向。评价的作用，也主要是影响学生自身世界观的形成，志趣的确定。其次要有科学的评价标准。可以根据：（1）社会政治思想道德标准，（2）德育大纲和学生行为规范等来确定分层次的评价标准。再次评价是一过程，要有连贯性和经常性，不能仅看学生一个时期的终极表现；评价在于评定，应该反映学生的行为和社会的要求之间的关系，而不是简单地评分。谈到品德评定的量化问题，许多同志也认为，科学化可以采取量化的方法，但量化不等于科学化。人的品德属于精神现象，把对物的量化方法简单地套到精神领域是不可取的。

三、关于正确对待我国传统的和西方的优秀文化道德

1. 要继承和发扬我国优秀的传统文化道德

不少同志在发言中指出，100 多年的殖民地半殖民地社会的影响不会随着我们国家的独立立即消失。帝国主义列强的侵略不单单凭借兵舰与大炮，散布民族虚无主义、宣传西方文化如何好、中华民族的传统如何不好等来消灭中国人的民族自信心自尊心，从根本上来瓦解我们的民族凝聚力，更是他们所采取的一种长期的战略性计谋。过去这样散布了百余年，今天还在这样做。只要社会主义共产主义还没有达到世界范围胜利的大同境地，民族和国家利益还是第一位的，一个民族没有强大的凝聚力，没有自信力和自尊心，是最危险最可怕的。在改革开放的条件下，尤其要注意这一点。作为国民教育的义务教育和整个基础教育应当把培养年轻一代的民族意识和爱国主义精神，培养发愤图强、艰苦奋斗的国民精神作为自己的主要目标之一。可是，在相当长的时间内，我们没有对此给予足够的重视，民族虚无主义的倾向严重地侵蚀着学校教育、教学工作，十分不利于培养年轻一代的民族自信心和爱国主义精神。没有传统的文化道德便没有现代文化道德，便没有建设社会主义

现代化的一代新人。传统文化道德的精粹，是现代文化道德的重要来源。应该在学校的教育和教学中大力提倡学习了解中华民族优秀的文化道德传统，作为学校德育更应如此。

那么，应该怎样继承和发扬我国优秀的文化道德传统呢？

不少同志主张，不论现在还是今后，都应坚持"民族的、科学的、大众的"文化教育方针，在马列主义毛泽东思想的指导下，本着"古为今用"的原则，有批判地继承我国的优秀文化道德传统。我们的任务是运用唯物辩证法的观点大力弘扬传统文化道德中之精华与优点，批判其中的糟粕与缺点，为培养新一代社会主义建设者，促进建设具有中国特色的社会主义现代化服务。

在谈到弘扬中华民族优秀传统道德的具体内容时。许多同志主张首先要发扬中华民族历来提倡的个人服从、服务和融化于集体和事业的传统，或曰"天下为公"的思想。同时也要继承和发扬中华民族自强不息的精神，团结一致艰苦奋斗，把我国的社会主义事业推向前进。有的同志强调，民族气节，是中华民族的脊梁，是中国人民爱国精神的核心，是我们民族最宝贵的东西。我们党已经把民族气节和共产主义精神结合起来。如果我们真正想把年轻一代培养成为能够高举爱国主义、社会主义旗帜的新一代堂堂正正的中国人，就应该毫不迟疑地加强对他们的民族气节教育。还有的同志认为，我国的社会主义道德建设应该与自己的民族特点相结合，赋予一定的民族形式，不能因为"仁""义""礼""智""信"等曾为反动统治阶级所利用。而否定历代劳动人民和杰出人物对"仁""义""礼""智""信"等方面的优秀道德传统的继承与发扬。

2. 在中西文化交流中搞好学校德育

一些同志认为，鸦片战争以后，西方近代文化输入我国，不可避免地要同当时我国的传统文化产生比较和碰撞，一直存在着一个如何正确对待西方的文化道德问题。今天随着改革开放，西方的文化艺术、哲学思想、价值观念、道德观念，大量进入我国意识形态领域，其中大量资产阶级的思想文化与马列主义的世界观、人生观、道德观、价值观发生尖锐的冲突，所以在学校德育工作中如何正确对待西方文化道德，必须自觉地提到教育的日程上来。

为此，应该指导学生吸取文化选择的历史经验，建立全面正确的文化选择观，并在价值观等几个问题上提高学生文化选择的思想水平。有的同志建议：（1）要重视学生心理研究，寻找教育突破口，调动他们接受教育的积极性。具体地说，一要正确对待学生的需要，进行正确的引导；二要注意抓好学生所关心的热点问题进行教育。（2）要加强思想文化引导。具体做法是：一要主动地对社会影响、社会信息作出积极反馈，并且进行筛选；二要善于发挥本地区的人文地理优势，借助社会力量对学生进行生动的教育；三要加强校园文化建设。（3）要用知识和信息的启迪、美的教育等对学生进行潜移默化的教育和影响。（4）要引导学生进行科学的文化道德比较。

四、关于德育效果

如何提高德育效果是这次讨论会诸多论文作者共同关心的问题。与会同志都认为，德育效果不够理想是一个亟待引起重视和研究的问题。不少同志对影响德育效果的各种因素进行了分析，试图从客观规律性上来探讨提高德育效果的对策。

有的同志着重分析了主客观因素及其相互作用和德育效果的关系，认为实现道德内化是取得德育效果、形成受教育者良好品德的主要标志和环节。而学生的主体因素是实现道德内化、取得德育效果的内在决定性因素，客体因素是促进道德内化取得良好德育效果的重要条件。所谓主体因素，它包括生理和心理两个方面，主要是指心理因素。在心理因素中，对道德内化影响较大的主要是已有的道德认识及认识能力和需要、动机的层次及其强弱，情绪体验的倾向，自我意识的品质和强弱等。客体因素是指一切与学生主体有关的外界条件和影响作用，主要包括社会宣传、社会风气、家庭教育、班集体建设、教育活动的开展与成效、教育者的影响力。当然，主体因素和客体因素是在动态中相互作用的。在研究影响人们思想品德和德育效果的各种因素时，必须考虑到它们的组合结构，而且还要研究各种组合结构在不同年龄和不同人身上发生作用的特点。一般来说，社会因素决定个体思想品德发展的方向、内容和水平。但具体到个体所受的外部影响是复杂多变、千差万别的。加上各个主体因素作用的不同和主客体因素交互作用的复杂多变，就形成了各不相同的品德。为了提高德育效果，既要承认主体因素的内在决定性作用，把握主体因素影响道德内化的规律，又要承认社会家庭的巨大影响和学校的主导作用，指导家庭配合学校，努力优化社会环境，真正发挥学校德育的主导作用，提高德育效果。

有的同志从德育影响与德育效果的关系方面进行了分析，认为对学生的思想品德发展发生作用的影响是十分广泛和多种多样的，各种德育影响形成了一个多维度、多层面的系统和结构。作为整体系统结构中的一个子系统，学校德育影响之是否奏效，在相当程度上要取决于整个系统结构内部各组成部分之间的协调统一，以及学校内部各种影响因素的协调统一。要提高德育效果，首先要破除学校孤立论的旧观念，致力于整个德育系统的优化，具有"社会教育化，教育社会化"的新思维，应当首先在德育实践中找到它的突破口。即使在学校德育影响这个子系统中，也要使政治课与政治活动的影响、美育体育智育之中的德育影响、各种显性影响与隐性影响、教育者所传授的影响和学生自身实践获得的影响等互相协调一致。当然，德育影响是通过影响传导者的作用，尤其是受教育者主体因素起作用。学校的教育影响较大的是要通过教育者来传导，同样的影响由不同的传导者传导，可以有迥然不同的效果。教育者对教育科学、教学艺术的掌握水平问题在很大程度上制约各种影响产生的效果，但更重要的是教师的人格和师生关系。教育者的人格本身就是一种教育影响，也是一面透视镜，学生就是透过它来理解教育者所传导的德育影响的。师生关系的作用也是显而易见的，在不同的师生关系中所传导的德育影响可以产生不同的效果。为了提高德育效果，要改变"我说你服""我打你通""我管你从"的常用德育模式，教师不但要充当管理者、领导者、教育者的角色，还要充当朋友、同志、亲人、受教者、共同参与者的角色。

此外，一些同志还从端正办学思想纠正片面追求升学率、提高德育师资素质、改进德育方法、拓宽德育途径、改善品德评价、改进德育管理，以及如何防止学生的"逆反心理"的角度，探讨提高德育效果。

五、关于德育科研队伍的建设

同志们认为，德育科学研究担负着对实际德育工作进行正确的思想理论导向和科学指导的重任。在过去 10 年中，全国德育科学研究工作者为建立有中国特色的社会主义德育科学体系进行了许多有益探索，成绩应该充分肯定；但是，这种理论上和实践上的努力，并未从根本上改变我国学校德育工作的被动局面。当前为了进一步加强和改进学校德育，真正实现党中央把德育放在学校工作首位的要求，广大教育工作者，广大学生家长和社会各界，普遍希望进一步加强我国的德育科学研究；国内外敌对势力和我们争夺接班人的斗争，向我国的德育科学研究工作提出了严峻的挑战，正是我们开展德育科学研究的大好时机，我们德育科学研究工作者，任重而道远。我们所有从事德育科学研究的同志，要把握时机，要进一步振奋精神，进一步加强自身思想政治和道德修养，进一步提高对国家、对民族、对未来的责任感，在马列主义、毛泽东思想的指导下，坚持走理论联系实际的道路，加强协作研究，为培养好新一代社会主义接班人和建设者贡献自己的力量。

为了进一步深入开展德育科学研究，有的同志提出一些今后应该研究的课题：（1）马列主义德育基础理论；（2）社会对其成员的思想道德要求及社会思想道德现状；（3）教育对象；（4）中国的传统道德和道德教育；（5）外国道德和道德教育；（6）德育首位的学校德育工作新格局；（7）班主任工作及班团队德育；（8）德育现状调查及先进德育工作经验的总结与推广；（9）德育队伍的建设；（10）争夺下一代的形势。

简论培养儿童青少年对国家和社会的责任心

对儿童青少年进行思想品德教育，应该十分重视基本品德的培养。这些基本品德当是他们日后立身处世的基本条件。高度的社会责任心，乃是任何一代人都应具备的基本品德，在此基础上将派生出许多其他品德。很难设想，一个没有起码责任心的人会认真完成任务，自觉遵守纪律，努力维护公共利益，处处对自己的言行负责；更难设想一个没有起码责任心的人会积极创造，乐于奉献。本文着重就培养儿童青少年对国家和社会的责任心问题开展讨论，以期引起教育界同志们的关注。

一

有史以来，几乎世界上的一切国家或民族，都要求其成员对自己的国家民族尽社会责任，普遍地视履行道德责任为人之美德。

古代雅典，就已要求公民承担保卫奴隶制国家的责任，达到公民年龄的青年人都要向国家宣誓："一定使身后留下的祖国比我们继承的祖国更大、更好，而不是更小。"近代西方资本主义国家，虽然标榜个人主义，甚至还公开宣扬利己主义价值观，但是送孩子接受义务教育、依法纳税、服兵役、遵守社会公共秩序和社会公德等，仍被那里的大多数人视为公民们理应担当的社会责任。至于被认为向来以社会为本位的一些东方发达国家，例如新加坡、日本，则更加强调个人对于社会尽责。新加坡前任总理李光耀曾在某年新春献词中促请"为人子女者，负起奉养父母的责任，恪尽孝道，建立起一个健全的社会单位——家庭"；他号召国人培养"共同经营"意识，为团体的生存和荣誉而埋头苦干。在日本，中小学的道德课要求孩子们从小就有作为家庭一员、班级和学校一员、地域社会一员、日本民族一员和世界中的日本人的意识，自觉恪尽自己对家庭、学校、日本社会和国际社会的责任，不少学校还以"责任感"作为自己的校训。许多企业，强调的也是个人对企业应负的责任或应尽的本分。在松下公司的电器历史馆里，一进馆门就会看到该公司的创始人松下幸之助亲笔书写的一个"道"字。松下先生提倡的产业道德，就是要求每个公司的职工彻底履行自己应尽的本分，努力贯彻产业报国、公明正大、和亲一致、力争向上、礼节谦让、顺应同化、感谢报恩的松下七精神，以及服务社会、促进世界文化发展等松下公司的纲领和信条。

我们中华民族更加崇尚社会责任，一贯提倡个人服从于社会，服务于社会，对社会尽责，甚至不惜生命。大思想家、大教育家孔子就倡导要"仁以为己任""志士仁人，无求生以害仁，有杀身以成仁"；唐代的韩愈则明确提出要"以国家之务为己任""忧国如家"；到了明清之际，著名思想家顾炎武大声疾呼："保天下者，匹夫之贱与有责焉耳矣。"自此以后，"天下兴亡，匹夫有责"，被中华女儿奉为道德信条。新中国的诞生，为中华民族的发展开辟了历史的新纪元。壮丽的事业、艰苦的奋斗，要求进一步弘扬对国家和社会尽责之美德。党的十二次代表大会和《中共中央关于社会主义精神文明建设指导方针的决议》中有关提倡人人自觉履行对国家和社会的义务，加强公民义务和职业责任教育等指示，集中反映了这一要求。

那么，不同的国家、不同的民族、不同阶级的人们，他们的利益不尽相同，有的甚至根本对立，为什么都要强调个人对社会的责任，提倡履行各自的社会责任呢？笔者以为，人们之所以都应该自觉地承担起个人对他人的社会的责任，不是哪个人想出来的，而是决定于社会的客观需要。事实上，任何社会及其细胞都是由许多个人以一定的方式组合而成的。它们的生存和发展，都是以其成员对他人和社会尽责为前提的。在家庭里，家庭成员相互之间应该尽责任，并共同对自己的家庭负责；在团体里，任何一个团体成员都对团体的其他成员和整个团体承担一定的责任；在职业生活里，任何一个职业成员都应对自己的职业和本职业的服务对象担负一定的责任；在一个民族或国家的范围内，每一个民族的成员或国家的公民，都负有对民族和国家的责任。只有这样，家庭的和睦，团体的巩固、事业的繁荣、民族的兴旺、国家的富强，才有可能。否则，就会像梁启超先生曾经说过那样："一家之人各自放弃其责任，则家必落；一国之人各自放弃其责任，则国必亡；全世界人人各自放弃其责任，则世界必毁。"①。发展生产力，推动社会进步，乃至个人的荣誉和幸福，都将成为一句空话。同理，对于正在建设中的社会主义中国来说，建设有中国特色的社会主义这一前无古人的创举，乃是全国各族人民的共同理想。实现这一伟大理想，既是全国人民的根本利益所在，也离不开全国上下几代人的共同奋斗，为之尽责。只有不断增强全国人民的社会主义责任意识，万众一心，艰苦奋斗，我国的社会主义经济才能繁荣，两个文明建设才能不断向前发展。我们应该清醒地看到，社会上对国家建设袖手旁观、对公共利益漫不经心这类社会病态的蔓延，损人利己、损公肥私、见利忘义等丑恶行为的滋长，使增强公民的社会主义责任意识问题具有更强的针对性。所以，当前我国社会呼唤着责任感，各条战线、各个岗位，都在强调个人对社会主义事业的责任，许多严肃的、科学的伦理学著作，都把道德责任的问题，提到极为重要的地位。人们普遍希望加强对全社会尤其是儿童和青少年的社会责任教育，培养他们对我们国家和社会的责任心。

责任心的教育对于学校教育本身，也具有特殊的意义。仅以学生集体的培养为例，大家知道，集体不但是教育的对象，更是教育的主体和力量，集体的优秀品质是个人良好品质的重要源泉。培养良好的学生集体是完成各项教育任务，造就有社会主义集体主义精神的新一代的重要条件。然而，形成学校和班集体的一个基本前提和动力，则是群体中的每一个成员都应关心他人，对他人负责，对集体和社会具有责任感。如果群体之中人与人之间冷漠无情，互不负责，更缺乏对集体的责任感，就不仅不可能形成良好的集体，而且那样的教育也是苍白无力，注定会失败的。

有鉴于上述，所以目前我国许多有见识的中小学校长都开始把重视培养学生对国家和社会的责任心，把责任感的教育提到相当重要的地位。

---

① 吴祥祯，戴续威，李定开. 中国教育家论德育 [M]. 成都：四川教育出版社，1989：147.

二

加强青少年的社会责任教育，培养他们对祖国对人民的社会主义责任心，关键在于弄清责任心形成的机制。而研究儿童青少年社会责任心形成的机制，这样几方面是必须涉及的：第一，责任心的构成；第二，影响责任心形成和发展的主客观因素；第三，从儿童到成人责任心形成和发展的过程。只有弄清这些问题，才能使培养儿童青少年社会主义责任心的工作，实现科学化和操作化。

所谓社会责任心，是一种与社会责任相适应的个体意识。包括政治责任心，法律责任心，道德责任心等。道德责任心强调无报偿尽责，具有更高的自觉性。一个人的责任心作为相对于社会责任的个人意识，包括他对自己所负的责任的认识，对自己所承担的责任的情感和信念（即责任感）。我国人民和青少年关于自己对国家和人民应负责任的认识，包含对国情的认识，对我国发展道路的认识，对全国人民历史使命的认识，对我们社会中人人是服务对象、人人又为他人服务这种互相依存关系的认识，以及对自己处在各种角色地位对国家和社会（包括家庭）应该肩负的责任和履行这些责任的必要性的认识等主要方面。而相应的责任感，主要是指人们履行自己对祖国和社会的责任的热情和渴望，完满履行责任后的自尊、自豪和快慰，以及因不能履行责任而引起的羞愧、内疚、自责等情感。由于个体对自己应负社会责任的认识和情感，实际上就是社会要求其成员履行责任的需要转化为个人的需要，社会的准则转化为个人的准则，所以它们在一定的条件下就会表现为履行责任的行为动机，推动人们去完成道德责任，以及指导个体选择责任行为和调节、评价个体责任行为的内在力量。

影响人们社会责任心形成和发展的主客观因素是多方面的。从客观因素看，人们生活于其中的社会历史条件，会给全社会人的责任意识打上这样那样社会的和时代的印记。社会是发展的，不同性质的社会自然要求自己的成员有适应自己社会需要的责任心；不同社会的矛盾斗争锻铸出不同责任心的人群；生产力冲破生产关系桎梏的要求，呼唤出以改造社会为己任的人；社会主义时代要求年轻一代具有建设和保卫社会主义的责任感；即使在同一性

219

质社会的不同发展阶段，由于历史条件的某些变化、具体任务的变更，社会要求其成员所尽的责任也会相应地发生变化。当然，宏观社会条件对人们责任心形成发展的影响，是通过人们实际接触的人际关系折射到每个人的。影响具体个人社会责任心形成发展的客观因素，主要是家庭、学校、班级、所在的社区环境和各种新闻媒介等。

在美国，有这样两个家族。一个是爱德华家族，第一代爱德华是一位博学多才的哲学家，很严谨，很勤勉，在他的八代子孙中，有 13 人当过大学校长，100 多人当过教授，出了 80 多位文学家，60 多名医生，还有 1 人当过副总统，1 人当过大使，20 多人当过议员。另一个是朱庇家族，朱庇是远近闻名的酒鬼、赌徒，糊里糊涂做人，他的八代子孙中，有 300 多人当过乞丐、流浪汉，400 多人酗酒，后来好多变成残疾人，60 多人犯过诈骗罪与盗窃罪，没有一个月出息的[①]。

在社区对儿童青少年的影响中，社区的传统很值得一提。浙江义乌这个地方以全国第一个小商品市场而闻名遐迩，在历史上这个地方的百姓很讲忠勇尽责。扶持岳飞的抗金老将宗泽是义乌人，戚继光的戚家军中有 1.6 万多名是义乌的矿工，其中有 100 多名义乌籍的戚家军将领立了功，近代这里又出了像陈望道、吴晗、冯雪峰等一批以祖国解放为己任的名人，不能说不受历史传统的影响。至于学校、班级和新闻媒体等影响，大家都明白，这里不再多说。

还有一点必须指出，在家庭、学校、班级、社区内，父母、师长、同学和友人的言教，自然会影响儿童青少年形成对国家和社会的责任心，但更重要的是这些人自己对祖国、对社会主义建设、对公益事业等的态度。你怎样对待国家和集体交给的任务，怎么样处理国家、集体和个人的关系，别人有难你能不能鼎力相助，碰到危害人民、危及社会治安的歹徒你能否挺身而出与之斗争，平时你怎样议论国家、社会和他人，尤其你的"背后形象"如何等。所有这些，才是对儿童青少年形成正确责任心影响最大的因素。电视广播是儿童青少年不见面的老师和朋友，同样应该把育人效益、社会效益放在首位，用正确的价值观、道德观引导年轻一代确立对国家与社会的责任心。

---

① 读者文摘 [J]. 1991(4).

从主观因素看，一是儿童青少年的身心发展水平；二是他们的主观能动性。两者有联系也有区别。儿童青少年的身心发展水平，包括他们的知识水平、品德水平，制约着他们接受教育的可能性，以及他们实践活动的性质、范围与水平，关系到他们责任心的最近发展区。儿童青少年的主观能动性，指的是他们接受教育和进行自我教育的自觉性、主动性。儿童青少年主观能动性的状态不同，使同处某一发展阶段的儿童和青少年，在社会责任心的发展水平方面显出各种个别差异。而且主观能动性对儿童青少年社会责任心形成的作用与影响，一般来说，随着他们年龄的增长而加大。

儿童青少年社会责任心的形成和发展，不是一步完成的。相反，同他们的整个心理和品德发展一样，是在他们自己参与的活动与交往的基础上，在主客观因素共同作用下，逐步形成发展起来的。从责任心的指向看，这是一个由近及远、由低到高的过程。一个人从降生之日起，最初总是在家庭生活中，与父母长辈及其他家庭成员发生关系，并开始对家庭及其成员负一定责任，与此相应，也就逐渐要求他对家庭及其成员有一定的责任心；上幼儿园、进小学后，孩子就与幼儿园和学校中的大小集体发生关系，与那里的老师同学发生联系，开始对学校、班级集体、老师同学和学习活动负有一定责任，并要求他有相应的责任心；此后随着年龄的增长、知识的增加、能力的提高，社会就相继向他们提出了对职业、对社会公共事业、对祖国、对民族、对人类负责任的要求。所有这些构成了儿童青少年和成人社会责任心的内容系列。这个系列包括：对家庭及其成员的责任心，对学校、班级集体及教师同学和学习任务的责任心，对职业的责任心，对社会公共事业及公众的责任心，对祖国和人民的责任心，对人类的责任心等。在这一系列中，不但各部分责任心之间明显地存在着联系和迁移的情况，而且，各部分责任心本身，也随着人们的身心发展，以及社会对他们要求的提高，在外延和内涵方面逐步扩大和加深。儿童青少年对国家和社会的责任心，正是在上述一系列责任心培养的基础上形成的。

前面提到，人们的责任感包括因未能尽责而引起的羞愧感。苏联的一位学者库尔奇茨卡娃曾经研究过儿童的羞愧感，结果表明：3岁的儿童有羞愧感的萌芽，但还未从"惧怕"中摆脱出来，往往与难为情、胆怯交织一起；幼儿园小班、中班的儿童只在成人面前才感到羞愧，大班儿童在同伴（尤其本班同伴）面前感到羞愧，表明集体舆论的作用；随着年龄的增长，儿童羞愧范围扩大，而且越来越"社会化"，但羞愧感的外部表现范围在缩小，对羞愧的体验在加深，他会记住产生这种情绪的条件，以后遇到这种条件时，努力克制使自己做错事的动机与行为，将成人的要求逐渐变成自己的要求①。从这里我们也可以体会到儿童青少年社会责任心的形成是一个漫长的过程。

三

上述关于儿童青少年的社会责任心形成机制的简要分析，启示我们应该通过优化家庭教育、学校教育和各种形式的社会教育，从儿童萌发自我意识并具有最初步的尽责任能力之时起，就引导他们愉快地履行自己力所能及的责任，逐步培养他们对国家和社会的高度责任心。

第一，要逐步培养并不断强化他们的责任意识。教育者（父母和老师等）应该从孩子开始懂事之日起，就运用童话、寓言、故事、范例、说理和组织他们自己讨论等形式，使他们逐步明白，在这个世界上，自己不但要享受别人对自己的养护、教育、帮助，而且还负有许多对他人和社会的责任，一个不尽社会责任的人，是对人类无益的人。要联系他们的实际，告诉他们哪些是一个好孩子在家里和幼儿园里应尽的责任；哪些是一个好儿童好学生在家里、学校里和社会上应尽的责任；哪些是青少年在家里、学校里和社会上应尽的责任；哪些是一个社会主义公民对祖国对社会应尽的责任；以及怎样才能履行这些责任，怎样才算履行了这些责任。并且千方百计激发他们的责任感。

第二，要为他们提供和创设各种履行责任的机会。如上所述，责任心的培养，应该在人们自己履行责任的实践中进行；而人们履行责任的行为应该是自觉的行为。家庭和学校等一切教育单位，应该想方设法提供和创造各种机会，让儿童和青少年能够以主人翁的态度自觉地履行自己的责任。在家里自己的事是自己做，在幼儿园里自觉完成任务、遵守规则，是幼儿的责任，

---

① 库尔奇茨卡娅. 对学龄前儿童羞愧感的实验研究 [M]. 陈会昌，译. 山西省教育科学研究所（内部印刷），1982：178.

家长和老师应该认真指导孩子做好。对父母亲和其他家庭成员有礼貌，孝敬父母长辈，不影响父母和其他家庭成员的学习、工作和休息，以及为家庭做自己力所能及的事等，所有这些都是作为中小学生在家里应尽的责任，有些连幼儿也应做到，更应该鼓励并放手让他们去做。目前有不少家庭，为父母长辈者缺乏必要的教育理智，一味对孩子娇宠，不让孩子做应该做的事情，结果孩子心目中只有自己，根本不懂自己对家庭中其他人的责任，而且也不愿对家庭及其成员尽自己的责任，成了家中的"小皇帝"。对此若不引起注意，后果难以设想。学习是学龄儿童和青少年的主要活动，好好学习是他们对国家与社会的基本职责，要努力使学习过程成为培养儿童青少年对祖国的责任心的过程。在班级里，班主任不但要让每位学生明白自己是班级中的主人，而且还要让他们都有机会承担各种对集体负责任的角色，引导他们自觉地帮助同学，关心班级，努力培养每个学生对集体负责的精神和能力。如果班主任对班内的事情事事包办代替，自然会妨害学生们主人翁责任心的形成；只依靠几位小干部和优秀学生，冷落甚至歧视后进的学生，同样不但不利于培养学生对班集体的社会主义责任心，而且也不利于班级集体的形成。这些年来，许多学校，在家长的配合下，有计划地组织学生为亚运会作贡献，向灾区人民献爱心，向残疾人送礼物，给成人制作禁烟卡，为家乡建设做好事，都是被实践证明了有益于学生社会主义责任心培养的措施，应该继承和创新。

有必要指出，人们通过书报和听报告所了解的与亲身感受到的是不相同的。感受到的东西，往往是通过全身心投身于实践，通过认知过程、情感过程、意志行为过程的综合参与和共同作用而获得的，它会在人们的心灵中留下深刻的甚至不可磨灭的影响。指导儿童和青少年参加社会公益劳动、生产劳动和其他社会实践活动的过程，很容易使他们的心灵与火热的社会主义建设的脉搏连接起来，用劳动的汗水获得关于履行社会责任的亲身体验和感受，养成对国家和社会的责任感。任何忽视中小学生适度的劳动教育和社会实践的借口都是站不住脚的。

第三，要充分运用榜样的力量，推动儿童和青少年去履行自己的道德责任。榜样的力量是巨大的，有的班主任目睹自己的学生缺乏对他人对集体对学习的责任感，并不是简单地批评训斥，而是热情地向大家推荐有高度责任感的榜样。只要书报上和日常生活中发现这方面的事例，就热情地在班级里宣传，大造为集体尽责光荣的舆论，使为班级尽责任成为风气，连被一般人视为畏途的学习责任感培养，也取得明显成果。

第四，要充分运用恰当的道德评价，尤其是儿童和青少年的自我评价，激发他们履行社会责任的动机，强化他们因履行责任而引起的积极的情感体验，淡化和消除他们由于履行责任受到非议而引起的消极的情感体验，培养他们对未尽责任的羞愧感和自责感。受教育者个人和集体的自我评价，实际上是他们以家庭、班级、学校、社会的主人的身份，自觉地代表社会对自己处在各种角色地位时履行社会责任的情况，进行监督、检查、评估，它也表明儿童青少年对自己言行负责的主体精神，其意义与作用往往在教育者对其进行的评价之上，是我们培养儿童和青少年对祖国对社会的责任心时必须十分重视的自我教育力量。

（原载《教育研究》1993 年第 7 期；曾经收入浙江省家庭教育学会编《家庭教育面面观》，浙江大学出版社，1993 年 12 月版）

浙江省传统伦理道德与青少年教育调查报告^①

一、调查目的、内容、对象和方法

以中华民族的优良传统伦理道德教育当代青少年，不断提高他们的思想道德水平，是历史赋予广大教育工作者的光荣而艰巨的任务。为了了解我省民众对中华传统伦理道德以及对年轻一代进行优良传统伦理道德教育的看法，了解我省青少年继承传统伦理道德的情况和道德面貌，总结学校和家庭对年轻一代进行优良传统伦理道德教育的经验和问题，以便为90年代和下个世纪初对青少年进行优良传统伦理道德教育提供对策依据，我们于1992年5—6月间进行了这项调查。

根据浙江实际，本次调查围绕以下5方面主要内容展开：1."忠"。主要指包含在"忠"内的中国人民爱国优良传统。2."孝"。肯定其要求子女尊敬长辈，赡养父母，符合人民群众要求和普遍心理的一面。3."仁"与"信"。"仁者爱人""朋友有信"，剔除伪善因素，其中也有尊重人、同情人、帮助人等人道主义的闪光，以及诚实守信、讲求信誉等可贵品质。4.苦读勤学。摒弃"学而优则仕"观念，提倡为现代化建设苦读勤学的精神。5.勤劳俭朴。

为了使这次调查达到预期的要求，我们选择本省中部的义乌市和浦江县为调查点。我们之所以作这样的选择，首先因为浦江、义乌在传统伦理道德上素有特色，在浙江有代表性。浦江的郑宅，是闻名遐迩的江南大姓，南宋以来，同宗聚居，家法森严，使得该宗族几千人之众，共同生活了几百年，号称"九世同居"，实际上维持了14代之久。明太祖曾封之为"江南第一家"，

---

① 本文另一作者是现任浙江教育报社《小学生》杂志主编吕国才编审。

是我国古代宗法家族社会的一个典型代表，是我国传统的大家庭的一个缩影。郑宅能够世世代代聚居在一起，不分你我，相安无事，其中的黏合剂就是"孝义"二字。"孝义传家"是郑宅区别其他名门大姓的地方，也是郑氏家族家喻户晓、备受推崇的道德准则。孝、义都是我们这次调查的内容之一，郑宅当然地成了我们的调查对象。

另一调查点义乌也颇有来历。自古以来，义乌人的苦读之风在浙江是出了名的。从唐初四杰之一的骆宾王，直到现代的陈望道、冯雪峰、吴晗，历史上出了不少文化名人。义乌还有一个传统美德，那就是我们前面提到过的忠勇。宋代著名将领、民族英雄宗泽就是义乌人。明代，抗倭劲旅"戚家军"，其主要成员来自义乌。

我们选择浦江、义乌为调查点的另一个考虑是：浦江和义乌虽然同处浙赣铁路沿线，同样具有自己的传统美德，资源与交通等条件也基本相当，然而在改革开放的大潮中，它们的商品经济发展情况却大不一样。义乌经济起飞早而快，小商品市场名扬海内外，1992 年交易额已逾 20 亿元，飞机早已通航。而毗邻的浦江经济相对落后，郑宅在浦江又属滞后。[①] 这种情形，也大体反映了当前浙江经济与社会发展的概貌。

这次调查的主要方法是：(1) 问卷法。题目包括半封闭的情景测试题，开放型的问卷自陈题，等级自测题等多种类型。在义乌稠城、浦江郑宅，以随机抽样方法，每地选取小学四年级、初中二年级、高中二年级学生各 50 名，作为问卷调查对象。(2) 座谈法。在两地召集中小学教师和学生家长座谈会 3 次，了解有关情况。(3) 文献法。搜集和查阅有关文献资料以资借鉴。

二、调查结果及分析

(一)中小学生问卷调查的结果与分析

向 300 名中小学生问卷调查表明，有 52% 的学生（义乌 48.7%，浦江 55.3%）选择"诚实、善良、助人为乐、见义勇为的人"，有 40% 的学生（义乌 42%，浦江 38%）选择"有知识、有技术的人"，作为"最受人尊重"的人。这

---

① 近年来浦江也出现了迅速发展的好势头。——调查者注。1993 年 8 月。

说明崇德尚学传统仍得到大多数中小学生认同。

按上述 5 方面内容，几十个具体项目，让学生按 5 个等级[①] 自评的结果也表明，多数学生做得是好的或比较好的，但存在着一些亟须引起注意的问题。现将这方面的具体结果叙述于后。

1. 关于"忠"

问卷调查的具体项目有："爱学校""爱集体""升旗行礼""会唱国歌""听新闻""关心和支持家乡建设""捐款支援灾区或支持国家举办的重大活动"等。从学生自评情况可以看出，浦江、义乌两地的青少年在爱学校、爱集体，爱家乡、爱祖国方面表现较好，处于前两级水平的同学占总数的 55% 左右。但是，前四项与后三项之间有着较大差别，前四项大多数人（70% 以上）处于第一，第二级水平，而后三项的大多数人（60% 以上）处于第二、第三级水平，明显比前者低一个等级。其中，处于第一级的人数，前四项在 31% 以上，后三项的人在 23% 以下，两者相差至少 8 个百分点；而处于第五等级的比例则恰好相反，后三项高于前四项。此间原因何在？从要求范围看，前四项列入中小学生的日常行为规范，每一项内容都必须在校实践，学校可以加以指导监督。而后面的三项相对地就比较"软"，如关心家乡、国家建设，捐款，参加义务劳动之类，应该建立在自愿的基础上，有时几乎可以算是一种"义举"，难以强求。前者是必达的道德规范，后者对中小学生则属于倡导性的道德要求。这也说明经常性的教育、严格的训练与检查督促在道德教育中所起的作用。偶一为之难以陶铸成稳定的品德，每日必行，容易养成习惯。

2. 关于"孝"

这次关于"孝"的调查有 10 个自评项目和 1 个情景测试题。10 个自评项目分别是："听从父母教诲不顶嘴""外出征得父母同意并道别""放学回家向父母问好""父母有病，悉心照顾""帮父母干力所能及的家务""体谅父母，不向父母提过分要求""不任性，不惹父母生气""尊敬师长""努力帮助年老长辈解决生活困难""有重大事情主动征求父母意见"等。对于这 10 个项目，从学生自评结果看，表现基本上是好的，但也存在一些令人忧虑的问题：

---

① 5 个等级分别是：一级，做得很好；二级，经常能做到；三级，做到与做不到基本相当；四级，经常做不到；五级，做不到。

（1）中小学生中完全做到"孝"的要求的不到半数。

（2）有 10%~27% 的学生只能达到三级水平。

（3）在某些十分具体的项目上，完全能做到的学生的比例更少，大多数只能达到三级甚至五级。例如，"努力帮助年老的长辈解决生活困难"这一项，只有 14% 的学生达到一级水平，近半数的人处在三级以下，尽管这里有中小学生在解决生活困难的能力上的差异（中学生比小学生做得稍好些），但从总体趋势上，确实存在着水平偏低的问题。"不任性，不惹父母生气"一项也做得较差。

（4）传统上"孝"作为一种最基本的道德规范，其要求比现在要严格或者说严厉得多，而现在要求降低了，依然有那么多人达不到已经降格以求的水平。可见，"孝"作为传统伦理中最基本也最易被人们接受的伦理，随着时代的变迁已经有点儿日薄西山的苗头。这流失的成分中有一些是不合理内核的自然淘汰，但不可讳言，其中相当一部分是合理内核的失传。这一点还可由"如果你和几位同学决定星期天去春游，而妈妈却要你留在家里帮她干活，你将怎么办？"这一情景测试的结果，表示愿意留下来帮妈妈干活的比例只不过 59%（实际生活中比例恐怕更小），其他同学则不知如何选择得以证明。

在座谈会中，无论是年长还是年轻的教师，都把这种传统美德的逐日失传归咎于家教的失误：如今，独生子女增多，父母对子女往往宠爱有加，顺从、迁就子女要求的多，对子女提出严格要求的少；宽容子女对长辈、对自己不恭的多，严肃纠正子女过失的少；包办代替的多，培养子女独立生活能力的少。久而久之，孝道之淡薄，也就势在难免了。

3. 关于"仁爱诚信"

视他人如自己，关心人、帮助人，以慈善为怀，这些都是中华民族崇尚的美德，是我们千百年来用以处理自己与他人之间伦理关系的道德规范。这一美德，无论从哪个角度说，都是维护社会稳定的重要因素，在过去物质匮乏岁月需要用它来维持整体的生存，在商品经济日益发达的今天，同样需要用它来创造一个和平的环境，调谐人际关系，保证社会的稳定发展。

在这次调查中，关于"仁"的自评项有："尽力帮助他人之难""与同辈友好相处，不争吵""不欺侮弱小""同学或邻里之间互相尊重，不恶语伤人""同学之间互相团结不打架""有好东西能与他们共享"等。自测结果表明，65%以上的学生达到一、二级水平，与对残疾人态度的情景自测基本相符。在这项情景自测中，有80%以上的学生觉得残疾人很可怜，很想帮助他。但做得最差的是"同学之间互相团结，不打架"这一项，有10.6%的人处在四五级水平。在浦江郑宅镇的教师座谈中，对此反映也十分强烈，认为打架斗殴像无论是在社会还是学校，都较之从前大大增多了。在学校里，独生子女学生家长容不得自己子女被打，许多家长怂恿子女"不能吃亏""要打回来""罚款事小，被打事大"，有的家长甚至自己卷入了这种小儿间的争吵。

关于"诚""信"，从调查结果看，浦江、义乌两地学生表现都不错，尤其是那些与学校生活有关的项目上，如不作弊、不抄袭作业、如实反映在家表现等方面，做得更好。相对而言，含有其他成分，有点"江湖义气"色彩的"不帮别人隐瞒过失"一项，表现较差。究其原因是学生往往处于诚与所谓的朋友间的信之间的两难选择时，更多地表现出犹豫，这与青少年道德判断能力有关。也从另一方面说明这项自测基本上是可信的。

4. 关于勤学

勤学是义乌、浦江一带的传统习惯。当地人民在概括自己的精神品质时，都没有忘记把勤学列入其中。我们调查过当地的许多学校，他们在校训中也都把勤学作为必不可少的内容。可见，勤学之风依然为社会各界所重视，被当地人民所推崇。这一点，从关于什么人是最受人尊敬的人的调查中已经得到证实。

另外，在对未受满九年义务教育却因认为"上学太苦，而且书读多了也没什么用"而辍学的一位少年进行评价时，有90%强的人不赞成辍学，仅有2.7%的人与那位少年持相近或相同的看法。勤学苦读之风自幼深入人心，从此可见一斑。但是，由于种种因素，即使在勤学尚学之风如此之盛的义乌、浦江，仍有1/3以上的学生对学习时常感到厌倦，值得我们注意。

5. 关于勤劳俭朴

在本次调查中，在这方面要求学生自测的项目有："爱惜学习用品""不乱花零用钱""压岁钱积蓄下来，交给父母或用于正当开支""穿戴合适，不要求父母买高档衣物""不抽烟，不喝酒""爱惜粮食，节约水电""不比吃穿，不摆阔气""积极参加各种劳动"。学生自测的结果表明：

（1）爱惜学习用品，穿戴整洁，不要求父母买高档衣物，爱惜粮食，节约水电，不比吃穿等6项，有80%以上的同学达到一、二级水平。

（2）在对待金钱问题上，表现不如其他几项。这与农民生活富裕起来后，对子女在压岁钱、零花钱的管理、控制上，已不再像从前那样锱铢必较，很少给子女零花钱和自由用钱余地有关。因此，如何指导学生正确、合理使用零用钱、压岁钱，成为当前以至今后俭德教育的新的内容，要防止"校园大款"的出现。

（3）劳动教育相对薄弱，有近40%的人在参加劳动方面处于三级及以下的水平。向来以勤劳智慧著称于世的中华民族，如果学校不加强教育，父母们又以自己加倍的勤劳去替代子女的勤劳，那么，勤劳美德的丧失也就为期不远了。

（二）教师与家长对待传统伦理道德和向青少年进行优良传统伦理道德教育的态度

在由我们召集的教师和家长代表座谈会上，大多数人认为传统伦理道德是中华民族文化的瑰宝，是民族的黏合剂，有利于建立人们的民族归属感和认同感，有利于增强国民的向心力和凝聚力，对于发挥我们民族的整体优势有重要作用，应该结合时代特点予以继承和发扬。目前，社会上存在的许多问题，如腐化堕落、犯罪现象增加、自私自利、虐待老人、人人自危、缺乏安全感等，一定程度上与传统伦理道德宣传教育的削弱有关。他们认为，优良传统伦理道德需要从小加以培养。但是，也有小部分人认为（这部分人主要是以"孝义传家"的郑宅的农民），传统是不可能失传的，通过环境的熏陶和正常的交往即可以完成传统的交接，不必要专门进行教育。这一种看法并不否认传统道德教育，问题在于他们把教育仅仅理解为说教，应该在肯定他们意见积极因素的基础上，进一步启发他们重视对孩子进行有计划的传统道德教育。

（三）传统伦理道德的传承机制

调查中，我们对郑宅的"孝义"之风经久不衰颇感惊奇。当地农民在1991年安徽遭遇洪灾时，自发地捐款捐物，派代表直接送到灾区，浦江七里乡一个人生病需要几万元救助，结果郑宅镇捐得比七里乡还多。同时，义乌市小商品市场提倡"不赚不义之财"，也给我们留下深刻的印象。把这些和多数中小学生对传统伦理道德的认同联系起来，我们感到两地有特色的伦理道德仍在不同程度地传承。那么，传统伦理道德是怎样传承的呢？调查发现，它的传承机制主要是四个方面。

1. 党政部门重视提倡

义乌市委曾组织宣传义乌精神的活动，把义乌精神概括为勤奋、好学、刚正、勇为。浦江县也曾以三言方式编成《公德歌》，把社会公德教育与传统道德教育结合起来。

2. 学校教育

一些中小学针对儿童青少年中普遍存在的问题，进行热爱劳动、爱惜粮食、爱护公物，节约用钱的教育。针对社会上普遍出现的人情冷漠等消极现象，通过"学雷锋做好事"进行仁爱教育。义乌市实验小学每个少先队小队就是学雷锋为人民小组。义乌中学内的水泥路和自行车棚，都由师生动手搞起来。另外，有的学校（如义乌稠城镇初中）还注重用道德格言对学生进行教育。有的道德格言，如"小时偷针，大时偷金""脚正不怕鞋歪""孝敬土地是自己的谷，孝敬父母是自己的福"等，着实具有地方特色。

3. 家庭教育

在两地的座谈会上，不少家长向我们讲述自己对孩子的道德要求。有的要求孩子诚实勇敢，艰苦奋斗，遵守纪律，助人为乐；有的要求孩子做到忠孝两全，孝父母，尊亲长，敬老师，忠于国家、民族和事业，多数属于传统伦理道德方面的内容。

4. 家族文化

前面已经提到，浦江县的郑宅曾被朱元璋称为"江南第一家"，已形成自己的家族文化。郑宅的家族文化主要包括这样一些内容：(1)详尽的家规（族规）。从元代形成家规之日始，非但未曾更改一字一句，并且还以不懈的执行和严格的奖惩措施维持了家规的效能和权威性。(2)有关郑氏先人的善德义举的各种道德佳话和传说故事。有一则"孝感泉"的传说，讲的是某一大旱之年，郑氏三世祖郑绮为病卧老母寻觅甘泉终无所得，失望至极，顿足长号，不料此番孝心感动上天，一阵雷鸣电闪过后，在他身边奇迹般地涌出一股清泉，绮母终于痊愈，从此郑绮孝名远扬。郑绮也嘱其子孙以孝为先，代代相传。还有一则故事，讲的是南宋某年金衢大旱，郑绮的祖父郑淮卖掉全部上千亩田地山林，籴米熬粥，广施饥民，自此以后郑氏家族常有此类义举。更有一则叫"百犬同槽"的故事，说郑宅人带了100只狗去浦江城里，99只已到达，唯有1只掉队，这99只就不吃不饮，翘首等待最后1只的到来。这类故事传说，其中难免有想象杜撰因素，但在对家族成员灌输"孝""义"意识方面却起了非同一般的作用。(3)家族史料。包括家族兴衰变迁史、名人题词题诗墨迹等。至今已有《麟溪集》等数个版本。(4)家族文物古迹。包括"江南第一家"匾额、一品柏、东明书院遗址、孝感泉等。如今郑宅已成为郑宅镇，郑氏家族文化实际上已成为郑宅镇社区文化的一部分，年轻人正在慢慢地接受着郑氏家族文化的熏陶教化。

总之，这次调查告诉我们，优良传统伦理道德仍在通过多种途径进行传承，并对社会生活和年轻一代发生积极的影响，多数中小学生认同优良传统伦理道德，道德面貌基本上是好的。但从被调查中小学生的自述和学校校长教师反映看，进一步提高各界人士的认识，切实加强青少年优良传统伦理道德教育，是继续加强和改进年轻一代的道德教育、搞好城乡社会主义精神文明建设的一项迫切任务。

三、讨论与建议

(一)商品经济与传统伦理道德之间并不必然地互不相容

就以义乌小商品经营者为例，我们在座谈中了解到，小商品市场普遍提倡合法经营，讲究信用，"不赚不义之财"，这也是其得以繁荣发展的原因之一。这就告诉我们，商品经济虽可能会冲击部分的传统观念、传统道德（如重农轻商），但传统道德也可以有机地渗入经营领域促进市场经济健康发展。例如，经营时讲"信"、讲"义"、讲"礼"，赚钱之后可以为"忠"、为"孝"、为"善"。

(二)传统伦理道德可以具有时代特色

伦理道德同时具有传统性和时代性，伦理规范根植于传统文化的渊源，同时又会随着社会的进化而与时俱进，适当调整。"忠"与"孝"是中华伦理之根本。中国在现代化过程中，作为忠的原有对象——"君"，早已不复存在，"孝"的内涵也有了很大变化，但并不意味着"忠"和"孝"的伦理可以淘汰。我们只要深入考察一下"忠"的内涵，就可以发现"忠"在中华民族看来就是关于国家的伦理，而"孝"则是关于家族的伦理。现代化的过程不可能消灭国家和家庭，则"忠"与"孝"也不应全部予以毁弃。我们宣传"忠"，要讲忠于自己的民族，忠于自己的国家，忠于自己的企业，培养对国家、民族、企业的责任感。我们讲孝并不是说那种"身体发肤受之父母不得毁伤"的盲目愚昧的孝，没有平等、人权的孝，但是，如果把孝调整为对父母长辈的尊重、爱护，以及强调子女在赡养父母方面的责任，孝依然是具有时代意义的。至于"义"，在中国传统伦理中确实有"君子喻于义，小人喻于利"，重义而轻利的倾向，在工业化、商业化的现代社会里，这种漠视利的观念固然有很不合时宜的一面，但这也并不意味着必须对追求高尚道德的重义传统予以全盘否定。我们认为对待义利，可以视具体情况划出不同的层次的要求：一是重义轻利。对于以廉洁奉公为主旨的政府公务人员来说，当然必须高张义旗，提倡责任与义务。第二个层次是义利并重。在既符合国家法律又完全可以为企业争得利益，为个人谋得收入的时候，尤其是在商业、外贸活动中，这也是比较切实可行的道德要求。第三层次是先利后义。对于个体经营，譬如小商小贩，可以要求他们合法获利，在盈利之后不忘依法纳税，积极参与公益慈善事业等。那种把提倡"义"同发展社会主义市场经济对立起来的认识是不切实际的。再如节俭，则应该与解决当今"能源危机"结合起来，在节俭教育中融入能源危机意识培养的时代内容，使传统伦理中建立在自给自足经济基础上，旨在简单积累的节俭美德，具有时代特色和全球色彩。

（三）优良传统伦理道德教育要有乡土特色

浦江、义乌两地体现出不同的伦理特色，浦江的郑宅在"孝义"方面略优于义乌，义乌则在忠和勤学苦读上略强于浦江，在经受"文革"那样暴风骤雨式的冲击之后，依然葆有了自身特色，发挥着应有作用。事实上，我们中华民族的优良传统伦理道德，在各地传承时总是带有地方特色的。正是有鉴于此，所以我们建议今后在进行中华传统伦理道德教育时，应充分重视地方特色的挖掘利用，在传统伦理道德教育中体现地方特色，这样会收到更好的教育效果。

（四）对年轻一代进行优秀传统伦理道德教育既要动之以情，又要导之以行。

从上述郑宅孝义家风传承情况，我们可以看到，郑氏后代中的成年人，在向年轻一代进行传统美德教育时，不是进行干巴巴的说教，而是用生动而感人的故事传说去感染他们的心灵，使他们心悦诚服，所以，郑氏的后人对于祖先之德行、郑家之善名十分清楚，而且在与人谈及时常常流露出一种自豪感。正是这种自豪感，推动他们继续弘扬家族传统道德中的美德部分。虽然郑氏家族的人们不一定从心理科学的角度自觉地运用情感的力量进行家风的传承，但他们的做法很值得我们借鉴。同时，郑宅人也很重视道德的践履和行为习惯培养，他们坚持不懈地以自己的家规要求后代，坚持不懈地督促全家族的人按家规去行动，久而久之自然会形成习惯。正因为重视行为习惯之培养，故而家族的遗风至今犹存。这又启示我们，对年轻一代进行传统美德教育一定要重视良好行为习惯的养成教育，否则，这种教育不可能真正收到实效。

（注：① 参加本调查的还有浙江省教科所德育室研究人员和庞志康、胡根辉、徐进等同志。义乌、浦江教育局和有关单位对这次调查提供了支持。② 本文在 1993 年 5 月在北京香山"东方伦理道德与当代青少年教育国际研讨会"发言稿基础上改定，原载罗国杰、张岂之主编《东方伦理道德与青少年教育》，上海教育出版社 1994 年 2 月第一版；1993 年 7 月 14 日先由《中国教育报·学园》摘要发表。）

中小学中华传统美德教育内容的确定

确定中小学传统美德教育的内容，应该同时解决三个方面的问题，即明确中华传统美德的主要内容，明确选择中小学中华传统美德教育内容应该坚持的原则，确定中小学中华传统美德教育的主要内容。

一、明确中华传统美德的主要内容

关于中华传统美德的内容，近年来学术界讨论较多，提出了许多看法。这些看法归纳起来有这样三类：

一类是对整个中华民族的优秀传统伦理道德的主要道德精神和内容作概括。例如，中国人民大学罗国杰教授认为，中华民族的优良道德传统，主要有五个方面：(1) 强调整体精神，强调为社会、为民族、为国家的爱国主义思想；(2) 推崇仁爱原则，强调"厚德载物"和人际和谐；(3) 提倡人伦价值，强调每个人在人伦关系中的权利和义务；(4) 追求精神境界，向往理想人格；(5) 重视修养实践，强调道德的主体能动作用。[①] 中国人民大学杨宪邦教授也指出，中华民族和东方传统伦理道德的精华丰富璀璨，具有强大的生命力，其最主要及基本的内容可以概括为十大特色：(1) 勤劳苦干，刚健有为；(2) 勇于革命，革故鼎新；(3) 自强不息，艰苦奋斗；(4) 仁民爱人，杀身成仁，为民请命；(5) 见利思义，舍生取义，廉洁奉公；(6) 尚贤选能，等贵贱、均贫富；(7) 诚信谦和，敬业乐群；(8) 敬老慈幼，尊师重教；(9) 精忠爱国，协

---

① 罗国杰. 继承发扬中华民族优秀道德传统，创造出人类先进的精神文明 [M]// 东方伦理道德与青少年教育，上海：上海教育出版社，1994：6.

和万邦；(10) 尊德性而道问学。①

第二类，从中华民族优秀传统伦理道德的主流是中国儒家的优秀传统伦理道德进行概括和阐述。例如，新加坡国立大学吴德耀教授提出了"儒家十德说"，认为在儒家价值体系下的忠、孝、仁、礼、义、廉、耻、信、和、平等概念，构成了中华文明的道德和伦理的准则。中国孔子基金会会长匡亚明教授认为，孔子在观察、体验、研究和总结的过程中，建立了庞大的道德规范体系。这一以"仁"为核心、以"礼"为形式的道德规范体系，主要有孝悌、忠信、恭敬、智勇。孝，指尊敬父母；悌指尊重兄长；忠，是指对人特别是对上竭心尽力、诚实负责的态度；信，即诚实无欺，但不是不分是非善恶；恭，是指对己庄重严肃，对人谦虚和平；智，是指能知人、知言、通权达变；勇，即见义勇为。此外还有：宽（待人厚道）、惠（给人以照顾）、敏（工作灵活勤勉）、让（谦逊）、俭（节俭）、直（正直）、贞（诚信）、温（温和）、良（善良）、知耻（有羞耻心）、好学（刻苦学习）、周而不比（讲团结而不搞小圈子）、和而不同（敢于提出批评意见而不无原则苟且顺从）、三戒（戒色、戒斗、戒得）、九思（视思明、听思聪、色思温、貌思恭、言思忠、事思敬、疑思问、忿思难、见得思义）等。他认为，这些道德规范，经过分析批判，其中很多可以用社会主义原则将其改造成为社会主义美德。②

第三类，是从现实生活中提炼、概括优秀传统伦理道德。持这种观点的人认为，中华民族的优秀传统伦理道德，正因为其优秀，必然会有很强的生命力，必然会在中华民族的发展过程中，世代相传，并且随着历史的变迁、时代的发展，不断融入新的成分，散发出新的光华，在中华各族人民的现实社会生活中继续发挥着它的积极作用。我们所要继承与发扬的，主要是这些在活生生的现实生活中被人民群众继承着的优秀传统伦理道德，而不是早已被历史淘汰了的或者无法加工改造为新时代服务的东西。正是基于这样的认识，所以他们认为从古代的典籍和贤哲的言论中去了解并概括优秀传统道德的内容固然是必要的，但更重要的是应该到现实生活中去把握哪些是我们民族的优秀传统伦理道德。本课题组在对浙江省义乌市、浦江县等地进行调查

① 杨邦宪. 道德与社会发展 [M]// 东方伦理道德与青少年教育，上海：上海教育出版社，1994：91.

② 匡亚明. 孔子评传 [M]. 南京：南京大学出版社，1990：216·222.

后，肯定"忠"（主要是指包含在"忠"内的中国人民爱国优良传统）、"孝"（肯定其要求子女尊敬长辈、赡养父母等符合人民群众要求和普遍心理的一面）、"仁"（指尊重人、同情人、帮助人的人道主义）、"信"（诚实守信、讲求信誉）、"苦读勤学"（摒弃其中"学而优则仕"的观念）、"勤劳俭朴"等，是浙江优秀传统伦理道德的主要内容。我们认为，这些优秀传统伦理道德在过去为社会的稳定与发展起到了重要的作用，而且在当前及今后仍将发挥积极作用。

在确定中华民族优秀传统伦理道德的主要内容时，还涉及两个问题。第一个问题是，传统道德许多范畴和德目的文字表达形式非常简洁，常常是一个单字（词）就是一个德目，例如"忠""孝""仁""义"等。但是，由于我国传统道德源远流长，往往是不同时代、不同利益集团的人们，根据各自的需要，给同一个德目注入不尽相同的内涵，提出一些不尽相同的行为要求，所以越到后来，一个德目所包含的内容就越多、越庞杂。这种情况表明列宁所说的在"每一种民族文化中，都有两种民族文化"[1]，即一方面是保守、反动的文化，另一方面是进步、革命的文化的现象，这种现象也可以从我国传统道德的许多德目中看到。正是因为许多德目包含着"两种道德"，以至于在研讨某一德目是否尚有继承发扬价值时，不同的研究者会因为各执其内涵的一端而得出完全相反的结论。那么，究竟怎样才能对这些德目作出正确的评价呢？我们认为，对于中华传统道德的许多德目，不能简单地加以肯定，也不能简单地加以否定。相反，应该用辩证唯物主义和历史唯物主义观点分析每一传统德目，搞清它长期以来用于处理哪方面道德关系，长期以来贯穿于其中的最基本最稳定的精神是什么，这些基本精神是否适用于今天，怎样才能结合当代的实际加以继承发扬。然后再进一步考虑不同时代不同利益集团的人们对这一德目的不同诠释和关于落实这一德目的具体行为要求，哪些可以借鉴，哪些必须摒弃，等等。

以"忠"为例。在孔子看来，"忠"也是处理个人与他人关系的基本准则，其基本要求是为人办事要尽心尽力，言行忠直，即《论语》所说的"为人谋而不忠乎""忠焉，能勿诲乎""居之无倦，行之以忠""言思忠"等。为人谋当

---

① 列宁全集：第20卷 [M]. 北京：人民出版社，1958：15.

然也包括为君谋。因此，孔子也讲忠君。但孔子没有讲愚忠，相反他从当时历史条件出发，强调"君使臣以礼，臣事君以忠"①。到了东汉章帝时，鉴于西汉末年农民起义及王莽篡汉的教训，出于巩固政权的需要，在白虎观会议（公元 79 年）基础上形成的《白虎通》，特别突出了"忠"，把"忠"放在"三教"（忠、敬、文）之首。其尚"忠"之实在于强调忠君，进一步明确臣对君的绝对依附关系。宋朝以后，则进一步宣传"愚忠"，所谓"君要臣死，臣不得不死"。但尽管如此，中国老百姓对于"忠"的理解并非只限于"愚忠"。老百姓并不仅仅以对皇帝态度来区分忠奸，老百姓还非常推崇尽己而助人、言行忠直，以及临大节而忠贞不屈的气节。到了 20 世纪初，辛亥革命推翻了清王朝，建立了中华民国，皇帝没有了，"忠君"成为历史，但"忠"的道德仍被孙中山先生所提倡。孙先生提出"忠孝仁爱信义和平"八德，并对其作了具体分析，认为"君主可以不要，忠字是不能不要的"，"古时所讲的忠，是忠于皇帝……我们在民国之内，照道理上说，还是要尽忠，不忠于君，要忠于国，要忠于民，要为四万万人去效忠。为四万万人效忠，比较为一个人效忠，要高尚得多"②。新中国成立后，我们也大体上沿着这一思路提出了忠于祖国、忠于人民、忠于社会主义事业、忠于职守等道德要求，竭力推崇尽心尽力帮助他人这类忠诚品德。很明显，在社会主义时代，所谓为人谋首先应该是为绝大多数人即为人民谋利益，而社会主义祖国是人民的祖国，社会主义事业是人民的事业，因此，上述社会主义时期关于"忠"的一些要求与"忠"这一传统德目的 基本精神是一致的。由此可见，"忠"所处理的基本道德关系今日同样存在，它的基本精神同样是适用的，在今后，我们仍须结合时代实际，继承发扬"忠"这一传统道德的基本精神。至于摒弃封建时代曾经加于其上的"忠君"甚至"愚忠"这种腐朽的道德要求，以及"文革"期间林彪、"四人帮"造成的"现代迷信"，当然是不言而喻的事情。

再以"孝"为例。"孝"和"悌"曾被古代许多思想家视作为"仁"之本。几千年来，在"孝"这一德目里也被人加入了许多不合当今时代的内容。诸如，主张不论父亲的意见对与错，都应父亲死后"三年无改于父之道"，强调"不

---

① 《论语·八佾》。

② 冯天瑜. 孙中山对中国传统伦理的现代诠释 [N]. 光明日报，1995－06－12.

孝有三，无后为大"，以及所谓"父母之命，媒妁之言""父要子死子不得不死"等。但是，孝作为处理亲子血缘关系的伦理道德规范，至今仍不失其重要作用。几千年来贯穿于"孝"这一德目中最基本、最稳定的东西是要求人们发自内心地、自始至终地敬爱自己的父母，包括尊重父母的教诲，以礼事父母，和颜悦色地侍奉赡养父母，决不以不义之言行羞辱父母、危及父母，父母亡悲痛万分并以礼葬父母等。由此可见，中华民族的"孝"是一块混有杂质的宝石，只要剔除杂质，拭去灰尘，就会熠熠放异彩，更好地适应时代需要、人民需要、中小学生健康成长的需要。

第二个问题是，中华传统美德从时限上应该划到何时，是否应该包括现代的革命传统美德？对于这一问题，当前学术界、思想界实际上存在着不同的看法。在不少人的观念中，传统美德是专指中国古代道德中的精华部分。我们认为，凡是中华民族从古到今不断形成的美德都叫中华美德，包括今天我们还在着手建立的有中国特色的社会主义道德规范。在中华美德中，已经形成为传统的那一部分，称它为中华传统美德。这是中华美德中分量最大的部分。这种中华传统美德，既包括自古以来形成和发展起来的美德，也包括在中国共产党领导的新民主主义革命时期形成并成为传统的美德，还包括社会主义革命和建设时期形成至今已成为传统的那些优秀道德。在这里需要明白两点：其一，所谓传统虽然是指那些世代相传的东西，但学术界有一种被多数人接受的观点认为，凡已继承三代及三代以上的东西，即应视为传统。而所谓"三代"，并不固定地以 20 年或 30 年为一代作为标准，相反应视具体情况而定。 例如学生班级的传统，是指某种思想或做法已在三届或三届 以上的学生中继承。其余即可依此类推。① 根据这种观点，我们主张应把在革命战争时期和社会主义时期形成并已成为传统的美德，包括在中华传统美德之内。其二，中华传统美德是动态的、不断发展的。他日的时尚，今日即视之为传统。在传统发展过程中，人们对它总会有所舍弃，有所发扬。如前所述，虽然在近几十年的历史上我们在对待优秀传统文化方面有过失误，但在中国共产党的领导下，中国人民在新民主主义革命、社会主义革命和社会主义建设时期，对以往的中华传统美德还是有所继承与发展的。许多革命先辈、先

---

① （美）E. 希尔斯. 论传统 [M]. 上海：上海人民出版社，1991：20.

烈、英模，是继承发扬中华传统美德的典范。今日在许多地方开展的寻访老英雄的活动，就是为了弘扬中华民族的伟大精神和传统美德。所以，在开展中华传统美德教育的时候，把近现代的传统美德排斥于外的做法是不可取的。

二、选择中小学中华传统美德教育内容应坚持的原则

在选择中小学中华传统美德教育内容的时候，首先要考虑两点：一是不可能用传统美德的全部内容教育中小学生，并内化成他们自己的品德；二是中小学生时期是人的一生发展的奠基时期，是道德品质形成的最佳时期，必须以最优秀最恰当的中华传统美德内容对他们进行教育，引导他们接受这些优秀道德。因此，认真选择中小学中华传统美德教育的内容就显得尤为重要。而要选好这些内容，下列几点就应该成为我们在选择时必须坚持的原则。

1."双基"原则

选择中小学中华传统美德教育的内容，应该注重它的基本性和基础性。所谓基本性，是指我们应该选择传统美德中一些最基本的内容，对学生进行教育。所谓基础性，是指中小学的教育是基础教育，中小学德育的任务是为年轻一代一生的健康发展打好思想道德和政治态度的基础，重点是遵循中小学生身心和品德发展的规律，对他们进行"五爱"情感、文明行为习惯、基本的道德品质和遵纪守法意识教育，选择中小学中华美德教育的内容，应该符合中小学德育基础性的特点和要求。

2.时代性、方向性原则

选择中小学中华传统美德教育内容，应该考虑与时代要求相结合，符合社会主义方向。也就是要根据加快改革，扩大开放，建立社会主义市场经济体制，迎接21世纪面临的挑战，推进建设有中国特色社会主义事业，对新一代公民素质所提出的要求，选择传统美德教育内容，并赋予其具有时代特色的具体内容、要求和形式。

3.针对性原则

选择中小学传统美德教育的内容，在强调基本性和基础性的同时，还应强调针对性。在整体安排中小学传统美德教育内容的前提下，要针对一定时

期社会上，尤其是中小学生身上反映出来的具有倾向性的思想道德方面的主要问题，突出某些传统美德内容的教育，提高传统美德教育的实效。杭州市天长小学在开展"弘扬中华美德，凝练天长精神"的系列教育中，首先针对目前小学生中比较普遍存在的心中只有自己，很少甚至不关心他人，以及不爱惜劳动成果、攀比物质享受等倾向，在全校开展孝敬父母、关心他人和勤劳俭朴的教育就是一例。

4. 成人社会认同原则

中小学生不仅仅生活在学校这一方人间的净土之内，而且还时时刻刻地受市场经济浪潮汹涌、价值观多元化的社会生活的影响。这一社会生活的主角目前还不是他们，而是包括教师、学生家长、社会各界人士在内的成年人。中小学生的健康成长需要成人社会予以强有力的保证。所以，我们在选择与确定中小学传统美德教育内容时，也应该认真考虑成人社会的认同与支持。浙江省哲学社会科学"八五"规划重点项目"中华优秀传统道德和当代青少年教育"课题组在义乌市实验小学进行"孝亲礼让"教育，在义乌市城南中学开展"勤"和"俭"的教育，学生家长普遍称好，有的同志还写信给有关领导，认为早就应该这样做了。这从一个侧面说明，我们所进行的教育实验内容的选择，符合群众的愿望，做到了社会认同这一条原则，因而实验效果较好。

三、中小学传统美德教育内容的确定

根据以往的实践，在确定中小学传统美德教育的内容方面，主要有下面几种类型。

一是按照整体规划学校德育体系的精神，对中小学德育内容作全面考虑，把中华传统美德教育方面的内容，作为整个德育内容的有机组成部分。国家教委基础教育司本着去伪存真、继承发展、鉴古知今、古为今用的原则，把拳拳报国心，热爱祖国、忠于祖国，"国家兴亡，匹夫有责""国而忘家，公而忘私""己所不欲，勿施于人""严于律己，宽以待人"，家庭和睦，人际和谐，孜孜上进，勤学勤思，勤习勤做，"惟曰孜孜，无敢逸豫"，发愤图强，艰苦创业，以及正直诚实、淳朴厚道、勤劳节俭、助人为乐、见义勇为等列为中小学优秀伦理道德教育的内容，并体现在国家教委颁布试行的《小学德育纲要》和《中学德育大纲》中。

二是单独确定中华传统美德教育内容。吉林省"中华民族传统美德教育实验研究"课题组，把中华民族传统美德归纳、提炼成为十二个德目，即立志勤学、爱国爱民、天下为公、孝敬父母、尊敬师长、团结友爱、诚实守信、勤劳节俭、谦虚礼貌、律己宽人、求索攻坚、整洁健康，在许多学校开展教育。而有的同志则认为，对中小学生进行传统美德教育主要包括三方面内容：(1)"国家兴亡，匹夫有责"的爱国主义传统；(2)"亲亲、尊长、尊师、爱人"的人际和谐关系；(3)"自强不息"的刚健自强精神。有的人则建议对学生进行重德精神、宽容精神、爱国精神、自然精神、诚实精神的教育。[①]

三是从实际出发，确定一所学校中华传统美德教育的内容。浙江省义乌市实验小学处在小商品经济发达的义乌市稠城镇，该校按照浙江省哲学社会科学"八五"规划重点项目"中华优秀伦理道德和当代青少年教育"课题研究方案的要求，进行优秀传统伦理道德教育的实验研究，根据当地实际和该校学生的特点，确定对学生进行这一教育的目标和内容是：爱国爱民，孝亲尊长，仁义友爱，诚实守信，勤学苦读，刚正廉洁，谦虚礼让。宁波市镇海中学则以把忠心献给祖国，把爱心献给人民，把诚心献给朋友，把孝心献给父母，把信心留给自己等"五心"教育为出发点与归宿，吸收西方文化精华，形成了自己学校传统美德教育的内容系列。

四是确定某一特定时期一所学校或一个地区中华传统美德教育的内容。例如，衢州师范学校附属小学强调，应该教小学生明白以"孝"为主的家庭伦理，记住以"礼"为主的行为规范，坚持以"信"为主的社会交往准则，奉行以"俭"为主的生活信条。浙江大学附属中学则狠抓学生的社会责任感教育，海宁市以敬老爱老教育为近几年该市中小学传统美德教育的主要内容等。所有这些，都是从自己学校学生实际出发确定中华传统美德教育内容的实例。

此外，我国台湾地区中小学伦理教育的中心内容是修己与善群。"修己"是指努力提高自身的思想品德修养，包括(1)养心：格物、致知、诚意、正

---

① 王炳仁. 中小学德育工作的永恒主题 [N]. 浙江教育报，1995-01-18(3).

心；（2）养身：勤四体、节饮食、慎起居；（3）治生：勤劳、俭朴、创造、服务。"善群"是指要处理好家庭、社会生活等方面的伦理关系，包括：（1）对家庭：亲慈子孝、兄友弟恭、夫妇和顺、邻里和睦；（2）对社会：信义谦和、博爱互助、尊贤敬长、恤孤济贫、爱护公物、崇尚公德；（3）对国家：忠贞、爱国、明礼义、知廉耻、负责任、守纪律；（4）对世界：平等、互助、和睦尚信、重义明耻、济弱扶困。新加坡好公民教材的《课程纲要》则包括了孝顺、手足情深、尊敬老师、尊敬长辈、守法、责任感、公德心、爱校、爱国、协作精神和种族和谐等 35 项内容。其中 低年级着重个人修养、个人与家庭、个人与学校的教育，高年级则扩展到个人与社会、个人与国家、个人与世界。[①] 这一思路我们可以参考。

关于究竟应该以哪些传统美德作为中小学传统美德教育的内容，我们的基本想法是：首先，要认真贯彻前述选择中小学传统美德教育内容的诸原则，务使确定的内容能够指导和推动年轻一代在 21 世纪社会生活中，处理好个人与他人、个人与家庭、个人与集体、个人与社会、个人与国家、个人与人类的伦理关系，使自身道德修养和整体素质得以全面提高。其次，应该使这些内容具有明显的传统特色。我们所确定的中小学传统美德教育的内容虽然可以有所不同，但有一点是必须肯定的，那就是它们都应该有明显的传统特色，表述上力求简洁。综观传统美德的许多德目的表述，简明易记，经过长期继承，已经为广大人民群众所喜闻乐见，成为我们民族特有的精神财产。因此，只要我们发扬其作为优秀传统的基本方面，联系时代实际加以应用，这些德目一 定会在 21 世纪发挥出巨大的作用。正是基于这样的考虑，我们建议，中小学传统美德教育的内容，应该着重在责、志、孝、仁、礼、和、义、忠、信、诚、勤、俭、直、耻等十四个字范围内考虑。下面分别加以说明。

责。人类所从事的活动是社会性的，只有社会的进步和发展，才有社会绝大多数成员个人正常利益的普遍满足。但是，社会进步与发展的基础是其每个成员都必须对它尽责，如果社会的每个成员都不对社会尽责，社会就难以正常发展。在人类社会尚存在国家与民族的时候，国家与民族的繁荣昌盛，

---

① 何子煌. 新加坡小学道德教育的内容结构与教育活动 [M] // 东方伦理道德与青少年教育. 上海：上海教育出版社，1994：333.

乃是其所有成员的根本利益所在。同样，国家与民族的兴衰，也决定于它们的成员是否对其真正尽责。这样，我们就不难明白每个个人都对家庭、集体和他人负有责任了。如果把上述责任都称作人的社会责任，那么，作为真正意义上的人首要的标志，就在于他能自觉地承担自己应负的社会责任。那种宣扬"人为财死，鸟为食亡"，信奉"人不为己，天诛地灭"的人，至少是不懂得"人"的真实含义。那种声称先要社会满足他个人的种种要求，然后才来考虑是否对社会尽责的人，至少不懂得社会之所以叫社会和社会怎样才能发展的道理。中华传统美德的重大特点就在于崇尚社会责任，主张个人对他人、对家庭、对集体、对民族、对人类的道德责任。这种道德责任，完全出于自觉，不以权利为前提，实在难能可贵。千百年来，我们民族有多少仁人志士为民族的独立解放、繁荣富强而奔走呼号，虽赴汤蹈火、肝脑涂地而在所不惜。"先天下之忧而忧，后天下之乐而乐""天下兴亡，匹夫有责"，"为有牺牲多壮志，敢教日月换新天"，这种精神鼓舞和教育了无数中华民族子孙，其洪亮的声音至今仍在中华大地回荡。可是，也应看到，今天生长在五星红旗下的当代儿童中，许多人甚至被当作"小皇帝""小公主"侍奉，他们既无老一代人当年小小年纪就要挑起家庭生活担子的压力，也没有像老一辈革命家那样因民族危亡而感到重任在肩。虽然，建设有中国特色社会主义的伟业尚任重道远，但他们中的许多人似乎还远没有体会到自己的责任。所以，加强道德责任感教育，培养他们对他人、家庭、集体、国家、民族、人类的道德责任心，实在应该列为对当今中小学生进行传统美德教育的重要内容。

志。孔子说："三军可夺帅也，匹夫不可夺志也。"中国人尚"志"，历来谈"志"的言论也很多，内涵主要包括志向和意志两个方面。志向是人生的目标或理想追求，是人的重要精神动力和支柱。确立远大的志向是为人的根本。否则，不仅"非志无以成学"，而且"志不立，天下就无可成之事"。而坚强的意志，则是实现远大志向不可或缺的主观条件。历史的发展是曲折前进的，人生道路亦非一帆风顺，只有"富贵不能淫，贫贱不能移，威武不能屈"，以及不畏任何艰难险阻者，才有可能实现其远大的志向。所以，重视对年轻一代的立志教育，是我国道德教育的优良传统。这一教育传统体现了我国传统文化内超越的特点。在古代，许多先哲强调人皆可以为尧舜，要求年轻一代仰慕先贤，立志做道德高尚、人格完善，以"天下为己任"的"君子""成人""大丈夫""贤人"；在现代，我们的教育坚持共产主义精神导向，要求年轻一代立志在德智体美劳等方面提高自己，成为社会主义事业的建设者和接班人，并且还鼓励他们中的优秀分子立志成为毫无自私自利之心的高尚的人、有道德的人、脱离了低级趣味的人、有益于人民的人。今后，在对中小学生进行传统美德教育时，仍然应该把引导他们确立高尚而远大的志向，放在突出的位置。最低限度也应该教育他们立志做一个在21世纪对祖国、对人民、对人类有益的人。只有当他们真正确立起高尚而远大的人生理想与追求的目标的时候，他们才会自觉接受和努力实践中华传统美德，并在其他各个方面努力完善自己。

孝。子女与父母之间的血缘伦理关系，是人类最基础、最基本、最永恒的伦理关系，也是年轻一代最早碰到并且在儿童青少年时期接触最多的伦理关系。这一伦理关系的基础性，一方面表现为家庭是社会的细胞，家庭中血缘伦理关系处理得好不好，会影响各行各业和社会的稳定；另一方面表现为，年轻一代能否正确处理这一伦理关系，往往会影响到他们对其他伦理关系的理解和处理方式，从而影响他们整体道德品质的形成与发展。人们常说的爱祖国、爱人民应该从孝敬父母做起，就是这个道理。如果我们对父母与子女关系的特点稍加分析，便不难发现，父母对子女一般均有天然的爱护之心，而子女却随着自身年龄的增长，愈来愈趋向于脱离父母，因而需要多多提醒为人父母者防止对子女溺爱。对于子女的这种"离亲"倾向，首先应当实事求是地视之为年轻一代成长过程中的正常现象，同时也应清醒地意识到，随着对父母的逐渐疏离，子女对父母的情感会逐渐淡化。而且，即使在备受父母爱抚的儿童少年时期，"养育之恩终身相报"的观念也不会在孩子头脑中自发产生，相反，有的孩子因为备受娇宠而变得非常自私任性却屡有所见。这说明，"孝"是需要教育的，我们应该在孩子的中小学生时代，就对他们进行孝亲的教育。当前的情况是，社会上孝风日衰，在不少家庭里作为名词的"孝子"，已经或正在变成动宾结构的"孝子"，实在令人担忧。因而，大力弘扬中华民族"孝"的优良传统，更有其必要性和迫切性。对中小学生进行"孝"的教育，除了孝敬父母外，还包括孝敬祖父母，孝敬外祖父母，以及尊敬老师和其他长辈。同时，针对社会现实和教育应当走在发展前面的原则，在中学（特别是高中）里应该对男女学生进行将来要孝敬公婆和岳父母的教育。

仁。作为处理人际关系的重要道德准则与规范的"仁"，是孔子创立的儒家道德的核心，"仁"字仅在《论语》中就出现了106次。在孔子那里，"仁"的最基本含义是爱人。综观《论语》所述，对孔子所谓的"爱人"，不能主观片面地理解为只爱统治者。孔子所说的"仁"还包含孝悌、忠恕、温良恭俭让等许多要求。后来，孟子进一步要求统治者"施仁政于民"，做到"老吾老以及人之老，幼吾幼以及人之幼"，"使民养生丧死无憾"。①所有这些，长期以来对中华民族的伦理思想和道德生活发生了广泛而深刻的影响。中华民族在实践中意识到仁爱对民族生存发展的意义，并将其作为自己民族美德的主要规范和"善"的主要标准流传至今。在漫长的封建社会里，虽然腐朽没落阶级常常会打着"仁"的旗号行不仁之实，残酷地剥削压迫甚至杀戮劳动人民，但他们总会遭到我们民族正直善良的人们的痛斥。"仁"的美德，永远为我们民族的优秀分子和广大劳动人民所继承。孙中山以"博爱"释"仁爱"，认为"公爱"方为"仁"，号召"天下为公"。陶行知先生提倡"爱满天下"；刘少奇在《论共产党员的修养》中所说的"杀身成仁，舍身取义，在必要的时候，对于多数共产党员来说，是被视为当然的事情"②，以及今日社会上开展的"学雷锋，献爱心"活动等，都是对"仁"这一传统美德的继承与发扬。今后，我们引导广大中小学生弘扬"仁"的美德，也应该把重点放在教育他们爱普天下绝大多数人上。要教育他们尊重他人，关心他人，爱护他人；要培养他们乐于助人，像对待自己的亲人那样，敬老爱幼助残扶困；要启发他们将心比心，设身处地为他人着想，像孔子所说的那样，把"己所不欲，勿施于人"作为终身处世的准则。

礼。这里说的"礼"，不是特指孔子曾想恢复的周礼，而是指长期以来我们民族所形成的待人接物能讲礼貌、讲秩序、讲礼让的好传统。礼是优化人际关系，保持社会稳定繁荣，开展国际交往不可缺少的重要道德规范。对中

---

① 《孟子·梁惠王》。

② 刘少奇选集：上册[M]. 北京：人民出版社，1981：134.

小学生进行"礼"的教育，其具体内容包括会使用礼貌语言，体态语言得体大方，言谈举止文明。在校内各种场合对老师同学有礼貌，参加升旗仪式时言行符合升国旗礼仪规范要求，参加各种集会有礼貌、守秩序；在校外各种公共场合讲礼貌、有秩序；在家中有礼貌，接待客人和外宾言行符合礼仪要求；在荣誉和利益面前能够礼让等。这些内容在国家教委颁发的《小学生日常行为规范》和《中学生日常行为规范》中，在各地教育行政部门及学校自行制订的中小学生日常礼仪规范中，都有体现。此外，还可以把"礼"的内容扩展到要求学生遵纪守法方面。

和。关于"和"，孔子的弟子有子曾经说"礼之用，和为贵"；孟子也说"天时不如地利，地利不如人和"。南宋理学家朱熹将这个"和"解释为"从容而不迫"。20世纪30年代，浙江富阳的学者蒋伯潜先生将它理解为"和气"，后来国学大师毛子水先生将其译作"中"。另外，孔子曾说："君子和而不同，小人同而不和。"对于这句话中的"和"，朱熹作这样注释："和者，无乖戾之心。同者，有阿比之意。"他还引用别人的观点说："君子尚义，故有不同，小人尚利，安得而和？"以上讲的有与人和合之心，待人和气，言行适度有节，但不迎合不义之人所好等，都是我国传统美德"和"的内涵。随着历史的发展，这一传统美德进一步被运用于处理群体与群体之间、地区与地区之间、民族与民族之间、国家与国家之间的关系，其内涵也日益丰富，许多有关这一美德的格言和故事，至今仍被广泛传颂。因此，我们应该进一步弘扬这一传统美德，教育中小学生平时要谦和待人，与人讨论问题时要心平气和，要与他人和睦团结，特别是要团结那些经常与自己意见不一致或者性格不同的人，决不能在同学之间、师生之间、邻里之间和集体内部，制造矛盾，挑起不和，但也决不迎合与附和对他人、集体、国家不利的言行。

义。"义"即正义，指的是人们的思想行为符合一定的标准。《礼记·中庸》称"义者宜也"，韩愈《原道》说"行之宜之之谓义"，讲的都是这个意思。自春秋战国时期，我国的许多伦理思想家把"义"列为重要的道德规范以来，经过后人的反复提倡和实践，"义"成为我们民族的一项重要的传统道德。剔除其中诸如"君臣之义"等糟粕和不适应时代需要的内容，"义"同样是内涵丰富的优良传统道德，熏陶了一代又一代深明大义的中华民族的优秀子孙。这些优良道德传统，主要表现为：（1）杀身成仁，舍生取义。孔子主张："志士仁人，无求生以害人，有杀身以成仁。"孟子也说："生亦我所欲也，义亦我所欲也；二者不可得兼，舍生而取义者也。"两千余年来，大批志士就是为了正义而献出了自己宝贵的生命，特别是许多民族英雄和反帝勇士，怀着伸张民族大义、坚持民族气节、挽救民族危亡的高尚情操，义无反顾地奔赴抵御外族入侵、反抗帝国主义侵略的疆场，以生命和鲜血谱写了一曲曲爱国主义的赞歌。这一传统启示今天的年轻一代，在21世纪应当坚持建设有中国特色社会主义的正义事业，坚持祖国利益高于一切的中华民族大义，并为此而奉献自己的一切。（2）见义勇为。孔子说："见义不为，无勇也。"苏轼说："见义勇发，不计祸福，必极其志而后已。"今天的社会现状，亟须将其发扬光大。（3）正确处理"义"与"利"的关系。孔子宣称："不义而富且贵，于我如浮云。"主张要"见利思义""见得思义"。荀子强调以"义克利"。墨子则主张义利并重，"贵义""重利"。吕不韦在《吕氏春秋》中继承墨家"贵义""重利"思想，阐述了"义""利"的统一关系后，还提出了一些处理"义""利"关系的主张：处理"大义"与"私利"矛盾的原则是"忘利""行义"；处理"大利"与"小利"矛盾的原则是"去小取大"；处理"长利"与"今利"矛盾的对策是"舍今取长"，反对"竭泽而渔""焚薮而田"。这些见解，对于我们今日坚持分层次的正确义利观导向很有启发意义。（4）人们之间以义相交。孔子曾说："君子于天下也，无适也，无莫也，义之与比。"意思是说，君子与天下人之交不能有偏颇厚薄，唯以仁义分亲疏，要接近"质直而好义"的人。明朝学者王夫之在《示子侄》中强调的"以之交友，所合惟义"，其观点实际上也与之一脉相承。而古人著名的益友、损友、贼友之说，无疑也是受了孔子这一观点的影响。当今时代，人际交往之频繁远非古代所能比拟，把年轻人关在封闭的象牙塔中既不现实也很有害；但同时，我们也总不能让中小学生与那些见利忘义甚至为利害义的人去交往，让这样的人来毒害他们年轻的心灵。因此，继承和发扬"以义相交"的优秀道德教育传统，有利于年轻一代的健康成长。

忠。关于"忠"的本义，前面已有叙述。我们认为，今后对中小学生进行"忠"的教育，主要包括以下几方面内容：（1）忠心为他人办好事；（2）忠实履行对集体的责任；(3) 爱祖国，爱人民。忠于祖国，忠于人民。"发扬爱国主义精神，提高民族自尊心和民族自信心。"[①] 好好学习，天天向上，全面提高素质，准备将来为"人民作贡献，为祖国作贡献，为人类作贡献"[②]。同时也要在学生时代尽力做一些有益于祖国和人民的事。(4) 忠于职守。要使中小学生懂得，我国成年公民是通过在自己的职业岗位上工作与劳动为祖国为人民作贡献的，自己将来也要热爱工作，坚守岗位，讲究职业道德，以实际行动显示自己对祖国对人民的忠诚。

信、诚。"信"和"诚"是人们公认的中华传统美德，也是全人类推崇的高尚道德品质。中华民族重"信"。孔子曾说："人而无信，不知其可也。"他的弟子曾参将"与朋友交而不信乎"作为每日必自省的三项内容之一。清人的《弟子规》将"谨而信"列为专章。毛泽东曾将"言必信，行必果"作为抗日战争中共产党员在处理与友党友军关系时应该遵守的一项准则。在国内国际交往更加频繁的 21 世纪里，更需要弘扬"信"这一美德。"信"要求人们在交往中守信用，讲信誉，言行可信。在言的方面，要求做到"言必信"，即"凡出言，信为先，诈与妄，奚可焉？"在行的方面，要求"行必果"。在一般情况下，凡达成的协议应该认真遵守和履行，凡应允别人的事，一定要做出一个好的结果。孟子说："大人者，言不必信，行不必果，惟义所在。"他强调的是"信"与"果"要合"义"之要求，应视为对"言必信，行必果"的诠释。"诚"要求人们学习、修养心诚，办事诚心，对人态度真诚，对事业忠诚，为人诚实。说老实话，办老实事，做老实人，言行一致，表里如一，人前人后一致，在无人监督的情况下也能做到"慎独"。对于中小学生而言，不说谎，不作弊，不掩盖事实真相，勇于承认错误、改正错误等，也都是诚实的表现。

勤、俭。勤劳俭朴是中国人民引以为豪的传统美德，历来为人们所推崇。唐代诗人李商隐曾以"历览前贤国与家，成由勤俭败由奢"，概括历代君主治国成败的经验教训。新中国成立后，党和国家也竭力倡导勤俭建国、勤俭持家、勤俭办事业。毛泽东强调，中国要坚持"勤俭建国的方针"[③]，办"什么事

---

① 邓小平文选：第 2 卷 [M]. 北京：人民出版社，1983：328.

② 邓小平文选：第 2 卷 [M]. 北京：人民出版社，1983：328.

③ 毛泽东. 关于正确处理人民内部矛盾的问题 [N]. 人民日报，1957-06-19.

情都应当执行勤俭的原则"①。改革开放以来，依靠全国人民的团结奋斗，我国经济发展较快，社会主义现代化建设取得了伟大的成就，人民生活也得到不断改善，但是"勤"和"俭"的美德决不能丢。如果我们从此放弃对年轻一代进行"勤"和"俭"的教育，任懒惰奢靡之风泛滥，我们的民族很可能会在21世纪失去勤劳的传统，后果不堪设想。"勤"的美德，包括勤学、勤劳、勤政、勤奋工作，自力更生、艰苦奋斗等要求，强调的是要尽责奉献。对中小学生进行"勤"的教育，主要包括勤学与勤劳两个方面。学习是学生的主要任务，是他们全面提高自身素质，获得谋生和为社会服务本领的重要途径，必须认真对待。"业精于勤荒于嬉。"要想学有成就，就必须勤奋。勤奋学习，应该是学生的本分。"行成于思毁于随。"勤奋学习的具体要求很多，包括专心学习，虚心求教，自觉遵守学习纪律，眼勤、口勤、手勤等，其中最重要的是专心学习和勤于思考，特别是要进行创造性的思维。创造性的思维是创造性活动的主要条件，也是时代对这一代中华学子的要求。劳动对于年轻一代的健康成长具有全面意义，今日勤学勤劳习惯之养成，必将有助于学生他日在工作岗位上勤劳勤政奋发工作；更何况忽视劳动是当今学校、家庭、社会对儿童青少年教育的一大缺陷，所以对中小学生进行劳动教育，培养他们勤劳的品德与行为习惯是非常必要的一件大事。

如果说现时人们对培养年轻一代勤学勤劳品质之必要性认识尚不够的话，那么可以说人们对培养儿童青少年俭朴品质的认识则更为欠缺。由于发达国家生活方式的示范效应和高消费社会不良风气的误导，或者因为自己受过比较多的"苦"而不想再让自己的独生子女受"苦"的心理，不少家长甚至已经不理解对今天的孩子还有进行艰苦朴素、勤俭节约教育的必要了。在有些人的心目中，先贤们所发的"俭，德之共也；侈，恶之大也"，"君子之行，静以修身，俭以养德，非淡泊无以明志，非宁静无以致远"，以及北宋学者司马光"训俭示康"之论，乃是人们在生产落后、物质匮乏条件下不得已而为之，并非具有普遍性意义的远见卓识。其实，"俭"在培养道德、促进身心健康、兴国安邦等方面的功能是长久性的，今后它在保护生态环境和自然资源方面的

---

① 毛泽东. 勤俭办社·按语 [M]// 建国以来毛泽东文稿：第五册. 北京：中央文献出版社，1991：491.

意义，也将愈来愈明显。我们的社会和年轻一代，过去需要"俭"，今天需要"俭"，今后更需要"俭"。对中小学生进行的"俭"的教育，内容包括珍惜粮食和劳动成果，爱护公共财物，珍惜光阴和生命，养成俭朴的生活习惯，不搞铺张浪费，不攀比生活享受等。"一粥一饭，当思来处不易；半丝半缕，恒念物力维艰"[①]，衣食住行与人生日日相伴，对小学生进行的"俭"的教育应从这里抓起。对于中学生，进行"俭"的教育还可以适当联系社会实际。欧阳修曾说："俭葬，古人之美节；侈葬，古人之恶名。"在当今，孝敬父母之礼，更应倡导厚养薄葬，推行火葬。但社会上有些人，平时不孝敬父母，待到父母死后却大肆铺张，甚至营造豪华坟墓。这样做并非真孝，实质往往在于显富、斗富，是一种既违背"孝"又违背"俭"的愚昧行为，我们对此应该予以抵制。

直。"直"指耿直、刚直、正直，是向为中国人民所推崇的一项美德。古人所说的"君子质直""不诱于誉，不恐于诽""贞刚自有质，玉石乃非坚""尔心贵正，正则不敢私""泰山崩于前而色不变""包拯笑比黄河清"等，都是对正直品质的提倡和赞誉。刘少奇同志在《论共产党员的修养》中讲到共产党员"他理直气壮，永远不怕真理，勇敢地拥护真理，把真理告诉别人，为真理而战斗。即使他这样做暂时于他不利，为了拥护真理而要受到各种打击，受到大多数人的反对和指责而使他暂时孤立（光荣的孤立），甚至因此而牺牲自己的生命，他也能够逆潮流而拥护真理，绝不随波逐流"[②]，说的就是这种正直品德的最高境界。对中小学生特别是高中学生进行正直品德的教育，应当把握这样几个要点：（1）心正。关键在于无私。无私才能无畏，无私才不会屈服于利诱威胁，无私才不会对权贵谄媚屈从，无私才不会徇情枉法。（2）言真。说真话，讲真理。（3）行直。坚持按政策法规办事，坚持道德正义，为真理而斗争。

耻。"耻"指廉耻、羞恶之心。孟子曾说："人不可以无耻。""耻之于人大矣！""无羞恶之心，非人也。"古人还认为："痛莫大于不闻过，辱莫大于不知耻。"大量事实说明，一个失去廉耻感的人，往往很难救药；而"知耻近乎勇"，对于一个具有强烈的羞恶之心的人来说，这种羞恶之心会推动他扬善，

---

① 朱柏庐《夫子治家格言》。

② 刘少奇选集：上册 [M]．北京：人民出版社，1981：132．

阻止他为恶。但是，人的羞恶之心并非天生就有，需要及早培养，不断强化。对中小学生进行"耻"的教育，在内容上应该注意以下三点：(1)进行良心教育。良心是人们对自己所负道德责任的认识与情感，它是人们道德行为的调节器和内心评价的尺度。当人们在进行一定道德行为时，良心会推动他履行自己的道德责任，阻止他违背自己的道德责任。人们一旦违背了自己的道德责任，良心就会对自己进行谴责，从而使人感到羞惭与内疚。人们的廉耻感、耻辱感、羞耻心，正是良心的重要表现。所以培养中小学生的羞恶之心，应该和良心教育一起进行，要使他们真正理解自己一生应负的道德责任，并有担负道德责任的内在需要与决心。(2)从实际出发，坚持不懈地对学生进行正确荣辱观的教育。不辨荣辱，不知廉耻。让他们逐步懂得怎样做是可耻的，怎样做是光荣的。教育他们要从小立志为父母争光，为集体争光，为祖国争光，不做有损人格、国格的事。(3)进行善恶对比教育。要使学生懂得何为善，为什么是善；何为恶，为什么是恶，并且认识善与恶的不同后果。

（本文为1992年批准立项的浙江省哲学社会科学"八五"规划重点课题《中华优秀传统道德和当代青少年教育》的主研究报告《中小学中华传统美德教育研究》的一部分。原载王炳仁主编《中小学传统美德教育初探》，浙江教育出版社，1996年10月版。）

加强儿童青少年的艰苦奋斗教育
培育 21 世纪新长征的生力军^①

关于进一步加强和改善对当代中小学生的艰苦奋斗教育，弘扬红军长征精神，培育好 21 世纪新长征生力军，我提如下建议，供各位参考。

一、要充分认识对当代中小学生进行艰苦奋斗教育的必要性、紧迫性和可能性

关于必要性，首先，取决于创业的艰巨性。人类历史上任何一种真正意义上的创业，尽管相互之间的目的、内容、形式和方法不一定相同，但都会遇到各种困难和阻力，都必须通过艰苦奋斗，才有可能达到目标。建设有中国特色的社会主义，是前无古人的伟大创举，是人类空前壮丽、空前艰巨的社会主义、共产主义事业的一部分，更需要全国上下一代代人长时期的艰苦奋斗。在 21 世纪当家作主的新一代人，也应该高举艰苦奋斗的旗帜，努力把先辈开创的伟业，不断推向前进。

其次，取决于当代中小学生在未来社会主义现代化建设事业中的地位与作用。在义务教育趋向普及、高中阶段教育迅速发展的当代中国，正在学校

---

① 为了纪念红军长征胜利 60 周年，浙江省教育学会于 1996 年 11 月 18 日至 21 日在革命老区遂昌县王村口红军革命纪念地召开 "为了明天教育好年轻一代研讨会"，并组织代表瞻仰了粟裕、刘英同志曾经战斗过的地方。作者时任省教育学会副会长兼秘书长，与省教育学会常务理事、原丽水市教委主任黄尚厚共同主持本次会议。本文是作者所作总结发言的主要内容，曾发表于厦门市教育科学研究所所长谭南周主编的《厦门教育》1996 年第 6 期。

里接受教育的中小学生，将是在 21 世纪上中叶决定我们国家前途与命运的一代公民和经济、政治、科技、教育、文化、军事、外交等各个领域的骨干。历史要求他们成为艰苦奋斗实现中华新的腾飞的生力军。根据教育要走在成熟之前和学校要为年轻一代未来社会生活作好必要准备的原理，当前的中小学教育应当把重视对学生的艰苦奋斗教育作为一项坚定不移的原则。

再次，取决于艰苦奋斗精神自身的重大价值。伟大的创业实践，需要有伟大的创业精神。在历史上，勤劳勇敢、刚健有为、自强不息的精神，支持我们民族生存、繁衍、发展、强大；在中国人民大革命时期，为民族解放、为共产主义理想而艰苦奋斗的精神，使中国共产党人及其领导的革命军队，胜利地谱写了二万五千里长征这一人类历史上最悲壮的革命史诗，完成了推翻"三座大山"、创立新中国的伟大事业。当前和今后，全民族的艰苦奋斗精神，仍然是 21 世纪实现社会主义现代化新长征的重要保证。

关于紧迫性，主要表现为我们的党风、官风、民风和青少年精神面貌的主流虽然是健康向上的，但是存在的问题也相当严重。其中突出的是，拜金主义、享乐主义、极端个人主义和奢靡之风滋长泛滥；在不少人（尤其是相当一部分年轻人）身上，艰苦奋斗精神正在失落。这种状况与我们伟大事业健康发展的要求，很不相适应。如果我们不认识问题的严重性、紧迫性，不进一步增强对儿童青少年进行艰苦奋斗教育的责任感，采取实际有效的措施加强这方面的教育，后果将会非常严重。

关于可能性，首先，应该肯定上进心、可教育性是中小学生的本质性特点。其次，应该肯定敬业善教是中小学教育工作者队伍的主流，只要充分调动教育者主体的自觉性和积极性，他们就会克服困难、干扰，努力搞好对中小学生的艰苦奋斗教育。最后，应当坚信党的正确领导是搞好中小学艰苦奋斗教育的保证。

二、要认真研究艰苦奋斗精神的有机构成及其相关因素

（一）艰苦奋斗精神的有机构成

社会主义的艰苦奋斗精神，是一种由多种成分构成的复合精神。它的主要有机构成包括：（1）目标指向——建设有中国特色的社会主义，实现全国各

族人民的共同理想和根本利益。(2)内在动力——建设祖国、振兴中华的强烈责任感和使命感。它推动人们为实现伟大目标艰苦奋斗,乐于奉献。(3)心理支撑——良好的意志品质。包括为实现远大目标和正确计划不懈努力的自觉性、果敢性、坚持性、坚定性和自律性等。胜人者智,胜己者勇。支撑人们艰苦奋斗的良好意志品质,主要体现在不断战胜自身的各种消极因素,坚持艰苦奋斗的行为上。(4)主要行为表现——勤奋、创造、克难、俭朴。勤奋,包括勤奋工作劳动,恪尽职守,多多奉献;也包括勤奋学习,努力攀登,不断进取,为艰苦奋斗做好准备。创造,是指在工作劳动学习中,解放思想,实事求是,勇于改革,敢于创新,善于开拓。克难,不但指勇于面对、善于克服各种来自主体内外部的困难障碍,而且还表现为主动找"苦"吃,主动迎战各种困难,以苦为乐,以战胜困难为己任。为了战胜建设社会主义现代化过程中的各种困难障碍,甘愿牺牲自己的利益,甚至献出宝贵的鲜血和生命。俭朴,是指坚持勤俭节约办一切事业的原则,坚持与时代精神相吻合的健康文明的生活方式,不铺张浪费,更不奢侈腐化,抗腐蚀,拒诱惑。这样做既能保持人们自身为社会主义而艰苦奋斗的良好精神状态和健康身心,也能为社会主义事业的可持续发展积累物质条件,符合中华优秀儿女"先天下之忧而忧,后天下之乐而乐"的美德。

(二)关于艰苦奋斗精神的相关因素

宇宙间的任何现象都以其特有的方式,与其他现象发生这样那样的联系。社会主义的艰苦奋斗精神也是这样。与社会主义的艰苦奋斗精神相关联的因素主要有:(1)正确的人生观和价值观。人们有了正确的人生观和价值观,便能确立为建设有中国特色的社会主义而奋斗的崇高目标和志向。(2)社会主义事业的信念。人们只有坚信有中国特色的社会主义事业是中华民族的希望和中国人民的幸福所在,坚信这一正义事业必然胜利,才能为之而奋斗终生。(3)热爱祖国、热爱人民的情感。建设祖国、振兴中华的历史责任感,建立在对祖国和人民执着热爱的基础之上。(4)对国情和未来国际环境的正确认识。这能增强人们为建设祖国、保卫祖国而艰苦奋斗的责任感和紧迫感。(5)自理、自主、自治能力。缺乏自理、自主、自治能力的人,不具备为祖国为人民而艰苦奋斗的起码条件。

研究艰苦奋斗精神的有机构成，有助于我们确定中小学艰苦奋斗教育的基本内容和内容的层次梯度；也使我们明了，艰苦奋斗教育可以有多种切入口，既可以从立志教育抓起，也可以从责任感教育抓起，还可以从艰苦朴素的行为习惯培养抓起等。

三、要研究中小学艰苦奋斗教育的时代特色

（一）关于时代的认识

我们正处在建设有中国特色社会主义的新时代。从今年到 2010 年则是我们建设有中国特色社会主义伟大事业承前启后、继往开来的重要时期。今后的 15 年，在国际上，我们将面对世界范围各种思想文化相互激荡、科学技术迅猛发展、综合国力激烈竞争等重大挑战；在国内，我们要坚持党的基本路线不动摇，实现巩固和发展十一届三中全会以来取得的伟大成果、促进经济体制和经济增长方式的两个根本性转变、推动经济发展和社会全面进步等艰巨任务。同时，我们也面临着一系列社会主义现代化进程中必须认真解决的历史性课题，例如，如何在经济建设为中心的前提下，使物质文明和精神文明建设相互促进、协调发展，防止和克服一手硬、一手软；如何在深化改革、建立社会主义市场经济体制的条件下，形成有利于社会主义现代化建设的共同理想、价值观念和道德规范，防止和遏止腐朽思想和丑恶现象的滋长蔓延；如何在扩大对外开放、迎接世界新技术革命的情况下，吸收外国优秀文明成果，弘扬祖国传统文化精华，防止和消除文化垃圾的传播，抵制敌对势力对我"西化""分化"的图谋等，经受在新形势下加强社会主义精神文明建设的重要考验。

正确认识时代，有助于把握这个时代对中小学生进行艰苦奋斗教育，以至整个中小学德育和教育的要求，明确在这样的时代条件下对中小学生进行艰苦奋斗教育的有利条件与制约因素。

（二）关于当代中小学艰苦奋斗教育时代特点的认识

1. 教育宗旨突出强国

如果说中华人民共和国成立前我们的党和军队对年轻一代进行艰苦奋斗

教育，主要是为了教育他们奋起救国；中华人民共和国成立初期对年轻一代进行艰苦奋斗教育，主要是要鼓舞他们自力更生、艰苦奋斗、勤俭建国；那么当今我们对中小学生进行艰苦奋斗教育，其宗旨则在于强国，也就是要教育他们为21世纪实现中华民族新的更高层次的腾飞，把祖国建设成为富强、民主、文明的社会主义现代化国家而努力奋斗。

2. 教育要求更侧重于受教育者的精神境界、意志品质和主体自觉

对当代中小学生进行艰苦奋斗教育，与新中国成立以前和物质生活条件艰苦的过去不同。在过去，哪里有压迫，哪里就有反抗。许多人为了生存，为了解放，被迫奋起抗争；或者穷则思变，努力进取。在当前，随着国家经济的迅速发展，人民生活普遍提高，又没有明火执仗的敌人的直接威胁，太平盛世很可能在社会上滋长求安逸怕艰苦的思想。同时，国家鼓励勤劳致富，不少人通过自己的艰苦劳动创造财富，既为社会作贡献，又使自己富起来，这自然应该鼓励。但由于发达国家高消费的示范效应，对外开放下不可避免地渗透进来的资产阶级生活方式的消极影响，与市场经济相伴的高消费宣传，市场经济条件下少数人可以比较轻易地获取高额收入和过豪华生活的诱导，以及行业间收入的悬殊，致使"工种好一点，干活轻松一点，收入高一点，生活舒适一点"几乎成为大众心态。少数人则热衷于追求豪华的甚至奢靡的生活。在这样的客观条件下，教育年轻一代继承发扬艰苦奋斗精神，就会比较困难。因而就要求他们逐步具备更高的精神境界、更强的主体自觉、更坚定的意志品质。

3. 教育对象、教育力量的情况也表明，对当今中小学生进行艰苦奋斗教育的紧迫性更强，难度更大，要求更高

当今的中小学生，虽然上进心和可教育性仍然是他们的主流，但也确实存在着先天不足、后天受损的问题。所谓先天不足，是指他们不像老一辈年轻时代那样，小小年纪就要为生存而拼搏，为挽救民族的危亡而献身，从小接受艰苦奋斗的实践锻炼，获得艰苦奋斗的亲身感受，具有继续经受艰苦磨炼的必要精神准备。所谓后天受损，主要是指社会上一些领域和地方滋长与蔓延的拜金主义、享乐主义、极端个人主义和腐败现象，对中小学生的侵蚀和诱惑，许多家庭对孩子过分娇宠和精神误导，不少学校放松对学生的艰苦奋斗教育，导致许多中小学生以我为中心，缺乏应有的家庭责任感、校园责任感和社会责任感，骄、娇二气比较严重，不爱劳动，不愿刻苦学习，意志薄弱，缺乏毅力，有的没有起码的自理自立能力，甚至攀比享受，一掷千金，以"校园大款"自居。这种情况，不但严重地妨碍他们成长为21世纪艰苦奋斗创造伟业的新一代，而且也使当今中小学的艰苦奋斗教育增加难度，当然也表明加强对这一代中小学生的艰苦奋斗教育是何等迫切。我们一定要以艰苦奋斗的精神，搞好对中小学生的艰苦奋斗教育。

教育力量，在这里主要是指广大中小学教师和中小学生家长。在他们中相当一部分人，对新形势下加强对中小学生进行教育的必要性与紧迫性缺乏正确认识或者缺少有效办法，不少人自身还不能为学生作出艰苦创业的榜样，少数人甚至用腐朽的思想和行为方式对中小学生进行负面引导。凡此种种都表明，目前教育者对中小学学生进行艰苦奋斗教育的能力和水平有所降低，因而也使这项教育增加了难度，同时也提醒我们，今后中小学的艰苦奋斗教育亟需要注意发挥教一代促两代的效果。

四、要遵循规律实施艰苦奋斗教育

（一）要根据教育和德育都是由多种因素有机构成整体的实际，按照整体协调的观点，处理好艰苦奋斗教育和中小学德育其他内容的关系，艰苦奋斗教育各种途径、各种教育力量的关系，在追求德育的整体效应中，努力提高艰苦奋斗教育的实效。

（二）要根据不同教育阶段学生身心发展的特点，确定不同教育阶段艰苦奋斗教育的性质、内容、任务、方法。

小学阶段是对学生进行艰苦奋斗启蒙教育的阶段。要使学生初步懂得幸福的生活、美好的未来全靠我们一代代人去奋斗和创造，为了长大了能把祖国建设得更美好，现在就应好好学习，天天向上，从各方面作好艰苦奋斗的准备；要使他们热爱和崇拜为祖国为人民而艰苦奋斗无私奉献的人与事，以艰苦朴素为荣，奢侈浪费为耻；要努力培养他们自理、自立、自治的能力，养成生活俭朴、学习刻苦、热爱劳动、爱护公物、珍惜并节约粮食水电等一切劳动成果和自然资源的好好习惯。对小学高年级学生应该重视民族责任感的培养。

中学阶段应该是学生艰苦奋斗精神的奠基阶段。要帮助他们加深对继续发扬艰苦奋斗精神必要性和紧迫性的认识，使他们中多数人能明确地意识到自己建设祖国保卫祖国的历史责任，引导他们立志做一个为建设祖国、振兴中华尽力的人；要巩固和升华小学阶段开始养成的刻苦学习、勤劳俭朴等良好习惯，鼓励他们自找"苦"吃，磨砺自己。对高中学生特别要加强艰苦创业、开拓进取、承受挫折、自强不息的教育。

（三）要遵循实践第一的观点考虑中小学艰苦奋斗教育的途径和方法。

1. 提倡艰苦奋斗教育生活化。要想方设法使学生的学习生活、课外生活、家庭生活成为培养他们艰苦朴素、勤俭节约作风的途径和过程。根据现有经验，在学生的学习生活、课外生活和家庭生活中可以提出一些有利于艰苦朴素作风养成的要求；在坚持可接受性原则的前提下，学生的学习应该有一定的难度，以利于培养他们克服困难的意志；还可以设置一些能够陶冶学生艰苦奋斗精神和坚强意志的情境。国家教委颁发的《小学生日常行为规范》和《中学生日常行为规范》有许多艰苦朴素、勤俭节约的要求，应当坚持不懈地贯彻落实，力求内化为学生的品德和情操。

2. 根据需要和可能，有目的、有计划、有系统地组织各种教育活动，如军训、劳动、志愿服务、野营、参观、考察等。活动要符合有关法规要求，积极争取家长配合，社会支持，努力提高活动的教育锻炼效应。各地应在现有基础上，继续探索和创造。

3. 建立学军、劳动等进行艰苦奋斗教育的基地。

（四）要遵循差异普遍存在的规律，要面向全体学生，努力搞好分层教育，个别教育，提高艰苦奋斗教育的效果。

希望全省教育学会会员，认真学习中共中央十四届六中全会决议，从实际出发，积极加强中小学的艰苦奋斗教育，努力培养和造就确保21世纪新长征胜利的生力军。

诸葛亮的立志思想及其意义

诸葛亮以其统军治国的盖世智慧谋略，鞠躬尽瘁、死而后已的高尚人格品德名垂青史，他在修身治德尤其是立志方面，颇具独到见解，值得学习研究。

一、诸葛亮关于立志的言论

诸葛亮立志之论，主要见于他的《诫子书》和《诫外甥书》两文[①]，归纳起来主要有以下四点。

（一）志当存高远

《诫外甥书》说："夫志当存高远，慕先贤，绝情欲，弃疑滞，使庶几之志，揭然有所存。"要求晚辈仰慕先贤，学习先贤，确立并保持高尚而远大的志向，真正能像先贤那样为人做事。

（二）非志无以成学、广才

诸葛亮要求晚辈确立和保持高尚远大志向的一个重要原因，就是他在《诫子书》中说的："夫学须静也，才须学也，非学无以广才，非志无以成学。"既然非志无以成学，而非学又无以广才，那么非志也无以广才。所以，对于年轻人来说，若不确立和保持高尚远大的志向，就不可能学有成就，增长才干，成为社会的有用之才。

（三）淡泊明志，宁静致远

人要立志。立了志要保持，要增强，要去实现。那么，怎么样才能确立、保持、增强和实现高尚而远大的志向呢？诸葛亮在《诫子书》中认为："夫君子

---

① 诸葛亮集 [M]. 北京：中华书局，1960.

之行，静以修身，俭以养德，非淡泊无以明志，非宁静无以致远。"淡泊，指的是不追求名利，能安贫而乐道。所谓非淡泊无以明志，意即只有不为名利所动，不被贫贱所移，才能表明一个人志向高尚远大，也才能增益其高尚远大的志向。宁静，在这里主要是指心情安宁，不焦虑、不烦躁。所谓非宁静无以致远，讲的是只有排除各种内外干扰，始终保持内心安静，才能保持崇高的志向，实现远大目标。由此观之，在诸葛亮看来，淡泊是砺志的磨刀石，宁静乃实现远大志向的主要内心条件。

（四）志要强毅

诸葛亮在《诫外甥书》中还说："若志不强毅，意不慷慨，徒碌碌滞于俗，默默束于情，永窜伏于凡庸，不免于下流矣！"他严肃地指出，即使一个人口头上表示要有高远的志向，但如果他的志向立得不坚实，没有坚强的意志和毅力去实现自己的志向，却时时为俗事私情所左右，不能摆脱凡庸，则仍然不可能实现崇高远大的志向，真正有所作为。所以，"志要强毅"也是诸葛亮立志思想的重要内容。

二、诸葛亮立志思想的由来

（一）前人思想的继承和发展

中华民族具有刚健有为、自强不息的优秀传统，人们历来尚志。《尚书·周官》说："功崇惟志，业广惟勤。"认为无志不能功高。《论语·雍也》载孔子语云："三军可夺帅也，匹夫不可夺其志也。"把普通人的志向和意志看得比三军之帅更重要。《孟子·公孙丑》篇亦曰："夫志，气之帅也；气，体之充也。夫志，至焉；气，次焉。"诸葛亮出身官宦家庭，受前人思想的影响深刻。他重视立志，就是继承了春秋战国以来许多贤哲的尚志思想；他关于"非淡泊无以明志，非宁静无以致远"之论，乃是对《淮南子·主术训》"非淡泊无以明德，非宁静无以致远"和《文子·上仁》篇[1]"非淡漠无以明德，非宁静无以致

---

[1] 《文子》，书名，共两卷，撰人佚名。《汉书·艺文志》（东汉班固撰）录有《文子》9篇。书中各章均冠"老子曰"，以老子"道"的思想为宗，杂糅名、法、儒、墨，唐代柳宗元称之为"驳书"，唐玄宗时列为道教经典之一。

远"之说的继承和运用。当然也会受鲁国大夫御孙"俭，德之共也；侈，恶之大也"这一见解的影响。

然而，从他的立志思想之总体看，则是大大发展了前人的思想，也超过了他的同时代人。兹简述如下：其一，春秋战国孔、孟、庄、荀、吕等，均有重志之说，但未明确地说到底应确立和坚持什么样的志向。汉高祖刘邦高吟"鸿鹄高飞，一举千里；羽翼已就，横绝四海"，表明自己远大的抱负；秦末农民领袖陈涉明确地以鸿鹄之志代表自己的高远志向①；诸葛亮的同时代人曹操也有"老骥伏枥，志在千里"之唱，但他们都仅以某种自然现象来比拟志向之高远，却终未点明"高远"两字，尚停留于形象思维水平。唯有诸葛亮简明扼要地用"高远"两字来概括他所推崇的志向，此二字因其概括性强而更具普遍性意义，属思维理性升华之结果，自然高于比拟手法之表述。

其二，在关于什么样的志向才算高远的问题上，诸葛亮的看法也比前人有很大发展。孔子强调"士志于道""志于仁"（《论语·里仁》），孟子也讲"君子志于道"（《孟子·尽心篇》）、"志于仁"（《孟子·告之篇》）。他们所说的"道"与"仁"，是指先王之道、圣贤之德，包括德治、仁政，旨在治国平天下，主要是说做事。诸葛亮在《诫外甥书》中开宗明义提出"志当存高远"之后，紧接着设置了"慕先贤"的目标。他告诉晚辈，所谓存高远之志，就是要仰慕先贤，学习先贤，坚持像先贤那样做人、做事，立德、立功、立言，并且做事先做人，立功先立德。这就进一步发展了孔孟关于立志目标的思想。

其三，在关于志、学、才三者关系问题上，从现有材料看，诸葛亮的前人和同时代人都没有专门论述。孔子曾说："吾十而五而志于学。"（《论语·为政》）但他讲的是自己从十五岁起就立志学"道"，并没有触及立志与学业、成才的关系。诸葛亮最早论述此三者的关系，认为志是保证学成的决定性因素，因而也是人们增长才干的关键。这些看法，颇具真理性成分。

（二）本人修养经验的总结

史书有载："琅邪诸葛亮寓居襄阳隆中，每自比管仲、乐毅。"② 诸葛亮渴

---

① 《史记》卷四十八"陈涉世家"载："陈涉少时，尝与人佣耕，辍耕之垄上，怅恨久之，曰：'苟富贵，无相忘'。庸者笑而应曰：'若为庸耕，何富贵也？'陈涉太息曰：'嗟乎！燕雀安知鸿鹄之志哉！'"见司马迁. 史记 [M]. 长沙：岳麓书社，1988：422.

② 《资治通鉴：卷65》. 汉记五十七. 中华书局刊印本第 5 册，2074.

望能像帮助齐桓公完成春秋霸业的齐国上卿管仲和率燕军连克 70 余城攻破齐国的战国燕将乐毅那样，辅佐明主成就一番安邦定国的历史伟业。这充分说明，学识精博才华横溢的青年诸葛亮，已存凌云之志，具英霸之器。也正是由于他志在伟业，才学逸群，因而才能在刘备"三顾茅庐"，向他征询统一全国之大计时，发表惊世超群的《隆中对》。当然，学识是靠逐步积累的，大志亦非一日能够形成。可以推断，诸葛亮幼受家教，少年随叔南下豫章，旋即转依荆州刘表，在荆州这个当时文人学士云集之地游学近 6 年[①]，所有这些，与他形成大志和增长才干都有很大关系。而他的高远志向，对于他学业有成、才华逸群的决定性作用，诸葛亮自己也有深刻体会。《诫子书》和《诫外甥书》中的许多看法，应该认为是他青少年时代学习、修养经验的结晶。刘备死后，诸葛亮曾上书后主刘禅介绍自己家庭经济情况（《自表后主》）称："臣初奉先帝，资仰于官，不自治生。今成都有桑八百株，薄田十五顷，子弟衣食，自有余饶。至于臣在外任，无别调度，随身衣食，悉仰于官，不别治生，以长尺寸。若臣死之日，不使内有余帛，外有赢财，以负陛下。"在他四十九岁给李严的书信中也提到自己"蓄财无余，妾无副服"。司马光的《资治通鉴》说："卒如其所言。"[②] 意即待到诸葛亮病逝，清理他家庭经济情况，人们发现事实和他自己以前说的完全相符。由此，我们不难明白，他的"淡泊明志"之说，既是对前人思想的继承和前人经验的借鉴，更是他自己修身齐家之道的概括。

（三）时代的产物

春秋战国，社会剧烈变动，各路诸侯竞相争雄，渴求各种人才，推动了百家争鸣。许多文士武将均欲施展平生抱负，"贤士尚志"（《庄子·刻意》）颇为时人推崇。东汉后期，统治者逐渐昏庸腐朽，外戚和宦官交替专权，政治一片黑暗，人民负担极重。加上水旱蝗灾连年不断，人民更无法生存。终于在 184 年爆发了黄巾起义。黄巾起义，虽在东汉政府军和各地豪强地主武装的联合镇压下失败了，但它沉重地打击了东汉统治阶级，使东汉政权名存实亡，出现了在镇压农民起义过程中扩展了实力的地方官吏和豪强地主群雄割

---

① 诸葛亮. 诸葛亮南下豫章往依刘表躬耕陇亩时间考 [M]// 包瑞田主编. 诸葛亮及其后裔研究. 北京：新华出版社，1994：141.

② 资治通鉴：卷 72. 魏记四 [M]. 北京：中华书局，2011：2298.

据、混战争霸的局面。社会生活遭到了极大破坏，人民渴求统一和有一个安定的生活环境。时代呼唤着有大志、有才华、能顺应历史潮流的政治家和军事家。这样的政治家、军事家姓甚名谁，有其偶然性，然而这样的政治家、军事家一定会出现，则是历史的必然。诸葛亮就是在这样的形势下出现的三国时期杰出的政治家、军事家。他主政蜀国，任人唯贤，革除弊政，执法严明，还注意团结各方代表人物共同治蜀，使蜀国一度出现安定局面，在发展当时四川和我国西南地区的经济中，起着巨大作用。他更深知，实现"兴复汉室，还于旧都"（《出师表》），安定社会的最高目标，需要一大批有志向、有才干、善征战的贤臣良将。对这样的人，已有的要充分信任他们，年轻的要加强培养。也正是因为充分地意识到了时代的需要，所以他非常重视对后一代的立志教育。至于他在立志教育方面超过古人，高于同时代人，自然是与他本人的学识、智慧和德操有关。

三、诸葛亮立志思想对后世的影响

诸葛亮的立志思想对我国古代立志学说和立志教育具有承上启下的作用，曾对后世产生深刻的影响，以下择要说明。

（一）自诸葛亮以后，我国古代许多思想家、教育家都强调为学须先立志，持大志才能学成

南宋大儒朱熹说："学者大要当立志。"[1] "立志要如饥渴之于饮食。才有悠悠，便是志不立。"朱熹的学术继承者、南宋大臣真德秀也认为："学者欲去昏惰之病必以立志为先。"[2] 明代学者胡居仁进一步认为："立得志定，操得心定，不至移易，则学自进。"[3] 而明代大儒、浙江余姚四先贤之一王守仁说得更彻底："夫志，气之帅也，人之命也，水之源也。源不浚则流息，根不植则木枯，命不续则人死，志不立则气昏。是以君子之学，无时无处而不以立志为事。"[4]

---

① 朱子语类 [M]．北京：中华书局，1988：133、134．

② 真德秀《真文忠公文集》卷 31 问志．

③ 胡居仁《居业录》丛书集成本．

④ 王守仁《王文成公全集》卷七《示弟立志说》四部丛书本．

其他如明清之际思想家傅山，明清之际思想家、教育家黄宗羲，清末的左宗棠等[①]，也都持类似见解。

（二）同诸葛亮一样，后来许多思想家都主张志应强毅

自诸葛亮以后，人们在志应强毅方面的言论颇多。唐代才子王勃在其《滕王阁序》中说的"老当益壮，宁知白首之心；穷且益坚，不坠青云之志"是讲志要强毅；宋代苏轼的"立大事者，不惟有超世之才，亦必有坚忍不拔之志"（《晁错论》），"宜守不移之志，以成可大之功"（《赐太师文彦博乞致仕不允断来章批答》），也是讲志要强毅；明代冯梦龙的"不可以一时之得意，而自夸其能；亦不可以一时之失意，而自坠其志"（《警世通言·况太守断死孩儿》），说的还是志要强毅；到了清代，程允升更把"丈夫之志，能屈能伸"，"一息尚存，此志不容稍懈"写入《幼学琼林》，作为蒙学教材。所有这些，均足以表明诸葛亮坚志、恒志思想的正确及其影响之巨大。

（三）后来的一些思想家和教育家对诸葛亮的立志思想有所发展

这里，首先应该提到的是明清之际陕西的一位哲学家李颙，他继承和发展诸葛亮志高远、慕先贤的思想，明确提出"立志须做天下第一等事，为天下第一等人，志不如此，便是无志，志逊于此，便不成志。问如何是天下第一等事，曰为天地立心，为生民立命，为往圣继绝学，为万世开太平。如何是天下第一等人？曰能如此，便是第一等人"。[②] 他和诸葛亮一样都认为立志的目标包括做人、做事，但他提的具体立志目标比诸葛亮更明确，要求也更高，有民主主义的因素。

另一位明清之际的大思想家王夫之，则把诸葛亮关于志、学、才关系的思想，从修身的领域推广到教学领域，提出了"以正志为本"的立志教育主张。他说："正其志于道，则事理皆得，故教者尤以正志为本。"又说："善教人者，亦以至善以逐正其志，志正，则意虽不立，可因事以裁成之。"[③]

前面已述，明代大儒王守仁也认为为学以立志为先、立志为本，这是他

---

① 傅山在其《霜红龛集》卷 32 中说："为学先当立志，修身先当知耻。"黄宗羲在《孟子师说卷七》中说："学莫先于立志。立志则为豪杰，不立志则为凡民。"左宗棠在《与孝威孝宽》书中说："读书作人，先要立志。"

② 李颙. 四书反身录：卷 4. 论语 [M]. 上海扫叶山房版.

③ 王夫之. 张子正蒙注·中正篇：卷 4[M]. 北京：中华书局，1975：163、225.

和诸葛亮一致之处。但与此同时，他还指出："志不立，天下无可成之事，虽百工技艺，未有不本于志者。"把立志视为办好人间一切正事的决定性因素，显然比诸葛亮进了一步。不过，他的所谓"立志而圣则圣矣，立志而贤则贤矣"[1]，未免过分地夸大了主观能动性的作用。

诸葛亮的立志思想在许多志士仁人和杰出人物中产生过深远影响，他的"淡泊明志，宁静致远"，已成为后世许多人的座右铭，至今随处可见。而诸葛亮的立志思想在其后裔中影响尤为深刻。

四、诸葛亮立志思想的现实意义

人类社会的任何杰出人物，都是时代的产儿，都会受历史的局限。诸葛亮作为中国封建时代的杰出政治家与军事家，他只能感受到他那个时代的脉搏，站在他那个时代的高度，提出他的主张，施展他的宏图。他的立志思想自然也不例外。我们不能要求他清晰地预测今天我国社会主义现代化建设新时期有大志者的具体思想政治道德面貌，回答今天立志教育中的一些具体问题。我们也不能要求今天的有志青年像孔子、孟子和诸葛亮时代那样，立志去做实行先王之道、圣贤之德的士和君子，或能辅佐诸侯帝王成大业的贤臣良将。相反，应该比古代的贤哲站得更高看得更远，立下宏愿远志，为人类最伟大最艰巨的社会主义、共产主义事业奋斗终生。

但是，世界万物都有其运动发展的规律，不同时代、不同地域的许多同类社会现象也往往有其共同规律。人们的思想如果能够正确地反映这些共同规律，就不会因个人生命之短暂而瞬息即逝，相反，却能跨越时空，长期地显示其应有价值。诸葛亮论立志言论的现实意义就在于，他关于志学才的关系、淡泊宁静与志的关系等观点，符合在社会实践基础上，在客观条件许可的范围内，人可以最大限度地发挥自己的主观能动性，这种自觉能动性对于人的成长发展、学业成就、事业成功具有重大作用的辩证法，符合"成由勤俭，败由奢"的历史教训，反映了诸如人有怎样的志向、目标、动力，就能够自觉地为成为这样的人和办成这样的事而努力；人的志向愈明、强度愈大、

[1] 王守仁《王文成公全集》卷二十六《教条示龙场诸生·立志》四部丛刊本。

韧度愈高，他的方向、目标愈明确，为目标而奋斗的动力愈大，毅力也愈强；人有高远的志向，为实现自己志向而奋斗的自觉性愈强，愈能富贵不能淫，贫贱不能移，自觉经受住各种挑战和考验，他在人格修养、才智学识、完成事业方面的成就会愈大，这一类道德修养和青年教育的共同规律。诸葛亮的立志思想，能够引起我们对于青少年民族责任感和历史使命感教育、社会主义共产主义大志教育、勤劳俭朴艰苦奋斗教育、加强意志品质教育的高度重视。

诸葛亮立志思想的现实意义，也表现在它对于我们当前培养教育年轻一代的工作具有很强的针对性。它能够启发我们更清晰地认识到，当前不少年轻人胸无大志，甚至孜孜以求于个人的蝇头小利，全然不顾国家的前途，人民的利益，正是我们民族当前和今后一段时间内所面临的一大忧患，从而增强我们加强年轻一代思想道德教育，特别是立志教育，引导他们自觉抵制拜金主义、享乐主义、极端个人主义腐朽思潮的紧迫感。

诸葛亮立志思想的现实意义，还表现在它能启发我们正确处理传统的立志教育与当今的理想教育的关系。中华民族有丰富的传统美德，也有丰富的优秀德育传统。重视立志教育，就是我国的优秀德育传统之一。它既表现在学校教育传统中，也存在于家庭教育传统之内。毛泽东肯定毛岸英"有进取志气"，董必武叮嘱儿子"立大志，树雄心，准备在社会主义社会成为一个不可缺少的人"，陈毅要求子女"革命志不休"。这些，都是我国家庭教育的优良传统。今天我们的学校教育和家庭教育，只有继承和发扬像立志教育这样的优秀德育传统，我们的德育工作才会有鲜明的民族特色，才能符合民族心理，才有丰富的教育资源，因而才会更有成效。但是，我们的教育是发展的，在今天我们的学校教育和家庭教育中，事实上已经出现了立志教育与理想教育并立的情况，有的同志甚至误以为两者是互相排斥的。这就要求我们站在培养有理想、有道德、有文化、有纪律的社会主义建设者和接班人的高度，正确理解和处理立志教育与理想教育的关系。所谓立志，或曰立定志向，关系到确立什么样的人生方向和目标等根本问题。其中主要包括做人目标和做事目标。在中国古代，所谓做事的大目标主要从治国平天下的角度考虑。所以，这两项目标同道德理想和社会政治理想同义。根据这样的理解，在实际教育工作中应该把两者有机地结合起来为好。或者可以用立志教育的优秀传统丰富、充实、优化现代的理想教育，使之富于中华民族特色；或者可以把理想教育的内容、要求等纳入传统的立志教育，发展立志教育，使立志教育具有时代特色。总之，关键在于实质而不在于形式，只要真正处理好立志教育和理想教育的关系，只要真正有利于新世纪社会主义建设者和接班人的培养，到底采用理想教育的形式，还是立志教育的形式，并不是问题的关键。已故无产阶级革命家谢觉哉同志在教子实践中运用"立其志、坚其志、恒其志"的立志教育模式，同时达到了理想教育的要求，获得了成功，便是一例。^①

学校德育工作应该搞好整体规划，也应该鼓励不同学校创造自己的德育工作特色。同时，在学校德育的诸多内容里，立志教育处在关键性的地位，它要求并能够最大限度地调动青年一代的思想道德自觉。因此，可以预期，随着全社会对弘扬中华民族优秀思想道德传统的日益重视，诸葛亮立志思想的又一现实意义，可能会表现在启发一些地方的学校，尤其是诸葛亮后代聚居地和诸葛亮纪念地的一些学校，在德育工作中逐步建立以立志教育为主干，以受教育者高度自觉为特色，全面规划、整体优化的独特模式，使那里的德育工作生机勃勃，卓有成效。我们要继承前人的立志思想，努力引导青年一代牢记邓小平同志的教导，"立志做有理想、有道德、有知识、有体力的人，立志为祖国作贡献，为人民作贡献"。^②

（原载《教育研究》1998 年第 6 期）

---

① 王炳仁. 名人家教集锦·立其志，坚其志，恒其志 [M]. 北京：中国青年出版社，1987：80—82.

② 张健，吴畏. 邓小平教育思想研究 [M]. 杭州：浙江教育出版社，1996.

道德启蒙教育概述 [①]

道德教育是当代我国中小学社会主义德育的重点。而在小学阶段，则主要是对小学生进行道德启蒙教育，使学生具有初步的健康道德意识，养成当代中国公民最起码的良好道德行为习惯。为了搞好道德启蒙教育，首先应该深入研究道德启蒙过程，遵循规律，优化道德启蒙教育，努力提高道德启蒙教育的实效。

第一节　道德教育在中小学德育中的地位

德育是我国学校对受教育者进行社会主义共产主义思想品德教育的一种教育活动。一般来说，它由政治教育、思想教育和道德教育等部分组成。现在越来越引起人们重视的心理素质教育，应该贯穿于整个德育过程中。

长期以来，由于种种原因，学校德育普遍地存在着不重视道德教育的倾向。即使在改革开放 20 年后的今天，还有不少在中小学工作的同志，仍然没有把道德教育摆到应有的地位。他们总习惯于把德育称为思想政治教育，把负责德育工作的部门，称为政工处、政教处等。因此，在我们开始讨论小学

---

① 1997 年开始，本人曾经主持的全国教育科学"九五"规划项目《东南沿海地区小学道德启蒙教育的目标、内容、方法、途径和评价系列研究》、中国教育学会"九五"教育科研重点课题《东南沿海地区小学道德启蒙教育和小学生道德心理研究》，在全省范围组织大课题群。历时 3 年研究后，由浙江教育出版社于 2000 年 9 月出版了研究成果《道德启蒙教育研究》，全书共 39.5 万字，本文是该书的首章。

道德启蒙教育中的各种问题时，应该把道德教育在中小学德育中的地位问题，首先提出来加以研究。

科学要求人们具有实事求是的严谨态度，也就是要求人们从客观存在着的事实出发，探求客观世界的运动发展规律。我们讨论道德教育在中小学德育中的地位，也应持这种态度。

一、将道德与德育的其他内容相比较看道德教育的地位

既然中小学德育包括道德教育、思想教育、政治教育三大部分，就必须进行道德、思想、政治观点等方面内容的教育，因而我们就可以将道德与其他德育内容相比较，研究道德教育在中小学德育中的地位。

（一）道德与政治观点

两者同属社会现象，都产生于人类维护一定社会利益的需要。但是，政治观点或称政治思想，是人们对于社会政治制度、政治生活和政治关系问题的理论、观点的总和。它随着阶级和国家等政治现象的出现而出现，并将随着阶级的消灭、国家的消亡而不复存在或发生质的变化。而道德却与人类共存亡，只要有人类社会，就有道德存在。

道德和政治观点都能调节和约束人们的言行。但是，两者在社会生活中起作用的范围很不一样。在社会上占统治地位的政治观点，不仅表现为理论的形式，而且还体现在国家的政治、法律制度和路线方针政策法令之中，以及党和国家工作人员的政治活动准则之中，所有这些，都从政治上指导、规范、约束社会成员，尤其是党政干部和成年公民的言行。但是，它不能应用于社会生活各领域的一切方面。例如，我们不能把学术问题与政治问题相混淆，更不能将生活小事提到政治问题"上纲""上线"。法律也只有当人的行为触犯了它的时候，才出来干涉。对日常生活中出现的一些不道德、不文明行为，在它还没触犯法规时，法律是不能进行制裁的。而道德则不同，它所适用的范围比政治规范和法律规范广泛得多。可以说，只要有人类活动，只要发生了人与人的关系，就有道德规范在发生作用。日常生活中，政治、法律不能干预的某些不良现象，道德可以进行必要的谴责。所以，从适用范围看，

道德比政治观点具有更大的普遍性。

在不同的时代、不同的社会、不同的国家，道德和政治观点各自都有一定程度的共同性。但是，比较起来，道德具有更多的共同性，一方面，是指古今中外不同社会、不同阶级或集团的人们都有许多本质上共同的需要、共同的活动、共同的伦理关系，从而在实践中形成了一些本质上相同或相近的道德观念、道德准则、道德规范。这类道德观念、准则和规范，从历史的纵向看，它的基本部分往往是比较稳定的；从地域的横向看，它往往没有国家与民族的界限。另一方面，不同时代、不同国家、不同民族之间，那些性质和利益基本相同的社会集团，更会有一些基本相同的道德观念、道德准则和道德规范。这就决定了道德比之政治观点等具有更多的继承性和更强的稳定性。

正是由于道德是一种永恒的社会现象，它比政治观点有更大的普遍性和更强的稳定性，在作为基础教育阶段的中小学，在对学生进行思想品质教育时，到底应该侧重于道德教育呢？还是侧重于政治教育？结论应该是非常明白的了。

（二）道德与世界观、人生观、价值观

世界观是人们对整个世界的根本看法，人生观是人们对人生的目的、意义和道路等问题的根本看法，价值观是人们关于社会现象、自然现象、精神现象对于他人或自身的意义和作用的认识与判断，它们都是思想教育的主要内容。与道德相比，它们具有高度概括、高度抽象的特点，看起来似乎远离现实生活，从而要求那些想真正掌握它们的人们有丰富的阅历、深切的实践体验、比较高的文化素养和理论思维水平。对于不具备这些条件的人来说，他们可能会有这样那样对世界、人生、价值的一些零星看法，但要系统地掌握科学的世界观和正确的人生观、价值观，完整地形成自己的世界观、人生观、价值观，则是相当困难的。可想而知，对于大多数儿童少年来说，掌握和形成科学的世界观、正确的人生观和价值观，仍然是一件异常困难的事。

而道德作为人们在社会生活中形成的关于善与恶、公正与偏私、诚实与虚伪等观念，情感和行为习惯，以及依靠社会舆论、习惯、传统和人们的良

心支持，借以调节人与人、人与自然关系的规范体系，比前面三者具体得多，同社会生活也更加贴近，尤其作为其主要部分的道德规范的大部分要求，可以被中小学生认同、接受和内化。可见，根据教育应该由易到难的原则，小学的德育还不能侧重于思想观点的教育，而只能侧重于道德教育，也是毋庸置疑的事情。

二、从个体品德各部分的关系看道德教育的地位

这里所说的个体品德各部分，指的是个体的政治品质、思想品质和道德品质。所谓政治品质，就是一个人的政治观念、政治立场、政治态度，思想品质主要是指一个人的世界观、人生观、价值观，道德品质主要是指一个人的道德观念、道德情感、道德行为和习惯以及解决实际道德问题的能力等。从个体品质发展和整体来看，这3种品质在他的身上，应该是互相联系、互相渗透的统一体。其中，思想政治品质决定人的方向，关系到他政治立场的选择、世界观的确立、人生道路的确定等人生的根本问题。而道德品质则是人们思想品德的基础。一般来说，一个心地善良、乐于助人、有强烈道德责任感的人，会走上一条服务社会的人生道路；一个恪守道德规范的人，由于其良心的自律，就会比较自觉地遵守法律规范和政治规范；一个有高尚道德操守的人，能够为民族和国家利益采取积极行动，乃至献出自己的青春和生命。在历史上，一些有高尚道德品质的人，尽管世界观、价值观上不尽一致，甚至在政治上可能有分野，但是他们都不会故意去害别人、害国家、害民族。而一个没有道德良心的人，很难在政治上保持坚定；一个空有理想而实际缺德的人，其"理想"也很难真正变成现实。17世纪英国著名教育家洛克在其名著《教育漫话》中说："一个没有德行、不懂人情世故、没有礼仪，却有成就、有价值的人，哪儿都是找不到的。"

我国的中小学教育是基础教育，其首要任务是教人做人，为把年轻一代培养成堂堂正正的当代社会主义的接班人打好基础。为此，我们应该从基础抓起，狠抓基础，夯实基础。就德育而论，就应该把道德教育作为中小学德育的基础切实抓好，在培养受教育者良好道德品质上狠下功夫。

三、从个体思想发展的顺序性看道德教育的地位

一个人总是经过新生儿、婴儿期、童年期、少年期……逐步成长起来的；人的身体的发展总是按照"从头部向下肢"和"从中心部位向全身边缘方向"进行的；在心理发展方面，人的记忆总是从机械记忆发展到意义识记；人的思维总是从形象思维向抽象思维发展的；人的兴趣总是从以直接兴趣为主，慢慢地发展到以间接兴趣为主。所有这些，都是个体身心发展顺序性的具体表现。

人们思想品德的形成和发展，也有一定的顺序性。它既反映在品德有机构成的三大部分上，也反映在每一项具体品德的形成和发展上。这里主要讨论三大部分的发展顺序。它们的发展主要顺序是：人的道德意识一般总是先于他的政治意识、世界观、人生观的产生和形成；人的道德行为也先于其政治行为、法律行为的形成和发展，并且对其思想品质和政治品质的形成与发展产生积极影响。

为什么人的道德品质总是先于其思想品质和政治品质的产生和形成发展呢？原因在于"两个一致"。第一，个体思想品德的发生和形成发展，受其自身身心发展水平所制约，与其自身身心发展水平相一致。第二，个体思想品德的形成发展，是以其自身所参与的活动和交往为基础与中介的，一般都与其所参与的活动交往的范围、性质、水平相一致。具体地说，中小学生尤其是九年制义务教育阶段的学生，它们的抽象思维还没有充分地发展，理论思维的水平还很低，他们还不可能真正理解社会发展的规律，以及人生的真谛，从而真正把握科学的世界观、方法论和正确人生哲学；他们也不可能真正懂得为什么社会主义必然胜利，为什么随着历史的发展，最终阶级必然消灭，国家必然消亡，人类必然进入高度文明幸福的大同世界。同时，他们的身心发展水平决定他们还不可能直接投身社会，进入某一行业、某一工作部门，像成年人那样直接参与社会经济文化活动，参与国家政治生活，承担成年人应该承担的各种义务。相反，他们必须认真学习，为日后参与社会活动作必要而可能的准备。他们活动的范围主要在学校、家庭、社区，他们能接触的人主要是他们的父母、长辈、老师同学、社区邻朋，他们主要生活在家

庭、班级集体之中。他们所处理的各种关系、主要是人际伦理道德关系，包括与父母长辈亲戚之间的血缘伦理关系、与老师同学之间的师友伦理关系、与学校集体之间的个人与集体的道德关系，以及社区内外某些地缘伦理关系。此外，有时，他们也需处理与整个国家、社会甚至全人类的关系，以及与周围的自然关系，但这些关系主要也是以道德伦理关系的形式呈现在他们面前。正是在他们自己的活动和交往中，在他们处理上述各种道德伦理关系的过程中，他们能主动接受家庭、学校、社区的长者和同伴的教育影响，首先形成了自己的道德意识和道德行为。而且，他们那种已经和正在形成并且将继续发展的道德品质，是这一教育阶段学龄儿童思想品德的主要成分。

正因为如此，中小学德育应该侧重抓好道德教育。

四、从我国社会发展的要求和德育实效看道德教育的地位

改革开放 20 年的经验昭示我们，要坚持经济社会的全面发展、全面进步，实现建设有中国特色的社会主义的宏伟目标，就必须正确认识和把握社会主义现代化建设的两个基本方面，即社会主义物质文明建设和社会主义精神文明建设之间，互为条件、互相促进、互相依存的辩证关系，坚持"两手抓，两手都要硬"。所以，21 世纪整个国家必将继续坚持不懈地努力加强社会主义精神文明建设。并且将继续根据《中共中央关于加强社会主义精神文明建设若干重要问题的决议》，关于"社会主义思想道德教育集中体现着精神文明建设的性质和方向，对社会政治经济发展具有巨大能动作用"的科学论断，把社会主义思想道德建设作为社会主义精神文明建设的中心环节，把对年轻一代的思想道德教育作为全社会思想道德教育建设的重点之一。

我国的社会主义建设的经验还证明，建设有中国特色的社会主义关键是人。21 世纪我国社会主义建设，要求我国的教育造就一代又一代具有创新精神和实践能力的社会主义新人。唯有这样，才能保证国家拥有兴旺发达的持久动力，能以更英雄豪迈的姿态自立于世界民族之林。但是，具有创新精神和实践能力的人不但要有创新的意识、创新的思维、创新的技能，勇于实践，

而且还必须有能够推动和支持创新的优良品德。很难想象，一个对他人、对社会、对国家、对人类的前途和命运毫不关心和毫无责任感的人，会自觉进行有益于社会的创新活动，并把这种创新活动进行到底。因此，今后在对中小学生进行全面素质教育的时候，始终应该处理好以培养创新精神和实践能力为重点与以德育为核心的关系，继续坚持加强和改进道德教育。这一点对于东南沿海地区的小学尤为重要。

从中小学德育的实效看，我国中小学德育的实效似乎不够理想，东南沿海地区的中小学也不例外，多年来，一直为人们所普遍关注。究其原因，重要一条，就是我们的思想不够解放，没有真正落实实事求是的原则，漠视社会的迫切需要，脱离了中小学生的实际生活与实际发展水平，超越了学校、家庭的实际教育能力，违心地或形式主义地搞了不少"高、大、全、空"企求把中小学生培养成为政治思想道德上的"完人"，有的甚至陷入"德育万能"的"神话"。其实，无论成人还是儿童，所谓"完人"是根本不存在的。追求"完人"理想，只能导致中小学德育的滑坡和低效。而学校德育也不是无所不能的，相反，必然要受各种主客观条件的制约。只能有所为，有所不为，才能大有作为。只有真正把道德教育这项德育基础工程作为重点，精心研究，精心规划，精心实施，才能大有作为。

第二节　小学道德教育是启蒙教育

在明确了道德教育是学校德育的基础工程和中小学德育的侧重点之后，接着一个问题是小学道德教育到底属于道德教育的哪一个层次？有一种看法认为，小学主要进行道德教育，初中主要进行遵纪守法教育，高中重点进行世界观、人生观、政治观的教育。按照这种观点，道德教育的任务主要在小学教育阶段，因而也不存在小学道德教育属于道德教育的哪一层次问题。我们认为小学道德教育属于启蒙教育阶段，我国当代小学道德教育的任务是对受教育者进行社会主义道德启蒙教育。其目的，在于培养小学生初步的健康道德意识和当代中国公民应当具备的最起码的良好道德行为和习惯。

小学道德教育的启蒙性，并不是我们的首创。在古代，我们的老祖宗就已经把儿童教育称为启蒙教育或蒙学，把相当于现在小学阶段孩子进的学堂叫蒙馆，还写了一些童蒙教材。可是到了现在，反而有一些人忘记了自己所面对的是孩童，以适用于成人的要求、内容和方法，对儿童施教，以致连为什么小学道德教育属于启蒙教育也成了问题。那么，为什么小学道德教育是一种启蒙教育？

一、道德德目和规范内涵的层次性，决定小学道德教育的启蒙性

伦理学把道德分为社会道德与个人道德两个方面，道德活动、道德关系、道德意识三个层次。社会道德活动包括道德教育、道德舆论宣传、道德评价等；社会道德关系，复杂多样，涵盖社会生活的方方面面；社会道德意识包括作为社会意识形态构成部分的多种道德观念、概念、观点、理想，以及多种道德规范等。个人的道德活动，包括个人道德修养，道德评价等；个人的道德关系，指的是个人与他人发生的种种道德关系；个人的道德意识，包括个人的道德观念、观点、情感、意志、信念、理想。个人道德意识和在这种道德意识支配下的道德行为与习惯的总和，就是德育学所说的个体道德品质。德育学所研究的主要是如何采用科学有效的手段与方法，使社会的健康道德意识转化为受教育者的良好道德品质。而在社会道德意识中，属道德精神境界的部分，有人认为难以在德育过程中作为教育内容让受教育者接受，需要人们在日后长期的实践中慢慢领悟。只有属于行为规范部分，才能在德育过程中作为教育内容，对受教育者施以教育训练，让其接受。尽管这种观点具有一定片面性，但是我国的中小学，首先应该把社会主义道德的基本规范转化为受教育者的道德品质，进而帮助他们逐步形成正确的道德观念、健康的道德心理，激励他们去追求高尚的道德理想，则是可以肯定的。

所谓道德规范，简单地说，就是某种道德对人们言行的要求，也可以称

为道德准则与要求。许多相似或相近的道德要求集合一起，以一个词甚至一个字来表达，就是德目。例如"仁""义"等。我国学校对学生进行道德教育时，常常用简洁的德目和具体的言行准则来要求学生。但是不论德目也好，道德规范也好，其内涵往往具有由近及远、由高到低、由浅入深的层次。而在践履这些德目和规范时，在行为上又有一个由简到繁、由易到难的层次。譬如勤俭，这是中国人民向来都引以为豪的美德，历来为人们推崇。新中国成立后，毛泽东就强调要坚持"勤俭建国方针"。江泽民也在1997年发表了《大力发扬艰苦奋斗的精神》的重要讲话，力倡艰苦奋斗、勤劳俭朴的作风。但"勤俭"本身的内涵和人们对"勤俭"德目的理解与实践确实有一个由浅入深、由低到高和由易到难的层次。对于年幼的小学生来说首先应该懂得，恐怕也只能懂得的是"一粥一饭，当思来之不易；半丝半缕，恒念物力维艰"。而在懂得这些道理之后，要在行动上养成勤劳俭朴的好习惯，则就不那么容易。至于"历览前贤国与家，成由勤俭败由奢"，"俭，德之共也；侈，恶之大也"，这类高深层次的内涵，就不是他们这样年龄、阅历和水平的人能够真正领悟的，更不可能要求他们以此来规范自己的言行。再如，守信也是人们公认的中华美德，而且还是全人类所推崇的高尚德操。对于多数小学生来说，经过努力才能做到答应别人的事要努力去做，承诺了别人而因故不能办到的事应该及时说明或事后道歉，不应允诺的事不要轻易允诺等要求。而像毛泽东在抗战时期所要求的共产党员在与友党友军相处时，应该"言必信，行必果"，这类政治道德则不是他们能够理解与践履的。至于孟老夫子讲的"大人者，言不必信，行不必果，惟义所在"，强调"信"与"果"要符合"义"之要求这样更深层次，当然更是小学生所难以把握的。

二、小学生道德发展水平决定了小学道德教育的启蒙性

从国内外许多学者所已经做过的大量研究看，不管他们的具体言论如何，有一点是可以肯定的，即儿童少年的品德发展，总是显示出其年龄特征。小学生品德发展的年龄特征，主要表现为：

（一）小学生的道德认识，与其形象思维为主导的特点相符，主要停留在

具体形象认识阶段，还不可能真正理解和掌握抽象的道德概念。事实上，甚至对于多数初中生而言，也难以真正理解和掌握抽象的道德概念。有的教师让学生背诵什么是理想、什么是道德、什么是义务、什么是良心、什么是荣誉、什么是节操等，高年级的小学生可以背得滚瓜烂熟，但如果要他们用自己的话来讲到底是什么意思、其精神实质是什么、联系实际举出事例或作出判断，大多数人都会有困难。

道德认识包括道德判断。关于儿童少年的道德判断发展水平，被人们视为比较权威的观点，是当代美国著名的发展心理学家和道德教育学家柯尔伯格（1927—1987）的儿童道德判断发展三水平六阶段说。他从 1955 年起，通过跟踪和跨文化的研究，在杜威和皮亚杰的基础上，重新确定了儿童道德判断能力发展的水平和阶段。他认为，儿童道德判断发展的第一个水平是前世俗水平，包括第一个阶段避免惩罚和服从权威的定向阶段，第二阶段工具性的相对主义定向阶段；第二个水平是世俗水平，包括第三阶段人际关系协调一致或"好男孩—好女孩"的定向阶段，第四阶段根据"法律和秩序"的定向阶段；第三个水平是后世俗的、自律的或掌握原则的水平，包括第五阶段执行社会契约和恪守法则的定向阶段，第六阶段根据普遍的伦理原则定向的阶段。他发现，美国 9 岁前儿童 94% 的人处于第一种水平；10 岁左右的儿童约占 60% 的人处于第一种水平，约占 38% 的人处于第二种水平，只有约占 1%~2% 的人达到第三种水平；到了 16 岁，第一种水平降到 21%，第二种水平达到 56%，第三种水平上升到 23% 左右。所以他认为，0~9 岁的儿童，大致上属于前世俗水平，9~15 岁儿童属于世俗水平，16 岁以后就有一部分人向原则定向的道德认识水平发展，但真正达到的人数不会很多。虽然他的研究对象并没有包括我国大陆的儿童，他也没有对社会化和不同文化对儿童道德发展的作用作出清楚的阐述，而且强调了道德思维与道德行为的相关性，忽视了两者之间的差别，但他的结论仍然具有普遍性意义，对于我们明确小学生道德教育启蒙性的定位，是很具有参考价值的。

（二）从小学生的道德情感看，小学生由于自我控制能力不强，道德情感也有不稳定易多变和易受他人及环境影响的问题。同时，从小学生道德情感产生的原因看，主要是由具体的道德形象所引起的。也就是说，小学生的道德情感主要属于对具体道德形象的态度体验。这样的道德情感，从总体上看，还缺乏丰富性、深沉性、持久性，还较难成为把道德认识升华为道德信念的强大推动力。

（三）从小学生的道德意志看，小学生行为的道德目的不够明确，实现道德行为目标的毅力较差，因此言行不一致、情感与行为不相吻合的问题比较突出。1998 年对浙江省绍兴市 5 个县市区部分小学生的调查表明，道德意志薄弱、自控能力差，也是当前东南沿海经济比较发达地区小学生道德发展中的一个非常突出的问题。

综合以上三点，我们认为小学生道德发展水平还比较低，就他们中的绝大多数人而言，需要而且也只能接受道德启蒙教育。以往有不少研究者包括我们自己对中学生进行道德调查时，经常发现小学生在回答道德问题时"优于"中学生的现象。因而有的人就以这一点为依据提出"大学生不及中学生，中学生不及小学生"的论断。其实，他们对于为什么会出现小学生在回答问题时"优于"中学生现象，并没进行认真的分析。应该肯定，许多小学教育工作者确实比较重视对学生进行道德教育，尤其是道德认知方面的教育，而不少中学由于不同程度受片面"应试教育"的影响，或多或少存在着重智轻德的状况，甚至连道德认知的教育也比较放松，这是出现回答同类道德问题时小学生反而优于中学生的一个原因。但是，还有更重要方面我们不应该忽视，那就是小学生比中学生更加单纯，他们道德认知的发展，多数人还处于顺从道德权威和现成规定与秩序的水平上。在他们看来，老师讲的、教科书上所写的，学校里要求的，都是权威的东西，理所当然地应该照着说、照着写。至于他们自己是否准备照着去做，是否能够真正做到，也可能是另外一回事。而中学生则不同，随着他们思维独立性、批判性的发展和知识经验的增加，他们对一些问题往往会产生自己的看法，对于道德行为模式会作出自己的独立选择，因此在接受无记名的问题调查时，会大胆自主地表达自己的想法。于是有时候就出现了似乎他们的道德境界远远不如小学生的现象。这种情况的发生，不能排斥中学生接受消极影响更多的一面，但更应该看到中学生的道德自主水平比小学生更高了，中学生有可能接受更高层次的道德教育了。更重要的是，千万不要因为看到这种情况，而否定小学生道德教育属于启蒙教育的定位，人为地拔高对小学生的教育要求。

第三节 道德启蒙教育过程

唯物辩证法认为，宇宙间任何事物和现象都有自己的发展过程，都以过程形式存在。只有客观全面深入地研究其运动变化过程，才能科学地认识它，才有可能有效地驾驭它变革它。小学道德启蒙教育也是一种过程，只有科学地认识这个过程，想方设法优化这个过程，才能提高教育的实效。

一、道德启蒙教育过程内涵

所谓小学道德启蒙教育过程，是指教育者按照国家和社会对小学阶段的育德要求，以及受教育者道德品质形成和发展的规律，在积极引导受教育者自觉主动参与的前提下，有目的、有计划、有组织、有系统和科学地对受教育者施加最基础的道德教育影响，并积极认真地适度地组织和指导受教育者的自我教育，促使受教育者逐步培养成符合国家社会要求和有利自身健康成长的基础道德品质的过程。有必要说明的是，这里所说的过程，并不是指一项道德教育活动的过程，而是从小学道德启蒙教育的整体上对道德启蒙教育过程的内涵进行表述。以下是对这一过程的具体分析。

二、道德启蒙教育过程的目的

小学道德启蒙教育过程的任务是育德，它的目的是培养受教育者良好的道德品质，即既符合国家社会要求，又有利于受教育者自我健康成长的最基础的道德品质。从宏观方面看，它应该包含向上向善和防恶拒恶两大方面。这一目的，作为启蒙教育目标，引导着道德启蒙教育的全过程；作为评价指标，是衡量道德启蒙教育成败优劣的基本尺度。

三、小学道德启蒙教育过程的基本构成部分

小学道德启蒙教育过程的基本构成部分是教育过程和自我教育过程。当然也可以把其中的教育过程分为教育和再教育两个过程，然后再将道德启蒙教育的构成部分分成教育、再教育和自我教育。教育是教育者对受教育者施加正面的教育影响的过程；再教育是教育者帮助受教育者消除已经沾染的不良影响，改正不良行为和习惯的过程；自我教育是受教育者自主学习领会国家和社会所要求的道德观念、道德标准，并以此来规范自己的言行，努力提高自己的道德素养的过程。为了培养小学生良好的道德品质，教育在当前今后都是主要方面，不能放松，不能削弱，应该加强，应该改进，也应该实事求是地改革；但是，自我教育也是当代教育中的重大主题，应该引起高度重视。苏霍姆林斯基认为，只有能够激发学生去进行自我教育的教育，才是真正的教育。同样也可以说，只有真正学会和坚持良好的自我教育的人，才能真正成为有道德的人。小学生能够进行的自我教育，是初级的自我教育。然而，一个人良好的自我教育习惯和能力，正是在这种初级自我教育基础上发展起来的。真正重视道德启蒙教育，理所当然也应该同时重视指导学生的自我道德启蒙教育。

四、道德教育过程的基本因素

（一）教育者

教育者是指全体小学教师和接受小学聘任的校外辅导员等。他们是道德启蒙教育过程的基本主体，是道德启蒙教育过程的组织者和指导者，是道德启蒙教育任务的主要承担者。应该继续强化全体小学教师的教育主体意识，进一步调动他们搞好道德启蒙教育的积极性、主动性和创造性。但是，教师要成为名副其实的道德启蒙教育过程主体，却是有条件的。首先，他们要认真贯彻国家的教育方针，理解并认同道德启蒙教育的目标和内容；其次，他们应该了解社会，了解受教育者，吃准社会要求，摸准每个受教育者道德品

质的最近发展区，做到有的放矢；最后，他们应该探索规律，掌握规律，不断优化方法，既善于面向全体，又善于因人引导。另外，他们应该在自身道德品质方面足以为生师表，为人师表，并能热爱学生与学生平等相处，努力做到有德之人实施有德之教、科学之教。

（二）受教育者

受教育者，指的是全体小学生。他们应该是道德启蒙教育过程中自主接受教育的主体、自我教育的主体、道德内化的主体。他们是教育影响的接受者、自我教育的实施者、道德内化的进行者、教育效果的体现者。没有他们与教育者配合默契的双边活动，就没有道德启蒙教育过程的存在；没有他们的自觉接受教育、积极自我教育和自主内化，一切教育影响都会落空，道德启蒙教育的目标也不能实现。从这个意义上来看，我们的道德启蒙教育应该以学生为中心，一切为了学生，充分发挥学生的主体能动作用，真正按照全体和每位学生的道德面貌评价道德启蒙教育的优劣。

（三）教育措施

教育措施，包括教育内容和手段。其中教育内容是在国家和社会中占主导地位的道德意识，主要是道德规范，当然也包括道德原则和范畴。它是直接对受教育者道德面貌发生教育影响的特殊影响源，体现在各种教科书、教学参考资料和各种形式的信息载体之中，也体现在经过选择和布置具有教育作用的环境之中，还体现在教育者自我言谈举止作风人格之中，体现在各种教材中的道德启蒙教育内容。除了专门德育教科书（如思想品德教材）之外，一般都需要教育者认真地加以梳理挖掘，如果教育者缺乏道德启蒙教育的责任感，往往会被忽略过去。各种媒体中有时也会夹杂一些对儿童会产生不良影响的因素，需要教育者精心选择，加强指导，在引导他们接受正面道德影响的同时，注意指导他们识别抵制不良影响。学校环境应该是一本优秀的无声教科书，教师的品行更应当是学生读不厌的道德教科书和终身学习的榜样，如何进一步优化，亟须引起重视。教育手段主要是指道德启蒙教育中采用的方式方法和工具，既包括教育和自我教育的方式方法，也包括进行道德启蒙教育活动时所运用的器材、教具等，都是教育者和受教育者借以进行道德启蒙教育活动的重要条件。教育方法的选择，教育器材的运用，服从于道德启蒙教育的效果。长期的实践证明,"你说我听,你讲我做,你打我通"的强制性灌输教育方法,成人化、一刀切的教育方法,由于不尊重受教育者的主体地位,忽视他们主观能动性的发挥,不适合他们身心的发展特点,因而不可能收到良好的效果,应该改革。

五、道德启蒙教育过程中的道德内化过程

人的道德内化过程,是指个体将来自外界的各种道德影响或自身的道德体验转化为个人道德品质的过程。这一过程既可以在学校道德教育过程以内进行,也会在学校道德教育过程以外进行;既有养成良好道德品质的正向内化,也有形成不良行为习惯的负向内化。正负内化的情况往往会在一个人身上同时存在,关键是要看究竟是积极因素在他身上占主导地位,还是消极因素压倒了积极因素。所以要认真研究怎么样帮助他增强积极因素,克服消极因素。

小学道德启蒙教育过程中的道德内化,当然是指正向内化,是使小学生形成良好道德品质的关键一环。激励、指导、帮助每个小学生尽其发展之可能,实现道德正向良性内化,是小学道德启蒙教育最主要的着力点,应该讲究科学,讲究艺术,精心实施。否则,道德启蒙教育的目标不能实现,任务不能完成,即使思想上重视道德启蒙教育,也可能轰轰烈烈走过场。除此以外,小学的道德启蒙教育并不处于纯净无菌的真空中,外部的不良影响经常会妨碍受教育者的良性道德内化,一些受教育者内部已经形成的不良因素会抵制良性的道德内化,所有这些都增加了道德启蒙教育过程中受教育者道德内化的复杂性和困难度,更需要教育者认真对待,智慧处理。

小学道德启蒙教育过程中受教育者的道德内化,是一个由优良道德动机驱动,认知、情感、意志、行为共同作用,随时排除消极影响,不断积累、反复提高的过程。教育者要善于激发受教育者健康的道德需要和向上向善的愿望,帮助他们在活动交往中提高道德认识能力,增强积极道德体验,认同社会道德观念和规范,力争升华为信念,外化行为,再以优良的道德行为强化正在形成的正确的道德意识,逐步实现内化。此外,还应正视反复,正确对待反复,以坚强的意志和有效的措施,帮助受教育者不断巩固道德内化的成果。

六、影响道德启蒙教育过程的主客观因素

（一）客观因素

小学道德启蒙教育过程并不是一个孤立的过程，它是整个小学教育过程的一个重要方面。而小学教育过程，又是学校教育过程的一个组成部分，学校教育过程又和整个社会活动过程紧密地联系着，而且自然条件也必然对学校教育活动发生一定影响。所以，所谓影响道德启蒙教育过程的客观因素，主要是指道德启蒙教育的社会环境和自然环境，其中尤以社会环境的影响更大。

1．社会环境

所谓社会环境，我们把它分为宏观、中观、微观三部分。宏观是指国际环境和国内环境，中观是指地域环境，微观是指学校所在的社区环境，甚至于每一个学生生存于其中的微型环境，如家庭环境。所有这些，都会对学校道德启蒙教育产生多方面的影响。其中既有积极的影响，也难免会有消极的影响。

就国际环境而言，随着开放政策的不断推进，国际交通日益便捷，信息交流异常迅速，人员交流更加频繁，国际社会环境对我国小学道德启蒙教育的影响必将增大。从广度看，必将由沿海波及内地，由城镇波及农村山区；从深度来看，必将从伦理思想体系和道德价值取向等方面引起人们对我国传统道德等的深刻思考，进而影响小学的道德启蒙教育。从总体上看，扩大对外开放，有利于我们吸收外国优秀文明成果。但是在学习国外先进技术和管理经验的条件下，如何帮助学生初步树立起民族自尊心、自豪感和自信心，将是小学道德启蒙教育所要面临的严峻考验。而且，随着扩大开放，国外的各种文化垃圾也会乘机通过各种合法和非法的途径与方法，在我们国内渗透和传播，并与国内的一些文化糟粕结合起来冲击我国社会主义的文化道德，给我国小学的道德启蒙教育带来种种消极的影响。

国内环境方面，全国人民坚持以经济建设为中心，两个文明一起抓，加强思想道德和民主法治建设，推动了经济的迅速发展和社会的进步，既为道德启蒙教育顺利有效地进行提供了良好的物质条件，也为小学道德启蒙教育增添了许多活生生的教材。但是思想上的片面性是经常会发生的事情，当人

们重视物质文明建设的时候，往往容易忽视精神文明建设；当强调科学技术重要的时候，往往有一些人会产生道德教育是软任务的误解，所以难免会在一些时候，一些学校，产生忽视道德启蒙教育的倾向。同时，在国内经济生活领域，我们正在并将继续深化改革，建立和完善市场经济体制。应该肯定，实现由计划经济向市场经济转变，建立社会主义市场经济体制，是我国经济体制的根本改革，也是进一步振兴我国经济和社会进步的必由之路。然而，这一体制的转换，无疑会影响到社会生活的方方面面，包括对社会的伦理和道德生活发生深刻的影响。一方面，由于市场经济肯定市场交易者之间的人格平等，要求公平交易，诚实经营，讲究信誉，反对见利忘义，逐步把市场经济建设成为秩序经济、法治经济、道德经济，必然为诚实、守信、正义等道德价值观在新的情况下进一步弘扬提供外部条件，促使人们在新的历史条件下处理好"义"与"利"的关系，从而也必然要求为社会主义市场培养新一代生产者、经营者和管理者的学校，加强对受教育者的道德教育。此外，还向学校道德教育提出诸如如何处理好等价交换与奉献精神的关系，追求利润与兼顾国家利益的关系，竞争与团结协作、助人为乐的关系，按劳分配与不计劳动报酬的关系，实现自我价值与为祖国人民服务的关系，改善生活和发扬勤劳俭朴的关系等。这一系列的新课题，将推动学校道德教育与时俱进，不断发展。另一方面，市场自身的弱点和消极方面，也必然会反映到社会道德生活领域中来，甚至于导致拜金主义、享乐主义、利己主义这类腐朽思想和欺诈、拐骗、抢劫、凶杀、黄毒、走私、贩私、权力腐败等丑恶现象滋长蔓延，很可能会恶化社会育人环境，干扰学校道德启蒙教育。

地方、社区、家庭环境是整个国内社会大环境的一部分，也受国内大环境的影响。它们常以传统、风俗习惯、道德舆论、成人示范等方式，对学校道德启蒙教育产生更加直接具体的影响。虽然，不同地方、不同社区、不同家庭有不同的传统、不同的习惯、不同的道德风尚，对儿童道德启蒙教育的态度也不尽相同，需要具体调查分析，但从当前情况看，一些地方封建迷信盛行，奢侈浪费成风，社会腐败有发展之势，许多家庭对自己的独生子女娇宠有加，离异家庭有所增加的趋向，子女的教育成为不小的问题，所有这些，已经并将继续向小学道德启蒙教育提出新的挑战。

在社会环境方面，还应该特别提到各种新闻媒体、各类文化市场、各种出版物对小学道德启蒙教育的重大影响，需要具体分析，具体对待。总的来说，在进行正面教育的同时，应该适度地有指导地让孩子接触一些反面的东西，不能把 21 世纪的新一代培养成温室的花朵。但这并不意味着可以放任让孩子接受精神污染，让他们接触超出他们身心水平和道德判断能力的不健康事物，相反，更应该加强正确的指导。

2. 自然环境

自然环境与人类的生存发展息息相关，对于小学道德启蒙教育也有直接关系。首先，对自然的态度就是对人类的态度，自然环境生态平衡的需要，要求人们把热爱自然、保护环境列入道德启蒙教育的目标，增加生态德育的内容，努力培养受教育者保护生态环境的道德责任感。其次，自然条件会对受教育者道德品质的形成与发展产生一定作用。例如，山区孩子，相对来说容易接受勤劳俭朴的教育，容易形成勤劳俭朴的行为习惯；城市的孩子则比较容易接受遵守公共秩序、爱护公共设施的教育，容易养成这方面的行为习惯。再次，不同的自然条件，为道德启蒙教育的一些具体内容提供不同的资料，产生不同的效果。例如爱国的道德，在小学阶段一般都应该从爱家乡的教育开始，使孩子逐步懂得家乡是祖国的一部分，爱家乡就是爱祖国的表现，并且引导他们以力所能及的行为来表达对家乡的爱。这个时候，在大海边学校里的教育者往往会引导学生从感受大海的美，去体会家乡的美；在富饶美丽平原地区的学校教育者，往往会引导孩子去了解自己家乡人杰地灵、物华天宝；而生活在不良自然环境中的学校教育者们，则往往会启发学生讨论怎样为改变家乡面貌尽自己的一份责任，长大了怎样用自己的辛勤劳动把自己的家乡也打扮得很美丽。

（二）主观因素

主要是指道德启蒙教育过程三大因素的各自状况及其互相关系，前文已有阐述。需要进一步说明的是，我们面前所提到的教育者个人和集体真正成为教育主体，在道德启蒙教育过程中起主导作用的条件，都可以概括为进行道德启蒙教育的能力。其中还有教育者集体和个人的教育思想观点，包括教育价值观、教育思想、教育质量观、学生观、人才观等。假若教育者没有正确的教育思想，就不会真正重视道德启蒙教育，搞好道德启蒙教育。这一点已为大量事实证明，相信今后还将继续证明。

受教育者对道德启蒙教育过程的影响，主要表现为他们道德上进取心强不强，是否发挥了接受教育和进行自我教育的自觉能动性，有没有必要的受教育的可能性和自我教育能力。这些，又都同他们已有的道德水平有关。已有道德水平的先入为主及由此而来的对新道德影响的不同选择性，对道德启蒙教育的成功与否起着不可忽视的重要作用，也很值得注意。

教育措施对道德启蒙教育过程的影响，主要表现为教育内容和方法是否适当和有效。要加大学校教育者对道德启蒙教育的自主权，在经过主管教育行政部门同意后，应该允许学校教育者根据实际情况，对道德启蒙教育的一些固定性内容作出必要的调整，甚至增补或删减。要鼓励学校教育者和受教育者，在研究和试验基础上，改进道德启蒙教育方法，创造新的教育方法。

总之，只有认真研究道德启蒙教育过程，切实优化这个过程的各个主要方面，努力实现道德启蒙教育的科学化、民主化、高效化，才能出色地完成小学道德启蒙教育的任务。

（本文原为本人主编《道德启蒙教育研究》第一章）

主要参考文献

1. 中共中央关于加强社会主义精神文明建设若干重要问题的决定，1996 年 10 月 10 日十四届六中全会通过。

2. 中共中央关于进一步加强和改进学校德育工作的若干意见，1994 年 8 月 31 日。

3. 魏英敏. 新伦理学教程 [M]. 北京：北京大学出版社，1993.

4. 华中师范大学，杭州大学，等. 德育学 [M]. 陕西人民教育出版社，1986.

5. 古人伏. 德育学教程 [M]. 上海：华东化工学院出版社，1993.

6. 王炳仁. 中小学传统美德教育初探 [M]. 杭州：浙江教育出版社，1996.

7. 毕淑芝，等. 苏霍姆林斯基的全面发展理论 [M]. 上海：上海教育出版社，1990.

8. [美] 柯尔伯格. 认知发展的道德教育论 [M]// 载 [美] 泊沛尔和莱恩编著《道德教育》英文本，1976.

中小学生行为习惯养成教育要有新作为

学生的良好行为习惯养成教育，是古今中外不同时代都非常重视的教育课题。新中国成立以来我们已经做了大量工作，取得了一定的成就。现在摆在广大教育工作者面前的问题是，在新时代怎样把这项工作推向新阶段，有所新作为。本文将就此提出自己的一孔之见，以期抛砖引玉。

一、将养成良好行为习惯列入全面素质教育目标体系

人存天地间，都需要通过自己的各种行为，与外部世界交往，或应对自身的身心需要。人的各种行为，经过多次甚至无数次的反复强化后，就可能会将自己常用的行为模式固定下来，逐步形成习惯。从外部行为的角度看，习惯是人的行为动作的自动化、系列化；从心理机制的角度讲，习惯是人在一定情景下自动化地去进行某种动作的需要或特殊倾向；从生理机制角度说，它是大脑皮层暂时联系的系统化，或者说暂时联系形成了动力定型。人们的行为习惯涵盖人生的方方面面，有生活、学习、工作、人际交往和处理各种关系的习惯、语言和思维的习惯等。我国近现代思想家、教育家蔡元培先生曾认为人的道德品质也是一种习惯，他说："道德之标目，曰正义，曰勇往，曰勤勉，曰忍耐，要旨不外乎习惯耳。"[①]

任何习惯，无论是有利于自身和社会的好习惯，还是对个人和社会都不利的坏习惯，在主体内部思想道德、心理因素和某些外部条件的作用下，都

---

① 蔡元培．中学修身教科书 [M]// 中国人的修养．北京：中国画报出版社，2004：9.

有一个长长的形成和巩固过程。一旦真正形成，就会像蔡元培先生所说的那样"习惯第二之天性也"，相当稳定，很难改变，而且明显地体现主体的品德、性格和人格，影响个人、家庭和社会。古今中外，人们无不经常从正反两个方面深切地感受着习惯的巨大力量。以"乐于助人"的习惯为例，这一习惯在今天体现了社会主义核心价值观的"友善"要求，它的形成，不但基于助人行为的不断反复和强化，还往往伴随着主体对助人的正确认识、对他人的爱心、助人快乐的体验和意志毅力的支持，以及外部榜样的引领，它体现主体仁爱的人格特征，引导主体终身做善事、行义举，并乐此不疲。而如果企图改变这种良好习惯，阻止主体不按这种习惯行动，主体不但会因为其心理需要得不到满足，大脑动力定型将被改变而感到不快，更会因为与其认识情感等相悖而感到难受和不满。如果强迫主体放弃这种习惯，很可能会受到主体内部身心因素和相关的认识、情感、意志、信念的剧烈抗拒，这种抗拒愈强烈标志着习惯愈稳定和巩固。所以，如果"乐于助人"能够成为社会成员们普遍的习惯，那么这个社会必将成为友善、和谐、欣欣向荣的社会。相反，某些人在损人利己思想支配下"假冒坑骗"行为形成习惯后，不但自己很难收手，愈陷愈深，还会给社会造成极大的危害。

也正是因为感受到习惯不可估量的作用，就有许多学者从不同的角度对习惯的价值进行了论述。俄罗斯 18 世纪著名教育家乌申斯基从习惯是大脑动力定型的角度形象地说："好习惯是人在神经系统内存放的资本，这个资本会不断地增长，一个人毕生就可以享用它的利息。""而坏习惯是道德上无法偿还的债务，这种债务不断增长的利息会折磨人。" 18 世纪的德国教师（老）卡尔·威特在其《卡尔·威特的教育》中说："孩子的心灵是一块奇怪的土地，播上思想的种子，就能获得行为的收获；播上行为的种子，就能获得习惯的收获；播上习惯的种子，就能获得品德的收获；播上品德的种子，就能获得命运的收获。"[①] 据此，19 世纪英国社会改革家和著名人生随笔作家塞缪尔·斯尔迈斯就认为："习惯往往决定一个人的本质……习惯既能使我们走向成功之路，也能使我们走向毁灭的深渊。" 20 世纪著名英国哲学家伯特兰·罗素则进

---

① 李贤荣. 教育家论养成好习惯 [M]. 大连：辽宁师范大学出版社，2003：82.

一步说："人生的幸福，在于良好习惯的养成。"

既然行为习惯对于人的一生具有决定性的意义，也会带给家庭和社会重大影响，所以怎样养成良好的行为习惯，就成为大家所关注的课题。对此，前人集中强调了两点。

其一，良好习惯要从小培养。

孔子就提出了"少成若天性也，习惯若自然也"这一著名论断，主张从小养成年轻一代良好的行为习惯。无独有偶，比孔子小167岁的古希腊大哲学家亚里士多德也认为，幼年时形成的好习惯可以改变一生。最近，有一位在杭州打工的外卖小哥，湖南邵阳洞口人雷海为问鼎第四季《中国诗词大会》，又一次使人感受到从小养成好习惯的重要。如果他没有从小养成爱阅读的习惯，14年前就在外打工的他，就不会跑进书店买下《诗词写作必读》，通过自学探索诗词格律的门径；更不会利用等送外卖和休息的碎片时间，学诗词背诗词，取得如此骄人的成绩①。

其二，教育就是养成学生的好习惯。

叶圣陶先生在20世纪40年代就认为："'教育'这个词儿……简单的解释，一句话可以说尽，就是'养成好习惯'。"②因为在他看来，首先，"追求知识是为充实生活，知识必须化为身体上的血肉，生活上的习惯，不仅挂在口头笔头装点门面"③。其次，"学生要学的，不光是课本上的知识，更重要的是在各科学习中学会自己寻求知识和解决问题的本领"，需要"养成自己寻求知识和解决问题的习惯"④。第三，他在20世纪80年代提出了"教是为了不教"的著名论断⑤，其着眼点也在于调动学生好学上进的内驱力，培养学生自主学习探索、分析问题和解决问题的好习惯，而不是把学生当成容器，也不是把学生训练成考试工具。在20世纪60年代初，他又进一步对自己的"教育就是养成好习惯"说作了阐述，他说："所谓教育，无非是从各方面给学生好的影响，

---

① 杭州日报 [N]. 2018-04-06(3).

② 叶圣陶. 叶圣陶教育文集：卷三 [M]. 北京：人民教育出版社，1998：309.

③ 叶圣陶. 叶圣陶教育文集：卷二 [M]. 北京：人民教育出版社，1998：401.

④ 叶圣陶. 叶圣陶教育文集：卷二 [M]. 北京：人民教育出版社，1989：150.

⑤ 1983年8月6日《教育杂谈——在民进外地来京参观教师茶话会上的讲话》。

使学生在修养品德，锻炼思想，充实知识，提高能力，加强健康，各方面养成好的习惯。"[1] 在叶先生看来，一方面如果学生在德智体美各方面都具有了好习惯，就会推动他们在德智体美诸方面都得以充分而自由的发展；另一方面，任何优良的素质都会外显于相应的良好习惯，德智体美诸育的教学教育成果必然也要反映在学生良好的行为习惯上。他举例说："贤明的父母都注意训练孩子，坐要坐得正，站要站得直。孩子进了幼儿园，进了小学，保育员和老师同样注意训练他们，于是养成一种好习惯。这种习惯为什么说好？因为坐正站直合乎身体的自然，肌肉骨骼都不扭曲，所有内脏不受压迫，是个有利于健康的姿势。这是就体育方面而言。如果就德育方面说，坐正站直就是有礼貌，坐没坐相，站没站相，就是没有礼貌。"[2]

笔者认为，习惯决定人生、事关民族素质，好习惯应该从小培养，基础教育尤其是义务教育应该把注意力集中在学生好习惯的培养上的论断，尤其是叶圣陶先生的意见，对当今教育仍有很强的现实意义，值得我们认真深思。教育是育人的事业，关键在于要使学生具有适应一定社会、一定时代现实生活所必备的良好素质。而要培养各种良好的素质，自然就离不开养成他们各种良好的习惯。这些好习惯既是他们德智体美劳各育素养的体现，也是各育素养提高的保证。即使从提高学生学业成绩的角度看，根本之法也在于从小养成学生爱学、会学、能够学好的习惯。鉴于良好行为习惯对于培育全面发展社会主义一代新人的重大价值，我们没有理由不把这些好习惯的养成，纳入我国社会主义全面发展教育的目标体系，作为考核学生的重要内容。尤其是我们的义务教育，它是社会主义国民教育，在这一阶段抓全面发展教育，关键的一环在于全面落实良好行为习惯的培养，为我们国家的年轻一代打好社会主义思想道德素质的科学文化素质的坚实基础。

二、总结经验，让行为规范发挥更实在的作用

没有规矩成不了方圆。要想从小养成学生的良好行为习惯，必须有合适

---

① 叶圣陶. 叶圣陶教育文集：卷二 [M]. 北京：人民教育出版社，1998：473.

② 体育·品德·美 [N]. 文汇报，1980-05-05.

的行为规范。我国教育向来有重视行为规范约束学生行为的传统。古代的官学、书院和族学，几乎都有学规。著名的《弟子职》，是春秋齐国国都官办高等学府稷下宫的第一个学生守则；由清人李毓秀创作，曾被清政府大力推行的三字韵文《弟子规》，就是当时学子们的行为规范；曾被誉为南方四大书院之一的浙江金华丽泽书院，有过吕祖谦先生亲自拟定的学规17条；被称为明清宁波四大家族之一的甬上屠氏，其宗谱内也收录了族学学规，内容包括进校退校规则、在校规则、课堂规则、操场规则、作业规则、考试规则、膳堂规则、休息规则、请假规则等。

新中国成立以来，我国党和人民政府继承发扬了我国教育把培养学生的良好行为习惯作为教育基础环节的传统，更加重视学生行为规范的制定，并且从1955年起陆续出台中小学生行为规范，包括国家颁布的中小学学生守则，国家和省市等颁布的中小学生日常行为规范。这些规范都给中小学生的言行设置标准，规定了正确范式，提出具体要求。1955年5月，国家教育部首次颁布中小学生守则就明确指出，小学生守则和中学生守则，是党和国家对中、小学生思想品德、学习、劳动和日常生活行为最基本的要求。1986年4月12日六届全国人大四次会议通过、2006年6月29日十届全国人大常委会修订的《中华人民共和国义务教育法》第36条规定："学校应当把德育放在首位，寓德育于教育教学之中，开展与学生年龄相适应的社会实践活动，形成学校、家庭、社会互相配合的思想道德教育体系，促进学生养成良好思想品德和行为习惯。"1988年12月25日，《中共中央关于改革和加强中小学德育工作的通知》则进一步明确提出："德育对于中小学学生，特别是小学生，更多的是养成教育。"强调"要制定并组织试行中学生和小学生的'日常行为规范'，使学生牢记规范要求，逐渐养成文明的行为习惯。对学生的道德情操、心理品质要进行综合的培养和训练，使他们具有诚实正直、谦虚宽厚、勇敢坚毅、惜时守信、开拓进取等好品质。"1991年8月22日，国家教育委员会在公布《小学生日常行为规范》时指出，《小学生日常行为规范》是根据国家正式颁布的《小学生守则》制定的，是国家对小学生行为的最基本的要求。接着，在1994年3月11日公布《中学生日常行为规范》时，国家教委又指出，中学生行为规范集中体现了国家对中学生日常行为的基本要求。

回顾新中国成立以来中小学学生行为规范的发展历史，我们可以知道：(1) 60 多年来，我国共有过国家统一颁布的中小学学生守则 10 个，其中，小学生守则 4 个，中学生守则 4 个，中小学生守则 2 个。包括 1955 年的小学生守则、中学生守则，1963 年的小学生守则、中小学生守则，1979 年的小学生守则、中学生守则，1981 年的小学生守则、中学生守则，2004 年的中小学生守则，2015 年的中小学生守则。(2) 共有过中小学生日常行为规范 6 个。其中，小学生行为规范 3 个，中学生行为规范 3 个。包括 1988 年的小学生和中学生的两个日常行为规范试行草案，1991 年和 1994 年分别正式颁布了小学生日常行为规范和中学生日常行为规范，2004 年的小学生日常行为规范和中学生日常行为规范。(3) 到了 2015 年 8 月 25 日，教育部只颁布了修改后的《中小学学生守则》，要求各地根据这一守则制定中小学生的日常行为规范。

综观这些行为规范，它们具有如下特点：

(1) 这些学生守则和日常行为规范，都承载着国家对中小学生的殷切期望，具有正确的方向性。这种期望，有的学生守则和行为规范用一段文字或一句话明白地表达出来。例如，1955 年的小学生守则第一条"努力做个好学生，做到身体好、功课好、品行好。准备为祖国服务，为人民服务。"1963 年的小学生守则第一条是"'好好学习，天天向上'，准备为社会主义事业服务"，1981 年的中学生守则第一条是"热爱祖国、热爱人民、拥护中国共产党，准备为社会主义事业服务"。而有的虽然没有明确用一句话或一段文字表述，但通读下来，就会体会到它承载着国家和人民培养中小学全体学生成为爱祖国、爱人民、爱中国共产党并具有社会公德、文明行为习惯、遵纪守法好公民的厚望。

(2) 我国的中小学生行为规范，具有基础性。正如 2004 年 2 月 26 日《中共中央国务院关于进一步加强和改进未成年人思想道德建设的若干意见》所说那样，根据国家的培养目标制定，"以促进学生全面发展为出发点和落脚点"，对学生的德智体美劳诸方面的良好行为习惯的养成提出了适度的要求。虽然这些规范都特别强调品德方面行为习惯的养成，但并没有忽略体、智、美、劳等方面良好行为习惯的培养；更不是只停留于各课学习、纪律、卫生等几个方面。行为规范的内容与知识能力方面的内容一起，构成了基础教育的基本课程内容。

（3）我国的中小学生行为规范的内容，既有全面性，又突出重点。全面性是指它涉及国家在核心价值观（如爱国、敬业、诚信、友善、文明、和谐）和其他道德、纪律、法治方面的基础要求；涵盖了孩子们在学校、家庭、社会中其他各项学习、生活中必须养成的基本行为习惯，包括对待大自然和生活环境应该具有的良好行为习惯；反映了全国中小学生健康发展的共同需要，也顾及了不同民族和地区孩子发展的特殊要求。而其重点，则在于养成学生的良好道德习惯和在学校生活中与其他各育相关的好习惯。

（4）我国中小学生的行为规范，具备继承性和时代性的统一、稳定性和变动性的统一的特点。它既要求学生继承和发扬爱国、孝亲、敬长、友爱、守时、好学、勤俭、坚毅、勇敢、诚信、惜誉、文明、尚礼、自爱、自律、齐贤、改过等中华民族传统美德，又根据新时代的新问题，逐步提出了不吸烟、不喝酒、不赌博、锻炼身体、讲究卫生、注意人身安全、尊重妇女、志愿服务、绿色上网、远离毒品、环保生活、热爱大自然、爱护生活环境、自信自强、有责任心、乐于探究等关系中小学生全面健康发展的新要求。

（5）我国中小学生行为规范在对孩子良好行为习惯养成提出明确要求的同时，实际上也对他们的相关知、情、意、行要素也作出了要求。因此，行为规范的有效落实过程，必然应该是带动学生相应的知、情、意的良性发展，甚至会形成相应的信念，导致他们人格和性格的健全发展。例如，我们在培养学生课堂内外的倾听习惯时，不但应该指导他们了解要怎么做，还应使他们懂得为什么要这样做；应该让他们体验到倾听的好处，乐于按照倾听的要求去做；同时应该鼓励他们持之以恒地按照倾听的正确行为模式做下去，并且要让他们坚信倾听是良好品德、良好学习和交往方式，自愿长期坚持。只有这样，倾听的行为才会逐步成为他们的习惯和人格特征之一。

（6）我国中小学生的行为规范具有梯度性和针对性。2004年2月26日《中共中央国务院关于进一步加强和改进未成年人思想道德建设的若干意见》指出："要依据不同年龄段学生的特点，抓紧修订和完善中小学生守则和日常行为规范，对小学生重点是规范其基本言行，培养良好习惯。对中学生重点是加强爱祖国、爱人民、爱劳动、爱社会主义，引导他们树立正确的理想信念和世界观、人生观、价值观。"这些要求很有针对性、适应性，中小学之间的梯度也体现出来了。接着，当年 3 月 25 日发布的修订版中小学生守则、小学生日常行为规范和中学生日常行为规范，从全国中小学生身心发展的实际可能性出发，对全国小学生主要是规范其日常基本言行，对中学生的要求集中在"五爱""三好"上，就较好地体现了针对性、适应性和梯度性。

（7）我国中小学生的行为规范还有改革的空间，还应与时俱进。首先，行为规范是规范学生行为的硬性要求，是每个学生必须做到的，它具有权威性、约束性、必达性的特点，从用词上看它强调的是"必须"，而不是"应该"，更不是"随意"。但是，我们在制定和实施中小学生日常行为规范过程中，对这一点似乎强调得不够。我们常说没有爱就没有教育，我们还常说没有严格要求也没有教育，关键是怎样把对学生的热爱尊重和严格要求有智慧地结合起来。而中小学生的行为规范所体现的正是教育的严格要求这一面，它通过严格要求实现对每个孩子的热爱和尊重。据此，我建议现行行为规范文本中一些原则性的、可以任人解释的文字应该删除，保留那些一看就明白应当怎么做，可操作、可落实的要求。我们国家幅员广大、民族众多，情况非常复杂，要规定全国中小学生必须做到的行为规范硬性要求，确实会有困难，国家教育行政部门已经从 2015 年开始，主要负责颁发学生守则、发布指导意见，作为制定行为规范的准绳，要求各地制定各自地区的中小学学生日常行为规范，是非常明智的举措。根据义务教育法关于义务教育由县级管理为主的原则，笔者建议，在有条件的地方还可以考虑将学生行为规范的制定权放到县级。并且应该鼓励有条件的学校经过县级教育行政部门批准，制定校本学生行为规范，增强行为规范的针对性、适应性、可达成性，为每位学生养成良好行为习惯创造前提条件。

其次，时代在发展，情况在变化，有些以往很重要的要求，可能退居其次了，而另外有些要求的重要性提升了。例如，敬重国旗、唱好国歌、爱护红领巾、知恩报恩、正确对待不同意见和批评、平等对待每位同学老师、正确使用手机等行为和习惯，对于今天的孩子应当进一步强调了。

最后，教师和学生家长对中小学生良好行为习惯的养成关系极大，他们必须为孩子履行行为规范作榜样，于是就有一个家长和教师在一定场合违反中小学生行为规范应当如何处理的问题提到有关部门面前，亟待认真研究。

三、把良好行为习惯养成教育列为义务教育的必修课程

实施行为规范教育，养成良好的行为习惯，重在落实见效。教育领导部门颁发的行为规范，如果不能落实，仍然是一纸空文；许多贯彻行为规范的教育措施，如果不能真正见效，仍然是无效劳动。

回首以往，从笔者亲身经历的浙江省情况看，各级教育行政部门、教育科研单位和中小学，自20世纪80年代后期开始，是比较重视学生良好行为习惯培养的时候。教育行政部门开会、发文部署行为习惯培养，选择地区和学校进行试点摸索经验，开展不同层次的良好行为习惯培养课题研究，编写中小学学生行为规范教育手册等，做了很多工作，其中以金华市做得最好。他们开展了浙江省教育科学规划"九五"重点课题《中小学生日常行为规范养成教育的理论与实践》研究，编写了适合义务教育阶段学校使用的《小学生日常行为规范养成手册》12册、《初中生行为规范养成手册》6册，并经国家教育委员会基础教育司德育处审订许可，由天津科学技术出版社公开出版。手册的内容包括"学会生存""学会学习与劳动""学会关爱尊重""修己善群"等4大方面50个细目，形成系列，分布于相关各册之中，循序渐进，反复教育，反复训练，不断提高。有正确的方向性，很强的针对性、适用性、操作性。并从1997秋季开始，在金华市区和所辖县（市）实验性、示范性学校试用，最多时试用学校达到300余所小学和初中，占当时全市学校总数的60%，学生数约30万人，占当时全市学生总数的70%，收到了良好的效果。至今，养成教育手册虽然停用了，但金华市教育学院还在坚持对教师进行养成教育项目的培训。

不过，即使像金华市这样非常重视学生良好行为习惯养成的地方，行为规习惯成教育尚且没有实现全覆盖，不能保持十年前的势头，其他地方自然就不必说了。在这些地方，许多比较重视的学校也只以各科学习、纪律、卫生"三项竞赛"替代国家要求的行为习惯养成教育，一些学校甚至把国家颁布的学生行为规范搁置一旁、我行我素。问题的要害，在于人们对于良好行为

习惯的养成和基础知识技能的传授同样重要，是中小学教育不可或缺的基础这一重大价值缺乏正确认识；更在于我们还没有将良好行为习惯的培养，列入中小学至少是义务教育阶段的必修课程。

今天，我们的中国特色社会主义事业已经进入了决胜全面建设小康社会、进而全面建设社会主义现代化强国的新时期。新时期新目标新征程，各行各业都应该有新作为新气象。学校教育、课程建设也将在改革中有新的发展。从国家的层面确定将培养学生的良好行为习惯作为义务教育阶段学校的必修课程，与良好行为习惯的重大价值相适应，符合我们民族的传统，适合现实的需要，是教育改革的创新之举。建议国家教育领导部门应当组织力量，编写养成学生良好行为习惯的指导纲要，颁布实施，并列入督导内容，定期督查。省市及县级层面，则要根据国家指导纲要，编写义务教育阶段学生行为习惯培养教材和教育训练指导用书，并对校长和班主任开展养成教育理论和操作的培训，以适应养成教育实践操作的需要。

在国家和省市县对良好行为习惯养成教育的认识和措施到位后，落实的关键就在学校了。在学校层面，最重要的是抓好下面几件事。

第一，学校和班级应当设计比较稳定可行的养成教育实施方案。学校方案应该有3个模块：总体模块包含六年或三年的基本目标、基本内容、基本措施、考核方法、责任分担；纵向模块包含不同年段的养成教育目标、内容、措施、责任；横向模块包含不同岗位、不同课程、不同活动的目标、内容、措施和责任。这一方案在经过反复实践反复修改后，必须力求稳定，在坚持中继续完善。学校还可根据需要编写养成教育的校本教材。班级方案，小学可以分低段、中段、高段设计目标、内容、措施，初中和高中都可以按起始年级、过渡年级、毕业年级进行设计。

第二，对教师和学生家长进行培训。教师的校本培训应该达到使教师能够自觉地以身作则践履行为规范，能够运用适合不同年级学生的充满爱心的养成教育方法，比较熟练地对学生进行养成教育，善于寓养成教育于各种活动和学科教学之中。要充分发挥《道德和法治》课在培养学生良好行为习惯过程中的作用。要遵循先入为主的规律，抓紧抓好起始年级和每一规范的首次教育与训练。对家长的培训，要让每位家长自觉关注孩子良好行为习惯的培养，主动在家对孩子进行养成教育和训练，长期坚持尽力地在行为习惯方面给孩子作榜样。

第三，调动所有学生投入的养成教育自觉性和主动性。一切成功教育的基本特点，在于能够把教育和自我教育有机地结合起来，不但能够智慧地把教育影响落实到每一位学生的身上，而且能够激发学生自我教育的需要和愿望，自觉地把国家的教育要求转化为自己的努力目标，通过具有个性特色的坚持不懈努力，达到自己的目标。学生养成良好行为习惯的基本动力也在其内部。一定要把教育和自我教育科学地结合起来，想方设法把每位学生养成良好习惯的积极性充分调动起来，指导他们确定自己养成良好习惯的计划，引导他们自觉开展自我教育和训练，逐步实现自己的目标。只有这样，才会使学生感受到按照行为规范的要求行动是文明、是自由、是幸福。

第四，组织持续性养成教育的校本研究。主题是怎样把养成教育落实到每位学生，内容包括个案研究和理论研究。个案研究主要是把不同学段在思想和行为方面比较典型的学生作为对象，通过 6 年、12 年，甚至 16 年的跟踪观察调查，获得他们良好行为习惯养成方面有重要意义的数据和事实材料。以期引起家庭、学校、社会对这项重要工作的持续关注。理论研究的重点包括，怎样使养成教育对每位学生有吸引力，成为他们自觉的需要？在养成教育实施过程中，怎样使教育和自我教育较好地结合起来？各科教师和班主任怎样在养成教育中有效合作？良好习惯的养成和不良习惯的防止与纠正有什么规律、机制和模式？说理、训练、榜样、陶冶在养成教育中的不同作用和智慧协同；行为习惯的考核研究；良好行为习惯养成教育和训练的创新等。

（本文系 2015 年 5 月在金华市教育学院的讲课稿，2018 年 4 月修改。在收入本文集之前，承蒙张柯、胡亚珍、柯民军、胡海霞等老师提出很好的意见，在此表示感谢。）

班级教育研究

班集体建设的原理

建设良好的班集体，是班级教育的核心。什么是良好的班集体，良好的班集体是怎样形成的，怎样才能建成良好的班集体等等问题，都是广大教育者和学生所共同关心的。下面我们和大家一起讨论这些问题。

一、良好班集体的特征和功能

（一）什么是集体

平时，有些同志总爱把集体和群体简单地混同起来，把集体称为群体，把群体当作集体。其实，虽然集体是群体的一种，从属于群体，但它并不等于其他类型群体。用形式逻辑的道理来说，"群体"是属概念，"集体"是种概念，集体这个种概念的外延虽然全部包含在"群体"这一属概念的外延之中，但是"集体"的外延小于"群体"的外延，故而不可将两者简单地等同起来。这也告诉我们，要讲清什么是集体，还得先从群体讲起。

群体是一种社会现象，分为假设群体和接触（实际）群体两大类。假设群体是根据工作的需要，例如统计工作的需要，人为设立的；接触群体则是实际存在着的群体。在接触（实际）群体中，又可按发展水平分为松散群体、联合群体（或合作群体）、小集团、集体。俄罗斯著名的心理学家彼得罗夫斯基以活动内容的社会价值和活动的程度为区分不同群体的标准，认为松散群体虽然存在人与人之间的关系，但是这种关系并不以共同活动的内容为中介；联合群体或合作群体，是以对每个成员具有个别意义的共同活动内容为人际关系中介的群体；小团体是以对个人有意义，但并非有社会

301

意义，甚至对社会有损害的共同活动内容为人际关系之中介的群体；而集体则是以对个人有意义、对社会有价值的共同活动内容为人际关系中介的群体，它是群体发展的最高形式。诚如马卡连柯所说："我们不可随便拿一群个别人作为集体。集体是活生生的社会有机体，它所以是一个有机体，就是因为那里有机构、有权能、有责任、有各部分之间的相互关系和相互依赖。如果这样的因素一点也没有的话，也就没有集体了，所有的只是随随便便的一个人群罢了。"[①] 而在集体之中，又以社会主义共产主义性质的集体，为其发展的最高类型。社会主义共产主义性质的集体之所以是集体发展的最高类型，首先是因为这些集体的目标与人类的壮丽目标社会主义共产主义一致，而且真正成为集体中每个成员的目标。其次，如马克思所述："只有在集体中，个人才能获得全面发展其才能的手段，也就是说，只有在集体中才可能有个人自由。"[②] 这类集体为其成员良好个性的发展、才能的施展、创造性的发挥，创造了良好的条件，从而使这类集体成为提高成员素质、推动社会主义事业向前发展的重要因素，为其他类型的集体所不可比拟。

（二）班集体的特征和要素

毫无疑问，班级是正式的实际的群体。说它是实际群体，是因为它首先是一个以儿童青少年学生为主体的社会群体，在这一社会群体中人们有活动，有交往，建立了一定的关系，如师生关系、同学关系，它的存在并不是人们假设中的"存在"，而是实实在在的存在。说它是正式群体，是因为它是社会为了有目的、有计划、有系统地对年轻一代进行教育，根据一定的原则和规范有意识地编组而成并得到学校领导认可的，不像非正式群体那样是自发形成的。但是，并不是每个班级一旦组成，就自然而然地成为集体，相反，只有具备一定的特征的班级群体，才可以称为班集体。

那么，作为一个班集体应该具有哪些基本特征呢？对此，马卡连柯的研究，作出了突出的贡献。

马卡连柯作 20 世纪二三十年代著名的苏联社会主义教育家，和克鲁普斯

---

① 马卡连柯. 论共产主义教育 [M]. 北京：人民教育出版社，1980：403.

② 马克思恩格斯选集：第一卷 [M]. 北京：人民出版社，1972：82。

卡娅、加里宁等创立了具有世界影响的集体教育理论。他认为："集体是以社会主义的结合原则为基础的人与人的互相接触的总体"，"我们的学生的集体，不仅是青年们的集合，这首先是具有苏维埃国家里任何其他集体的一切特点、权利和义务的社会主义社会的细胞。"[①] 他指出，作为苏维埃教育的第一个目的——集体，它的基本特征是：（1）集体不只在共同目的和共同劳动中把人们团结起来，并且要在这个劳动的共同组织中把人们团结起来。个别学生的每一行为，他的每一成功或失败，都要看作共同事业的一种成功或失败。（2）集体是苏维埃社会的一部分，同一切其他的集体有机地联系着。集体对社会负有主要的责任，对于整个国家担当首要的义务，集体的每一个成员，只有通过集体才能参加社会。苏维埃纪律的观念就是从这里产生的。在这种情况之下，每个学生都会既懂得集体的利益，又了解义务和荣誉的概念。（3）集体不是乌合之众。集体是社会的有机体，它拥有管理机构和协调机构，这些机构首先负有代表集体和社会利益的责任。（4）集体是世界革命时期人类战线的一部分，随时随地都应当是我们斗争的榜样，它应当永远感觉到在它前面有领导它走向真正幸福的共产党[②]。他还强调："集体的每一个成员也应当感觉到自己对集体的依靠，应当忠于集体的利益，应当维护这种利益，并且要首先重视这种利益。"[③] 此外，他对集体应该有什么样的舆论、作风、传统、纪律、态度也进行了广泛论述。

虽然马卡连柯的集体教育理论，是建立在由他领导的以流浪儿童为对象的高尔基工学团和捷尔任斯基公社的实践基础上，而且所指的主要是学校集体，对于被他称为"基础集体"的班级集体涉及不多，可是他毕竟提出了诸如集体的特征是什么等许多重大问题，并且根据自己的实践进行了充分的回答，给后人以重要启示。

马卡连柯以后，许多苏联教育学者都重视学生集体的研究，在关于学生集体的特征方面，除了引用马卡连柯的见解外，还提出自己的看法。譬如凯洛夫《教育学》认为："一个团结的集体的特征是：有能够起作用的各种机构，

---

① 马卡连柯. 论共产主义教育 [M]. 北京：人民教育出版社，1980：121.

② 马卡连柯. 论共产主义教育 [M]. 北京：人民教育出版社，1980：41、42.

③ 马卡连柯. 论共产主义教育 [M]. 北京：人民教育出版社，1980：243、244.

有各种职权，有责任感，有各个部分的明确的相互关系。"①

与此同时，苏联的一些心理学家也受马卡连柯的启发，对集体的社会心理学方面的特征进行了研究。他们提出集体的主要特征是：集体主义自觉，集体的团结，集体内部情感上的一致。他们所说的集体主义自觉，是指集体的成员能够根据集体主义原则进行价值定向，采取自己的行动；集体的团结是集体内部在价值定向一致基础上的步调一致；集体内部情感上的一致，主要是指集体成员把自己与集体视为同一，荣辱与共，同情、亲密，为每一个人的成就而兴奋自豪，特别表现为大家都信赖和满意自己的集体。他们还指出集体的专门特点结构是：集体的共同活动的动机和目的，集体对完成任务的准备和工作能力，集体防止破坏的坚定性，以及它与其他集体的联系。②

我国学者，从 20 世纪 50 年代至 80 年代，对于班集体的特征亦颇多论述。有的认为："一个健全的班集体，应当具有正确的政治方向，共同的奋斗目标，坚强的领导核心，正确健康的舆论，以及优良的班风。"③ 有的认为："社会主义学校中学生班集体具有以下特点：(1) 是党领导下的社会主义性质的集体；(2) 班集体有由社会主义性质所决定的共同奋斗目标，和为达到共同目标而组织的共同活动；(3) 班集体有统一的领导机构，有严格的组织性、纪律性；(4) 班集体有共同的正确的舆论、传统和作风；(5) 班集体应与学校集体建立有机联系，班集体与学校集体都是社会主义集体的一部分。"④ 有的认为，班集体的主要特征是：(1) 具有正确的政治方向和共同的奋斗目标；(2) 有健全的组织机构和领导核心；(3) 具有正确的舆论和优良的作风；(4) 具有团结友爱、互相帮助、平等和谐的人际关系⑤。有的也从社会心理学的角度提出了班集体的基本特征，这就是：1. 集体目标的社会主义方向性和对个体参照度。2. 集体组织机构的开放性及其有序度。开放性是集体组织适应社会环境变化

① 凯洛夫. 教育学 [M]. 北京：人民教育出版社，1957：358.
② 彼得罗夫斯基. 普通心理学 [M]. 北京：人民教育出版社，1981：158—166.
③ 华中师范大学教育系、杭州大学教育系等. 德育学 [M]. 陕西人民教育出版社，1986：231.
④ 南京师范大学教育系. 教育学 [M]. 北京：人民教育出版社，1984：304—305.
⑤ 方天培，董燮清. 班主任工作教程 [M]. 上海：复旦大学出版社，1991：74—75.

的重要特性，也是班集体组织机构有序的必要条件。集体组织机构的开放性和有序度，还通过集体的自我组织性这一主体性特征表现出来。3. 集体规范的调控性及其自由度。4. 集体活动的中介性及其整合度。5. 集体人际的团结性及其凝聚度。6. 集体心理的统一性及社会成熟度。①

另外，现代教育学、教育心理学和教育社会心理学还从构成集体的基本因素这一角度，对班集体进行研究，进一步揭示集体的特征，认为班集体一般具有这样一些要素：

1. 目标。它是班集体的某一时期或某一活动要达到的最终目的，或要争取达到的某种理想结果的标准、规格、状态，具有导向性、激励性和社会性、层次性等特点。导向性是指班集体目标是班集体的核心要素，影响和制约着班集体的发展方向；激励性指目标是调动师生积极性的重要手段；社会性是指班集体的目标反映社会对年轻一代受教育者的要求，因而受社会利益的制约；层次性是指班集体的目标既可以分为近期目标（近景目标）、中期目标（中景目标）、远期目标（远景目标），又可分为整体目标、部分目标，还可以分为一级目标、二级目标、三级目标等等。

2. 人际关系。班集体内的师生关系、同学关系，应当是同志式的、和谐一致的、团结向上的同志关系，其主要特点是人际责任依存关系和友谊关系的协调一致。

集体中的人际关系结构问题，是社会心理学注重研究的课题。美国社会心理学者认为，它是由集体成员在集体中的位置决定的关系模式，或曰集体中不同角色、地位、相互期望的关系网络。苏联社会心理学者则认为，它是集体中人际关系的体系，具有不同的层次结构。其中，第一个层次是个人之间直接关系的总和。这种直接关系，主要是指由个人的情绪好恶、心理相容、趣味相投而产生的联系。这是集体人际关系中非本质结构层次。第二层是以集体活动内容及其价值为中介的人际关系。这是集体成员共同参与有社会意义集体活动基础上产生的关系。第三层是指建立在集体共同活动目的基础上的人际关系总和。在这一层面上，集体活动的社会意义、动机、目的以及与

① 无锡市教科所. 班集体建设的理论与实践. 班集体教育实验的理论模型 [M]. 南京：江苏教育出版社，1991：11—26.

活动对象的关系，构成集体中人际关系的核心。这是集体人际关系中最本质的结构层①。这些看法，对于我们研究班集体中的人际关系及其结构有一定的参考价值。

3. 组织机构。班集体内团（队）、班委会、小组等学生的组织机构健全，核心得力，上下左右沟通，运转自如。

4. 舆论。班集体内不但要有正确的舆论，而且正确的舆论已经成为集体生活中的主导性的舆论。

5. 规范。包括班规、班约和班级的纪律要求，是保证班集体健康发展的重要条件。

6. 作风。班集体有良好的作风，并以此显示自己的特色与风格。

7. 活动。班集体与未形成集体的班级之间，有许多相同形式的活动。但班集体的活动是在集体主义目标导向下受集体正确舆论调节的活动，与非集体的班级活动已有质的区别。

其实，无论是研究班集体的特征，还是研究班集体的构成要素，其目的都在于要说明，一个由学校统一编配的同龄人班级，它要成为一个集体，或者说一个班级之所以称得上班集体，到底应该具备些什么。对于我国中小学班级教育来说，尤其需要真正搞清楚，在新的形势下中小学班级集体应该具备哪些特征。汲取前人的研究成果，联系我国社会与教育的性质任务，以及新形势对班集体建设的要求，关于本世纪末和 21 世纪初我国中小学成熟班集体的特征和要素，至少有这样几点是该特别强调。

1. 以集体主义思想为基础。中小学的学生班集体，虽然不是成人集体，但必须是社会主义性质的集体。它同其他社会主义性质的集体一样，既不是各怀利己动机的乌合之众，也不是为小团体利益走到一起来的，相反，是为了实现全国各族人民建设中国特色社会主义的共同理想，亦即全国各族人民根本利益而集合起来的。在这样的集体里，当然也存在着个人利益和集体利益、局部利益和整体利益、眼前利益和长远利益等各种矛盾，需要正确处理和解决。但是正确处理这些矛盾的思想武器只能是社会主义的集体主义。因为集体主义既肯定关心集体，服从集体，完成集体交给的任务，正确处理个

---

① 顾明远. 教育大辞典：第 1 卷 [M]. 上海：上海教育出版社，1986：139.

人、集体、国家三者关系等，都符合集体主义精神，更强调社会主义集体主义的核心内涵是坚持祖国和人民的利益高于一切，个人只有把青春和智慧献给祖国和人民才是高尚的，所以，才是指导班集体及其成员正确处理各种利益矛盾的指导思想，才是推进青年一代为共同理想而奋斗的强大精神力量。而且，也只有实现了祖国和人民的利益，集体成员的正当个人利益才会有普遍的保障。正是基于这样的认识，我们肯定中小学班集体的首要特征是以集体主义思想为基础，应该在集体主义的基础上凝聚起来，不断前进。

2. 有符合社会主义教育目的并转化为集体成员们个人需要的共同目标。中小学班集体是社会主义的育人集体，它的各种类型和层次的目标，都必须符合我国社会主义教育目的和中小学培养目标的要求，并反映时代特色。只有这样，班集体的目标才能符合祖国和人民的利益。如果说某个班级目标十分明确，为目标而斗争的决心和干劲也很大，可是这种目标背离社会主义教育目的和培养目标，那么我们就有理由认为这个班级并没有班集体所要求的目标，非但没有班集体所要求的目标，而且目前的做法只会妨碍这个班级及其成员的健康发展。这是我们在讨论班集体共同目标时应该注意的第一点。

其次，我们还应注意到，一般未形成集体时的班级也有目标，而且往往是正确目标。在这种情况下，鉴别目标是否已经成为班集体之特征或要素的一个重要办法，就是看这种目标是否已经转化为班级成员，至少是大多数成员的需要和行动。只有转化为集体成员的需要和行动的目标，才是被他们真正接受的目标，才是真正能对班集体的发展起巨大作用的目标，才会成为班集体的核心因素。

3. 要有一定的集体主义自决水平。在共同的活动和交往过程中，班集体的核心以及全班学生，表现出很强的集体责任感和荣誉感，有一定水平的集体主义自决能力，包括符合社会主义民主精神的自主、自治、自决、自律。这种自决水平，随着年级的增高，集体的巩固和发展，不断提高。

4. 既有统一的要求，又有集体成员积极主动的发展。一个发展成熟的班集体，必然有共同的活动、严格的纪律、正确的舆论、良好的班风，以不同的形式，向每个成员提出正确的统一要求。这种统一的要求保证集体的良好发展。同时，正如苏霍姆林斯基所说的那样，没有鲜明的个性就谈不上集体。所以，一个当代社会主义中小学学生集体，必然具备尊重每个成员的人格和积极性、主动性、创造性的特征，能够为它的成员德智体美劳和良好个性心理品质等方面生动活泼、积极主动地发展，创造良好条件。

5. 它与学校内其他集体以及社会和学生家庭有正常的联系。学生班集体是学校集体的构成部分，它应该以集体主义为指导与学校集体和其他基层集体建立正常关系，而且也应该在正确思想指导下处理好与本班学生家庭和社区之间的关系，有正确处理家庭社区影响和信息的能力。尤其在当代条件下，如果没有这方面的特征，也很难算得上是一个成熟的班集体。

（三）班集体的地位与功能

正确认识班集体在学校教育工作中的地位和功能，是建设良好班集体的一个重要前提。根据长期来广大教育工作者所积累的丰富实践经验和许多教育理论工作者的研究，我们认为，归纳起来应该从下列几个主要方面去理解班集体的地位与功能。

1. 班集体既是班级教育的对象，又是班级教育的主体，在班级教育中处于举足轻重的地位

马卡连柯曾经指出："集体不仅是教育的客体，而且也是教育的主体"[①]，"没有尊重自身美德、感到自己集体面貌的坚强集体，正确的苏维埃教育是不可能的。"[②] 这里所说的"教育的客体"也就是教育的对象。由于班集体是由一群学生根据一定原则组建起来的，而学生则是学校根据社会的要求施加教育影响的对象，无疑整个班集体也是教育的对象。否认班集体的教育对象地位是不实事求是的。但是，当我们把班集体界定为班级教育的对象时，就合乎规律地包含着这个集体在自主学习、自我教育和自我管理的同时，由"对象"转化为"主体"的可能性。

而在事实上，没有主体的教学和没有自我教育的教育都是不可能成功的，在当今变化迅速、知识信息剧增、社会对年轻一代的影响复杂多样的时代，更加要求我们引导学生在教学教育过程中自觉接受教育，自主学习，自

---

① 马卡连柯. 论共产主义教育 [M]. 北京：人民教育出版社，1980：193.

② 马卡连柯. 马卡连柯全集：第五卷 [M]. 北京：人民教育出版社，1980：113.

我教育，自我管理，并且在日常生活中也处处做到自主、自理、自律，充分发挥班集体及其每个成员的主体作用，以利集体及其成员的健康发展。所以，在讨论班集体的地位时，既要强调其"对象"地位，也不能忽视它的"主体"地位。否则就会愈来愈显得不符合时代的要求，不利于良好班级集体的建设。

2. 班集体具有促进集体成员良性社会化和良好个性品质形成的功能

所谓社会化，指的是个人学习知识、技能和规范，发展自己的社会性，成为合格的社会成员的过程。每一个人从胚胎时期到成为一个社会的合格成员，都需要经历一个社会化的过程。衡量一个成年人社会化程度的高与低，主要看他的各方面素质是否完全达到作为一个社会合格成员的要求。当然，不同社会有不同的社会合格成员标准。

人的社会化的实现，是在遗传素质所提供的物质前提的基础上，在实践中能动地接受家庭、学校和社会的影响而逐步完成的。为了把儿童青少年培养成一个符合社会要求的合格成员，家庭、学校和社会一般需要在德智体美劳等方面对他们施加教育影响，其中包括教导他们基本的生活知识与技能；教导他们接受并自觉遵守包括政治、法律、道德和生活规则在内的社会规范；为他们指点生活目标，树立正确的人生价值观、审美观；培养他们作为不同社会角色所必须具备的素质。我国学校在促进年轻一代社会化，尤其是使他们成长为我们社会主义祖国一代新人的过程中，无疑应该发挥自己的主导作用。班级集体作为学校中的基层集体和班级教育的重要力量，它在促进集体成员社会化过程中的重大作用，同样不容忽视。向青年学生发放的多次问卷调查都表明，良好班集体对他们的影响是全面而深刻的，并不仅仅停留在品德方面的影响。应该肯定班集体的重要德育功能，但把班集体的功能仅仅限于德育方面的看法是不全面的。

那么，班集体是怎样在促进其成员社会化的过程中发挥重大作用的呢？

首先，班集体在引导全体成员制定不同层次的共同目标，组织全体成员为实现集体的目标而开展的各种活动中，必然要对集体的成员进行个人目标、集体目标和全国人民共同理想之间的关系的教育，引导他们把个人的兴趣、爱好、志愿同集体的正确目标和全国人民的共同理想一致起来，以各种生动活泼的形式对他们进行人生观、世界观、道德观、审美观和劳动观的教育，从而有力地促进集体成员德智体美劳和心理素质的优化发展，为积极适应社会生活做好准备。

其次，班集体在各种活动的交往中，必然需要并也一定会形成各种调节师生关系、生生关系和班集体之间、班集体同学校社会之间关系的规范。这些规范，有的是社会以指令的形式要求班集体及其成员接受的；有些是班集体为了自己的正常运行和健康发展，从自己的实际出发，经集体成员共同讨论而形成的；有的则约定俗成，存在于习惯和传统之中，它们都反映了社会对年轻一代的要求以及年轻一代自己把自己培养成合格社会成员的愿望，属于整个社会规范的一部分。而班集体引导每个成员自觉地遵守集体的各种规范，就是对他们进行社会规范的教育，就能够逐渐增强他们的社会规范意识和遵守社会规范的责任感，并逐渐养成良好的社会态度和社会行为，为他们将来成为社会的积极成员作好必要准备。

再次，班集体既然是我国整个社会主义集体的构成部分，它自然也是一个由未成年人组成的小型社会。一方面，它的健康发展也和成人社会一样，不但需要各种必要的规范，而且也要求每个成员具有正确的集体主义角色态度，善于完成各种角色责任；另一方面，它的各种活动乃至集体生活的一切方面，包括集体成员以其他成员为参照而进行的社会比较，或接受老师和同学的评价，都为集体成员逐步成为良好的社会角色，提供了多方面的有利条件。

最后，班集体并不游离于教学之外，相反，它的形成和发展主要立足于班级教学教育活动之上。一个良好的班集体，不但应该在教学之外的各项班级活动中体现其特色，而且也应该在班级教学活动中显示出它的面貌。具体地说，在一个良好的班集体中，它的成员的学习目的性、自觉性、主动性和上进性，以及整个集体在学习方面的目标、纪律、舆论、作风和学习效率等方面，都必须优于一般的班级。正因为这样，班集体在发展其成员的智力、培养他们的能力、推动他们更好地掌握科学文化知识和技能、学会参与社会生活的本领等方面起着积极的保证和促进作用。

班集体促进其成员的社会化，使他们逐步形成作为一个合格社会成员所必须具备的一般品质或素质，并不意味它要否定每个成员的个性特点和差异，按照一个模子铸造"标准件"。相反，共性寓于个性，社会化必须体现在五彩缤纷的个性之中。一个良好的班集体，一种成功的班集体教育，必然会承认个性、尊重个性、充分发挥其成员有益的兴趣爱好才能特长，并十分重视对其成员进行良好个性品质的培养。正是从这个意义上说，班集体必然具有促进其成员社会化和培养他们良好个性品质这两种相辅相成的功能。

班集体在促进其成员形成良好个性品质方面的作用，除却它有比学校集体更可能顾及每个学生，弄清每个学生发展的特殊性，找到促进每个学生良好发展的可行对策外，首先表现为良好班集体以集体主义为主导，集体生活对其成员具有重大意义和吸引力，几乎每个成员都在集体中处于有利发展的地位，感到集体需要自己，自己在集体中有位置。这样的集体必然会使其成员全身心投入，在个性品质方面受到好的陶冶。经验表明，对自己在班集体中的地位感到满意的学生，非常愿意上学，热爱自己的集体，在班集体的学习和活动中表现积极，易于形成善良、有正义感、平易近人、合作性强、责任心强和勇于创造等良好的道德品质和个性品质。相反，那些在集体中处于不利地位的学生中，有时甚至有超过半数的人不同任何人友好，在许多场合中与同学发生冲突，有的学生则显得相当孤僻。另外，班集体内频繁的人际交往，既要求人们之间互相协作，又有利于集体成员之间的互相学习；集体内部的经常性评价也必然涉及每个成员的个性品质，所有这些也都有助于集体成员良好个性品质的形成。还应该特别指出，正确适当的教学教育内容和集体环境、集体气氛，对于集体成员个性品质也有很大的潜移默化的作用，我们应该充分重视。

班集体不但能够帮助它的成员养成良好的个性品质，而且也能够帮助其成员克服和矫正不良的个性品质。其根本的原因在于集体的共同目标、集体的共同活动必须以集体主义精神为指导，集体的人际关系和心理气氛必须以集体主义为灵魂，集体自身的形成、巩固和发展也必然要求良好个性品质在其内部占优势，努力克服和矫正其成员中的不良个性品质。正因为如此，班集体必然会想方设法去帮助它的成员克服和矫正不良的个性品质，并且成为矫正不良个性品质的一种强大力量。

二、良好班集体的形成和发展

（一）良好班集体形成发展的动力

良好班集体的形成和发展受制于多种因素。学校工作坚决贯彻执行党和国家的教育方针，按教育规律办学，注重全面质量的提高，具有良好的校风、教风、学风和优质的校园文化；班级里有一个教育思想端正、事业心和责任心很强、团结协调并以身作则的教师集体，尤其是一位好的班主任；全班学生家长齐心协力支持班集体的建设，甚至学校所在地的良好社区环境，以及整个社会健康的风尚、社会思潮等，都会不同程度地推动和促进良好班集体的形成和发展。但究竟什么是良好班集体形成和发展的动力呢？对此，长期来人们有各种不同意见。

马卡连柯在阐述他著名的远景教育原则时曾经指出："培养人，就是培养他获得未来快乐的前景的道路。这方法就是建立新的前景，利用已有的前景，逐渐代之以更有价值的前景。"[1] 他认为："在集体前面摆着任何的甚至很少的快乐，都能使集体变得更巩固、更和睦、更富有朝气。"受马卡连柯的启发，苏联一些教育家研究了集体运动发展的规律。凯洛夫《教育学》认为："儿童集体是在不断完成新的任务中成长和发展的。集体发展的规律是它的前进和积极活动。"[2] 哈尔拉莫夫的《教育学教程》认为："一个集体的发展和巩固，在很大程度上决定于它的活动是否富有内容和能动力量。马卡连柯说明了集体的运动规律。这个规律的实质是说，一个集体应该不断前进和取得日新月异的成就。集体停止了发展，就会导致它的削弱和解体。"[3] 巴拉诺夫等编写的《教育学》认为："为使集体发生教育作用，它必须得到发展，必须前进。儿童集体不能停滞不前。如果集体里的生活没有多少趣味，如果每天千篇一律，没有吸引人的事情，集体就将瓦解，儿童就开始到别处、到学校集体之外去使自己的需要和兴趣得到满足。集体的发展是它生活的规律。"[4]

---

[1] 马卡连柯. 论共产主义教育 [M]. 北京：人民教育出版社，1980：199.

[2] 凯洛夫. 教育学 [M]. 北京：人民教育出版社，1957：352.

[3] 哈尔拉莫夫. 教育学教程 [M]. 北京：教育科学出版社，1983：283.

[4] 巴拉诺夫. 教育学 [M]. 北京：人民教育出版社，1979：246.

这些论述，在下列几方面对于我们今日的班集体建设仍然具有积极意义。

第一，集体应该不断完成新的任务，取得新的成就。有了新的任务，就能使它有新的共同目标，就能增强它的成员的集体责任感，就会引导集体不断地向前发展；有了新的成就，就会使集体及其成员感受到成功的快乐，增强集体成员的集体荣誉感，而这种集体荣誉感又可能转化为推动集体争取新的更大成就的力量。如果集体失却了新的共同目标，不能取得新的成就，集体就会停滞不前，甚至向后倒退。

第二，与此相连，集体的活动应该经常富有新的积极内容和推动集体前进的力量。共同的活动是集体存在和发展的基础，但不是任何一种共同进行的活动都能有利于集体的健康发展，只有既有助于实现新的任务，又能够满足集体成员新的发展需要、内容健康的活动，才会有利于集体的健康发展。

第三，集体生活应该新颖、有趣、富有吸引力。人都有一种归属的需要。喜爱过群体生活反映了年轻人满足归属需要的方式。但一般年轻人都有求新求美求知的特点，如果群体生活总是枯燥乏味的老一套，就不能满足他们的需要，不能吸引住他们。集体生活也同样。所以，教育者在建设良好班集体的过程中，应该努力把班集体的文化生活搞得健康活泼，丰富多彩，新颖有趣，有时还应该有一定的难度，以便让每个集体成员都有满足自己的兴趣爱好，施展自己才能特长的机会。只有这样，集体才能像磁铁那样，把集体成员牢牢地凝聚在一起。

然而，集体的新的共同目标、内容丰富新颖有趣的集体活动和集体生活等，为什么能够引导和推动集体发展呢？它们与集体形成发展之间的必然联系是怎样形成的呢？其中介环节是什么呢？一句话，集体形成发展的真正的内在动力到底是什么？上述这些论述还没有作出明白的回答。

根据事物发展的根本原因，不是在事物的外部而在事物的内部，在于事物内部的矛盾性这一唯物辩证法的原理，我们认为，班集体的发展也是由于其内部矛盾的推动。具体地说，就是反映社会要求的班集体前进需要和班集体已有水平之间的矛盾，推动着班集体的形成和发展。其中尤以班集体自身前进的需要，对班集体的发展起着决定性的作用。按照心理学的观点，需要是人的思想和活动的基本动力。班集体只有不断向自己提出新的前进需要，才能不断引起集体及其成员为满足这种需要而进行活动的动机，促使他们为集体前进而积极努力，从而推动班集体的不断前进。如果班集体没有发展的需要了，那么它就失去了前进的动力；如果班集体发展的需要水平远远高于它已有的水平，以致班集体自身作出最大的努力也不可能达到要求，则会挫伤集体及其成员的积极性，不利于它的健康发展；如果班集体的需要水平太低，那也激发不起集体自身及其成员的积极性，同样不利于班集体的健康发展。一般来说，只有班集体及其成员经过努力能够达到的需要，才能真正对班集体的发展起推动作用。这就是我们为什么强调班集体前进的需要和班集体已有水平之间的矛盾，是推动班集体形成发展的根本原因的简要理由。

当然，所谓班集体前进的需要，是指班集体按照上述良好班集体的特征或条件，不断发展提高完善的需要，不是与此相悖的需要。这种需要实质上是社会对班集体健康发展要求的反映，或者说是被班集体接受了的社会要求，而不是班集体某一种错误自发要求。所以我们把这种需要称为"反映社会要求的班集体前进的需要"。那么，社会的要求为什么能够被班集体接受，并转化为班集体自身前进的需要呢？关键的一点是在于，在我们社会里祖国和人民对年轻一代的希望与要求，同年轻一代自身健康成长的需要，具有根本上的一致性。这就告诉广大班级教育者，当我们代表社会向班集体提出前进要求的时候，应该考虑到下面几点：（1）所提要求是否体现了社会期望和班集体及其成员健康成长需要的统一；（2）这些要求是否适度，即既不过高，也不过低，是班集体的成员们经过一定的努力可以达到的；（3）这些要求提得是否适时，即与一定时期班集体及其大多数成员的实际状况相符，具有很强的针对性；（4）这些要求怎样才能真正转化为班集体自身前进的需要。即使当班集体发展到自己向自己提出要求时，班级教育者也应考虑这些问题。

说到这里，再让我们回过去看看，为什么集体不断完成新的任务，集体的活动富有内容和能动力量，以及集体生活吸引人等，能对集体的形成和发展起积极作用。首先，集体之所以能够不断完成新的任务，说明新任务符合集体前进的需要，并且是集体经过努力可以实现的。而新任务的不断完成，就意味着集体前进需要和集体已有水平之间的矛盾不断得以妥善解决，集体前进需要不断满足，因而就推动集体不断前进。再看所谓"集体活动富有内容和能动力量"。其中，"集体活动富有内容"，自然是指活动的内容适度地高于集体已有发展水平，而且内容健康丰富，能够满足集体成员良性发展的需要。"能动力量"也应合理地理解为，这些活动能够推动集体内部基本矛盾的积极转化。至于集体生活对集体成员的吸引力，归根到底也在于集体的生活适应集体成员发展的需要与渴望。其之所以重要，是由于集体的凝聚力是集体前进的一项必要条件。然而，如果抛开集体生活的正确方向和健康内容，片面追求所谓"吸引力"，只会有碍于集体的良好发展。总之，只是因为它们有助于反映社会要求的班集体前进需要和班集体已有水平之间矛盾的正确处理，能够不同程度地满足班集体前进的需要，有助于班集体的健康发展，所以我们肯定这些提法对班集体建设有积极意义。

（二）良好班集体的发展阶段

一个良好班集体并不是一朝一夕就能建成的，一般要经过一定的时间，经历一定的发展阶段才能逐步形成。综合国内外的研究，我们可以从两个维度去考察一个良好班集体的形成发展阶段。

1. 按照班集体成员身心发展的顺序纵向考察班集体的发展阶段

一般来说，现今的小学二年级儿童已经能够遵守集体的规范，逐步养成了对集体的责任感和荣誉感，而且能够从中产生出具有初步自治能力的小干部，所以在班主任、少先队中队辅导员和任课教师的指导下，能够逐步形成初级水平的集体。在这样的集体里，教育者的指导和影响，具有决定性的意义，可以说基本上属于依赖型的集体。

小学三、四年级的学生独立性增强，对教师的依赖性明显地减弱，而对于是非、善恶、美丑的分辨能力有所提高，因此班集体内部的自治能力有所增强，有可能初步形成正确的集体舆论。同时，由于知识的增加，身体的发展，活动能力的提高，学生对开展具体形象生动活泼的集体活动的兴趣更加浓厚。但是班级教育者还须时时加强对他们的指导。班级集体的发展，处在由基本依赖教师到半自立的过渡期。

小学五、六年级的班集体，应该是小学生班集体发展的高级阶段。这一阶段，集体及其成员的目标意识更加明确，集体的组织进一步健全，小干部的能力进一步提高，已有可能形成集体自己的舆论与作风。总之，在这一阶段已有可能形成具有比较完备的集体特征的良好班集体。有少数特别优秀的集体，在班主任较长时间离开班级的情况下，仍能保持健全运行。不过，从总体上看，处于小学五、六年级阶段的学生班集体，多数仍属半自立型的班集体，对教师还有相当的依赖性。

初中生随着身体生长发育的加快和性的逐渐成熟，普遍产生了强烈的"成人感"，希望摆脱被成人保护的地位而独立自主，有很强的自尊心。但是，由于生理的发展与社会性的成熟不同步，初中生仍有许多不成熟的表现，"成熟"与"不成熟"的矛盾在他们身上表现得相当突出。所有这些都给初中阶段的班集体打下了深深的年龄特征方面的印记，使这一阶段的班集体既具有向自主集体过渡的明显特点，又离不开教师的指导和帮助。

高中及其以后，随着班级成员身心发展的日趋成熟，抽象思维达到较高水平，其中理论思维有一定的发展，人生观和世界观逐渐形成，班集体有可能达到较高的集体主义自决水平，成为自主型集体。

以上简要分析，告诉我们，不同教育阶段班集体可能达到的水平，一般总是与其成员的整体身心发展水平相适应。从这种意义上说，中小学的班集体，确实是一种发展型的集体。但是班集体成员整体身心发展的水平，只为班集体的形成和发展提供了可能性，至于实际上某个班集体能够达到何种发展水平，全在于工作。这就是为什么在同一个年级的许多平行班中，有的很快形成集体，有的迟迟形不成集体；有的集体发展水平高，有的发展水平低；甚至某些低年级班集体发展水平超过高年级班集体的原因所在。

2. 通过揭示不同教育阶段不同类型班集体形成过程中共同经历的阶段，研究班集体的形成和发展

前面我们按照儿童青少年班集体可能达到的水平与他们身心发展水平相适应的观点，讨论了不同教育阶段班集体的发展。然而，依赖型的集体也好，半自主型的集体也好，自主型的集体也好，它们都是班集体，都是在较低水平群体基础上发展而来的，在由非集体向集体发展的过程中都要经历的一些必要阶段。研究这一过程，对于掌握班集体形成发展的规律很有意义。所以，长时期以来，从马卡连柯开始，许多研究者对此发表了自己的看法，大体提出了两种思路。一种是从教育者与受教育者群体、教育者的教育与班集体的自我教育之间的关系，考察班集体的发展水平，并依据其发展水平划分发展阶段；另一种在前一种思路的基础上，还特别重视班集体如何对待集体成员的个性品质发展，以及集体成员个性品质发展的状况。马卡连柯是第一种思路的代表，无锡市的班集体建设实验提出了第二种思路。

马卡连柯认为集体的形成有 3 个阶段。第一个阶段的特点是"教师独自对学生提出的要求应该成为团结集体的手段"。第二个阶段的特点是"积极分子接连着转到你的这方面来"，"自觉地愿意维护纪律的男女儿童组织在你们周围"。第三个阶段的特点是"集体提出要求并有了一定的步调和作风"。①

后来，苏联有些研究者认为，有谁对集体提出要求，以及集体成员对待这种要求的态度，并不能作为教育集体发展的唯一参数，因而提出了另外的设想。例如，一位名叫诺维科娃的研究者就曾提出，集体的形成经历这样 3个发展阶段：（1）教育者团结集体的阶段；（2）把集体变成对全体学生进行教育的工具阶段；（3）集体最关心的是对每个学生进行教育，使每个学生的表现符合要求，并且正确调节集体所有成员互相之间关系的阶段。

日本的许多学者也对班集体形成的阶段作了研究。有一位叫宫坂哲文的研究者认为，集体主义的班级集体由 3 个侧面组成：（1）组成班级；（2）构成核心；（3）形成舆论。并通过聚合体、前期班、后期班等三个阶段发展起来。聚合体阶段的特点是，班级活动目标靠教师拟定，指导者尚未确立，教师就成了指导者。也就是说，班级的统一是由外部力量（主要是教师）来维持的。前期班阶段的主要特点是，从聚合体中涌现出来的头头成了核心，可以自觉地管理班级。后期班阶段的主要特点是，年级和班级内严峻的与高质量的舆论支撑着班级的核心，促进着班级的团结和班级意义的提高。

他还认为，在这种班集体的形成过程中，核心的出现等等情况，使成员的作用起了分化；一俟舆论深化到了最终阶段，成员间的不均等也就消弭了，谁都可以受到集体的支持成为核心。②

此外，日本的另两位研究者田中熊次郎和广田君美也提出了自己的看法。

---

① 马卡连柯全集：第 5 卷 [M]．北京：人民教育出版社，1958：140.

② 大桥正夫．教育心理学 [M]．上海：上海教育出版社，1980：121.

田中熊次郎认为，班集体的形成过程要经历（1）探索；（2）同一化；（3）集体目标的出现；（4）集体规范的形成；（5）形成内集体——外集体的态度；（6）集体气氛的产生；（7）地位与作用的分化等 7 个阶段。[①] 广田君美认为，班集体的发展应该划分为 5 个时期：孤立期（探索期）、水平分化期、垂直分化期、部分集体形成期、集体统合期[②]。

我国有些研究者认为，一个良好班集体的形成，大致经历组建、初步形成和巩固发展 3 个阶段。组建阶段的主要特点是：班级的努力目标由班主任提出，班干部靠班主任挑选与培养，对学生行为的表扬与批评由班主任执行，班级的核心与动力是班主任。初步形成阶段的特点是：班级的核心逐步形成，班级由师生共同管理，班级的奋斗目标已被大多数成员所接受并为之努力，在大多数情况下班级有正确的集体舆论，同学之间互相关心、主动协作、热情帮助等等。巩固发展阶段的主要特点是：班集体的奋斗目标已为全体成员所确认并且内化为自己的目标，班集体有了坚强的核心和一套健全的组织机构，形成了严格的纪律、正确的舆论和有特色的班风，班集体内人人关心热爱集体，主动承担集体的工作，有强烈的集体荣誉感，同学间互相尊重、互相关心、互相帮助、团结友爱，班集体还能正确处理自己与其他班集体及学校的关系，此时的班集体已具备了班集体应有的特征，真正成为促进全体学生健康成长的教育主体，达到了教师指导下学生自我管理班级的水平。这些研究者认为，许多优秀班主任接任一个班级，一般一个学期左右就能使其形成班集体[③]。

我国也有一些研究者从班集体的某一要素或某一方面的发展水平，划分班集体的发展阶段。若以班集体舆论发展水平为依据，班集体形成发展的第一阶段是班主任向学生提出要求，而班级没有形成与班主任意见一致的强大舆论，班集体尚未形成；第二阶段，积极分子们团结在班主任的周围，班主任得到积极分子及其周围的舆论支持，班集体初步形成；第三阶段，全班同学团结在班核心周围，集体向自己提出要求，健康的舆论支撑着集体，班集

---

① 大桥正夫. 教育心理学 [M]. 上海：上海教育出版社，1980：118.

② 大桥正夫. 教育心理学 [M]. 上海：上海教育出版社，1980：119.

③ 方天培. 班主任工作教程 [M]. 上海：复旦大学出版社，1991：80—81.

体形成和巩固[①]。湖北省崇阳县城关中学的王亚平同志，最近以学生的从众心理和行为的发展水平为基本指标，认为班集体要经过外力期、外化期、同化期、形成期等4个发展时期才能形成。外力期的特点是学生对班级工作表现为在班主任指挥下的压力从众性。外化期的特点是学生的表面从众性。此时班级组织已建立，班级核心已形成，涌现出一部分先进分子团结在班主任周围；班干部开始管理班级；集体荣誉感已在班干部和少部分学生中产生，班级努力完成学校布置的工作。同化期的主要特点是学生由表面从众向内心从众转化。具体表现在，出现了班集体价值取向的吻合；情感因素、集体意识、团体行动已在班级成为定势；舆论发挥着调节作用；在班主任指导下，班集体形成了自治自理的趋向；学生中的非正式群体向班级核心倾斜；班级涌现一大批积极分子，形成了集体核心的第二层外圈（班集体幔），班集体内聚力开始形成。形成期的特点表现为集体成员内心从众性，价值取向的一致性，团体活动的整体性，学生自治、自教已成主流，并形成核心的第三层外圈，全班同心同德，达到整体最优状态[②]。

无锡市教科所"班集体科学理论研究"课题组则从教育要求由谁提出，是否以共同活动为中介，以及人际交往、人际关系、自我组织水平、集体心理成熟等作为参数，把班集体由教育管理对象转变为自我教育、自我管理的主体这一发展过程，划分为初级、中级、高级3个阶段。他们认为班集体发展的初级阶段，主要由班主任和班内教师组织和教育集体推动班集体。表明教师们圆满完成了这一任务的，有3个主要指标：第一，教师集体的教育要求已转化为集体的共同目标，并促成集体成员个人目标的整合一致；第二，班、团、队组织正式建立，涌现了一批集体的积极分子，班级内成员间的责任依存关系形成，人际关系结构和组织机构逐步完善；第三，为了完成共同的活动任务，班集体主要通过纪律、制度、舆论等对个体进行控制。同时也注意到自己成员个性品质的形成和发展，重视成员们的典型社会特征，以保证在实现集体目标过程中集体成员们行为的最大限度地协调一致与富有效率，但个体的独立性与创造性尚未充分地发挥。

---

① 王炳仁. 思想政治教育理论和方法 [M]. 杭州大学教育系，1982.

② 班主任之友. 1992(8—9).

他们所论述的班集体发展的中级阶段，是班主任和班上教师指导班集体进行自我教育的阶段。表明这一阶段到来的主要标志是：由教师所担负的组织者的职能，让位于班集体的各种自我管理机构，教师将提出教育要求的部分职能转给集体的积极分子、小干部甚至自然首领，而教师集体则逐渐以沟通者、顾问的身份，用自己的榜样、智慧和威信支持积极分子们的工作；班集体的成员轮流担任共同活动的组织者、参谋者和集体任务的执行者，既学会了服从集体组织，完成公共的委托，也学会了在教师不在时使自己的行为符合集体的制度和规范，并独立解决集体生活中发生的问题，从而多数人都有一种我是班集体主人的良好感觉；教师对个别学生的教育要求，不再直接向学生个人提出，而是向班集体提出，由班集体去影响个人。

至于班集体发展的高级阶段，该课题组认为，这是在集体中发展个性的阶段，是在班集体实现自我教育、自我管理的基础上进一步发展而来的。这一阶段的主要标志是由集体为自我肯定而斗争进展到为发展每个人的天赋、爱好、特长创造最好的条件，把开发人的身心素质潜能、实现每个人的独特性创造才能提到第一位。此外，他们还从集体中每个个人都能在共同目标中找到自己独特坐标，抬起头来走路；每个成员都在共同活动的某个领域占有自己独特的位置，并在某方面积极表现自己的天赋与才能；班集体在公务关系上集体主义占主导，在情谊交往关系上社会主义人道主义占主导；集体的规范和价值标准已经成为每个成员的参照标准和行为指南等4个方面，说明这一发展阶段的主要特征。

他们研究的特点在于，开拓了从集体成员个性品质发展水平考察班集体形成发展这一新维度，从而使对班集体形成发展阶段的研究，在传统的基础上有了新的进展，而且也符合时代要求，因而值得重视。

三、怎样建设良好的班集体

（一）重视集体观念的培养

良好班集体的思想基础是社会主义的集体主义，把几十位学生凝成一个集体的首要因素，应该是他们的集体观念。而学生们的集体观念并不是只要走进一个班级就会自发产生，相反需要教育者着力加以培养。

首先要教育他们懂得个人与集体的关系，心中想着集体，处处关注集体，并把关心和帮助同学同关心集体联系起来。有的班主任针对刚刚进小学的儿童由于缺乏集体生活的体验，很多人连什么是班，它有什么作用，个人与班是什么关系，同学之间应该怎样相处都不懂，同他们讲集体意义之类的抽象道理，根本不可能接受的实际情况，从他们的生活实际出发，从点点滴滴的小事入手，培养他们的集体观念。例如，利用开学第一天孩子们自我介绍的例会，抓住孩子间叫乳名的小事，告诉他们今后我们是同一个集体的人啦，互相之间要尊重，要友爱，要有礼貌，不能叫乳名，更不能叫诨名，要叫正式名。尽管那时的班级还不是集体，但从孩子跨进班级的第一天起，就提出我们的班是一个集体，大家是同一个集体的人，互相之间要友爱，有助于小朋友形成集体观念。以后，班上谁缺课了，班主任就问大家：我们班共有××人，今天缺了一位同学，大家看看是谁呀？当小朋友回答缺席的是××同学后，班主任又启发小朋友到这位同学家中看看他，帮助他补上落下的功课，然后再在班上表扬去帮助这位小朋友的同学关心集体，友爱同学。这样就使班上逐渐形成了互相帮助的风气，强化了小朋友的集体观念。[1]

有的班主任为了帮助小学生理解个人与集体的关系，曾在班上开了"一个人有几个名字"的小小讨论会，并作了如下浅近而有哲理的总结发言："一个人有几个名字，当你犯了错误时，在全班范围内，会说你是第×组的；在全校范围内，会说你是×班的；如果问题发生在社会上，会说你是××学校的……因此，要想想你的作为对集体会带来什么影响。"这一段话，曾在他的学生心坎里留下深深的印象，发挥了很好的作用。据这位班主任介绍，不久以后班上一位长年坚持背病瘫同学上学的学生，主动把地区奖给他的光荣花转赠给本班"学雷锋小组"，而"学雷锋小组"的组长又把红花转赠给班长，班长则把它转赠给学校。他们的共同想法是个人是集体的一员，小组是班级的一部分，班级属于学校，荣誉应归于集体，归于学校[2]。

苏霍姆林斯基说得好："形成学校集体的力量是关心人，对人负责，对集

---

① 《教育研究》编辑部. 优秀班主任经验谈 [J]. 教育研究，1979：179.

② 文汇报《教育园地》编辑组. 教师笔记 [M]. 北京：知识出版社，1983：142.

体和社会负有责任感"，"没有忠实可靠的、有责任感的友爱，就谈不上有什么集体"①。在学生们懂得了个人与集体、个人与其他同学的关系之后，就应该进一步培养学生集体主义的责任感。教育无小事，对于小学生来说，责任感的培养也应该从小事抓起，坚持点滴积累。学生做值日是否尽心尽力，做完值日后能否将卫生用具摆得整整齐齐；教室里有纸屑谁主动捡起来；雨天是不是把鞋上的泥巴擦干再进教室等，都是应该好好利用的培养学生集体主义责任感的机会。此外，在一切集体活动中，应该让每位学生都对集体负责。对于少数在某些活动中很难发挥具体作用的学生，也不能对他们弃之不顾，任其游离于集体活动之外，如果真的找不到适合于他们的任务，不妨让他们在旁边看看，交给他们提意见和建议的任务。要知道，让一些学生置身于集体之外，是在班集体建设中应该大忌的事情。只有从小在每个学生的心灵中播下对集体负责的小小种子，将来才有可能成长为集体主义的参天大树。

对小学生应该培养集体观念，那么中学生是否也需要培养集体观念呢？回答自然是肯定的。如果没有集体观念，中学的班级同样不可能建设成为良好的班集体；只有认真培养中学生的集体观念，中学良好班集体的形成才有先决条件。

北京丰台石村中学的李芳田老师 20 世纪 80 年代初担任高一（1）班班主任后，发现这个班的学生踏着铃声进课堂，放学立即离教室，各顾各，缺乏集体观念。为了解决这一问题，他在班上倡议开展"一分钟活动"。每天用一分钟时间让全班所有学生在包干段搞卫生。这一活动使大家认识到"众人拾柴火焰高"，人人为班集体出一分力，尽一点责，班集体就会逐渐搞得很好，从而使全班出现了人人为集体、个个爱集体的新气象。不少学生意味深长地说："'一分钟活动'扫去了教室和卫生包干区的灰尘，也扫去了我们思想的灰尘。"②可见，采取具体措施，培养学生的集体观念，对于中学班集体建设也是非常重要的事。

另外，学校运动会、音乐节和其他全校性的大型活动，都是培养学生集体荣誉感的好时机，抓好了对于班集体建设能够产生积极的作用，许多班主

---

① 毕淑芝. 苏霍姆林斯基的全面发展理论 [M]. 上海：上海教育出版社，1991：65、69.

② 北京市教育局政教处. 中学德育集锦 [M]. 北京：北京出版社，1983：158.

任已在这方面积累了成功的经验，我们应当在新形势下进一步继承发扬并有所创新。

（二）建立切合本班情况的班集体建设指标体系

为了使班集体的建设顺利进行，班级教育者事先应该明白良好班集体建设的主要指标，即要明确哪些方面抓好了才能建成良好的班集体。多数主要的指标，前面讨论班集体的特征和要素时，都已谈到，关键是怎样形成适合自己班级的指标体系。

杭州市大关小学在进行"班集体整体优化实验"（1986—1990）时，根据自己对班集体特征和要素的认识，结合我国小学优秀班主任工作经验，把目标、人际关系、组织机构、舆论、纪律、习惯（行为习惯）、智力水平、个性等8个结构要素，作为班集体整体优化指标和评价指标。并且分年段制定了8个方面的及格、良好、优秀三级分指标，其中低段和中段只有及格和良好的分指标，没有优秀的指标。在他们的指标体系中，不但"目标"一项专指班集体的目标，其他7个方面的指标系列，也可以理解为教育者建设良好班集体的目标，整个班集体建设工作都围绕这8大指标展开。而且，这一指标体系又可能转化为班集体整体优化的评价系列，对班集体的建设，具有监控和评估作用。所以这一系列实在称得上是班集体建设的蓝图。

（三）把握良好班集体建设的操作要点

从起始班的角度看，国内许多研究者认为，一般应该掌握如下操作要点。

1. 了解情况，摸清班底

主要内容包括：班级成员的来源及曾经接受的教育影响；班级成员的身心发展状况及智能品德水平；班级成员的家庭情况及所在社区的状况；班级成员对新的学习生活的期望及其对于班集体建设的意向；班级任课教师的情况及他们对于建设良好班集体的看法。除了这5个方面外，班级教育者还可以根据实际情况有所增加。

2. 提出目标

即向全班学生提出共同的奋斗目标。从操作的意义上说，应该强调善于为班级设立适度的前进目标，本身就是一种艺术。不仅要正确了解班级的前进需要和承受能力，也要估量这种目标一旦实现将会对班级产生什么影响，预想今后应当采取什么对策。许多事实表明，关键不在于把目标提到多高多大，而在于这种目标一经提出，是否能把全班学生进一步聚集起来，调动起来，成为集体自觉的追求。有的研究者认为，班集体建设的哪一项指标基础最差，哪一项就作为突破口，先从哪里出发提出全班学生的共同奋斗目标。以上两种做法，效果都较为理想。但也有许多后进班级，却从发扬其长处（如能歌善舞、体育运动好、热爱劳动等）入手，取得好的效果。这就充分说明，以何处为突破口为班级设立前进目标，没有现成公式，需要具体分析，需要教育者的艺术匠心。

另外，目标一定要简要好记，具有鼓动力，有的还可以写在墙上纸上，成为全班的行动口号。例如，"为四化，学雷锋，创三好""全面发展，学有专长，为国家多作贡献""人人都是班级小主人，班集体建设我们作主"等。

在讨论为班级提出目标时，年长一些的班主任都知道，我国中小学在20世纪五六十年代流行以英雄名字为班级命名，以英雄的精神作为班级共同追求的目标，取得了很好的效果。进入80年代后也还有一些班级用英雄的名字命名。例如，北京东直门中学王平老师带的班级曾被学校命名为"保尔班"，对班级建设起了可喜的积极作用。但从总的趋势看，目前以英雄名字命名的班级大大减少了。这种情况的出现，与当前青少年心目中的榜样由集中到分散，由单一到多样，特别是冷落传统榜样有关，也与社会上那股"无榜样可学"的思潮有关。问题主要不在于要不要以英雄名字为中小学班级命名，而在于在班集体建设中要不要以英模的榜样作为学生共同追求的人格目标。这一点应该引起我们足够的重视。

最后，还得提到，为起始班确定目标的一般程序是：动员全班学生积极参与制定班级目标的活动；将班级现状与良好班集体的应有特征相对照，提出班级急需要解决的问题；制定目标实施计划，并让全班同学讨论通过，付诸实施。一个目标实现后，要不失时机地提出新的更高目标。

3. 建立班级组织

在小学，每个班有班委会和少先队中队；在中学，每个班有班委会和少先队中队或共青团组织。此外，每个班都有其他不少学生自主管理岗位。所有这些组织的小干部和自主管理岗位，都是培养学生集体责任感，锻炼他们为集体服务能力的重要途径，对于学生们健康成长具有特殊的意义。班主任应该着眼培养，智慧选配。当前，中小学班级已经有由选择优秀学生充任小干部和担任自主管理工作，向着让每位学生都能接受这种锻炼的模式转变，班主任应该精心指导全班学生在实践中逐步做到建设良好班集体对每个班干部和自主管理者的要求。

4. 开展活动

没有优质的活动，就没有良好的班集体。所以班集体的共同目标，一经提出，就要着手组织全班学生通过一系列的活动来实现目标。班集体的活动包括课堂教学教育活动和课外校外教育活动两大类。课校外活动具体包括集会、参观、讲座、团队活动、文体活动、学科竞赛、公益活动、国际教育等全班活动，也包括学科小组、科技小组、艺术小学、体育小组、服务小组等小组活动。应该按照实现目标的需要在一个时期重点抓好一些活动。但是比较困难也比较容易被人忽视的是，怎样使课堂教学活动成为促进班集体形成和发展的中介或基础。下面介绍无锡市改革现有课堂教学，促进良好班集体建设的主要做法。

（1）建立课堂学习集体。根据全员沟通、素质均等、避免人员重复三原则，建立若干5~7人组成的课堂学习集体（小组）。

（2）改变课堂教学形态。变稻田型的课堂空间形态为马蹄组合型空间形态，每个小组的座位排成马蹄形。这样便于小组集体性学习，而且这种形态本身也有利于学生集体归属意识的形成。

（3）调整课堂教学时间结构。在传统的时间结构的基础上增加学生交往时间，规定每堂课要安排10~15分钟让学生进行集体性学习与交往。

通过这一改革，他们建立了由独立思考、小组讨论、组际交流、"集体性"评价4个基本环节构成的集体性教学过程模式。这一模式的4个环节，在实际课堂教学中，可以因情况而异，或略去组际交流，或略去"集体性"评价，而且顺序也并非一成不变，说明它不是僵死的程式。

目前我国中小学里的课堂教学，在大多数情况下教室内稻田形的空间形态和"师生交往——学生个人学习"的时间配置模式，限制了学生们在课堂中互相沟通、互相帮助，取消了学生小组作为学生集体在课堂教学中应用的功能。因此，班级只能作为制约学生课堂行为的"静态集体背景"对学生发生某些影响，并没有作为一种"动态的集体力量"发挥应有作用，而课堂学习活动实质上也只是一种貌似集体的个体性学习活动，不能充分发挥其在班集体建设中的应有作用。所以，建立课堂学习集体的尝试，值得介绍。

5. 组织评价

在班集体建设过程中进行评价，也是师生之间、学生之间互相交往沟通的一种重要形式，对于班集体正确舆论的形成，促进班集体成员间的心理相容，都有重要意义。

班集体建设过程中的评价活动，一般可以分为即时性评价、单元性评价和学期、学年评价。即时性评价是一项集体活动（例如一个主题班会）结束后立即进行的评价活动；单元性评价是指班集体建设的一个基本单元结束时所进行的评价，一般视"目标—活动—评价"3个环节为一个基本单元，班集体建设就是一个单元接一个单元地不断推进的；学期和学年评价在学期或学年结束时进行。这些评价的基本内容包括：(1) 对目标达成情况的评价；(2) 对目标圆满实现或未能实现的原因评价；(3) 对班集体的总体水平及各个构成要素状态的评价（这一项一般在单元评价或学期、学年评价中进行）；(4) 对班内各种组织和每个成员的表现进行评价。评价应该充分体现班集体及其成员的主体性，努力培养他们积极进取的精神和实事求是态度。

前面提到，杭州市大关小学班集体建设围绕8个指标实施操作措施，所以他们的评价也根据8大指标进行。他们所采用的具体评价方法包括：(1) 常规评比法。学习成绩评比、行为规范评比、其他评比。(2) 问卷法。按照目标、组织机构、人际关系、舆论、纪律、个性等指标，设计问卷，由学生书面回答。(3) 活动验收法。(4) 社会心理学评价法。采用社会测量法、情景冲突法测定班集体人际关系，用班集体社会心理气氛问卷测定班集体社会心理气氛。为了使大家了解班级社会心理气氛问卷，现列举该校1990年5月设计的问卷中两个题目如下：

(1) 对班集体的活动，同学们都热情很高，积极参加。

完全如此　绝大部分如此　少部分如此　很少如此　完全相反

〔　　　〕　　〔　　　〕　　　　〔　　　〕　　　〔　　　〕〔　　　〕

（2）在班级中你感到压抑。

完全如此　绝大部分如此　少部分如此　很少如此　完全相反

〔　　　〕　〔　　　〕　〔　　　〕　〔　　　〕　〔　　　〕

苏联的谢利瓦诺娃则主要从教育社会心理学的角度探讨对班集体的评价，主张从3个方面判断班级是否向集体前进：（1）班内公认的价值观（意识、劳动、集体主义、创造、幽默或淡漠、个人主义、对体力的崇拜、懒惰等）；（2）各种关系的性质（人道主义的、同学式互相帮助的、相互要求的或无情的、不道德的）；（3）儿童在这种关系中的地位（对他的发展是否有利，是否使儿童本身满意或是抑制他的发展，在班内是否感到孤独）。她认为评价方法有问卷、作文、社会测量、小型教导会和教育"会诊"、情景测定等，但是更为重要的是观察班级的日常生活[①]。

以上主要讲的是起始班班集体建设的操作要点，那么中途接任班级的班集体建设应当怎样操作呢？当你接任这个班的班主任后，应当立即对这个班的现状作一番评估，以便制定今后班集体建设的计划。其他方面，与起始班的班集体建设操作要点基本相同。

（四）充分发挥班级受教育者在班集体建设中的主体作用

任何事物的发展，内因是根据，外因是条件，外因必须通过内因起作用。建设良好的班集体，固然要有一个良好的教师集体，尤其是一位素养好的班主任，但全班学生的主体作用丝毫不能忽视。一位善于建设良好班集体的班主任，必然也是一位善于发挥受教育者主体作用的人。

为了充分发挥受教育者的主体作用，第一，班主任和班级其他教师在思想上都应明确，班集体的建设过程始终都是全班受教育者在教师指导下的自主学习、自我教育、自我管理、自我评价过程，我们的工作是为他们的健康成长服务的。要充分发挥他们的主人翁作用。即使在班级初建时期，班主任和各科教师向班级提出的要求，对班级成员进行的表扬和批评，都应该考虑到是否有利于增强班级成员的主人翁责任感，发挥他们的主体作用。第二，班主任和班级教师集体应该想方设法健全班上各种学生组织，精心培养和指导班级小干部和积极分子大胆开展工作，积极鼓励每一位学生认真完成集体

---

① 诺维科娃，等. 中小学集体教育学概论 [M]. 北京：工人出版社，1988：33.

委托的任务，充分施展自己的才能特长；而班干部、积极分子以至每一位班级成员，都要在虚心向班主任、任课教师和其他师长求教的同时，自觉地作为班级的主人担负起建设良好班集体的重任，并不断提高自决能力。第三，要使班级目标的确定，规范的制定，舆论作风的形成，纪律的实行，真正成为每个人的需要；使实现班级共同目标，遵守规范、纪律，保持健康的舆论和良好的班风，成为班级每个成员的自觉行动。第四，要使班集体内部既有集中又有民主，又有纪律，又有自由，为了建设良好班集体人人都能畅所欲言，每个人的首创精神都能得到发挥，力争做到不使任何一个学生有受歧视、受压抑之感。

（五）重视班集体建设的整体配合

建设良好的班集体是一项系统工程，需要各个有关方面整体配合，努力实现整体优化，以便提高班集体建设的效率和效益。

第一，实现班级教育内部的整体配合。班级教育者内部，班级不同学生之间，班内德、智、体、美、劳各项教育之间，班内各种课内外教育活动之中，都应根据社会主义教育方针和培养目标的要求，围绕班集体建设的目标，互相密切配合，各司其职，并且在注意发挥每种教育、每项活动的整体功能，互相密切配合。譬如，在实施班级美育时，要充分发挥美育的德育、智育功能；在培养班级正确舆论时，要促进学生自觉纪律性的培养和良好班风的形成等。

第二，要正确处理班级同学校和其他班级的关系。从系统论的角度看，班级是学校这个大系统里的子系统，与学校这个大系统有着十分密切的联系；同时，它与学校内的其他班级也有密切关系。只有优化这些关系，才能更有效地建设良好的班集体。而要优化这些关系，主要取决于班级的教育者和受教育者是否能够正确处理这些关系。许多研究已经表明，当一个班级与别的班级对立起来，把自己围于本位利益的圈子之内，不打算为其他班级办任何有益事情时，只会滋长团体利己主义；一个班级如果不能为了全校的利益而全力以赴地从它所知晓和擅长的东西中贡献出最美好的东西，它也不可能挣脱团体利己主义的羁绊。而团体利己主义或小团体主义，则如同溃疡一样，是一种从内部损坏集体健康发展的破坏因素。同时，如果不架起班集体与其他不同年龄学生集体及全校集体交往的桥梁，就不可能用全校活动、全校性集体关系和其他班集体建设的新经验来充实提高自己，也不利于班集体成员社会化水平的提高。

第三，要处理好班级教育和家庭教育、社区教育的关系，力争形成合力，有力地推进良好班集体的建设。相信随着社会发展，这方面工作的重要性将愈来愈被人们所重视。

（本文原系本人主编《班级教育的理论与方法》的第九章，浙江教育出版社 1994 年 1 月第 1 版。收入本集时增加了"怎样建设班集体"部分。）

班主任谈话

　　班主任作为班级的主要教育者，他自身有两件教育学生的武器：一是他的语言；二是他的行为。语言乃人们表达和交流思想的工具。班主任应该通过自己的语言向学生表明自己正确的思想观点、健康的情感愿望和对学生的希望要求，真诚地与他们交流思想情感，给他们以真善美的启迪和正确的行为指导，激励他们健康成长。行为是人们心灵的外显。对于以班主任为重要模仿对象的中小学生而言，班主任的高尚行为是一种无声的命令、无字的教材、学习的楷模、巨大的教育力量，会给他们深刻的影响。

　　班主任对学生的言教，分书面和口头两大类。书面的形式很多。许多班主任常常在学生的日记本或作文本上，写上或热情洋溢，或富于哲理，或语词恳切的话，用以教育学生；有的班主任给班级黑板报、墙报写文章、题词或给学生写信，也收到一定的教育效果；有的班主任还学习徐特立同志当校长时的办法，以诗示教，看来蛮值得推广。据《班主任之友》杂志报道，江苏省连云港市中云中学的班主任王君敏老师，为了表扬一位默默地给班级送花的同学，启发全班同学多为集体做好事，写了一首《兰花》诗："是谁送一盆花在讲台 / 洁白的花儿含露乍开 / 小小的教室啊 / 增添了无限生机无限风采 // 是谁送一盆花在讲台 / 缕缕清香袭面来 / 小小的心房啊 / 蕴藏着万千芬芳万千爱。"据作者自述，诗在班级黑板上公布后，班级里做好事的人明显地增多。这位被表扬的学生两年后考入师范学校，在即将走上教育岗位时，他在给王老师写信时还提及此事，说这首诗给了他很大的鼓舞。相信在广大中小学班主任中，像这位王老师那样以"诗教"获得成功的事例还有很多。

　　但是，班主任更多的则是以他们的口头语言教育学生，包括对全班学生的谈话，对部分学生（一个小组或一群学生）的谈话，以及对个别学生的谈话。

一、全班谈话

（一）全班谈话的特点和意义

班主任直接面对全班学生的谈话，有人称为"班主任谈话"；有人称为"班主任讲话"，为了使人们对这种谈话的对象范围能够一目了然，我们称之为班主任对全班学生的谈话，简称为"班主任的全班性谈话"或"全班谈话"。

班主任的全班谈话，有许多特点和优点。第一，它不拘谈话格式（既可以是论理式的，也可以是随感式的，还可以是问答式的，或者其他形式的），不拘谈话场合（可以在周会、晨会、班会时间发表讲话，也可以在班级活动中进行谈话），不拘时间长短（可以讲二十分钟，也可以讲三五分钟），主要由班主任一人准备，无须其他更多的投入，具有灵活、方便、经济的特点，便于经常应用。第二，它直接面向全体，并顾及每个学生，一般是通过影响全体来影响每个学生，教育影响的信息传递迅速，而且影响面大，有可能以较少的投入获得较大的教育效果。第三，它的题材广泛（有系统的伦理道德谈话，有计划的学习指导和生活指导谈话，节日纪念日谈话，时事形势谈话，随机性、针对性的谈话等等），内容涉及德、智、体、美、劳各个方面，时空跨越古今中外，因此，成功的全班性谈话，会在德、智、体、美、劳和心理素质等各个方面，对全班学生产生积极影响，尤其是在帮助全班学生提高思想道德觉悟，提高辨别是非、好坏、善恶、美丑的能力，形成健康的班级舆论，促进班集体建设方面，作用更大。

班主任全班谈话的各种特点和优点，决定了它成为被广大班主任经常大量地运用的一种重要的集体教育形式。据有的班主任统计，他们每周面对全班学生讲话达七八次之多，字数达一两万字。而且，许多事实还表明，大凡中小学的优秀班主任，多数是擅长于全班谈话的行家里手。上海市虹口区第三中心小学的毛蓓蕾老师就是一位善于在班级生活中捕捉课题，与全班学生进行合情合理谈话的专家。读过《毛蓓蕾思想品德教育艺术》的老师，都知道毛蓓蕾老师针对班上的孩子害怕困难和不善于合作的弱点，对孩子们进行"弹簧和游戏棒"的谈话，以及针对孩子们分不清什么是美、什么是丑的情况，进行"美与丑"的谈话等生动事例。中小学生正在成长发展之中，他们的可塑性很大，也有上进心，只要班主任自己有广博的知识，良好的品德和审美修养，教育思想端正，对学生持正确态度，不断提高谈话艺术，与全班学生的谈话是能够成功的。

（二）全班谈话的内容

班主任对全班学生的谈话，题材广泛，内容丰富，主要有下列几个方面。

1. 系统的伦理道德谈话

班级教育的一项主要任务，就是培养受教育者良好的品德。而要培养他们良好的思想品德，就要努力提高他们的品德认识，激发和培养他们健康的品德情感，指导他们的品德行为。系统的伦理道德谈话是班主任借以培养学生良好品德的一种手段，其目的就在于帮助他们逐步提高道德认识，形成健康的道德情感，选择正确的道德行为，逐步养成良好的道德习惯。

根据我国九年制义务教育的国民教育性质和《中共中央关于改革和加强中小学德育工作的通知》的精神，我国中小学德育工作的基本任务是，把全体学生培养成为爱国的具有社会公德、文明行为习惯的遵纪守法的好公民。中小学班主任对学生进行伦理道德谈话的内容，主要应该包括：

（1）我国社会主义公民应该遵循的道德规范、道德原则、道德范畴和应有的道德理想。包含社会主义国民公德的基本规范：爱祖国、爱人民、爱劳动、爱科学、爱社会主义，以及有关文明礼貌的行为要求；社会主义国民公德的基本原则：社会主义和集体主义；社会主义国民公德的范畴内容：社会主义公民的应尽义务，社会主义公民应有的良心，社会主义公民应有的幸福观、荣辱观，社会主义公民必须坚持的公正态度；社会主义国民应该追求的道德理想；社会主义的高尚人格。

（2）正在接受教育培养的我国未成年公民应该遵循的道德规范、道德原则、道德范畴，以及应该追求的道德理想。这些内容主要反映在中小学学生守则和中小学学生行为规范之中。

（3）作为跨世纪的中华民族子孙，当代中小学生应当继承和发扬的中华民族优秀传统道德。例如：爱国、孝亲、爱友、助人、勤学、勤劳、俭朴、善良、诚实、守信、正直、勇敢、知耻、慎独等。

在具体实施时，可以考虑以《小学生行为规范》和《中学生行为规范》的内容为基础，结合其他方面的内容，编制伦理道德谈话的内容系列。在编制系列时，应该注意同思想品德课和思想政治课有所分工，尽量避免班主任伦理道德谈话内容与思想品德课和思想政治课雷同。

2．系统的学习和生活指导谈话

班主任在指导全班学生学习和生活方面有许多工作要做，其中不少部分可以通过班级谈话加以解决：

（1）学习指导。要使学生知道中小学生应该遵守哪些学习常规，什么是中小学生正确的学习目的和学习态度，怎样适应新的学习生活，怎样自学，怎样听课，怎样独立完成作业，怎样对待考试，学习中碰到困难、受到挫折怎么办等。

（2）生活指导。包括家庭生活指导、学校生活指导、社会生活指导，以及个人卫生保健指导等方面内容。

家庭生活指导方面，应该告诉学生在家里应该养成哪些良好的生活习惯、具有哪些生活能力、怎样注意安全、怎样自我保护、怎样接待客人等。

学校生活方面，要使学生明白学校有哪些规章制度、懂得为什么要制订这些规章制度、怎样遵守这些规章制度、怎样保持学校公共场所的卫生、怎样建设文明寝室、在食堂用膳应该注意什么、到图书馆和阅览室要注意些什么等。

社会生活方面，要使学生懂得怎样遵守社会公共生活秩序、怎样遵守交通规则、怎样与人交往、怎样和有关单位联系、遇到险情和坏人怎样办等。

随着社会的进步和进一步扩大开放，社会文化生活也越来越多姿多彩，其中当然也有消极因素。因此，加强学生课余生活指导更其重要。这方面的谈话内容可以有如下内容：怎样合理地安排课余生活时间，怎样使课余生活过得真正有意义，怎样欣赏电影电视节目，怎样正确对待流行歌曲，怎样阅读报刊和文艺作品，怎样种植花草，饲养小动物等。

这些问题，有的可以连贯起来成为谈话的内容系列，有的一个问题就可以成为一个系列（如青春期生理、心理卫生），班主任可以从实际出发，设计系列，施行谈话。

3. 节日、纪念日谈话

（1）节日谈话。这里所说的节日包括：①国定节日。如国际妇女节、植树节、国际劳动节、青年节、儿童节、建军节、教师节、国庆节等。②汉民族民间传统节日。如春节、元宵节、清明节、端午节、中秋节、重阳节。③少数民族或少数民族地区的节日。如藏历新年、藏族洗澡节、傣族泼水节、云南人民的火把节、湘西苗族赶秋节、壮族歌圩节、锡伯族"四一八"节、黎族的爱情节、信仰伊斯兰教民族的古尔邦节等。

（2）纪念日谈话。包括：①革命纪念日谈话。如，辛亥革命纪念日（10月10日）、中国共产党成立纪念日（7月1日）、抗战胜利纪念日（9月3日），"一二·九"学生运动纪念日（1936年12月9日）等。②重要历史事件纪念日谈话。如："七七"事变（1937年7月7日）纪念日、南京大屠杀（1937年12月）纪念日等。③人物纪念日谈话。如孙中山、毛泽东、周恩来、刘少奇、朱德等伟人的纪念日。

在节日和纪念日举行形式多样的班级活动，有针对性地进行班级谈话，可以对学生进行爱国主义教育、革命传统教育、中华优秀文化道德教育、世界进步文化教育，有助于培养有理想、有道德、有文化、有纪律的社会主义一代新人。千万不可错过教育时机。建议班主任老师在作节日纪念日谈话计划时，可以考虑这样几条原则：第一，突出重点。重点人物、重点事件的纪念日和特别重要的节日可以考虑每年安排谈话，甚至各自形成系列。第二，抓"五"和"十"。中国民间的习惯是逢"五"逢"十"是大庆大祭之日，有些纪念日可以在几十周年或几十五周年的时候，安排谈话。第三，照顾民族和地方特点。以人物而论，各地方有各地方的伟人英烈和杰出的历史人物，各地可以在他们的纪念日里安排谈话。第四，要针对班级实际，确定谈话内容。

4. 时事形势谈话

根据当代青少年关心国家大事、世界局势的特点，以及他们将要承担伟大历史使命的现实，班级教育应当重视对学生进行时事形势教育，重视班主任对全班学生的时事形势谈话。班主任的时事形势谈话主要有这样几类。

（1）介绍性谈话。介绍国内改革开放发展社会主义经济的重要举措，重大成就，以及有关重要新闻；介绍国际经济、政治、军事、外交、科学、文化、教育等方面的重要新闻。目的在于帮助学生了解国内外形势。

（2）引导性谈话。对学生进行学习时事政治形势的引导，让他们集中关心国内的重大改革措施、国际上的重大事件。

（3）分析性谈话。鉴于学生关心时事形势，但常常不善于分析的弱点，针对他们关心的"热点"进行精要的分析，逐步培养他们学习运用科学的世界观、方法论去分析形势，认清本质主流，把握形势发展趋向。一般认为，这一类的谈话更适合于中学生，尤其是高中学生。

5. 直接针对班级实际情况的谈话

这一类谈话在班主任谈话中占很大比重，谈话的课题来自班级，谈话是为了解决班级德育、智育、美育、体育、劳动教育和人际关系方面出现的问题，或者落实某项教育任务等。这类谈话又可分为：（1）定时性谈话。始业谈话、期中谈话、休业（毕业）谈话等。（2）随机性谈话。处理偶发事件的谈话，针对班级某一突出问题或普遍性倾向的谈话，表扬好人好事的谈话，因某事某物引起感想的即兴谈话，班主任向全班作自我批评的谈话等。这类谈话与学生关系最密切，最容易引起学生不同的反响，对班主任的要求也更高。

（三）全班谈话的基本要求

1. 准备充分，内容精要，针对性强

目前有些学生对班主任讲话感到厌烦的一个重要原因，就是因为有的班主任在同全班学生谈话之前不做准备。信口开河，主题不明，思路不清，语言不精，举例不当，杂乱无章，时间过长。要使学生愿听、爱听班主任谈话，重要一条就要班主任事先作好充分准备。如果没有时间写在纸上，至少对讲话的主题、目的、内容、措辞等作一番认真的思考，尽可能事先打好腹稿。做到无准备不讲话，凡讲话必定有准备。

2. 要着眼于全班学生的健康成长

班主任对全班学生谈话，并不是为了抒发自己的感情，显示自己的才华，而是为了教育全班学生，促进他们的健康成长。虽然每一次班主任全班谈话的内容有所不同，但是自始至终都应该贯彻这一宗旨。每一次讲话从题材的确定、内容的选择、实例的应用、表述的方式，都应有利于全班学生的团结、进步，促进他们德智体美劳生动活泼地发展。要为学生着想，认真考虑教育效果，讲话切合学生实际，抓住他们的心理，使他们乐于接受。例如某班在学校期中抽考时许多学生不及格，成绩差得出人意料。遇到这种情况，有的班主任很可能会火冒三丈，狠狠地把学生训斥一番。但是该班主任考虑的却是：失败是成功之母，要利用这一时机教育学生正确对待挫折，奋发学习，提高班级的整体水平。而如果在这个时候对他们训斥责骂，无异在他们心灵的创口上撒上一把盐。于是他确定以"胜利属于善于吸取教训的人"为题和全班学生谈话。在谈话中，他列举事实说明学生时代乃至整个人生遇到失败和挫折在所难免，只要善于吸取教训，失败和挫折能够成为成功之母。一番肺腑之言，说得不少学生流下眼泪。

3. 知识性强，启发性大

正在成长发展中的年轻一代都有求知、求新、爱思考的特点。当代儿童、青少年在这方面表现得十分突出，他们不爱听干巴巴口号式的报告，不耐烦老生常谈的说教，也不希望师长代他们去思考。班主任谈话一定要有比较新的角度，比较丰富的新知识，所讲故事、典故和实例，要有较大的启发性，引起他们的思考，从中悟出道理。以中国民间节日为例，不乏美丽的传说、生动的故事、寓意很深的典故，有着丰富的知识性，讲好了不但能引起学生的兴趣，而且可以使他们受到传统文化道德的教育。再以时事形势谈话为例，如果班主任能比较清楚准确地提供有关知识信息，配以比较精辟的分析，定能帮助学生开阔眼界，提高认识，受到多方面的启迪。

4. 语言生动、含蓄

班主任要十分重视谈话时的语言艺术，特别要力求语言生动，含蓄。那种死气沉沉、苍白无力、枯燥呆板、引不起兴趣和毫无回味余地的语言，通常难以收到良好的谈话效果。

5. 态度平等，作风民主

班主任应该了解，你的谈话是否在全班产生了积极的效应，最终还得看学生是否心悦诚服地接受你的意见，并且转化为他们的思想和行动。当代儿童和青少年追求民主，要求平等，渴望尊重；不欢迎居高临下，盛气凌人，粗暴武断的态度。这就要求我们在同他们谈话的时候，以他们的亲人和朋友的平等态度对待他们，自始至终能够尊重他们的人格，尊重他们的意见和要求，坚持耐心说服教育，决不把自己的意见强加给他们。

6. 以自身的模范行为作支柱

孔子说："其身正，不令而行。其身不正，虽令不行。"班主任同全班学生的谈话，尤其是谈话中向学生提出的各项思想道德要求，自己首先应该做到，为学生树立学习的榜样。尤其你的"背后形象"应该令学生信服。只有这样，他们中的大多数人，才会努力按照你的要求去做。假如班主任自己展示在学生面前的是双重人格，那就很可能会带出一批言行不一的学生来。恐怕这也是班主任同全班学生的谈话比向一般成人作报告更难的地方。

二、个别谈话

（一）个别谈话的意义和类型

个别谈话，是指班主任同某个学生单独进行谈话，是班主任最常用的个别教育形式之一。个别谈话的类型很多，根据谈话的目的分类，主要有以下几种：

1. 了解情况。通过谈话个别地向学生了解其本人的学习、生活、思想、家庭情况或班内其他学生及整个班级的情况。

2. 征询意见。通过谈话，个别地征求学生对班级教育工作和班主任本人的意见、要求和建议，作为确定班级目标、制订班级计划、总结班级工作、改进工作作风和工作方法的参考。

3. 交换意见。通过与学生就某个或某些问题，在和谐的气氛中坦诚地交换意见，达到沟通思想，统一认识，提高觉悟，统一步调，推动集体或个人健康发展。

4. 个别教育指导。通过谈话使学生受到思想上的教育，心灵上的感染，促使他们的内部思想矛盾向着有利于自身和集体健康发展的方向转化；或者通过谈话给学生在学习、工作、生活、思想、心理、师生关系、同学友谊、升学、就业，甚至处理家庭关系等方面提供指导，帮助他们排忧解难，推动他们勤奋学习，努力工作，愉快生活，团结友爱，积极向上。

5.聊家常。这类谈话看来似乎没有固定目的，主要是为了与学生沟通心灵，促进了解，互相信任，建立友谊，增强班主任在班级中的凝聚力和感召力。

班主任同学生的个别谈话，在通常的情况下都由班主任主动约请学生，但也有学生约班主任的情况，不论哪种情况，都应认真对待。

（二）个别谈话的准备

教育人的工作是塑造心灵的工作。而个别谈话，从一定的意义上说，是在受教育者的直接配合下对受教育者进行心灵教育的工作。心灵是比较难以捉摸的，中小学生的心灵比之成人更敏感、更稚嫩。因而，从事年轻一代心灵的塑造或修饰工作的匠师们，应该特别细致谨慎，特别重视个别谈话的准备环节。

1. 明确谈话课题，确定谈话目的

班主任在和学生个别谈话之前，应该明确这次与学生谈的是什么问题，是思想问题、学习问题，还是心理问题，抑或是生活方面的问题。如果是学习问题，是属于学习目的问题，还是学习态度问题，或者是学习方法和技巧问题。为了明确谈的到底是什么问题，有时候应该对情况有一个大概的了解。在明确了谈话的课题之后，就应当确定谈话的目的。如果一个课题预计需要通过几次谈话才能解决，那就不但要确定这一课题谈话的总目的，而且还要确定每次谈话的目的。有时候在谈话的进程中可能会需要对事先确定的谈话目的作不同程度的修正，这是符合认识规律的事，不能因此而否认事先确定谈话目的的必要性。

2. 了解谈话对象的情况

（1）了解谈话对象的全面情况。包括品德面貌，行为习惯，学业状况，健康水平，审美情趣，劳动观点，劳动态度，人际关系，个性特征，辨别是非、善恶、美丑的能力，以及家庭条件、社区环境等基本情况，特别要注意了解这位同学是否比较诚实坦率、实事求是，是否有较高接受教育的自觉性和能力。这些情况主要依靠平时了解和积累，谈话前或可进一步熟悉已有材

料，或可进一步充实汇总。

（2）了解与谈话课题直接有关的情况。如果谈话对象是一位有道德方面问题的学生，最近有过严重的损人利己行为，谈话就是为了使他认识自己错误的严重性和危害性，彻底醒悟，改过自新，那么谈话前就应该基本上搞清楚这位同学在道德品质方面到底有哪些问题、这些问题的性质如何、它们是怎样形成的、这次为什么会犯这样大的错误、犯了错误后他自己和班上同学的态度怎样。如果谈话的对象是一位比较优秀的学生，因为近来自满情绪比较严重，阻碍他继续进步，谈话的目的是帮助他克服自满情绪，争取更大进步，那么在谈话前就要基本搞清楚其自满情绪形成的主客观原因，以及他本人和班上其他同学对于他的这一缺点所持的态度。

（3）了解和分析谈话对象的心理状态。不同学生对于个别谈话会有不同的心理状态。具体说，谈话对象接受教育的自觉性和能力不同，心理素质不同，对谈话价值的估计不同，与教师个别谈话的体验不同等等，都可能导致不同的心理准备状况。只有比较准确地把握学生的心理状态，并采取相应的有效的措施，才有可能使谈话达到应有的效果。综合许多研究者的看法，学生对于同班主任的个别谈话，主要有这样几种心理状态：

① 期待心理。期待同班主任谈话的时刻到来，期望能够从老师那里得到指导、教诲、帮助、安慰。那些主动地请教师谈话的同学，上进心强的同学，与班主任关系融洽的同学，将老师视为良师益友的同学，往往会有这样的心态。

② 揣测心理。猜测班主任要同自己谈什么，为什么要找自己谈话，其间还夹杂着轻度焦虑不安、心神不定的状况。有这样心态的学生，往往是一些感到老师通知谈话太突然、平时同班主任接近不多、对班主任不甚了解的学生，以及某些有多疑心理的学生。

③ 防御心理。害怕班主任对自己批评，特别是害怕向班主任讲了老实话会受到学校的处分或同伙"责难"，对班主任的谈话存有不同程度的戒心，甚至考虑对策，处处设防。这是有严重缺点或不同程度错误的后进学生所普遍具有的心态。少数好胜心强、虚荣心也强的好学生，偶尔犯了错误，班主任与其谈话时，也会有这样的心理状态。

④ 恐惧心理。惧怕处分，害怕丢面子、失威信，害怕父母责罚，内心十分惶恐，行为上表现出坐立不安、害怕见人的样子，有的还有类似痛哭流涕的表现。那些偶犯错误或大错误的学生，性格内向或胆小的学生，往往会有这种心理状态。

⑤ 对抗心理。在情绪上与班主任对立，不愿与班主任谈话，拒不接受班主任的意见，出言不逊，直接顶撞，有的甚至企图对班主任进行报复。造成学生与班主任对抗的原因是多方面的。从班主任的角度看，平时与学生的关系紧张，却不愿自觉地调节自己的态度；或者临时处置不当，严重挫伤了学生的自尊心，损害了学生的人格，使学生不能忍受；或者批评教育的调子使学生感到难以接受，却过于急躁地非要学生立即表态接受不可。从学生自身看，有的是因为"娇骄"二气过于严重，甚至沾染了骄横习气；有的是因为不但觉得自己没有错，反觉得自己有理；有的觉得有人支持，有恃无恐；有的觉得你老师也不过如此，有什么资格教训我；有的孩子属于过分激动型，易感性特别强，性子来了不能自制等。《毛蓓蕾思想品德教育艺术》中讲到这样一例：独生子女叶叶又欺侮了同学，放学后毛蓓蕾老师把他留下来个别谈话，共谈了15分钟，可是他不但不接受毛老师的劝导，反而把脸一沉，气势汹汹地说："你浪费了我的时间，赔我15分钟！赔我！赔我！！"这孩子怎么会有这种对抗情绪呢？原因就在于他从小被娇生惯养，家长对他千依百顺，逐渐养成了任性、骄横、自私、听不进批评意见的习惯。

⑥ 沮丧心理。情绪低落，心情沉重，垂头丧气，长吁短叹。某些有过失行为的学生，特别是那些平时表现尚可或自尊心很强而偶有错误过失的同学，因为害怕影响今后班主任对自己的看法，甚至影响自己的前途等，会有这样的心理。

⑦ 无所谓心理。认为与班主任谈话，老一套，没花头，即使对自己提出批评也没有什么了不起。有这种情绪的学生，往往是比较自满，自视过高；或者不求上进，对一切都抱无所谓态度；或者班主任在他们心目中没有威信的人。悲莫过于心死。那些小小年纪就自认为已经看穿人世间的一切、对一切都不在乎的学生，虽然是十分幼稚可笑，然而对他们的教育却是很值得班级教育者重视的。

3. 准备谈话的具体内容和方法

为了达到谈话的目的、增强谈话的效果，在谈话前班主任应该对谈话内容和方法进行必要的准备。如果同你谈话的学生是一位要求进步的学生，他要求你就如何进行自我修养，怎样正确认识形形色色的幸福观进行指导，你至少应对自我修养和幸福观问题有所了解、有些准备吧？如果同你谈话的是一位正处于青春发育时期的男孩，因为听了某歌星的挑逗性歌曲而想入非非，无心学习，那么你总得了解一点有关青春期生理心理卫生的知识，知道一点有关流行歌曲的性质，最好还能自己听听某歌星的那些流行歌曲，事先作一点分析思考，否则只是干巴巴的那几句"要认真学习，不要分心"之类的话，怎能解开学生心中之"结"呢？

除了准备内容，对谈话方法的准备也是重要的。同高中生谈话，有时甚至可以运用哲理性的讨论式，同小学生即使讨论，多数可能是问答式；对上进心强、心理承受能力大的学生可以"响鼓还须重锤敲"，但对于那些内向、胆小的学生总得"和风细雨"、耐心等待。所以，到底运用哪种方式方法，包括谈话地点选在哪里，事先最好作一番周密的考虑。

但是，有必要指出的是，前面所说的准备是指一般情况下个别谈话的准备工作。在某些特殊情况下，例如突发事件必须立即制止，立即与学生作个别谈话时，就很难像我们上面要求那样进行准备。正是由于这样的谈话很难进行像我们上面所说的那样准备，但是谈话又必须进行，而且必须取得好的效果，因而这样的个别谈话对班主任的全面素养、教育机智、教育艺术的要求也就更高。有这样一个例子：在一次上早自修的时候，两位学生因一件小事而争吵打架，一个鼻血直流，一个左眼被打肿。有的学生匆匆跑去告诉班主任，班主任也匆匆地赶来了。这位班主任是一位年轻男老师，身强力壮。可想而知，摆在他面前有几种办法可供选择，而且事实也要求他当机立断，迅速处理好，那么他该怎么办才对呢？这在很大程度上就得看他的个人修养、教育智慧和教育技巧了。

（三）个别谈话的实施

1. 选好时机

种庄稼不能误了农时，对学生进行思想品德教育，也应"好雨知时节"，抓准时机。抓准时机，马到成功；时机不当，贻误工作。那么，班主任应该怎样选好同学生进行个别谈话的时机呢？

首先，要根据中小学生思想发展变化的规律，捕捉时机，选好他们最需要进行教育的时机。我们知道，儿童青少年思想品德的形成和发展，受社会条件（通过学校、家庭和社会环境）制约，以他们自身参加的社会实践为基础，还与他们的身心发展水平有着依存关系。尤其是这些因素的重大变化发展所引起的新形势、新情况、新任务、新问题、新困难等，更能引起他们思想品德的发展和变化，这些，都是他们思想品德形成发展的重要规律。由此，我们不难推断，学生进入新学校、新班级之时，新的学期或学年开始之际，临近毕业或面对升学、就业选择的关头，或者家庭生活重大变化，社会上实行重大变革，某种社会思潮铺天盖地袭来，学校和班级举行重要活动，个人受到批评表扬，青春萌动期刚刚到来等时刻，都会对学生的思想发展产生明显影响，容易引起他们的思想波动，我们应该抓住时机，针对需要，力争把工作做在思想问题产生的前头。

其次，要根据中小学生的心理状态，捕捉他们最容易接受个别教育的时机。中小学生的受教育性，如果从心理学的角度去考察，与之关系比较大的主体因素，除去认知因素之外，比较重要的是需要、兴趣、情感。有了一定的精神的或物质的需要，才会产生一定的动机，导致一定的行为。兴趣与需要相关，直接兴趣主要是因为需要所致。情感在教育工作中，既可以成为沟通教育者和受教育者之间心灵的桥梁，也可以变成两者之间心灵交往的障碍。所谓情感相投，心理相容；情感不和，无话可说，就是这个道理。所以个别谈话要尽量选择学生渴望指导帮助的时刻，或者在学生的兴趣集中某方面时选择与其兴趣有关的课题进行个别谈话，或者选择最有可能打动学生的时候谈话，切忌在学生与班主任情绪对立的时候急于解决问题。

浙江金华实验中学曾有一位学生，屡违校纪，屡教无效。有一次，他突然肚痛发热病倒在床上，班主任真诚地关心他，热情地为他端水送药，为他烧好可口而容易消化的饭菜，还陪他去医院看病。他被感动了，终于向班主任敞开了关闭着的心扉。班主任迅即抓住这有利时机，趁热打铁与他谈心，收到了很好的效果。

最后，要寻找班级舆论、父母态度等外部条件有利于个别谈话的时机。部分学生，尤其是对个别谈话抱对抗态度或无所谓态度的部分学生，只有在班级舆论和父母双亲积极配合教育下，才有可能转变他的态度。所以，同这些同学个别谈话要重视寻求班级舆论、父母态度等外部条件有利于个别谈话的时机。

2. 创造气氛

班主任要怀着对学生真诚的爱护和关怀，用自己的言行努力营造宽松、和谐、平等、亲切、诚挚的谈话气氛。当学生来到谈话地点，走近自己身旁时，热情的招呼、真心的笑容、请学生坐下等礼貌行为，会给学生以亲切之感；在谈话进行过程中，始终要像对待自己子女或弟妹那样，设身处地为他们的成长进步着想，既爱护、关怀、体贴、尊重、理解、信任，又处处严格要求，但决不训斥，也不讽刺挖苦，更不恐吓威逼；对于个别学生在谈话过程中出现的对立情绪和不礼貌言行，班主任决不发火，始终不失"与生为善"的诚意；在严肃批评教育时也能"严中有情"，情理俱备，务使心理紧张的学生消除紧张，有戒备心理的学生不再戒备，有沮丧心理的学生感到温暖受到鼓舞，有对立情绪的学生没有理由发作，最终都被打开心扉。

同时，还要注意谈话的场合。一般说在办公室里谈话气氛比较严肃，同有恐惧心理的人就不宜在办公室里谈话，否则会加重他们的心理压力；有的学生因为经常被叫到办公室谈话，已经产生"逆反心理"或无所谓心理，也不宜继续在办公室谈话。为了形成宽松和谐的谈话气氛，便于班主任和学生多谈、深谈、无拘束地谈，根据当今许多学生的特点，谈话地点也可以选择在校园内、操场上、校外大路上，还可以带学生去看有针对性的展览和演出，边看边谈，或者看后再谈。总之，谈话场所的确定，应该有助于形成良好的谈话气氛，有利谈话的顺利进行。

3. 想方设法使学生理解和接受自己的意见

班主任同学生个别谈话的主要目的，是为了帮助学生明辨是非，提高觉悟。而要帮助他们提高觉悟，就应该使他们理解和接受班主任的正确意见。

一般来说，同年龄小、理解能力还比较弱的小学生，与班主任关系比较好的学生，或者学生骨干、优秀学生谈话，而且谈话内容主要不是批评学生，班主任可以开门见山地向他们说明谈话的用意和自己的意见，并征求他们的意见，在多数情况下不但不会发生误解，而且能够达到预期的效果。然而，在其他情况下就没有这样简单。所以就要想方设法使学生理解和接受班主任的意见。下面提示的各种做法，可供广大班主任参考。

(1) 要使孩子感到老师和自己有共同的语言，对老师的话引起兴趣，在不知不觉之中接受老师的教育。具体做法是事先了解学生的兴趣爱好才能特长，围绕他的兴趣特长展开话题；或者了解学生最亲近的长辈和最关心的事情，从这里展开话题，把自己要对学生谈的主要内容穿插其中。

(2) 热情地肯定学生的先进思想和良好行为，诚恳地指出其不足，调动其内部的积极因素战胜自身的消极因素。

(3) 运用角色换位法，站到学生的位置，设身处地地为学生出主意、想办法、指方向，使学生感受到班主任的一片真心和爱心，愿意接受教诲。

(4) 恰当地运用体态和语言，善于举例。多举学生身边的实例，或学生信赖、敬佩的人的事例，用实例说明道理，使学生易于接受。

巧用暗示和旁敲侧击。同有些自尊心强或反应灵敏的学生谈话，往往宜"点到为止，见好就收"，不必唠唠叨叨，也不一定要把话挑得很明。考试将近，有位女同学紧张得要命，一天放学后，班主任对她说："昨晚我做了一个梦，你猜我梦到什么？"这位学生当然猜不着。然后，班主任就对她说："我梦到你和×××、×××同学扛着红旗冲在队伍最前头，大家为你们喝彩，我也兴奋极啦。"这就是暗示。据说，这一暗示果然收到良好效果。所谓旁敲侧击，就是不正面切题，而是从其他方面谈起，让人自己去领悟。请看下面的例子。

一次，某班主任收到一位女同学交给他的一张电影票。这位女同学说，不知是谁寄给她电影票，也不知该如何处理。班主任答应此事由他来处理。等到看电影那天晚上，班主任提前到场坐在规定的位置上。电影开场时走过来一位男同学，一见是班主任坐在他希望见到的那个人的位置上，扭头想走，但被班主任一把拉住，一起看完电影。在回校的路上，班主任恳切地对这位男同学说："观众在电影院中有一个位置，学生读书也有一个位置。生活中如果坐错了位置就会乱套。我们的学生到电影院找'位置'这件事还太早。"班主任的旁敲侧击使学生有所触动，他红着脸对班主任说："老师，我懂了，我今后会坐好'位置'的。"

要有点幽默感。或许我们之中的许多人不能给"幽默"下一个完整的定义，但一接触实际就会感到谁幽默，谁缺乏幽默感。生活不能没有幽默，教育需要幽默。同不爱听长辈絮叨的学生谈话，更应该有点儿幽默感。幽默感往往会给你带来良好的教育效果。在苏霍姆林斯基《培养集体的方法》一书中有这样的一段话："佩佳会学蟋蟀叫。有一次他叫得非常逼真，教师竟至听得出神，她说：'这只蟋蟀在哪儿？晚上我要来听它唱歌。我就喜欢一边听蟋蟀唱歌，一边绣花……'孩子们怎么也弄不清楚女教师是在开玩笑，还是真的相信教室里有只蟋蟀在叫。佩佳脸红了，从那天起，他再也不学蟋蟀叫了……"女教师这番幽默的话，虽然既不像是对全班谈话，也不是对佩佳个别谈话，但是读了这段话，我们都会感到，与学生谈话，无论是全班谈话还是个别谈话，确实都应该有点幽默感才好。

巧用批评语言。在个别谈话中对学生的缺点错误提出中肯的批评是常有的事，但怎样才能使你的批评为学生所易于、乐于接受则大有研究。一般来说，批评要有的放矢，态度中肯、宽容，说话十分讲究分寸，切忌谩骂挖苦，也不能无限上纲或算老账。在这中间巧用批评语言也是非常重要的。前面提到的那位年轻班主任，赶到两位打架学生面前时，他是这样说这样做的：他一边为一位同学擦鼻血，一边深情地说："都怪我来迟了一步，两个糊涂人打成这个样子。"然后他扶着另一位打肿了左眼的同学说："同学之间有话慢慢讲，打能解决什么问题呢？吃亏的还是你们自己呀！"一番温情的批评，说得两位同学都羞愧地低下了头。有位班主任同一名个性倔强的学生谈话，为了使他接受批评，认识错误，他不是直截了当地讲："你这个问题很严重，要悬崖勒马！"而是用否定之否定办法，婉转地说："你这个问题不是不严重，但只要善于总结教训，挫折会变成你的宝贵财富。"如同为学生设置了容易上去的坡度，使他心理上能够承受。

另外，态度要自然得体，表情要亲切诚恳，声调不要太高，更不能刺耳，忌用大幅度、表示激怒的手势，做到"诚于中而形于外"。

（5）灵活运用各种个别谈话法。个别谈话的方法很多，主要有：①讨论法。促膝谈心，互相讨论。②讲评法。对学生的表现进行实事求是的评价。③询问法。用直截了当提问或试探的口气询问学生，了解学生情况。④讲述法。有针对性地讲一个故事，讲解一个典故或成语，阐明一个道理，班主任应该根据谈话对象的表现和谈话课题的需要灵活运用。在运用这些方法时，要坚持入情入理、通情达理、情理交融。

4. 要有充分的耐心，不要急于求成

与学生个别谈话，有时非常顺利，有时会出现障碍；有时一次达到目的，有时需要多谈几次。一旦谈话不很顺利，效果为班主任始料所未及，一定要沉得住气，冷静分析不顺利的原因，总结经验，改进个别谈话的态度和方式方法。如果是由于学生思想转化规律所使然，则更应耐心细致，切莫焦躁，不要灰心，坚持寻机再谈。许多有经验的班主任都有亲身体会，不用说帮助一位有问题学生转变思想常常要通过几次、几十次个别谈话，即使是帮助指导优秀学生，有时也不是一次个别谈话能够奏效的。毫无疑问，班主任的这种耐心和坚持精神，来自他对事业的忠诚和对学生的一片爱心。所以，在个别谈话中班主任是否耐心沉着有恒，也是对班主任自身品质的锻炼和考验。

（四）个别谈话后的工作

个别谈话结束后，个别教育工作并未结束，为了有利于进一步做好对学生的个别教育工作，必须重视每次个别谈话后的善后工作。一要注意个别谈话之后的信息反馈，全面搜集学生本人和班内其他学生对这次个别谈话的反映，如有可能也应搜集家长的反映，留意观察学生的变化，并对这些反馈信息进行实事求是的分析。二要采取相应措施强化个别谈话的积极效果。有些同学通过个别谈话有了更大进步或明显的转变，班主任应该及时予以肯定和鼓励，甚至通过集体舆论造成有利他继续进步的氛围。三要积极进行继续谈话的准备。一次个别谈话没有成功，或者仅仅一次个别谈话不能解决问题，或者一次个别谈话虽然收到了较好的效果，但不久之后这位学生出现了反复，就要准备继续谈话，直到问题得到比较圆满的解决。

说到这里，还应该再次强调，为了使各种类型的个别谈话收到预期的良好效果，要求教育者讲究谈话的艺术和技巧是完全必要的。然而，推动教育者钻研谈话艺术和技巧的动力是什么呢？应该是对人民教育事业的忠诚和对学生的热爱。如果没有这种"忠"和"爱"，就不会有教育者对谈话艺术和技巧的研究与追求。同样，如果没有教育者对学生的热爱、信任和尊重，以及渴望学生不断进步的赤诚之心为前提，即使有很好的谈话方法和艺术，恐怕也达不到理想的效果。

（本文原系本人主编的《班级教育的理论与方法》第 15 章，浙江教育出版社 1994 年 1 月版。）

赞"春泥精神"

　　杭州籍的清代进步思想家和诗人龚自珍曾写过脍炙人口的诗句:"落红不是无情物,化作春泥更护花。"吟诵这两句诗句的时候,我们注意到"春泥护花"这四个字,并在脑海里浮现出这样一幅生动的图像:寒冬过去,春天降临,大地敞开了宽阔的胸怀,散发出诱人的泥土芬芳,春泥滋润着禾苗,抚育着果木,哺育着花草,它为万物生长无私地奉献了自己的一切,终于换来了鲜花盛开,硕果满园,遍地金黄,人间喜气洋洋……啊,这不正是对我们优秀班主任们的事迹和精神的形象写照吗?他们像春泥一般默默无闻地从事着阳光底下最崇高的职业,像春泥护花那样,为社会主义的教育事业献出了自己的青春,用自己的智慧与精力以至整个生命培育着祖国的花朵——年轻一代,以自己的身躯托起了未来的太阳,用"春泥精神"来赞扬他们的崇高品德和精神不是很恰当吗?于是,我们欣然决定以"春泥护花"作为这本优秀班主任经验集的书名。

　　纵观中外教育史,学校设班主任,是近代的事。随着生产的发展,社会对学校提出了更大规模地培养年轻一代的要求,于是就出现了班级授课制。自从16世纪西欧一些国家的古典中学(例如法国的居耶纳中学,德国斯特拉斯堡的文科中学)进行班级教学的尝试以后,就提出了对班级的管理问题。17世纪捷克斯洛伐克的大教育家夸美纽斯(1592—1670),在其名著《大教学论》(1632)中论证了班级教学,主张每个班只能有一位教师,同时还主张把班级里的学生每10人编成一组,每组由一名学生去管理。后来,在一些国家的学校里出现了级任导师、班主持人或班主任。

　　目前世界上在中小学里设班主任的国家,主要有日本、中国、俄罗斯和原为苏联加盟共和国的一些国家等。日本中小学班主任也称担当教师，估计在明治维新后期，即 1890—1900 年间已经有了这样的教师。苏联正式在中小学设置班主任是 1934 年的事，在此以前称为教学组指导员。所以，我们能够在著名教育家马卡连柯的著作中（例如《苏维埃学校里的教育问题》）读到"班主任"。在我国，直至 20 世纪初才废科举兴学堂，实行班级授课制，并由一位教师负责管理班级之责任。1904 年 1 月清政府颁布的《奏定学堂章程》规定，在小学里实行学级担任制，简称级任制。级任教师教授一个学级的全部功课或主要功课，并负责学级的组织管理工作。到了民国时期，于 1932 年进一步规定中等学校实行级任制。1936 年又改中学级任制为导师制。级任导师负责班级的组织管理和对全班学生的教育工作。与此同时，在中国共产党领导的老解放区的学校里，实行班主任制。教育家韩作黎等同志，曾经写过回忆老解放区学校班主任工作的文章，收集在上海教育出版社 1958 年出版的《老解放区教育工作经验片断》一书中。新中国成立以后，学习苏联教育工作的经验，继承老解放区的传统，在中小学里，一律实行班主任制。

近代世界和我国长期的教育实践都表明，在中小学里设立班主任，是一项非常重要的措施。班主任对于全班学生的成长起着举足轻重的作用。日本的教育学者认为："班主任教师担负着重大的管理职能"，"班级经营的状态因班主任的教育方针、班级观、教学方法不同而不同。"[①] 苏联的学者认为："班主任是全班学生的教育者和教导工作的组织者。"[②] 我国的教育行政领导部门明文规定，小学"班主任是班集体的组织者和指导者，是学校贯彻国家教育方针，促进学生全面健康成长的骨干力量。他对学校教育教学计划和其他各项管理的实施，协调本班任课教师的教育工作和沟通学校与家庭、社会教育之间的联系，起着重要的作用"；中学"班主任是班集体的组织者、教育者和指导者，是学校领导者实施教育、教学工作计划的得力助手。班主任在学生全面、健康的成长中，起着导师的作用；并负有协调本班各科的教育工作和沟

---

① ［日］筑波大学教育学研究会. 现代教育学基础 [M]. 钟启泉，译，上海：上海教育出版社，1986：432.

② ［苏］包德列夫. 班主任 [M]. 陈友松，等，译. 北京：人民教育出版社，1956：8.

通学校与家庭、社会教育之间联系的作用"①。

由于班主任在培养社会主义新一代这一伟大事业中所起的不可替代的重大作用，党和政府历来十分重视班主任工作，赋予班主任德育为首、全面关心教育和管理全班学生、把学生培养成为"四有"社会主义建设者和接班人的重任。并且还非常尊重班主任的劳动，给予他们以崇高的荣誉。据有关资料表明，在1960年中共中央、国务院召开的全国文教群英会上，就有一些优秀班主任受到表彰与奖励；1978年7月，教育部和北京市人民政府召开大会，授予北京市通县一中班主任刘纯朴以"模范班主任"的称号；1983年4月，教育部和中国教育工会在北京召开全国"五讲四美"为人师表活动先进代表会议，表彰857名先进个人，177个先进集体，我省30名教师获奖，包括一部分优秀的班主任；1984年，《人民日报》等七大新闻单位联合发起评选全国优秀班主任，仅我省就有85位班主任获此荣誉；1986年9月10日，中共中央宣传部、国家教委、团中央和中国教育工会在北京召开大会，热烈庆祝教师节，表彰为教育事业作出贡献的先进个人1000名，先进集体106个，受表彰的个人享受部级劳动模范的待遇，并授予"人民教师奖章"、证书和奖金，其中也有一批优秀的班主任；1988年6月1日—5日，全国中小学德育工作会议在北京召开，会上国家教委表彰全国中小学德育先进工作者1000名，全国德育先进集体116个，我省受表彰的先进个人32名，先进集体3个，许多德育先进工作者是优秀的班主任；1989年教师节，国家教委、人事部和中国教育工会表彰全国教育系统劳动模范1475人，全国教育系统先进工作者和全国优秀教师共18300名，其中我省全国教育系统劳动模范41人，先进工作者和优秀教师502名，同样包括了一批优秀的班主任。

在我们浙江省，除了全国表彰的教育先进人物中包括我省优秀的班主任外，本省还几次单独表彰优秀班主任。在1986年10月，经省人民政府批准，省教委决定授予杭州铁路中学郭葆钫老师浙江省模范班主任称号。1988年12月，省教委表彰全省德育工作先进集体14个，先进工作者72名。1990年3月，省教委决定表彰全省108位中小学班主任为省优秀班主任。现在奉献给

---

① 分别见国家教委1988年7月颁发的《小学班主任工作暂行规定（试行草案）》和1988年8月颁发的《中学班主任工作的暂行规定》。

大家的这本《春泥护花》集中地反映了模范班主任郭葆钫和这 108 位优秀班主任的高尚品德和可贵精神,以及他们的成功经验。许多文章的字里行间都饱含着他们对孩子、对事业和对我们伟大祖国的炽热感情,闪烁着理想和信念的光辉,读来令人感动不已。我们在编辑过程常常因此而心潮起伏,热泪盈眶,情不自禁地赞颂他们平凡而崇高的"春泥精神"——无私的奉献精神,奋斗不息的进取精神,实事求是的科学精神。

这种"春泥精神"的核心,是优秀班主任们的无私奉献精神,也就是人们平时常说的"红烛精神""春蚕精神",毛泽东同志在《纪念白求恩》里说的毫不利己专门利人的精神。赵朴初先生的《金缕曲·敬献人民教师》热情地讴歌了这种无私奉献精神:"不用天边觅,论英雄,教师队里,眼前便是。历尽艰难曾不悔,只是许身孺子。堪回首十年往事?!无怨无尤吞折齿,捧丹心,默向红旗祭。忠与爱,无伦比。"幼苗茁长园丁喜。几人知,平时辛苦,晚眠早起?!燥湿寒温荣与悴,都在心头眼底。费尽了千方百计。他日良材承大厦,赖今朝血汗番番滴。光和热,无穷际。"

优秀班主任们的无私奉献精神,主要表现为他们高度热爱人民教育事业,热爱班内的每一个学生,坚信每一个学生都是可以教育好的,为了教育好每一个学生而千方百计,呕心沥血,关心爱护学生胜于自己亲人,把教育学生的工作看得重于自己的健康甚至自己的生命,为了教好学生,他们可以慷慨地献出自己的一切。

在这里,热爱学生是一个重要前提。教育事业是培养人的事业,要培养好人就要热爱培养对象,从来没有听说一个仇恨自己培养对象的人,能够胜任培养人的工作。所以,热爱学生就是热爱事业、热爱祖国未来的重要表现。把对学生真诚的爱和崇高的理想结合起来,必然会形成一种强大而持久的内驱力,推动班主任们为教育好每个学生,无私地奉献出自己的才智、精力乃至生命。同时,人是有社会情感的高级社会动物,人们之间情感相容就会心灵相通,认识和步调一致。在师生之间也只有情感相容,才能使学生在心理上接近教师,乐意接受教师的教诲。相反,如果师生之间情感相斥,就会形体上近在咫尺,心理上相隔万水千山。怎样才能使班主任和学生之间情感相容、心灵相通呢?对于还未完全成熟的中小学生来说,尤其需要班主任对他们真诚的爱。只有孩子们不止一次地亲身感受到班主任对自己的关怀和爱护，才会觉得班主任的可亲可爱，才会不由自主地去接近自己的班主任，心悦诚服地接受班主任对自己和自己集体的教育和指导。从这个意义上来说，班主任热爱每一个学生，又是他的奉献精神取得良好教育效果的条件。

我们的优秀班主任对学生的热爱，可以用两句话来表达。第一句话是他们像爱子女和弟弟妹妹那样爱每一个学生。能够做到这一点是非常不容易的事。因为，亲子之情和手足之谊是一种基于血缘的自然感情，虽然它也打有社会的烙印，但毕竟是人类的一种本能。可是，班主任与自己的学生之间并不存在什么血缘关系，不具有血肉相连的自然感情，要把为了子女甚至可以牺牲自己的深沉私爱，扩大为把班上包括后进生在内的每个学生，都视为自己的子女那样加以爱护，就需要"超我"。这是一种很不容易又很了不起的事。第二句话爱每一个学生，胜于爱自己的子女弟妹。毋庸否认，母爱是一种伟大的爱。没有母爱，年轻一代难以成长，人类就难以繁衍，社会也难以发展。但是，母爱的盲目性和片面性也是显而易见的。仅仅靠基于血缘的母爱，并不能完全保证孩子成长的正确方向。我们班主任的任务是要引导学生做人，使之逐步成长为社会主义事业合格建设者和接班人。所以，我们的优秀班主任们既要像母亲爱孩子与兄姊爱弟弟妹妹那样爱每一个学生，又应自觉地摆脱母爱的某种盲目性和片面性，坚定不移地引导每一个学生朝着正确的方向健康成长。这种爱是和严格要求相结合的理智的爱、教育的爱。它基于母爱，高于母爱。当然，爱的教育是教育史上比较老的课题。自从文艺复兴以来，新兴的资产阶级及其思想家出于反封建和发展资本主义的需要，强调"人本"，鼓吹"人性"，宣扬"博爱"，他们的教育家们也提倡"爱的教育"。著名的瑞士资产阶级民主主义教育家裴斯泰洛齐（1746—1827）就主张要像父母般地关心和热爱学生。他在与友人谈斯坦茨孤儿院情况的信中说："从早到晚我一直生活在他们中间……我的手牵着他们的手，我的眼睛注视着他们的眼睛。我随着他们流泪而流泪；我随着他们微笑而微笑。他们不知有世界，不知有斯坦茨，他们跟我形影不离。他们的饮食，就是我的饮食。我什么都没有——没有家园，没有朋友，没有仆人，只有他们。"[①] 然而，我们国家的

---

① 曹孚. 外国教育史 [M]. 北京：人民教育出版社，1979：155.

优秀班主任们对学生的教育爱，已经远远高于建立在人道主义基础上的师爱，而是一种与社会主义爱国主义和社会主义理想融合为一体的新型师爱。如前所述，正是这种爱，推动着他们为教育好每一个学生而无私奉献。朋友，当你看到我们的优秀班主任，两年如一日地背残疾学生上学，不顾自己的疾病一步一喘艰难地行走在泥泞的田埂上的时候，当你听到一位失去了亲生骨肉的优秀班主任的肺腑之言后，你能不为之深深地感动吗？

当今时代，已经不是人们之间收入相当，夏天都着白衫衣、春秋一色中山装、冬天多数列宁装的时候了，由于商品经济还未成熟和完善，社会上分配不公现象的存在，资本主义思想和生活方式的侵蚀，拜金主义浊流，冲击着社会各界。眼看着别人发财，教育界个别人也动摇了，有的人还想拉我们的优秀班主任离开自己神圣的岗位。但是，我们的优秀班主任们坚持自己的理想和信念，丝毫不为金钱所动。有一位优秀班主任已经当了30年民办教师，自己的一些学生早已成了国家工作人员和国营单位的职工，可是她仍然安其贫乐其道，把全身心献给自己的孩子们。还有一位优秀班主任，因为已经获得了全国教育系统劳动模范的荣誉，不再被评为全省优秀班主任，她的事迹也是非常感人的。面对着有些人的好心"劝说"，她十分干脆地回答："即使让我再像当民办教师那样拿28元一个月，我也不会离开自己的学校和学生。"前几年，由于放松了马克思主义教育，忽视了思想政治工作，我们中小学的思想品德教育工作曾一度面临严峻的形势。但是，我们的优秀班主任们，并没有因此而动摇自己的立场，迷失自己的方向。在1989年那场政治风一波期间，很多优秀班主任与资产阶级自由化思潮针锋相对，旗帜鲜明地对全班学生进行热爱党热爱社会主义的教育，又一次表明了我们的优秀班主任对党对人民对社会主义共和国的忠诚。以上事实令人信服地说明，我们的优秀班主任是顶着拜金主义逆风和资产阶级自由化思潮无私奉献的，这正是当代优秀班主任无私奉献精神的时代特色，也是全省中小学班主任和全体教师的光荣与骄傲。

1989年11月11日，在首都纪念白求恩同志逝世50周年大会上，李瑞环同志说过这样一段话："一个民族、一个政党、一个人，要想站立起来，有所作为，必须有一点精神，有股志气。如果一个民族不倡导自己的成员发扬奉献精神，这个民族就没有希望。如果一个政党不倡导自己的成员发扬奉献精神，这个党就失去了人心。如果一个人只想索取，不愿奉献，这个人也就失去了人生的价值。"处在世纪之交、千年之交的 20 世纪 90 年代，我们面临着当前和21世纪世界上两种制度两种势力争夺接班人和新技术革命的战略挑战。为了使我们的国家在这两大挑战面前立于不败之地，关键的问题是要提高新一代国民的素质，培养好社会主义建设的接班人。因此就更需要我们的班主任和广大教育工作者，继续坚持"三个面向"的方针，进一步发扬无私奉献的精神，培养好一代又一代祖国的未来。

事实上，正因为有了这种无私的奉献精神，所以我们的优秀班主任们才严于律己，以身作则，做学雷锋的带头人，不满足于已有的成绩，为了教育好每一个学生而努力学习，不断进取，永不停步；以实事求是的科学态度研究学生，研究新情况，解决新问题。

说到优秀班主任们的进取精神和科学精神，特别应该提到的是，随着教育管理科学和德育科学的进步与发展，许多优秀班主任已经不仅把自己的工作当作整个教育事业的极其重要的构成部分来对待，而且还把它作为一项重要的教育科学研究工作来对待。他们努力探索着在新的历史条件下，转化后进生，组建班集体，进行日常行为规范教育、爱国主义教育、革命传统教育、榜样教育，进行职业道德、职业责任和职业理想教育，使学校教育、家庭教育和社会教育有机地结合起来，以及提高教育效益的规律、原则、途径、方法和艺术。一位 50 岁开外的优秀班主任老题新作，在一个后进班内开展"爱的系列教育"，收到了良好效果，她的经验给人以启发；一位 40 多岁的优秀班主任，她在教育学生方面独具匠心，为了让作业拖交的学生按时认真地完成作业，培养他的责任感，她自己（语文教师）竟做了一个星期的数学作业，每天清早交给这位学生批改。实际的行动、无声的教育，终于使这位同学一改拖交作业的不良习惯；一位 30 多岁的职业学校优秀班主任，结合学生的职业实践，狠抓职业道德、职业责任和职业理想教育不放，把职业美的教育和职业道德的教育有机地结合起来，把身教放在高于言教的地位，也收到了良好的效果，很有一点新意；还有一位 20 多岁的优秀班主任面对学生中的自然群体进行思考，抓住如何教育引导自然群体的问题，进行研究尝试，也已经迈出了可喜的一步。另外，还有的优秀班主任特别注意到目前人们比较忽视的优秀学生的教育问题。上面几个年龄档次的优秀班主任的事例说明，年长的优秀班主任仍然壮心不已，进取不息，中年的优秀班主任已经趋向成熟，是班主任队伍的顶梁柱，年轻的优秀班主任已经脱颖而出，很有希望，"春泥精神"后继有传人。

当然，山外青山天外天。面对党和人民的重托，面对日新月异的形势，我们的优秀班主任们仍然需要努力，再努力！首先，要认真学习马列主义毛泽东思想和党的路线方针政策，牢牢掌握马克思主义的立场观点方法，掌握马克思主义人的本质的理论、培养年轻一代的理论、集体主义理论，以及科学的世界观、正确的人生观和道德观。所有这些，都是我们从事班主任工作的指导思想和理论基础，也是加强自我修养，提高自身素质的最重要的精神营养。其次，要认真学习教育科学理论，切实加强对班主任工作的科学研究。优秀班主任要做教育科研工作的有心人和排头兵，有计划地对受教育对象及其家庭等进行跟踪观察和调查，有目的地抓住一些有重要现实意义的课题进行实验和研究。在这方面，我们尤其寄希望于中青年优秀班主任，期望他们成为全省中小学班主任工作和德育科学研究的中坚力量，干出新成绩，创造新经验，有所新发现，进入新境界，形成新局面。愿"春泥精神"不断发扬光大，让美丽的鲜花在祖国大地永远盛开！

（本文原载《春泥护花——浙江省中小学优秀班主任经验集锦》，浙江教育出版社1990年第1版，收入本集时略有修改。）

对学生进行爱国主义教育是
中小学班主任的首要职责

（1995 年 7 月 18 日全省中小学班级爱国主义教育研讨会的小结①）

一、要进一步明确爱国主义教育的战略地位，更加自觉地担负起历史重任

爱国主义历来是动员和鼓舞中国人民团结奋斗的旗帜，是推动我国社会历史前进的力量源泉，是全国各族人民共同的精神支柱。中小学的爱国主义教育，是培育一代新人的基础工程，是学校德育的核心部分。我们的学生只有具备爱国主义觉悟，才能进而形成正确的人生观、价值观和理想信念，才能成为优秀的社会主义公民、合格的建设者和接班人。人们热爱自己祖国没有任何前提，对年轻一代进行爱国主义教育也是我国成年公民尤其是广大教育工作者义不容辞的历史责任。自觉地对学生进行爱国主义教育，是广大中小学班主任的首要职责，也是其高尚的民族良心所在。我们要从坚持党的基本路线一百年不动摇，把建设有中国特色社会主义伟大事业不断推向前进，

---

① 为了纪念抗日战争胜利 50 周年，弘扬中国人民的爱国主义传统，推动中小学爱国主义教育，经过几个月认真准备的全省中小学班级爱国主义教育研讨会，1995 年 7 月 15 日在隆重的升国旗仪式后，在乐清市开幕。会议由浙江省教育学会、浙江省教育工会、浙江教育报社、浙江省教育学会中小学德育分会联合主办，乐清市教委和乐清市教育学会承办。这是我省历史上规模最大并第一次以爱国主义教育为主题的中小学班主任工作研讨会，中心议题是怎样把我省中小学班级爱国主义教育提高到一个新的水平。会议充分贯彻群众路线，强调人人主动参与。为了使每位同志都有报告自己经验、发表自己意见的机会，为期 4 天的会议组织了以市（地）为单位的分组讨论、中学与小学分会场发言和全体大会发言，最后由本人（省教育学会副会长兼秘书长）代表主办单位进行小结，肯定会议所达成的共识。

使我们祖国在21世纪及其以后的世界风云中，永远立于不败之地的战略高度，更加自觉地承担起对学生进行爱国主义教育的历史责任，努力把生在红旗下、长在新时期、未曾经受磨难和艰苦锻炼的新一代真正培养好，粉碎国际敌对势力的恶毒预言。

二、要明确中小学班级爱国主义教育的任务和内容，准确把握重点

中共中央印发的《爱国主义教育实施纲要》指出："开展爱国主义教育的目的，是要振奋民族精神，增强民族凝聚力，树立民族自尊心和自豪感，巩固和发展最广泛的爱国统一战线，把人民群众的爱国热情引导和凝聚到建设有中国特色的社会主义伟大事业上来，引导和凝聚到为祖国的统一、繁荣和富强作贡献上来，做有理想、有道德、有文化、有纪律的社会主义公民，为实现四化、振兴中华的共同理想团结奋斗。"中小学班级爱国主义教育应突出育人目标。

中小学教育是基础教育，其任务是为年轻一代成长为优秀的社会主义公民、建设者和接班人奠定坚实的基础。中小学班级爱国主义教育的任务，在于努力提高中小学生的爱国主义觉悟，逐步为他们打好成为新一代社会主义爱国者的坚实基础。要帮助他们确立对祖国的正确认识和信念，重点是懂得只有社会主义才能救中国，只有社会主义才能发展中国，坚信在中国共产党的正确领导下，我们的祖国一定能够建设成为文明、民主、富裕的社会主义强国；要不断地培育、加深、巩固他们的爱国主义感情，特别要使他们有高度的民族自尊心和自豪感，有对祖国母亲血肉相连的感情，有建设祖国保卫祖国的主人翁责任感；要引导他们从小就立志做对祖国、对人民、对人类有益的人，从小就能以自己力所能及的实际行动报效祖国，捍卫祖国的利益和尊严，在紧要关头坚持民族气节。特别要引导他们为祖国而努力学习，全面提高自己的素质，时刻准备着为祖国贡献自己的力量。

爱国主义教育的内容，服从于爱国主义教育的任务和目标。根据《爱国主义教育实施纲要》《中共中央关于进一步加强和改进学校德育工作的若干

意见》有关青少年和学校爱国主义教育内容的指示，联系中小学实际，当前中小学班级爱国主义教育的主要内容应该是：（1）中国近、现代史和国情教育。这是学校爱国主义教育的基本依托，应当形成贯穿中小学阶段由浅入深的教育序列，并重视与高校教育相衔接。"两史"教育既要讲革命史、奋斗史、英雄史，发扬传统，再创辉煌，也要讲好灾难史、屈辱史，不忘国耻，筑好新的长城；国情教育要突出现实国情，既讲社会主义现代化建设的伟大成就，又讲我们民族在前进中面临的困难与危机，明确新一代中华儿女肩负的使命。（2）党的基本路线教育。党的基本路线是指引中华民族进一步振兴之线，是保证社会主义现代化建设胜利之线，对中小学生特别是中学生进行党的基本路线教育，使他们逐步懂得在新的历史时期爱国就要拥护党的基本路线，沿着基本路线指引的道路去报效祖国，是现阶段爱国主义教育的时代特色。（3）中华优秀传统文化道德教育。中华优秀传统文化道德是中华民族优秀精神的体现，是炎黄子孙几千年智慧创造的结晶，是世界文化中无比璀璨的瑰宝，对中小学生进行优秀传统文化道德教育，能够增强他们的民族自尊心、自豪感和自信心，提升他们的人格，激发他们为进一步振兴中华而奋斗创造的热情。作为中华优秀传统文化道德主要部分的中华民族的爱国主义传统内容十分丰富，包含于中华优秀文化的方方面面，更是对中小学生进行爱国主义教育的重要教材。（4）增强民族团结，维护祖国统一的教育。民族团结，祖国统一，无往不胜。增强民族团结，维护祖国统一，历来都是中国人民爱国主义运动为之奋斗的重要目标，也是新时期中国人民面临的重要任务，反映全国各族人民的意志。当今中小学班级爱国主义教育，必须教育年轻一代要像爱护眼珠和生命那样，为增强各民族的兄弟团结和维护祖国的统一而竭尽全力。（5）爱学校、爱家乡的教育。学校和家乡是祖国不可分割的组成部分，爱祖国就应该爱学校、爱家乡，而且应从爱学校爱家乡做起，把学校和家乡建设得更美好。爱学校、爱家乡的教育，理所当然应该成为中小学班级爱国主义教育的重要内容。（6）爱国主义的常规和礼仪教育。包括关于祖国国名和版图的教育，国旗、国徽、国歌的教育，国庆节的教育，升降旗的礼仪、对国旗国徽国歌的态度的教育，祖国概况的教育等。

三、要认真总结以往爱国主义教育的经验，积极推广已被实践证明了的成功做法

近几年来，特别是中共中央印发《爱国主义教育实施纲要》以来，我省广大中小学班主任，为加强对学生的爱国主义教育，进行了大量创造性的工作，例如：有的班主任在新生入校之初，就制订了对他们进行爱国主义教育的长期计划，确定了不同年级爱国主义教育的内容要求，安排了不同年级应该进行的爱国主义教育活动，然后联系形势和学生发展的实际，持之以恒地实施计划；许多班主任，根据学生学习生活的特点，确立了不少行之有效的爱国主义教育制度，如雨天全班师生在教室内向国旗行注目礼、唱国歌、向祖国宣誓的制度，每天晚自习前开设 15~20 分钟"爱国讲坛"的制度，爱国英雄故事天天讲制度，爱国歌曲天天唱制度，爱国主义主题班会月月开的制度等；许多班主任善于把爱国主义贯穿于各科、各育，落实到班级教育全过程，与德育的其他内容紧密结合，与良好班集体建设紧密结合。温岭新河中学一位班主任通过美的熏陶深化爱国主义教育的发言，获得同志们的好评。许多班主任在运用节日纪念日、影视文艺、学校与乡土教育资源、校园和班级环境进行爱国主义教育方面下了功夫，上虞春晖中学的班主任在这方面进行了出色的工作。不少班主任注重研究市场经济条件下怎样对学生进行爱国主义教育，义乌实验小学一位老师针对学生盲目崇尚洋货的情况，精心组织了《小百货，你从哪里来又到哪里去》的班队活动，告诉学生，在市场经济条件下，商品在各国间流通是平常事情，颇有时代特色。另外，善于引导学生进行爱国主义的自我教育和运用社会与家长的力量，也是许多班主任在进行爱国主义教育方面的特色。

今后应该进一步广泛、深入地总结推广全省中小学班主任在进行爱国主义教育方面的成功经验，使我省中小学班级爱国主义教育更加有意、有序、有制、有机、有恒，并富有时代特色、地方特色和班级的个性特色，取得更大的成效。鉴于这次交流文章的内容比较丰富，也考虑到实际工作的需要，主办单位与各市（地）教育学会商议，将这些材料加工编印成册，以进一步发挥它们的作用。

四、坚持辩证唯物主义的思想路线，遵循爱国主义教育的客观规律

对中小学生进行爱国主义教育，必须坚持实事求是，一切从实际出发，理论联系实际的辩证唯物主义思想路线。班主任要深入了解并力争准确把握全班每一个学生的年龄、年级、知识、思想、个性心理和生理特点，找准他们爱国主义觉悟的最近发展区，充分考虑形势、社区、学生家庭和学校的实际，积极稳妥地确定不同年级经过努力应该达到的爱国主义教育一般要求，选定切合学生接受水平的具体教育内容和方法，精心而适度地组织切合学生成长需要的各种爱国主义教育活动，并千方百计地让爱国主义教育自然而然地贯穿于班级教育一切领域和全部过程，同时还要正视学生的个别差异，十分重视爱国主义的"差异教育"，全力引导全班所有学生逐步向中小学爱国教育的基本目标靠近。要切忌"一刀切""成人化""运动式"和"性急病"。

中小学班级爱国主义教育的目的在于提高学生的爱国主义觉悟，培养学生的爱国主义品德。而学生爱国主义品德的培养，是一个长期积累的过程，是有规律可循的。例如，学生的爱国主义品德之形成，必须遵循人类认识的一般规律和学生认识水平逐步提高的规律。我们平时说的在实践的基础上由感性到理性，由具体到抽象，由近及远，由易到难，由简到繁，反映人类认识一般规律与儿童认识发展规律，在班级爱国主义教育中应该应用。学生的爱国主义品德的形成，也必然遵循情感形成规律。提高学生的爱国主义觉悟，关键的一环是培育他们对社会主义祖国执着而深厚的情感。这种爱国主义情感，从理论上讲是学生对祖国正确态度的积极体验。培养学生对祖国的情感，关键就在于指导好学生的"体验"。学生爱国体验的获得，原因是多方面的，可能是由于认识的提高，可能是由于长期的实践、长期的接触，也可能是受到特定事件、特定环境的作用，还可能因为受师长与友人的影响，或者由于上述多种因素的综合影响所致，教育者应该善于指导和引导。对此，德育特级教师李鸿基讲了很好的意见。另外，学生爱国主义觉悟的提高并不是按照一种刻板的模式进行的，而是循着多开端、多模式形成和发展。因此，爱国

主义教育也是多开端的。班主任可以遵循认识规律由感性到理性，由具体到抽象设计班级爱国主义教育的总方案，形成自己的爱国主义教育序列；也可以从学生身上反映出来的实际问题入手，开展班级爱国主义教育等。总之，认真研究和遵循爱国主义教育规律，努力提高爱国主义教育的科学性，乃是优化中小学班级爱国主义教育必由之路。

五、关键在于进一步提高广大中小学班主任的思想觉悟和工作水平

思想品德教育，从一定意义上来说是一种影响和感染，教育者的身教往往重于言教。在班级爱国主义教育过程中，中小学班主任自身的爱国主义觉悟或人格，是对学生爱国主义品德形成与发展起作用的诸因素中举足轻重的因素。中小学班主任的爱国主义觉悟主要表现在：（1）热爱社会主义祖国，有强烈的民族自尊心、自豪感、自信心，坚持祖国的利益高于一切；（2）有搞好班级爱国主义教育的高度责任感，以此作为自己忠于社会主义祖国的重大实际行动；（3）在对学生进行爱国主义教育过程中，坚持教育者先受教育，处处做学生的表率；（4）坚持“认真”两字，抓好爱国主义教育的每一个环节，并且持之以恒。萧山中学一位年轻班主任，组织学生调查日本帝国主义在萧山犯下的滔天罪行，几十份材料写好后又动员学生到被调查对象那里进行核对，对其中的一些材料进行修改，使调查材料确凿具体，在班会上报告后产生很好的教育效果。他的认真态度值得学习。除了自身的爱国主义觉悟之外，班主任进行爱国主义教育的工作水平，对于搞好班级爱国主义教育也是非常重要的。班主任要善于学习别人的成功经验，善于经常地总结研究自己的爱国主义教育工作，更要挤时间多读一点与爱国主义教育有关的书报，多看一些这方面的影视，深入实际进行必要的参观、访问、考察，以补自己之不足。

目前从中央到地方各级党委和政府都高度重视全民的爱国主义教育，中小学班级爱国主义教育的社会大环境非常好，全省中小学班主任一定要抓住有利时机，努力把班级爱国主义教育提高到一个新的水平，不辜负祖国和人

民对我们的殷切期望。同时，也建议各级教育行政部门和中小学领导，进一步加强对班主任工作的领导，采取积极有效的措施，鼓励、支持和帮助班主任加强班级爱国主义教育。

（原载 1995 年 9 月 5 日《浙江教育学会简报》1995 年第 6 期）

让每位学生都成为现代班集体的主人①

根据会议主持人昨晚的布置，我就本次会议的主题作简要发言，供同志们参考。

一、对会议主题的修改建议

我们这次会议确定以"让学生成为现代班集体的主人"作为研讨的主题，这是一个很好的主题。但为了使主题的文字更加严密科学，我还是要建议对它作适当修改，表述为"让每位学生都成为现代班集体的主人"。我的理由如下：

1."让学生成为现代班集体的主人"缺乏明确的量化，到底是指要使部分学生成为班集体的主人？或者让全体学生成为班集体主人？不够明确。而事实上即使较差的班级也总有一些学生是班级的主人。所以，应该对它作适当的修改。

2.把这次会议主题改为"让每位学生都成为现代班集体的主人"，体现了我国中小学班集体建设面向全体学生、依靠全体学生、培养全体学生、提高全体学生的思想。这是一种正确的教育思想。

二、关于会议主题的价值

1.它切中了时弊

对此，我想着重指出两点：（1）当前我国的城乡家庭教育确实有许多好的地方，但家庭对孩子的过分宠爱、过度保护，却是非常值得全社会都深刻反

---

① 本文是本人于 1996 年 4 月 10 日在全国第五届学校班集体建设科学理论与实践研讨会（南京）上关于会议主题的发言。

思的一大弊端。家庭对孩子的过分宠爱、过度保护，使许多孩子逐步形成了严重的依赖性，丧失了独立性、自主性，妨碍了他们主人翁自觉性、积极性、主动性的养成与发挥。(2)在我们的中小学学校教育中，陈腐的教育思想、落后的应试模式还有市场。所谓"听话""循规蹈矩""事事合师长心意"的学生就是好学生，仍然是许多同志用以评价学生的基本标准；为了争取高考分，以大量的习题，用比较单一的思路与方法对学生进行"强化"训练的情况还较普遍地存在。在这类陈腐教育思想和落后教学模式的长期束缚和影响下，不少孩子不但人格上缺乏自主性，思维方面也往往缺少独立性、灵活性和创造性，因而也大大有碍于学生社会主人翁品质的形成。以上两大方面的问题如不能妥善地解决，就会妨碍中小学生健全人格的形成，妨碍他们真正成为21世纪社会主义建设的主人，也不可能使他们成长为未来世界竞争和合作中的真正强者。我们这次会议的主题，在广大的范围讲虽然并不属于首创，因为早在1942年，毛泽东就号召"儿童们团结起来学习做新中国的新主人"。但是，我们的确切中了当今社会在培养教育下一代工作中的重大弊端，因此它的价值是巨大的。

2. 这一主题的真正价值不仅在于它对中小学现代班集体建设的作用，更在于让我们的学生今天能做班集体与学校集体的主人，明天就可能成为国家的主人、21世纪世界和平与发展的主人

大家知道，我们中小学教育的目标，首先在于教人做人。做什么人？做现代的、社会主义的中国公民。这样的人，既不是只会人云亦云、人动亦动的人，更不是丧失独立人格的仆从，而应该是21世纪我国社会以至国际社会的主人。我国教育方针所要求培养的社会主义建设者和接班人，就是能够自觉地肩负天下兴亡，挑起国家建设重担的主人。这样的主人不是天生的，而是后天造就的。家庭要教育，学校要培养，社会要提供条件，个人要努力。班级是学校的基本育人单位，班集体是新一代成长的摇篮。在班集体建设中提出"让每个学生都成为现代班集体的主人"这一口号，对于培养未来国家与社会的主人，无疑有重要价值。

历史唯物主义认为："人民，只有人民，才是创造世界历史的真正动力。"但人民只有想做主人、会做主人、能够做好主人，才能够更好地创造历史。我国的新一代，如果想在21世纪国家建设和世界发展中为中华民族铸辉煌作出自己的成绩，就必须进一步提高自己的素质，真正自觉、主动、积极地以主人翁的态度，创造性地工作和劳动，参与各种社会生活。只有每一个未来的成年公民，都成为有较高素质的国家主人，未来我国才有可能健康发展到一个新的更高水平，一些消极的社会现象才能够逐步减少到最低限度。目前我国社会与世界发展正呼唤着人们的主人翁精神与态度。

总之，我们应该从今天看到明天，从班集体看到国家与世界，充分认识这一主题的价值。

三、关于现代班集体主人的标志

我们要求让每一个学生都成为现代班集体的主人，但是学生们应该达到什么要求才算成了班集体的主人呢？我建议大家从 3 个维度进行思考。

1．自己做自己的主人

主要表现在学生们能够自觉地根据班集体建设的目标、规范、要求安排好自己的学习、工作、生活，自觉地教育、管理、约束和充实完善自己，努力做更好的自己。

2．做班集体建设的主人

（1）自觉主动地关心班集体；（2）自觉主动地参与班集体的活动与管理；（3）积极主动地承担班集体交给的任务，力争比较出色地完成；（4）自觉主动地参与班集体建设的设计谋划；（5）自觉履行班集体的决议、公约、规范，有人监督与无人监督一个样。

3．在班集体生活中主动关心国家与世界，并从自己的实际出发，为国家的建设、社会的安定、人民的幸福和世界的和平尽自己绵薄之力

以上三个方面互相联系，重点是第二方面，前提是第一方面，第三方面则是拓展与提高。

四、关于现代班集体主人的培养

让每个学生都成为现代班集体的主人，既是现代班集体形成的基本动力与条件，也是现代班集体建设的一项根本性目标。同时也只有在现代班集体建设的过程中，才能培养出现代班集体的主人。那么，怎样才能在建设现代班集体的过程中把每个学生都培养成为班集体的主人呢？

1. 要根据班集体主人应有的基本心理结构努力培养

作为现代班集体的主人，其心理结构应该包括意识与行为两大方面。第一，从意识方面看，他应该正确认识个人与班集体之间的互相依存关系。也就说要有个人成长离不开班集体，班集体的形成、巩固和提高要靠每一位班级成员的观念。第二，他最起码应该热爱自己的班级，还要有集体荣誉感和责任感。第三，他要有为了尽主人责任、做好主人应该做事情，而持之以恒地战胜个人内外部障碍的坚强意志与毅力。第四，他应该具备只要人人做主人，个个发光放热，班集体就会团结和谐，积极向上，持续向前，每个班集体成员也会不断提高的信念。从行为方面看，他的行为应该包括自觉依从班集体规范的行为，自觉对班集体尽责任的行为，积极为班集体作奉献的行为，以及作为班集体主人的慎独行为。只要我们把握现代班集体主人应该具备的心理结构，认真下功夫进行培养，我们的学生们就有可能逐步成为班集体的主人。

2. 要把握学生班集体主人翁精神形成的过程，积极因势利导

学生班集体主人翁精神的形成，是一个由低到高的发展过程，大致上可以分为这样 3 个阶段：第一阶段，想到班集体，爱班集体，参与班集体的活动，完成班集体的任务，属于低级阶段。第二阶段，热爱班集体，有一定的班集体荣誉感和责任感，主动关心班集体，自觉积极地承担和完成自己对班集体的义务，属于中级阶段。第三阶段，非常热爱自己的班集体，有强烈的集体荣誉感与责任感，自觉主动参与班集体建设的设计与谋划，能够克服各种困难与障碍去做对班集体有益的事，对班集体的责任行为进入慎独水平，为了班集体甘愿放弃个人某些需要、愿望。

学生班集体主人翁精神的形成过程，是在集体中、在内外条件的作用下实现的。从内部看，学生归属的需要、积极向上自我完善的需要、身心发展水平、思想认识水平，都是非常重要的条件。从外部看，班集体对每个成员的吸引力，为给学生提供为班集体尽责任的各种机会，家长、老师、班集体舆论的鼓励、支持和宽容，其他有利于学生班集体主人翁精神形成的各种激励措施，以及教师主人翁精神的示范，同龄人的榜样，也是不可缺少的条件。

这里，我想特别强调学生对班集体责任感的培养。我在参与浙江省一级重点中学评估工作中发现，杭州一些重点中学非常强调学生社会责任感的培养。浙江大学附中提出了"今天我以浙大附中为荣，明天浙大附中以我为荣"的口号；杭州四中则以许多有力的实际措施培养学生的社会责任感。我以为在高中班集体建设中，通过培养社会责任感强化班集体责任感，是培养学生班集体责任感，使每个高中学生成为班集体主人的重要办法。而小学则可以沿着从引导学生关心班级、热爱班级到自觉为班集体健康发展尽责的路线，来逐步培养学生的班集体责任感。对班集体的责任感，是学生班集体主人翁精神的核心。只要每个学生都真正对自己的班集体有强烈的责任感，让每个学生成为现代班集体主人的问题也就迎刃而解了。

要遵循学生的身心发展的年龄特点、年级特点和个别差异，有的放矢地进行培养，切忌成人化、一刀切。

五、对明年研讨会进一步深化本主题的建议

今年第五届研讨会提出了这样一个很有价值的主题，也收到了一批围绕主题的文章。但是，会议围绕主题讨论得不充分，深度也不够。希望今年播种，明年丰收，明年第六届研讨会能够对本主题继续进行研讨，力求深化提高。为此，我建议：

第一，明年各地要向大会提交一批从理论与实践结合上说明问题的质量较高的文章，对本主题的价值，班集体主人翁精神形成的标志、过程、动力、培养等方面进行深入研讨。

第二，希望提供一批把每位学生培养成现代班集体主人的成功操作方案，供各地参与。

第三，希望有把各种不同类学生培养成班集体主人的个案或范例。

我们的研讨会一年比一年有所提高，相信明年一定会比今年开得更好。

当代班主任的精神和智慧

一

　　教育是培养社会新一代的事业，是阳光下最伟大的真善美工程。办好教育，关键在于教师。当今社会能否交给未来更健康、更坚强、更有作为的社会主义新一代，极大程度上决定于当代有什么样的教师。而在整个教师队伍中，中小学班主任是学生最亲近的教师，也是对学生影响最大的教师。一位好的班主任，会团结班里的其他教师，带出良好的班集体，引导每个学生德智体美劳生动活泼主动发展。其智慧之光，精神之热，会持续而深远地在他的学生身上发生积极作用，甚至影响他们的一生。

　　进入 21 世纪后，我国的中小学教育，面临着在更加复杂的国际和国内育人环境，教育者和受教育者自身的情况也发生很大变化，做好班主任工作显得更加重要，也更加困难。如何正视当代班主任工作所面临的新情况、新问题、新困难，满腔热情地推动广大中小学班主任，进一步加强和改进自己的工作，以适应新形势的要求，乃是全社会应该共同关注的重大问题，自然也是广大班主任们的迫切愿望。正是基于这样的认识，浙江省实验学校研究会作为省教育会下属最具实力的分会，近年来依据学会自身为教育决策服务、为基层学校教育改革发展服务宗旨，重视了对中小学班主任工作的研究。省实验学校研究会认为，至少应该像重视学科素质教育的研究那样，抓好班主任工作的研究，努力推动教育管理者真正把班主任工作摆到中小学教育的主业地位，引导会员单位的班主任们满怀信心地做好这一主业，开创班主任工作新局面，进而在从事班主任主业的过程中实现自身价值，感受人生幸福。

为此，研究会于是 2008 年召开了班主任智慧研讨会，2009 年举办了全省实验学校系统的班级管理与建设征文活动。紧接着，又对这两次活动的所有文章进行评选，评出一批较为优秀的作品，并委托我为主编，从得奖文章中选择更优秀者结集成册。

班主任是实际教育工作者，其优势在于有条件在亲自实践中运用理论，创造经验，提出真知灼见。在一般情况下，应该提倡班主任研究自己的工作，撰写出与自己工作紧密结合的文章。所以，在编选过程中，我按照以实验学校研究会评委会评定的一等奖文章为基础，主要选择反映班主任亲力亲为亲身感受的文章，并且尽可能照顾内容题材的广泛性等原则，首先确定一批内容比较厚实的入选文章，分别提出修改处理意见，让作者们做不同程度的修改，请作者所在学校的校长为文章写出点评。有的作者另有更好文章，我同意他们调换；个别作者的文章，虽然没有提交研讨会和参加征文活动，我发现后觉得颇有新意，也将其收录其中。而我的具体修改，是在尊重原作、力求保持文章原貌的前提下进行，只对文章中我认为明显不妥的内容和文字进行修正，对过多的文字作必要的删节。有些文章本来附有参考文献目录，为了节省篇幅，也予删除。经过反复斟酌，最后确定 53 篇入选本书。希望这些文章能够反映我省实验学校系统班主任工作的基本情况，并对人们有所启发，促进群众性的班主任工作研究。

两个月的阅读和修改过程，对于我来说，首先是一个学习的过程。在这个过程中，我不断地汲取着，感动着，享受着，也反复地思考着。令我兴奋和激动的是，透过这一篇篇朴质清新但各有风格的文字，让我比较清晰地看到，全省实验学校系统很多班主任，正在教育改革与发展的历程中，及时调整自己的教育理念，育人为本，以生为本，一切为了每一位学生健康而可持续发展的正确教育思想，正在逐步深入人心；有一批优秀的教师长期来乐于从事班主任工作，他们爱班如家，热爱孩子似同自己的子女和弟弟妹妹，默默无闻地呵护着班级这个人类花园里每一棵幼苗的茁壮成长；不少班主任能够不同程度地应用科学理论指导自己的工作，有的已经或者正在积极开展有关班级教育和管理的课题研究，努力探索班级教育和管理的新对策、新办法，力求创造新经验；与以往相比较，有更多的年轻班主任重视总结反思自己工作，在反思中提升自己的境界，改进自己的工作，使人感受到班主任工作欣欣向荣的春天景象。

正是由于广大班主任的不懈努力，我省实验学校系统的班级教育和管理状况出现了许多新气象。例如，对学生的教育引导与管理呈现人性化、个性化的趋势，把学生当人看，把学生看成发展中的儿童少年，尊重他们的人格，理解并宽容他们成长的缺憾和过失，重视研究他们之中不同个体的发展需求和成长轨迹，重视激发他们好学上进的内驱力和自主性，因人施教，关注细节，严而有格地要求他们、热情地引导他们，不少事例感人至深，其中有些对策让人耳目一新；班级建设开始初步呈现儿童化、多样化、特色化的势头，在为数不少的中小学班级里，全班学生的主体作用有了进一步发挥，全班教师、家长的积极参与度正在不断提高，班级健康文化建设引起比较普遍的关注；书香班级的建设出现可喜的势头，通过引导学生读好书，培养孩子爱学习爱思考的习惯，进而陶冶他们的心灵，提高他们的智慧，已经成为愈来愈多班主任的共识；为数可观的班级，已经或者正在逼近适合每位学生成长的乐园这一目标。以上种种，突出了情、新、巧、细、实5个字，闪烁着班主任精神和智慧的光芒。然而，引起我深深思虑的，也正是怎样培育和发扬当代班主任精神，提高当代班主任智慧的问题。

二

所谓精神，人们普遍的理解是指人的意识、思维活动和一般心理状态。这里侧重于人的意识和一般心理状态。精神的内涵丰富，外延广泛。人的世界观、人生观、价值观、理想、信念、信仰、理念、道德品质、心理素质等等，都属于精神的范畴。根据班主任的任务和工作特点，联系新中国成立以来优秀班主任的成功经验，我以为当代班主任应该有这样6种精神：

爱生精神。爱班级，爱班上的每一位学生，以无私、真诚、纯洁、恒久地爱班级、爱学生为高境界；

负责精神。爱学生就要对学生的健康成长和终身发展负责。这种负责精神主要表现为尽自己的最大努力，引导与保护班级集体的形成发展和班内每位学生的健康成长，不辱党和国家赋予自己的光荣使命；

自爱自律精神。珍惜职业荣誉，践履师德规范，守住"正派"底线，远离黄赌毒，抵制各种腐朽思想和生活方式的诱惑与侵蚀，以优良人格引领学生成长；

好学进取精神。勤于学习，善于学习，积极上进。虚心向实践、书本、同事、学生、学生家长和一切有长处的人学习，在反思中学习，不断改进自己的工作，适应变化着的情况，力争有所创新；

实事求是的科学精神。尊重事实，敬畏规律，注重调查研究，坚持因人施教，树立辩证唯物论的教育作风。懂得孩子的成长过程是一个由不成熟到逐步趋向成熟的过程，具有长期性、阶段性、反复性和差异性的特点，充分认识养成学生各种良好习惯和品质绝非一朝一夕之功。理解孩子们成长中的烦恼，宽容他们在成长中的不足，相信孩子们的上进意愿，怀着一颗纯洁的童心，耐心细致、坚持不懈、满腔热情地带领他们前进。

正确的教育理念和教育理想。有正确的教育观、学习观、质量观、班级观、学生观，摒弃育分为本的教育观、分数至上的质量观、"听话"为优的学生观。树立把班级建设成为真正适合每位学生茁壮成长的精神家园，让每位学生都能够得到有差异地、生动活泼、主动地发展的班主任理想。

这些精神，包括对待学生、对待工作、修养自己3大方面，有的是对班主任的特殊要求，有的是作为教师都应做到的，有的也适用于别的工作，但都同做好班主任工作息息相关。其中，对学生的大爱精神应该是当代班主任精神的核心。参照陈云同志"关心下一代，关心儿童，就是关心我们祖国的伟大前程，就是关心全世界的伟大前程"（见《毛蓓蕾思想品德教育艺术》）的论述，应该肯定爱学生、爱班级，是班主任忠于事业、忠于祖国的主要表现。对于班主任来说，关键在于爱，有爱才会忠，忠者必然爱。不仅如此，我们所提倡的其他几种当代班主任精神，也都在不同程度上受到爱生精神的统领、制约、影响。十年动乱前夕，全国著名的特级教师、优秀班主任斯霞老师的母爱教育思想横遭批判践踏，则从反面佐证了热爱学生应该是当代班主任精神的核心。此外，爱生精神能够催生班主任的教育智慧，为教育智慧定向，促进教育智慧最大限度地发挥。

人是必须有点精神的。弘扬崇高精神，在当今我国经济科技取得伟大成就，物质比较丰富，精神仍然处于费力爬坡甚至滑坡的时代，尤为重要。班主任们只有真正继承弘扬以师爱为核心的班主任精神，才会有做好本职工作的支持力和驱动力，才能有本钱用自己的心灵去陶冶孩子们的心灵，真正把班主任工作做成出色的主业，开创中国特色班主任工作的新局面。

三

智慧，也叫聪明智慧、聪明才智。它不但是指人们有较强的发现问题、分析问题、解决问题的能力，而且还指人们具有很强的洞悉事物发展变化和发明创造的能力。智慧高的人，与一般人比较，更有灵气，更能够正确地洞悉事物的发展变化，更能够发现一般人难以发现的问题，在分析问题方面能够提出独到的正确见解，在解决问题方面经常能够提出有效的新招、高招、妙招、奇招，游刃有余地驾驭全局，镇定如若地处置各种复杂情况和突发事件。

当代班主任的教育智慧是在教育实践的基础上形成的一种综合教育能力，集中表现为班主任能够遵循教育规律，把握各种有利时机，熟练地运用相关科学理论，尤其是教育原理、原则和方法，驾轻就熟地处理好班级教育与建设中的各类问题，达到优良的效果。它表现在班主任工作的方方面面。从总体上看，有对班级和每位学生进行教育培养的智慧，指导整个班级和每位学生进行自我教育、自主管理、主动发展的智慧；从班主任的主要任务看，有激发全班和每位学生求知欲、上进心和生命活力的智慧，建设优秀班集体的智慧，培养学生各类好习惯的智慧，有善于指导学生道德学习和心理自护逐步养成健全人格的智慧，发现学生才能特长和其他优质潜能并积极扶持引导的智慧等；从运用教育方法的角度看，有说服教育的智慧，活动教育的智慧，榜样教育的智慧以及陶冶教育的智慧，奖惩教育的智慧等；从驾驭教育手段的方面看，有运用网络媒体的智慧，用好班级舆论工具的智慧，巧用自身口语、体态、文字的智慧；从处理学生常见问题看，有处理偶发事件的智慧，引导问题学生和暂后学生进步的智慧。根据当代学校教育工作的实际情况，有两项智慧更引起广大班主任的关注。其一，走进学生心灵，科学地研究学生的智慧。这是一项关系班主任工作成败优劣的基础性智慧。其二，协调好与班级教育管理有关的各种关系，特别是家校关系的智慧。当今中国，前所未有地强调家庭教育，强调家校合作培育孩子，应该说是好事，但是对家庭教育和家长关心学校教育失于规范，许多处理家校关系的事需要班主任来做，这也是对班主任智慧的考验。总之，应该从班主任工作的目标、任务、特点、手段、方法、条件和面对的新问题等角度，研究班主任应该具备的智慧。

班主任的教育智慧本质上是班主任智力和知识的结晶，主要建立在较强思维能力的基础上。一般来说，教育智慧较高的班主任都有比较敏锐的观察能力，比较高超的想象能力，比较良好的比较、分析、归纳、演绎、抽象、概括、判断、推理能力，具备灵活性、敏捷性、广阔性、深刻性、果断性、创造性等思维品质，并且也善于学习，善于总结自己的经验。当代教育，是更加重视智慧的教育，离开智慧很难做好育人工作。班主任应该在弘扬优秀班主任精神的同时，把在实践中努力锻炼自己的思维能力，不断提高自身的育人智慧，作为终生的重大课题。

四

发扬班主任精神，提升班主任智慧，做好班主任工作，开创班主任工作的新局面，主要应该依靠班主任们自己的努力，然而外部条件也非常重要。

首先，校长应该进一步加强对班主任的关心、指导和帮助。

这次省实验学校研究会编辑出版这本集子，采取了请文章作者所在学校校长写点评的措施，其本意就在于企图通过这件小事，进一步引起有关学校领导对班主任工作的重视。实践表明，这样做效果不错。全书除了个别篇章，绝大多数文章都由学校的正校长亲自撰写点评，而且都写得很认真。有一位校长，平时相当重视班主任工作，能把对全校班主任的培训放到应有位置，这次亲自为学校两位班主任写点评，言简意赅，分寸适度，一片真诚；有一位校长，利用写点评的机会，手把手地帮助自己学校的班主任修改文章，从审题目，理思路，到精选实例，可谓细致入微；还有一位校长，赞赏自己手下一位班主任的文章写得特别美，正考虑为其出专辑。更令人兴奋的是，有一个大市在市实验学校研究会的组织下，许多校长围绕"研究教师，让班主任的幸福指数涨起来"课题，开展研究，已经写出一批文章，相信在行动上也会进一步跟上。凡人都需要关爱、尊重、帮助和激励，孩子是这样，成人也是这样；学生是这样，班主任和其他老师也是这样。如果校长们能够像我们要求班主任关爱和教育好学生那样，时刻关爱尊重自己属下的班主任，经常适时地对他们进行真诚的指导和帮助，班主任们就会有充分的安全感、尊严感、满足感和信心，就会在这个物欲横流、竞争无限的社会环境里，安于平凡，努力在平凡中创造不平凡。当然，我们还希望有关领导部门能够重视这些建议，并且支持和督促校长付诸行动。

其次，要用制度保证班主任的专业发展。

班主任工作是学校教育中一项具有特殊重要意义的专业工作，其中的学问大得很，并非只要是教师就一定能当好班主任。除了学校校长和其他领导应该关爱尊重班主任，及时指导帮助班主任的工作之外，重要的是应该建立和健全校本班主任专业研训培养制度。要努力做到像重视学科教师的培训那样重视对班主任的培训，让班主任这个在中小学教育中有特殊地位的主业，真正像模像样地"主"起来①。第一步争取使班主任工作在总体上成为学校教育的主业；第二步使班主任工作成为每一位班主任老师的主业；第三步努力实现中小学班主任工作的人性化、儿童化、特色化，具备民族性、时代性、民主性、科学性、有效性的特点。圣贤有言，世界上原本没有路，路是人走出来的。为了开创班主任工作的新局面，全面有效地推进学校素质教育，教育部门的领导们为什么不可以在自己力能及的范围内，做一点制度创新，为

---

① 我国对于班主任工作地位作用的认识，随着实践和研究的发展，逐步有所提升和发展。例如，2006年6月，教育部《关于进一步加强中小学班主任工作的意见》认为："中小学班主任是中小学教师队伍的重要组成部分，是班级工作的组织者、班集体建设的指导者、中小学生健康成长的引导者，是中小学思想道德教育的骨干，是沟通家长和社区的桥梁，是实施素质教育的重要力量""是学校教育第一线的骨干力量，是学校教育工作最基层的组织者和协调者"，"是学校教育中极其重要的育人力量""是中小学教育中特殊重要的岗位"，具有"独特的教育作用""做班主任和授课一样都是中小学的主业，班主任队伍建设与任课教师队伍建设同样重要"。2009年8月教育部颁布的《中小学班主任工作规定》明确，教师在担任班主任期间，应将班主任工作作为主业，并明确了班主任工作量的计算方法和班主任待遇的确定办法。

班主任的主业发展做一点应该做而且可以做的好事呢？

最后，要用改善教育科学研究来支持和引领班主任工作。

回顾教育历史，到了 19 世纪中叶，随着班级授课制在世界范围推行，陆续有日本、中国、苏联等一些国家，实行了班主任制，人类社会有班主任的历史不算太长。

有了班主任，就有对班主任和班主任工作的研究。在 20 世纪，苏联这方面的研究比较活跃。依据马克思"只有在集体中，个人才能获得全面发展其才能的手段，也就是说，只有在集体中才可能有个人的自由"的思想，他们把建设班集体作为培养目标，将集体教育作为社会主义教育的特征和教育改革的方向，以及教育科学领域中最为重要的课题之一，开展多学科协作研究，经历了以克鲁普斯卡娅和马卡连柯为代表的奠基阶段，以苏霍姆林斯基和孔尼柯娃为代表的转折阶段，以诺维科娃为代表的系统阶段，很有成绩。

新中国成立以来，我国也注重班主任工作的研究。到了 20 世纪八九十年代，在 1985 年中央关于教育体制改革决定的鼓舞下，参照 1988 年国家教委的中小学班主任工作暂行规定，对于班主任工作的研究掀起了一个小高潮。由专业研究人员、教育管理人员和班主任共同参与的各种班集体建设的实验，在江苏、浙江、北京、天津、上海、广东、安徽、四川、青海等 20 多个省市开展；全国性的民间班集体理论讨论会，在各地有关教育行政部门的支持下，经常举行，延续至今；《班主任》《班主任之友》《小学德育》等，已经成为广大中小学班主任喜爱的杂志。与此同时，许多研究班主任工作的论著和经验文集陆续出版，出现了从教育学、心理学、社会学、伦理学等多种学科、多种角度，对中小学班级教育和管理进行探讨的景象。不少著作还吸收西方学者的有关道德教育学和管理学的成果，拓展了班级教育与管理的理论视野。从实践研究的层面看，提出了比较适应当时我国中小学班集体建设的操作策略，特别在怎样通过教学过程建设班集体方面，取得了新的成果，由此也推动一些学校全员参与班集体建设。同时，班级教育和管理的评价研究也有所进展。进入 21 世纪以来，对班主任工作的研究仍在继续进行，取得了不少新进展。

但是，从总体上看，我们对于班主任和班主任工作的研究，仍然明显滞后于教育改革与发展的形势，还不能很好地适应提升新一代班主任素质，推动班主任工作跨越式发展的需要。突出的问题是：在班级管理方面，企业管理的痕迹比较明显，从国外引进的企业管理理论还未真正消化；还缺乏真正能够指导班级教育摆脱应试教育模式和成人化、形式化、一刀切习惯势力束缚的理论与对策，中国特色的班级教育学尚未形成；许多与班主任工作有关的书籍或者失之于篇幅冗长空发议论，或者失之于过于烦琐枯燥无味，不适合日常工作十分繁忙的班主任们阅读；陈腐的教育思想和过分的功利倾向，束缚班主任工作研究和班主任队伍的发展。所有这些，都要求大力加强和改进对班主任工作的研究。浙江省实验学校研究会和各市级实验学校研究会，已经为促进班主任工作研究做了不少有益工作。今后我们将站在历史的高度，继续加深对班主任工作重要意义认识，充分发挥自己的优势，再接再厉，广泛深入开展群众性班主任工作研究，力争有更大的作为。

灵魂工程师称号光荣，学生引路人任重道远。让我们进一步振奋精神，发挥智慧，共同努力，以愚公移山的劲头，推动中小学班主任工作的新跨越，共同托起祖国明天的太阳。

（本文原为 2009 年 12 月研究出版社出版的《当代班主任的精神和智慧》的绪论，收入本文集时有少量删节。）

向郭葆钫老师学习什么

郭葆钫（1937.10.27—2015.12.24），女，福州人。全国铁路系统优秀共产党员，著名优秀教师。曾获浙江省模范班主任、全国先进德育工作者、全国铁路劳动模范、浙江省特级教师等荣誉称号。1955 年福建南平师范学校毕业后投身于新中国基础教育事业，1958 年调入杭州铁路系统中小学任教，直至1996 年退休。

她的班主任工作先进事迹突出地表现于粉碎"四人帮"后，她在周围社会环境相当复杂、被杭州中学界视为"第三世界"的杭州铁路中学担任班主任和政治教师期间，团结全班老师同学，在学校领导和广大家长的支持下，所进行的创造性工作和所取得的成就。自 1977 年至 1988 年间，郭老师先后带过杭州铁路中学 4 届初中、2 届高中的 6 个班级。这些班级，除了两个是原来基础比较好的"提高班"外，其他的都是普通班、后进班，甚至是年级里后进生集中的班。后进生中有本校的和从外校转过来的留级生，有的曾受过处分，有的沾染了盗窃、赌博、抽烟、打架等坏习气，有的结识了流氓团伙，有的早恋、出走，个别的甚至乱搞两性关系。在一般人看来，中学特别是初中班级本来就比较难带，更何况她的班还有许多难啃的"硬骨头"，要想全部带好难度极大。但是郭老师信心满满，不怕吃苦，智慧施策，带一个好一个，所带班级全部被评为先进集体，所有原来的后进学生都得以良性转化。到 1986年 11 月前就有 5 个班被评为学校先进集体。其中 4 个班被评为杭州市"三好班级"，有 1 个还同时被评为上海铁路局先进集体。而最突出的 1 个班 49 人中有 42 人被评为校级"三好学生"，占同期全校三好生总数的 30%，有 3 位同学还被评为"杭州市三好学生"。后来成为诺贝尔奖获得者李政道先生博士研究生的王景东，荣获"杭州市三好生标兵"称号。另外，还有一个 1985 级初中班级，是她和一个高中班级同时带的后进班，入学时留过级的学生占全班学生数的 1/3，有 1/5 的学生生活在破碎家庭之中，在她的教育引导下，也于 1987 年上半年跻身于"全国百个英雄中队"之列，成为"雷锋中队"。这些班级都有自己的共同的目标，有良好的集体舆论，有民主平等、互相关心、人人争先进、人人为集体荣誉而努力的好风气。在这样的班级集体中，后进的学生变好了，一般的学生变先进了，先进的学生更先进，全体同学都有进步。他们有理想、守纪律、自理能力强，活泼向上，精神振奋。这是全省乃至全国罕见的育人业绩，标志着郭老师树起了新时期班主任工作的标杆。

鉴于郭葆钫老师在育人方面的过硬的功夫和骄人业绩，以及她结合工作所获得的出色研究成果，浙江省教育委员会报请省人民政府的批准后，于 1986 年 11 月 10 日发文，郑重决定授予郭葆钫同志浙江省模范班主任的光荣称号，并号召全省教育工作者向郭葆钫同志学习。时任浙江省省长薛驹同志在 1986 年 11 月 12 日全省教育工作会议上亲自为郭葆钫同志颁奖，殷切期望有更多像郭葆钫这样的好典型出现。1988 年 10 月，薛驹同志已经是浙江省委书记，他又亲笔题词："向省模范班主任郭葆钫同志学习"。

郭葆钫老师获评省模范班主任，在全省乃至国引起热烈反响。她的崇高精神、先进育人理念和宝贵经验，受到了普遍的赞赏和广泛的认同，鼓舞着广大中小学班主任努力做好自己的工作。然而，时隔 37 年之后的今天，情况发生了许多变化，中小学班主任们是否还有必要学习郭葆钫老师呢？如果仍有必要，应该学习些什么呢？带着这些问题，笔者在网上发动王慧、王春余、刘雪忠、朱旭艳、张柯、柯民军、胡亚珍、胡海霞、鲁琦等 9 位由浙江省教育学会评选的十佳班主任和优秀教师学习郭葆钫老师的《面向全体 建设集体》一文，并展开讨论。在讨论中，大家表示，我们纷纷感动于郭老师的淡泊名利，甘于奉献。她能真正地"爱"学生，"敬"教育，所以才能在班主任这个平凡的工作岗位上做出了卓著的成绩。她的报告带有过去那个时代明显的烙印，却也依然闪烁着今日无法掩盖的光芒。这份光芒来自爱和智慧，来自理想和信念，来自研究和方法，很值得我们学习。

一、要学她闪光的精神

人是要有一点精神的。郭老师之所以成为模范班主任，首先在于她的精神。郭老师的精神主要是：

1. 追求高尚教育理想、不怕艰苦的精神

郭老师在师范求学时，看了苏联优秀教育电影片《乡村女教师》后，决心要做华尔华娜那样的优秀女教师，确立了教好每一个学生教育理想。入党后，她把实现这一理想作为履行共产党员的崇高职责的具体途径。她不求职务，不求待遇，把一心当好老师，做好班主任，带好每个班级，教好每一名学生，作为自己生命的价值，不怕苦，不怕难，终身执着践行。

生活艰苦难不倒。她从 20 世纪 60 年代初期开始，直到 1984 年，都住在杭州铁路四小一个底楼 12 平方米整天有人进出的简易过道间。这里没有自来水，没有下水道，更无卫生间，刚好容下一张床，房间门一开就是马路。住在这里，夏天高温，好像住在火炉旁，若遇晴天，夜晚只得到室外露宿；冬天严寒，就像住在冰窖里一样。她的两个男孩子都因为在这样的房子里出生和长大，小时候身体都比较羸弱。生活条件差，丈夫不在身边，又无钱雇人帮助她带孩子，她一个人既要教好书，又要带两个孩子，每天早上她一手抱一个，一手拖一个，把两个孩子送到别人家代管，晚上再把他们接回来，直到他们进入幼儿园，经常是一天下来累得全身好像散了架一样。可是，她不但没有因工作和生活的艰苦而怨天尤人，当孩子进入小学之后，在努力做好本职工作之余，还搞起了她的"家庭教育实验"，培养孩子自己管理自己的习惯，还手把手地教他们烧菜煮饭、踏缝纫机、洗衣服被子、理发，使他们特别自立。

严重疾病击不倒。1976 年以来，由于过分艰苦的生活条件和长期没日没夜的劳累，她患过肾结核病，病得非常厉害，体重由 121 斤降到 73 斤，医院已经通知她丈夫为她准备后事了。只因她命大，闯过了鬼门关，活过来照样认真地教她的政治课，尽心尽力地做好她的班主任。1982 年 6 月，郭葆钫老师因患甲状腺癌住院手术，为了不多耽误学生的课，手术后第十天她就再三要求出院，出院后连家也没回，就直接到学校。当时学校已经放暑假了，按

计划班级要组织夏令营，为了不让学生失望，她拖着尚未痊愈的病体，带领学生如期举办夏令营。1987年上半年的一天，她经过学校操场时，因为脑子里光想着去市里讲课的事，没留意竟被一个飞来的足球击中头部，得了轻微脑震荡，医生关照她回家后要绝对卧床，她却只在学校办公室里搭个床休息了一天，第二天又忙碌开了。

误解非议不退缩。对于青少年的教育问题，教育系统内外，包括广大家长，从来就有不同意见。加之金无足赤人无完人，郭老师个性鲜明，有时也有过急之处。所以对于她的带班措施也有一些人表示不理解，个别人则妄加非议。面对这些精神阻力，她从不退缩，仍然做好团结工作，砥砺前行。

"艰难困苦，玉汝于成。"郭老师能够笑对各种艰难困苦，以顽强的意志和毅力克服种种困难，终于实现了她的终身追求，成就了一番事业，非常令人钦佩。祖国在前进，事业在发展，今天的中小学班主任老师所面临的生活工作条件，已经和改革开放初期大不相同了，但是要想出色地完成党和国家交给我们的立德树人光荣任务，仍然需要有为理想而战胜各种困难的坚强意志，仍然需要发扬艰苦奋斗的作风。

2. 对所有学生的大爱精神

她爱生如子，一片真情。为了呵护每个学生的健康成长，尽心尽力，甘愿牺牲自己利益，甚至不怕面对危险。

她带过的初一（4）班曾经有一位经常以香烟为诱饵，迫使同学驮着他上学的后进生。郭老师从他的邻居那里了解到这个孩子家庭情况之后，深深地感到这个孩子需要爱、需要信任，第二天放学后就赶到他的家里，帮他理发、补衣服、补蚊帐、买菜做晚饭。当年除夕下午5点，孩子的母亲尚未回家，郭老师已买了鱼和糖果，先一步来探望，独自一人在家的孩子，看到老师来了，顿时热泪汪汪，泣不成声。第二天大年初一，郭老师又给孩子送去年画祝贺新年。正是在这一天，郭老师看准火候，询问孩子准备怎么过好春节。正月初三晚上，郭老师又来看望孩子，欣喜地看到他果然在做寒假作业。此后，郭老师经常做孩子母亲、哥哥和同学们的工作，要求他们多多关爱他，给他温暖。功夫不负有心人，终于这孩子各方面都有了显著进步，被评为杭州市的三好学生。

曾经有一位八门功课七挂红灯的女学生，初二那年留级到她的班上，为了帮助她进步，郭老师让她当第二课代表，但半个月后的一个午餐后，她又被社会上一群男流氓拖走，郭老师闻讯后二话没说，骑上自行车直追，最后横过车身，一身正气，挺立路中，拦截流氓，喝令他们放了自己的学生。

3. 创新精神

为了把自己的班级建设成为最适合每个学生学习和成长的精神家园，她敢为天下先，进行多项改革创新。例如，把班上的非正式小群体编为班集体的正式小组。再如，在班上创设各种岗位，使每位学生都有为全班同学服务的机会，都有成功的自信体验。有一位同学初中毕业后考入新的学校，那边的老师同学问他曾经在铁路中学担任什么学生干部，他自豪地回答，教室钥匙保管员。当时有人不屑地说，这也算干部？他又挺起胸说，我三年不出错！

4. 持续学习探索精神

为了适应形势，适应学生成长的需要，做好自己承担的教育教学工作，落实党和国家的育人要求，她争分夺秒，学习进修政治专业，自学教育学、心理学、社会学等，提高自己的教学业务和班主任工作专业水平，坚持不懈。学习理论是为了应用，她自觉地在工作实践中运用所学专业知识，探索育人规律，寻找提高育人实效的方法，并乐此不疲，因而获得出色的成效。

5. 以身作则的精神

她引导学生学雷锋，为五保户做好事，自己就主动为一位五保户奶奶买药买营养品，并资助生活费。她的班上几乎每周都开民主生活会，还经常发动学生对她的工作提出意见和批评，如果是她错了，她会主动向大家作检讨。她像不熄的明灯，照亮学生心灵，引导他们前进。

二、要学她坚定正确的教育信念和理念

1. 有能够教育好每个学生的坚定信念

郭老师对学生有"三个相信"、对教育和教育者本身也有"三个相信"，这

"六个相信"① 就是她的坚定的教育信念和正确的教育理念，在当代仍有重要价值，启示每一位班主任决不放弃任何一名学生。

不过，郭老师也深深地理解，辩证唯物主义者是有条件论者，不是无条件论者。她的"六个相信"，进一步启示当代班主任们懂得，带好每一个班级、教好每一个学生，是有条件的，只有满足了这些条件，才能够实现"把每个学生都培养好"的教育目标。郭老师的可贵之处，正在于她从不把创设这些条件的责任推给他人，而是自觉地肩负起自己的责任。她团结班级任课教师，形成教好班上每一位学生的教育合力；她说服学生家长支持她的带班方略；她在部队、工厂、农村建立了校外教育点20多个；她在建设班集体和亲自对学生进行个别教育过程中，热爱尊重每个学生，着眼于千方百计激发学生好学上进的内驱力，想方设法激励引导每个同学想学、爱学、会学，想好、向上、不断做更好的自己，使整个班级品德学业双提高，生机蓬勃，蒸蒸日上。同时，郭老师也告诉大家，学生是有差异的，除了某些特例，我们不可能让每个学生每门功课都考高分，或者政治上特别强。我们强调班主任应该有充分的信心把每个学生都教好，是指要把每个学生都培养成为合格的社会主义公民，而在学业上则要求他们能够尽己之力有较大进步，力争增量显著。

2. 有正确的育人价值观

在教育领域，班级有差异，学生也有差异，于是在现实生活中，就产生了带好怎样的班级、培养出什么样的学生才最有价值的问题。郭老师认为："转化一个后进生和输送一个优秀生是同等重要，同样光荣的。"这就是郭老师的育人价值观。这种价值观告诉我们，教育好任何一名学生都是重要的，都是光荣的。如果把这种观点推而广之，那么在任何一所学校、任何一个班当教师带班级培养人，只要你根据教育方针的要求尽心竭力，把每个学生培养

---

① 郭葆钧的六个相信包括对学生有三个相信：坚定不移地相信每个学生都是需要教育的，包括优秀生在内；坚定不移地相信每一个学生都是可以教育好的，包括全部后进生在内，因为每个学生都是希望自己好的；坚定不移地相信每一个班都是可以带好的，即使后进生集中的班也能成为先进班集体。也包括对教育者本身的三个相信：相信社会主义学校的教育力量，有正确的教育思想、教育方法，学生是可以教育好的，每个班级是可以带好的；相信教师自己的力量，只要热爱教育事业，有无私奉献的精神，用教育科学指导自己的工作，就一定能为教育事业做出成绩；相信教师的集体力量，全体任课教师目标一致，要求一致，步调一致，坚持正面教育，循循善诱，能够使后进的学生变好，一般的学生变先进，先进的学生更先进，全体都有进步。（见郭葆钧：《面向全体 培养集体》）

得尽可能好，虽然学业成绩、考试分数与重点学校名牌学校的学生会有所差距，但你的工作和重点学校名牌学校的老师们一样，同样重要，同样是光荣的，甚至因为你的付出更多，更应该受到赞赏。当时授予郭老师省模范班主任、省特级教师、全国铁路系统劳动模范，也正说明了这一点。只有像郭老师这样，后进学校、后进班级的班主任才会有积极性，努力把班级带好，教育公平才能真正落实，教育的均衡发展才有内在的动力。

三、要学她确立适合自己班级、学生和自身特点的有效带班育人方略

1. 她实施目标导向带班育人模式

她的目标导向，不但体现在整个班级教育和管理全过程，也体现在每个班集体形成和每个学生成长过程中。值得注意的是，郭老师爱用理想替代目标，既使理想层次化、具体化，又使目标具有更大吸引力和激励力。

2. 她的带班育人实施突出"两个重点"、坚持"六个结合"的合力、民主策略

包括突出建设良好班集体和转化后进生两个重点，坚持教育实践和教育研究紧密结合、提高学生思想品德和指导学生学好功课相结合、培养学生集体主义精神和发展学生良好个性品质才能特长相结合、教育与自我教育相结合、班级教育的"静"（在课堂上心静）和"动"（丰富有益的班级活动）相结合，热爱尊重每个学生和严格要求每个学生相结合。

她的带班育人模式、策略和方法，从时代、学校、班级和学生实际出发，适学生，得人心，有智慧，显艺术，实效佳。而她的"建设良好班集体32字诀"（调查入手，建立制度，全面发展，榜样引路，严格要求，表扬为主，以身作则，不怕吃苦），以及"转化后进生16字诀"（严师之教，慈母之心，良医之术，绣花之功），则体现了她的带班育人模式、策略、方法和她的精神与理念。

四、要从她身上得到启示，提高进行班级教育的能力

郭葆钫老师从小就受到严格的中华传统文化熏陶，在小学和初中时期已

经养成了好学进取、自立自强的习惯与性格,习得了多种才艺特长。在师范学校学习时代,她奋发进取,德智体美劳全面发展,基础扎实,心理素质很好,已经显示出较强的带班施教能力,进入教育岗位后她良好全面素质的作用,明显地表现了出来。

她教政治课,对教材的理解、掌握比较深刻,讲课深入浅出、生动活泼,能够紧密地联系实际,调动学生学习的主动性和自觉性,能够启发学生的想象思考、解决学习过程中的疑难问题。她讲政治课最大的优点是触及学生的思想,打动学生的心灵,促学生使品德提高。另外,对于初中的学科,除了英语,她都能辅导,因而也大大增益于她的班主任工作。

郭老师从小喜爱文艺体育,技能全面。她唱歌跳舞琴棋书画,样样皆通;单杠双杠、大球小球、跳高跳远、跑步竞走、铁饼铅球都会几下;游泳也很出色。她的这些才艺特长为她做好班主任工作,创造了极为有利的条件,增强了她的教育能力。学生喜爱她、信服她、敬佩她。她的班级工作有声有色,班集体学习生活丰富多彩,许多学生兴趣广泛,多才多艺,班级在学校文体比赛中屡屡夺冠,提升了全班学生的集体荣誉感,激励大家奋发进取,有力促进全体同学的全面发展。

虽然,我们多数班主任不大可能像郭老师那样具备全面的知识能力、才艺特长,但为了做好工作,为了自己的生活幸福,应该努力使自己的学识更加广博一点,使自己有一点兴趣爱好和才艺特长。更希望师范院校注意通识教育,重视学生才艺特长的培养。

（2022 年 9 月）

我们班

　　人生通常活不过三四万天，在瞬间逝去的岁月里，有的人有的事，是终生难以忘怀的。

　　特别到了高中时代，进入了青春年华，人的体力智力已有充分发展，学习能力实践能力进一步增强，向往未来人生，萌发金色理想，既渴望自立自强，但又需要良师引领，同学友谊，集体温暖。这个时期，班集体中共同生活，老师关心，同学互助，有不少事往往让人难以忘却，甚至刻骨铭心。

　　我们班同学于1965年9月进入当时的余姚名校低塘中学（余姚五中）高中就读，1968年在这里毕业，称为余姚五中1968届高中毕业班。全班50多个同学都来自姚北横河、临山、低塘三大区，绝大多数出生于工农家庭，家境都不富裕，但都知道高中阶段对于人生的重要，所以绝大部分同学寄宿在校，想抓紧时间好好学习，争取好成绩，将来有个好前途。

　　我们的班主任是屠惠琴老师，宁波人，一位三十来岁的年轻女老师。她除了当我们的班主任，还是学校的专职团委副书记。她为人正直，责任心很强，生活艰苦朴素，相当直爽，对我们同学不但有一颗真诚善良的心，而且在急难时还能慷慨相助。她经常要出差，但很想把班级带好。

　　她在政治上严格要求每位同学，"要读好书、要做好人"这是她常说的话。她经常会通过团课班会课讲点做人的道理，在课余又经常引导我们交流思想，及时做思想工作。她向大家提出要求后，常常会向大家讲明为什么一定要这样做，如果违背这些要求有什么危害性。她很重视发挥班干部的作用，我是班上的团支部书记，严柏新是班长，她对我们要求更加高，希望我们能够处处带头，希望我们主动把班级的工作抓起来。我们也没有令她失望。

　　在老师当中，对我们影响深的，还有政治老师叶炳甫，外语老师邢敦勇。叶老师是上虞人，杭州大学政治系专科毕业，讲起课来头头是道，相当风趣，常常不失时机地在思想道德方面指导我们。因为他还是我们班部分同学的初中班主任，所以特别关心我们班级，希望大家很快适应高中的学习和生活。邢老师也是宁波人，算得上是一位帅哥，浙江大学外语系专科毕业，讲课很有水平，还爱打篮球，人很随和，经常鼓励我们努力学习。

　　在全班师生的努力下，我们班级学雷锋做好事，积极要求上进入团，蔚然成风。学习锻炼的风气也好，早上书声琅琅，晚自习鸦雀无声，课后在操场上生龙活虎。同学之间互相关心，互相帮助，也是平常事。当时，我们班里有位陈章汉同学，因为家庭经济困难而停学，我和同学们知情以后曾经多次赶到他家里做工作。虽然他未能完成高中学业，但回乡后仍然能够努力学习，积极工作，他的良好表现获得村民的赞扬，最终被提拔为当地乡政府的一名领导干部。

　　让人遗憾的是，我们进校不足一年，"文革"就开始了，批老师，甚至同学互斗的歪风很快吹到乡村中学。许多同学昏头昏脑地卷入其中。我和自己班上的同学，虽然也弄不清楚这到底是怎么一回事，但总感到不是滋味。一颗与人为善的心，促使我下决心，带本班同学暂时离开学校，到社会大课堂中去，行万里路，读万卷书。我的倡议得到了班内大多数同学的支持，我们近50位同学说走就走，到外地考察学习。近两个月时间，我们先后去了北京、上海、延安、西安、成都、重庆、广州等地，增长了许多课本上学不到的知识。1966年的9月15日，我们还受到了毛主席的第三次接见。此举使我们班级避免了批斗教师和师生内斗等现象，而取而代之的是同学之间进一步了解，互相关爱、团结互助的友情进一步增强。

　　从外地串联考察回来，学校没有复课。不少老师处境很困难，一道无形的屏障把我们和几位老师隔了开来。我们班的多数同学也不得已只好回家去边参加劳动边自学，损失是可想而知的。到了1968年夏，我们带着失落和留恋离开母校，开始了各自的奋斗人生之路。1970年，国家开始招工农兵学员，我有幸被杭州大学数学系录取，度过了三年大学生活。严柏新同学进入了中国人民解放军这座大学校，接受锻炼。

"文革"结束后，依靠党的政策和同学们自己的努力，我们这个班级，有20位同学包括从部队转业的严柏新在内，上了师范学校，也像我们的老师一样，成了光荣的人民教师。我坚信他们的故事一定会比自己的老师更"精彩"。有10位同学在国企和集体企业上班，他们虽然经历了企业转制、下岗和再就业，但他们始终是这个时代的最强者。还有10位同学进入了政府机关和医疗战线。总之，在各行各业都有我们班同学的活跃的身影。

值得自豪的是，不论在什么岗位，我们的同学都没有忘记自己是低塘中学1968届的高中毕业生，没有忘记我们集体善良好学上进友爱的作风，能够踏踏实实做事，堂堂正正地做人。从离开母校至今，我们班同学中没有一个人违纪、违法和在校内外闯过一次祸。有些同学因为特别努力工作和积极上进，当上了副省级城市下属单位的处长，企业的书记、厂长、总经理，以及著名幼儿园的园长。有的还成为远近闻名的民营企业老板。

张德君同学是位忠厚老实出名的人，他离开学校后在乡镇企业上班，后来在政府引导下创办了自己的家电企业。自己用5万元起家，以滚雪球的方法把企业办成了有近500名员工、年产值达2亿多的中等企业，产品远销欧美等世界各地。最近几年他又用自己的资金，扩厂30余亩地，总投资超过了6000多万元。由于德君同学目前已到了76岁，他用近10年内，把企业平稳地交给了自己儿子接班，成了远近闻名的富二代接班成功典范。2020年10月，我们班的20余位师生曾赶到他的工厂向他祝贺，已经是余姚书法家的邢老师，挥毫泼墨，即兴题词写联，表达真挚情意。

最美夕阳红，人间晚情浓。中青年时，我们都忙碌在自己的工作岗位，对自己难忘的老师和同学虽然常常挂牵，但是很少有时间探望聚会；退休后，有时间了，就更加思念恩师和同学，也有机会去探望或聚会了。自1997年低塘中学40周年校庆至今，我们班级已举行了大小十几次师生聚会，大的活动有5次，分别在慈溪、镇海炼化、余姚、杭州、嘉兴等地举行。到会率达90%以上。除了我们1968届同学参加之外，还有部分毕业于低塘中学初中的中专学生。原校领导方桂文、化学老师陈勤贞和屠叶邢三位老师也应邀参加。聚会时，全体师生畅谈了分别后的工作、学习、生活等情况。开阔了眼界，分享了各地改革开放的新成果。方桂文老师是原低塘中学的副校长兼校团委书记，1966 年初我当选为校学生会主席后，与她接触较多，感觉到她工作很负责，课教得好，篮球也打得不错，待人接物格调较高，也比较大气，相当佩服她。退休后她虽然已经癌症缠身，但她勇敢地和癌症斗争，也多次参加我们班的聚会，被誉为抗癌明星。2002 年，她参加我们班在镇海炼化的聚会，向我们讲述了一家人与疾病奋战的故事，最后概括为"风雨人生路，精神是支柱"10 个字，对我们的影响非常深刻。也就是在那一次活动时，到场的几十位同学共同发出了"人生风雨路，精神是支柱，不到九十九，一个也不能走"的肺腑感言。

以上的十几次聚会，住宿、餐饮、交通等费用也不是一笔小的数字。我们内部做了一个规定："不搞摊派，不搞 AA 制"，这些费用由我们部分经济条件比较好的同学主动承担。尤其像张德君、徐顺根、周昌然等同学不但自己积极参加，还主动要求承担所需费用。在今后活动时，我们还会这样做。

令人惋惜的是，参加过上述活动的恩师方校长 2015 年已经离世，叶炳甫老师也于 2017 年病逝。叶老师的爱人汪梅钦，原来是绍兴市上虞区百官小学的教导主任，曾经也参加过我们的几次活动，同学们去上虞看望她之际，她提出了唯一的要求是想以后继续参加我们班的师生聚会。

三年同窗情似海，各奔前程心同在。互爱互助暖心窝，集体主义放光彩。时间已过去了半个多世纪，如今我们也到了古稀之年，但在每次师生聚会时，我们总对往事记忆犹新。那个年代的事，那个年代的人，那个年代形成的班集体精神，始终激励着我们。

（作者：杨守江 2022 年 6 月）

（说明：我国中小学，自 20 世纪 50 年代开始，就重视学生班集体的建设，努力使集体成为全班学生健康成长的摇篮。原余姚低塘中学 1968 届高中班集体，自 1965 年开始形成，其基本的特点是有坚强的班级核心，有好学上进、团结友爱、正直善良的班风，继承了尊师爱生的传统。高中毕业后持续正向发展，至今已经 58 年，仍然不断给予班级成员温暖和力量，是新中国成立后前 17 年农村中学良好班集体的一个代表，很早就引起本书作者关注。故请原班团支部书记、校学生会主席杨守江同志撰写此文，作为案例，收入本书。）

师德和家庭教育

漫话师德修养

师德是职业道德的一种，而职业道德则是一般道德在人们职业领域中的体现。关于什么是道德，世界上的伦理学家有许多说法，这里只说我国几位著名学者的观点。新中国第一任中国伦理学会会长李奇教授在其《道德科学初学集》（上海人民出版社 1979 年）中认为："道德是一种社会意识形态，是调整人与人之间、个人与社会集体之间的关系的一种行为规范和准则的总和。它起源于人们的社会物质生活条件和利益；它又为人们的社会物质生活条件和利益服务。"著名伦理学家、中国人民大学教授罗国杰在《马克思主义伦理学》（人民出版社 1982 年）里主张："道德就是人类社会生活中所特有的，由经济关系决定的，依靠人们的内心信念和特殊的社会手段维系的，并以善恶进行评价的原则规范、心理意识和行为活动的总和。"著名伦理学家、北京大学教授魏英敏在《伦理道德问题再认识》一书里则认为："道德，是人们在社会生活中形成的关于善与恶、公正与偏私、诚实与虚伪等观念、情感和行为习惯，并依靠社会舆论和良心指导的人格完善和调节人与人、人与自然关系的规范体系。"

综观上述 3 位学者对道德所下的定义，涵盖了社会道德和个体道德两个方面，道德关系、道德活动、道德意识 3 个层次，突出了道德规范体系的核心地位，强调了道德起作用的主要手段和方式是人们的内心信念和社会的舆论、传统、习惯与教育的力量，而不像法律那样主要依靠强制。正确理解这些精神，对于师德教育和师德修养都有重要意义。接下来我们具体探讨师德和师德修养问题。

一、师德修养的必要性

师德问题是一个老问题，我们教育系统几乎年年集中进行师德教育，时时都在强调师德修养，师德修养为什么如此重要呢？对这一问题我是这样理解的。

（一）时代的呼唤

人类自 20 世纪下半世纪以来，不断呼唤着道德，特别希望人类自己能以较高的道德水平迎接 21 世纪的挑战。

联合国教科文组织 1972 年发表的《学会生存——教育世界的今天和明天》说："这个时代，即所谓有限世界的时代，只能是一个属于全体人的时代，即人人在内的全人类的时代。"在这个时代所培养的"新人必然能够在他日益增长的理解能力、肌体能力方面和潜在的另一方面，即个性的情感与道德方面建立一种和谐状态，这种新人只具有人类智慧和人类技巧是不够的；他还必须感到和别人之间融洽无间：具有一种人类和谐。"据此，这个报告提出了学校的双重任务说，即"学校的任务不仅是发现人的才能，训练它们和推重它们。学校的任务尤其要培养性格和态度。"

1996 年，国际 21 世纪教育委员会在向联合国教科文组织提交的《教育——财富蕴藏其中》的报告里呼吁："人类面对战争、犯罪行为和不发达状态所造成的那么多的灾难，正在逃避和听天由命之间踌躇不定，让我们为人类指出另一条道路吧。"那么，这条道路是什么呢？报告明确地告诉人们，这条道路就是改进教育，"一切都要求重新强调教育的伦理和文化内涵。""特别关注伦理方面的问题。"正是基于这样的认识，报告提出了"学会共同生活"的新要求，强调"学会共同生活"是教育四大支柱的核心，而另外三个支柱即"学会认知""学会做事""学会生存"乃是"学会共同生活"的基本因素。委员会希望人们"通过增进对他人及其历史、传统和精神价值的了解，学会共同生活。在此基础上，还要树立这样一种新的精神：它基于对我们之间日益增加的相互依赖性的认识，借助于对风险和挑战的共同分析，促使人们去实现共同的计划，或以理智的、和平的方式对不可避免的冲突进行管理"，并且"渴望一种能够树立这种精神和为其奠定基础的教育"。

　　而为了建立和完善社会主义市场经济体制，应对我国加入 WTO 后面临的各种挑战，真正实现建设中国特色社会主义的宏伟目标，从中国共产党第十二次代表大会提出努力建设高度的社会主义精神文明，到十六大把坚持物质文明和精神文明两手抓，实行依法治国和以德治国相结合，作为建设中国特色社会主义必须坚持的十大基本经验之一加以肯定。

　　放眼全国，面向世界，倾听时代关于道德建设的呼声，作为具有优秀道德传统的当代中国人民教师，只有时刻努力加强自身的师德修养，才能充分发挥作为人类灵魂工程师的重要作用。

（二）事业的要求

　　教师从事的是培养年轻一代的事业。小学老师面对的是活泼天真、可塑性非常强的少年儿童。在教育他们的时候，引导他们从小学会做人，是我们第一位的任务。而要帮助他们学会做人，首先我们自己在思想道德方面应该是一个堂堂正正的人。之所以强调这一观点的理由，除了人们常说的正人先正己之外，更加重视如下两点：第一，小学生年龄小，知识经验相对少，道德方面的辨识能力和选择能力也比较差，他们学习做人主要通过模仿他们心目中的权威者和自觉不自觉地接受环境的熏陶。今天的小学生，从总体上看也还是这样。而我们小学老师一般来说在他们的心中是非常高尚的，仍是他们模仿的主要对象，至于时时对他们发生重大影响的学校环境，其中的主导因素事实上也是老师们的言行。第二，德育是给人以灵魂，或者说塑造年轻一代美好心灵的事业，是一项极其细致而又异常艰巨的工作，它要求从事这项工作的人具备坚定的信念、坚忍不拔的毅力和良好的品质。

（三）幸福的保证

　　关于幸福，伦理学将其定义为：在物质生活和精神生活中，人们由于感受到自己正在为理想而奋斗，或者由于意识到自己理想和目的之实现，而引起的精神上的满足。这一定义，涵盖了各种各样幸福观对幸福的解释。我们所持的是正确的幸福观，认为社会主义道德所讲的幸福应该以为人民服务的思想和集体主义原则作指导，体现社会主义道德规范，与社会主义道德规范体系中的义务（责任）、良心、荣誉等范畴相匹配。具体地说，人们在为人民服务思想和集体主义原则的指导下，在努力落实社会主义道德规范亦即履行自己的道德义务过程中，因为意识到正在为实现一定的目标而努力，或者觉得实现了目标，从而所引起的精神上的满足，就是我们所理解的幸福。这种精神上的满足，也可以理解为良心上的满足，或者说是一种自我荣誉感。以教师而言，老师们在为祖国培养下一代的过程中，因为意识到实现了正确的目标，例如班集体的形成、后进生的进步、教育全面质量的提高，感受到精神的满足，便是我们当教师的人所特有的幸福。而这种幸福的获得须以高尚的师德和精良的业务为前提条件，应该是不言而喻的。

另外，我还认为，健康的身心、和睦的家庭、正常良好的人际关系等，也都是完成事业，通过事业创造幸福的必要条件。而这些因素，又都和道德有着紧密的联系。一般说来，有良好道德品质者身心可能也会比较健康，家庭关系、人际关系者会处理得比较好。

（四）修德之不易

学习做人，培养自身良好的道德品质，比掌握知识技能，学习做事困难得多。一方面是由于道德品质形成的内在规律，要比掌握知识技能的规律复杂得多。它不但要遵循认知规律，而且还应遵循情感形成的规律、行为习惯形成的规律；不但要解决知与不知的矛盾、会与不会的矛盾，而且还要解决知与行的矛盾、情与理的矛盾、情与行的矛盾、表与里的矛盾等。因而就要求人们有比学习做事更强的自觉性和意志力来学习做人、修养道德。另一方面，还应清醒地看，与掌握知识技能相比较，人的品德形成受外界因素的制约和影响更大。在当今文化多元、价值观多元的社会环境里，我们要按照主流道德、主流价值观来修养自身，更易受到社会上那些错误的甚至腐朽的人生观、世界观、道德观的干扰。怎样识别和抵制社会上包括教育内部形形色色错误思潮的侵袭，怎样正确处理个人利益和集体利益的关系，个人的自身价值和社会价值的关系，怎样正确地认识和对待金钱、名誉、地位、权力，怎样正确认识和对待义与利、苦与乐、成与败、生与死，怎样正确对待他人和社会等，都是摆在我们面前的严峻挑战和考验。在迎接这些挑战和考验的过程中，要与时俱进地提高自身道德素养，犹如逆水行舟，实属不易，尤其需要我们自觉坚持。

二、当代教师的基本师德素养

这里所讲的基本师德素养，则是从教师职业所必须具备的特殊道德素养的角度提出的。根据教师工作性质、任务和对象的特殊性，我个人主张当代教师应该具备富爱心、尽责任、讲"儒雅"、重自强、能自律等基本的师德素养。

（一）富爱心

爱是人世间最美好的东西。爱是中华民族优秀道德的特征。爱是学校之所以成为学校的决定性因素。如果一所学校真的没有了情和爱，不但不成其为学校，很可能还会蜕变成为孩子的精神监狱。那么充满于校园的情和爱又来自何方呢？主要来自全体教师真挚而深沉的师爱。

爱是人们积极言行的重要动力。老师们的崇高教育爱，正是不断地推动他们敬业、尽责、奉献的内在动力的源泉。学生渴望老师的爱，如禾苗渴望雨露和阳光，禾苗没有雨露阳光不能茁壮生长，小学生没有了老师的关爱也不可能健康地成长。同理，我们的老师们也需要成长在互相关爱的健康温暖的集体之中。教师集体中同志间真诚无私的关心和爱护，如春风暖人心房，促人向上，给人工作和生活的方向、智慧、信心、勇气和力量。

爱，作为人性中最美好的东西，它的内涵异常丰富；爱心，作为当代教师的第一师德素养，其主要内容应该包含爱学生、爱同志、爱学校、爱事业等方面。这些，都是教师之能为人师的基本条件，也是教师爱祖国、爱人民、爱社会主义的集中具体体现。

爱学生是指教师真诚无私地关心爱护自己的每位学生的思想、学习、生活和身心健康，而不是以学生相貌、衣着、智能、健康、家庭背景来决定对他们的爱或不爱，爱多或爱少。爱学生的实质是教师对每位学生的终身健康发展负责，也就是说，要在自己执教学生的期间尽可能地为每位学生的终身健康发展打好坚实的基础，它反映了国家和人民对新一代的期望和关爱。爱学生一般都应表现为尊重、理解、热爱、关怀每一位学生和严格要求每一位学生相结合。在当今时代，真正爱学生的教师，一定会非常自觉地尊重每一位学生，尊重他们的人格，尊重他们的权利，努力做到始终以民主、平等、公正、公平的态度对待每一位学生；一定会由衷地欣赏每一位学生，站在学生的角度正确理解他们的童心、童趣、童真，以及他们的成功与挫折、欢乐与苦恼，并以师长的风范宽容他们成长中的不足，千方百计地保护他们不受形形色色外在不良因素的侵袭和伤害，同时又不放松按照党和国家的教育方针及全面素质教育的目标，严而有格地要求他们，持之以恒地引导他们健康发展。

爱同志也是师德素养中不可或缺的有机构成要素。在市场经济已经日益对社会生活的方方面面发生重要影响的条件下，它的重要性尤其突出。爱同志就要能够尊重、理解、谅解、团结每一位同志，关心、爱护、帮助每一位同志，善于发现每一位同志的长处，并虚心向他们学习，努力争取做到像关爱自己那样，关爱每一位同志。

爱学校主要表现为爱学校的一草一木，以主人翁的态度关心和参与学校的建设，以正当手段和方法努力为学校争取荣誉，自觉维护学校的荣誉，勇于为学校所遭受的损失承担应该承担的责任，积极抵制各种消极因素对学校的不良影响。爱学校的实质是尽自己所知所能使学校沿教育方针指引的正确方向健康发展，使学校真正成为社会主义精神文明建设的重要基地、年轻一代健康成长的摇篮。

爱事业既表现在教师爱学生、爱同志、爱学校上面，更表现为甘于清贫、乐于奉献，愿作"红烛""春蚕""园丁""人梯"，决心为人民教育事业而奋斗终身。

在新的形势下，老师们要使自己具有如上所述的浓浓爱心，重要的是应该弄清楚怎样才算真正实现了自己的价值，什么是真正的幸福，正确认识自己和学生、同志、集体、事业的关系，正确认识同志间合作与竞争的关系，努力摆脱私心和偏心的束缚，具有比较宽广的胸怀。

（二）尽责任

苏霍姆林斯基认为责任感是个人道德的主根，也有学者认为责任心是道德的核心，各行各业都应该把对事业是否真正负责任，作为衡量人们道德水准的重要标准。对于教师来说，同样应该把责任心视为师德的基本要求，努力提高自己的工作责任感。

教师的道德责任感主要表现为他的言行和工作措施是否真正对学生的

终身健康发展负责，对学校的健康发展负责，对社会负责，同时也对同志和自己负责；是否把履行所有师德规范的要求视为自己的道德责任，努力加以落实。

老师们要提高自己的责任感，就要不断提高对自己工作的社会意义的认识，经常反思自己的工作，善于在向同志学习过程中找出自己的差距，善于倾听各方面的意见，有永不满足的进取精神。同时，也应正确辨析复杂的教育现象，搞清究竟哪些是负责任的教育行为。

（三）尚儒雅

在我国，教师历来被视为文明的传播者、体现者，是知书达理、文质彬彬的人，尚儒雅、讲风度、有礼貌应该是他们所固有的特征。当代我国教师也应当努力继承和发扬这一传统，使自己真正具备尚儒雅的师德素质。

关于尚儒雅，江西省教科所所长谭虎同志写过一篇教育随笔，题目为《重提"师道尊严"》，发表在《江西教育》2002年第17期，很有见地。在这篇文章中，谭虎希望教师"在待人接物上讲一点'儒雅'之风"，因为"教师的待人接物、言谈举止、交朋结友以至于饮食起居等生活小节，对学生无不起着榜样示范和行为导向的作用"，而"诸如口出秽言、行为粗俗、衣冠不整、专制武断、骄矜蛮横等等不良习气，与教师的形象似同冰炭不能相容"。我很赞成这些意见。

如果要简要地表述教师儒雅的主要内容，我觉得应该有这样几个方面：第一，言行文明。包括语言文雅，举止文明，讲究卫生等。第二，礼貌待人。内心尊重他人，外表待人以礼，不因对方地位不同而有厚薄轻重之分。第三，风度优雅。仪表端庄、大方、得体，态度和蔼、谦逊、豁达，作风干练、踏实、稳重。第四，讲究诚信。为人诚实，恪守信用。

（四）重自强

中央提出的公民基本道德规范里，有自强的要求，其时代性和针对性都很强，对于今日的老师有特别的意义。时代发展了，教育对象变化了，新一轮课程改革对教师的要求更高了，得道在先，术有专攻，即使不再学习也能终身任教的时代过去了；事先储备一桶水，从容不迫地给孩子一杯水的时代也过去了。无论在知识技能方面，还是在思想道德方面，我们都面临着巨大的挑战和机遇。作为一名负责任的人民教师，只有发扬中华民族自强不息的优秀传统，才能为人民教育事业作出自己更大的贡献。

当代老师的自强精神，主要表现在勤奋学习、善于研究、不惧困难、笑迎挑战、善抓机遇、勇于创新、与时俱进等方面。

自强精神与人的抱负有着密切联系，但也应从实际出发。

（五）能自律

自律，也可称为自制。美国学者威廉·贝内特认为"自律就是自己给自己定纪律"。这里说的是道德上的自律，包括人在道德上的自我约束、自我调节、自我激励、自我评价。在中国历史上自律是自我道德修养的重要目标和手段。人需要自律，能自律是人之所以为人的主要标志。德国近代大伦理学家弗里德里希·包尔生强调，离开自我控制，就没有自由和个性；屈服自己欲望的人是对象的奴隶。当代的人民教师更应自律。这是因为，一方面，在教师与学生的关系中，通常总是学生处于弱势地位，教师处于强势地位；在学校与学生家长的关系中，从掌握教育资源的角度考察，通常总是学生家长处于弱势地位，学校和教师占据强势地位。一般来说，处于相对强势地位的一方，更应注意自律，防止以强凌弱，违背道德和法纪。另一方面，教师只有具备自律的品质，才有可能在人格上不断地完善和提高，担当起育人的重任。英国大学者亚当·斯密在《道德情操》一书中说得好："自制不仅本身是一种重要的美德，而且，所有其他美德的主要光辉似乎也来自自制。"

教师的自律，主要表现在他能为自己设立适当道德修养目标，正确地调控自己的需要、欲望和情绪，恰当地调节、反思、评价自己的言行，能够真正正确地做到有所为和有所不为，最后达到慎独的境界。

教师的自律与否，同他是否自尊自爱自重有关，与他是否有较高的人格目标有关。立大志、明责任、定规矩、设禁区、慎交友、常自省、读好书等等传统方法，只要联系时代实际加以发展，相信仍然会有作用。

三、关于新时期师德修养的几点建议

所谓修养，是指个人在思想道德业务技术等方面学习、锻炼、改造自己，提高自身素质的功夫。师德修养是教师在道德方面学习、锻炼、改造自己，努力提高自身道德素养的功夫。它既是目的，又是过程，对于成人提高道德素养具有决定性的意义，应该引起学校领导和教师自身的高度重视。除了以上所述，下面对怎样搞好师德修养的问题提出我的若干建议，供大家参考。

（一）学校领导要坚持师德修养的正确导向

学校领导要带头搞好师德修养，要切实加强对师德修养的指导，校内的竞赛、评比、考核要有利于促进全体教师的师德修养，要大力表彰师德高尚的教师。

（二）师德修养生活化

道德在生活中。通过学校日常教育教学生活认真地进行师德修养，是提高师德修养实效的有力措施。老师们应该在教育教学活动中，在与学生、学生家长以及同事的交往中自觉地学习、贯彻、履行各项师德规范的要求，及时反思、总结自己联系生活进行修养的经验教训，不断提高修养的自觉性和有效性。

（三）师德修养个性化

师德修养是每位教师自己的大事，应该从自己的实际情况出发确立修养目标，制订修养计划，持之以恒地进行。学校领导在对教师的师德修养进行指导和评价时，也应从每位教师的实际出发，切忌一刀切。

（四）师德修养和心理调节相结合

教师中的许多问题，属于心理健康问题，不能一概视为思想道德问题；但道德问题又常常和心理问题相交叉，因此，把师德修养和心理调节结合起来很可能会使两者都收到良好的效果。

（五）师德修养与时代主旋律协调

师德修养必须具有时代特色。所谓时代特色就是指老师的师德修养要符合时代的主旋律，反映时代的主旋律。当今我国的主旋律就是全国上下同心同德、艰苦奋斗努力建设全面小康社会，在思想道德方面的主旋律则是大力弘扬民族精神，大力倡导以为人民服务为核心、集体主义为原则的社会主义道德。因此，所谓师德修养与时代主旋律协调，就是要按照当今时代我国的主流道德、主流价值观的要求来修养自己。

（六）个人修养和教师集体建设相结合

良好的教师集体是在职培养教师的学校，对于师德修养的推动作用很大，学校领导要花大力气把教师集体建设好，每位老师应该积极参与教师集体的建设。

（原载《江西教育科研》2004 年 1~2 期）

中国古代名人家教举要

随着人类由原始的蒙昧期、野蛮期向文明时代过渡，人们已经经历了血缘家庭、普那路亚家庭①和对偶家庭等三种家庭的发展阶段②。原始人为了传授生产经验和社会生活经验而进行的原始教育，就是在各种形式的家庭范围内实施的。因此，家庭教育的产生早于学校教育。

人类进入有文字记载的历史以后，虽然有了学校教育，但是家庭教育仍然很受重视。《礼记·大学》云："欲治其国，先齐其家。"要齐家，就要重视家庭教育。"子女的教育是整个社会的基础。"（柏拉图语）

我们中华民族有 5000 年悠久历史和灿烂文化，古往今来，家庭教育的经验非常丰富，尤其是历史上许多杰出人物的家教经验，至今仍有不少值得我们借鉴的地方。本文仅就个人涉猎的部分名人家教资料，对我国古代家教的某些有益经验，作些粗略介绍，以期对于我们搞好社会主义家庭教育有所补益。

一、重视早期教育

春秋古籍《易经》说："蒙以养正，圣功也。"宋代的袁采在《袁氏世范》中主张："教子当在幼。"明清之际的儒学大师孙奇逢在《孝友堂家训》中进一步强调："端蒙养，是家庭第一关系事。"我国古人重视子女早期教育的事例是很多的。《大戴记·保傅》载，殷周之最高统治者，为了搞好子女的早期教育，已经形成了一套胎教的经验，并把它书写在玉板上，收藏在金盒里，保存在宗庙内，教育后世子孙，仿效实行。孩子降生后，从婴孩的时候起，就对他

---

① 普那路亚，即亲密的同伴。

② 恩格斯. 家庭、私有制和国家的起源.

们实施教育①。北宋的司马池在儿子司马光6岁时就教他读书，并对小司马光的说谎行为严加教训；姚安人以沙代纸，以棒作笔，从小教岳飞识字；林则徐的父亲林宾日，在儿子4岁时即抱于膝上口授章句。这些，都是古人重视子女早期教育的实例。

为什么古人要重视子女的早期家教呢？对此，古代许多教育家、思想家，从自己的经验出发，提出过一些比较符合科学的见解。例如，春秋大教育家孔子说过："少成若天性，习惯成自然。"②北宋司马光认为，若"父母无深识远虑"，不从小教子，不"防微杜渐"，反"溺于小慈"，必贻害其儿，"养成其恶"③。明代学者王廷相也说："童蒙无先入之杂，以正导之而无不顺受。……壮大者已成驳僻之习，虽以正导，彼以先入之见为然，将固结而不可解矣，夫安能变之正。故养正当于蒙。"④意思是说，幼儿时期没有先入的错误思想和习惯，易于接受正确的教导；年纪稍大，如果错误思想和习惯已先入，就比较难于接受正确教导。所以，若要把孩子培养成思想行为端正的人，必须从小教育。对于这个问题，说得最尖锐的则要数明末清初的爱国者、唯物主义思想家王夫之，他指出："人不幸而失教，陷入于恶习，耳所闻者非人之言，目所见者非人之事，日渐月溃于里巷村落之中，而有志者欲挽回于成人之后，非洗髓伐毛，必不能胜。"⑤

彭德怀同志说得好："树要从小扳正，人要从小教育。"无产阶级更加重视对孩子的早期教育。我们的任务，就是要使广大家长都逐步懂得子女早期教育的重要性，运用科学的方法，从小教好自己的子女，为祖国培养社会主义的新人。

二、重视立志教育

我国古人，普遍认为，为人立世，品行为先，要求子女有很好的道德修

---

① 原文为："素成胎教之道，书之玉版，藏诸金匮，置之宗庙，以为后世戒。""自为赤子时，教固已行矣。"

② 此句引自《颜氏家训集释》。《大戴记·保傅》则为："孔子曰：'少成若天性，习惯之为常。'"其意义一样。

③ 原文见《司马温公书仪》（四）。

④ 王廷相：《稚述》上篇。

⑤ 《船山遗书》第六三册《俟解》。

养。陆放翁在《感事示儿孙》诗中说："人生读书本余事，惟要闭门修孝弟。"①李格非教女儿李清照说："气节和学问乃人世间至贵之物。"清代著名画家、诗人郑燮（板桥）52 岁时得一子，在儿子 6 岁入私塾时，写信给在兴化老家代他主持家务的堂弟郑墨，嘱托他好好教育自己的儿子。信中说："夫读书中举中进士作官，此是小事，第一要明理，作个好人。"② 既然主张德行第一，因而把德育放在首位，自然就成为中国古代家教的一大特色。而在德育方面，首先强调的是对子女进行立志教育。

诸葛亮的《诫子书》《诫外甥书》谆谆告诫后代："非学无以广才，非志无以成学。"故而"志当存高远，慕先贤，绝情欲，弃疑滞……忍屈伸，去细碎，广咨问，除嫌吝……若志不疆毅，意不慷慨，徒碌碌滞于俗，默默束于情，永窜伏于凡庸，不免于下流矣！"③ 明代谏官杨继盛因弹劾奸雄严嵩遭害，临刑前一夜，在给儿子的遗书中，教导儿子："人须要立志……你第一要先立起志气来。"④ 王夫之在《示侄孙生蕃》中说："传家一卷书，惟在汝立志。凤飞九千仞，燕雀独相视。不饮酸臭浆，闲看旁人醉。识字识得真，俗气自远避。'人'字两撇捺，元与禽字异。潇洒不粘泥，便与天无二。"⑤ 孙奇逢则明确告诫世人："父母于赤子，无一件不是养志。"⑥ 当然，对于"志"的内涵，人们各有理解。诸葛亮和朱熹都要孩子"慕先贤""读书志圣贤"；范仲淹要求孩子为官廉明，有"先天下忧而忧"之志。而这"天下"，自然是君王的天下；李白和徐霞客之母强调"好男儿志在四方"，鼓励儿子遍游祖国名山大川，尽历风土人情，以便在学业上事业上有所建树。

为了让孩子实现既定志向，历史上许多有识之士，都能对孩子严格要求、严格训练，炼其意志，促其长进。传说，鲁班亲手交给儿子 3 把新斧子，要求他苦学苦练，磨平斧刃，练就一身高超的木匠手艺；晋代书法大师王羲之

① 剑南诗稿：卷四十四. 陆游集：第 3 册 [M]. 北京：中华书局，111.
② 郑板桥集·潍县署中与舍弟墨第二书 [M]. 上海：上海古籍出版社，1979.
③ 诸葛亮集 [M]. 北京：中华书局，2012.
④ 杨忠愍公遗笔 [M]. 丛书集成：初编 [M].
⑤ 姜斋文集补遗：卷一 [M].
⑥ 孝友堂家训.

严格要求有志书法的第七个儿子王献之，使其下决心写干院子中的 18 缸水，终于把儿子也培养成为名震晋代的书法大师。

共产党人以解放全人类为己任，立志为共产主义而奋斗终生，同样要求子孙及早确立共产主义的远大理想，因而也非常重视古人对子女进行立志教育的有益经验。老一辈无产阶级革命家谢觉哉同志在批判地继承了古人立志教育的经验的基础上，提出了"立其志""坚其志""恒其志"的模式，主张不但要帮助子女树立远大的革命志向，还要根据他们的特点，培养他们坚强的革命意志和坚忍不拔的毅力，引导他们一步一个脚印地为实现自己的志向而努力。这对于我们搞好理想教育，很有指导意义，值得每位家长和教育工作者效法。

三、重视勤学教育

《神童诗》说："遗子满籝金，何如教一经。"清人朱伯庐在他的《朱子家训》中也说："子孙虽愚，经书不可不读。"勉励儿孙勤奋学习，是古人家教的重要内容。孔子诗礼传家，教育自己的儿子伯鱼："不学《诗》，无以言"，"不学《礼》，无以立"[1]，要他认真学习《诗》和《礼》；孟母"割织劝学"，[2] 告诉儿子，中途辍学，等于布匹未成之前割断所有经线，结果会一事无成。这些都是家喻户晓的故事。有一个"洛阳纸贵"的典故，说的是西晋诗人左思花了 10 年时间写成《三都赋》，时人争相传抄，一时洛阳城里纸张缺货，价格上涨。左思能够成为当时的著名诗人和文坛上享有盛名的领袖人物之一，是和他父亲左雍对他的教育激励分不开的。少年左思，曾学习过书法和鼓琴，可是一事无成。他父亲就根据左思好胜心强的特点，用"激将法"激励他发愤上进。他故意当着左思对朋友说：左思这孩子所掌握的知识技艺，远远不及我小的时候！促使左思暗下决心，埋头苦干，发愤学习，把所有时间都花在学习上，专心著书写作，终于成为名噪一时的大诗人[3]。

---

① 《论语·季氏》。

② （汉）刘向《列女传·邹孟轲母》。

③ 《晋书·列传第六十二》。

为了勉励儿孙好好学习，古代许多名人还写下了不少劝学的诗词。唐代诗圣杜甫在次子宗武 13 岁生日时，作《宗武生日》一首，其中写道："诗是吾家事，人传世上情。熟精《文选》理，休觅彩衣轻。"① 要求儿子熟读荟集古代文词诗赋的《文选》，精通其中的道理，继承被世人称颂的杜门以诗传家传统。北宋著名的文学家、史学家欧阳修也曾作《诲学说》，教导儿子发奋学习。他说："玉不琢，不成器；人不学，不知道。然玉之为物，有不变之常德，虽不琢以为器，而犹不害为玉也。人之性，因物则迁，不学，则舍君子而为小人。"② 明朝的名臣于谦，在长子于冕 13 岁那年，从塞北巡抚任上寄回《示冕》一首，其中"好亲灯火研经史""莫负青春取自惭"两句③，要求儿子趁着青春年少抓紧学习，切莫误了大好时光，以致自惭莫及。

此外，中国古代还流传着许多勤学佳话。例如，战国的苏秦刺股苦学；汉代的孙敬悬梁夜读；汉代的朱买臣边挑柴边念书；晋代的车胤用纱袋装着萤火虫（囊萤）取光读书；晋代的孙康在屋外借雪光看书；隋朝的李密替人放牛，把书挂在牛角上，一边放牛，一边读书；北宋著名的散文家苏洵 27 岁开始发愤读书，终于"大器晚成"。所有这些，都成为古代许多家长用来激励自己的子女勤奋学习的榜样。

应该指出，中国古代奴隶社会和封建社会，脑力劳动和体力劳动是对立的，劳心者治人，劳力者治于人，读书为做官，是当时占统治地位的思想。因此，从总体上看，古人要求子女勤学苦学和我们今日要求下一代努力学习的目的是不同的。而且，古代有些人为了强迫孩子埋头念书，采取了许多不妥当的做法，有的甚至把儿子锁在山间孤楼④，或者栖在树上⑤，也是不足为训的。

---

① 父母必读 [J]. 1983(4).

② 父母必读 [J]. 1983(3).

③ 父母必读 [J]. 1983(1).

④ 元末文学家、书法家杨维桢（浙江诸暨人）的父母，在杨维桢幼年时，为了不让他外出游荡，就在铁崖山为他筑了读书楼，楼内藏书万卷，将他锁在楼内五年之久，衣食之类均由辘轳传送。杨维桢因号"杨铁崖"。

⑤ 宋代一度盛选"神童"。江西地方有的家长为了使自己的孩子变成神童，将其装入笼内，把他吊在树上读书。

四、注意自立教育

北齐的颜子推在《颜氏家训》中写道："人生在世，会当有业：农民则计量耕稼，商贾则讨论货贿，工巧则致精器用，伎艺则沉思法术，武夫则惯于弓马，文士则讲议经书。"由于家庭经济条件的限制，在古代劳动人民中间，当子女达到一定年龄的时候，就要他们自立，自谋营生，自食其力。所谓"穷人的孩子早当家"乃普遍之现象。而在统治阶级中的许多人，当了官就要光宗耀祖、封妻荫子，用自己的地位财产庇护子孙，让他们坐享清福，过着寄生生活。关于这一点，曹雪芹的《红楼梦》反映得相当深刻。周恩来同志在全国解放初期，就告诫干部子女，不要学八旗子弟，我们应当牢记他的遗训。但是，古代也有一些人懂得"子弟不成人，富贵适益其恶；子弟能自立，贫贱益以固其节"[①]。注意对子女进行自立教育，不给子孙以万贯家财，不让子孙依仗自己的权势。史载，东汉的时候有个杨震，以清白遗子孙。他的一些亲朋故旧和长者，劝他趁做官之时为子孙置办家产，杨震也不愿这样做，答曰："使后世称为清白吏子孙，以此遗之，不亦厚乎！"其用意之一，就是要让子孙自立[②]。

与杨震一样，北宋宰相王旦为官半生，也不买田地房产。他曾经说："子孙当念自立，何必田宅，徒使争财为不义耳！"王旦的侄子王睦，非常好学，曾经写信给王旦，要求王旦推荐他为进士。王旦对他说："我尝以太盛为惧，岂可复与寒士争进！"拒绝了侄儿的要求。直到王旦逝世，他的儿子王素也还未做官[③]。

还有一个"求宫得牛"的故事，也值得一提。说的是五代时期的周国，有个大官叫周行逢，他的女婿唐德是个好吃懒做的人，求岳父送他一个官做。周行逢见女婿这份德性，当官也不会办好事，决心要他自食其力，就买了几亩田和一头牛送给他，诚恳地对他说：你有的是力气呀，你可以去种地，用自己的力气养活自己。

---

① （清）孙奇逢《孝友堂家训》。

② 《后汉书·杨震传》。

③ 《续资治通鉴·宋纪三十三》。

古人教育子孙自立的事迹，对后世留有一定的影响。辛亥革命元老李烈钧将军在世时，有过这样的庭训："子孙不如我，要钱做什么，子孙强于我，要钱做什么！"他的 3 个儿子幼时每晚都要排着队在父母面前背诵这类庭训，接受自立教育[①]。冯玉祥将军要求每个孩子必须学会洗衣服、缝补衣服，学做木工和耕地，女孩子还要练习刺绣。他在泰山读书期间，分给每个孩子一小块地，让大家耕种。只要发现孩子们犯懒，他就对他们说："少爷、小姐是废物！"[②]

在新时期，针对独生子女多家庭中溺爱孩子的毛病比较突出的实际情况，加强对子女的自立教育，培养开拓型的人才，已是家教中一个不可忽视的重要课题。

五、重视爱国主义教育

爱国主义从来就是中华民族生存发展、独立解放、繁荣富强的巨大精神支柱，也是中国古代许多杰出人物家庭教育的重要内容。

早在战国时期，就有赵国左师触龙劝说赵太后教子爱国，让她自己的爱子长安君到齐国做人质，使齐国出兵帮助赵国打退秦兵的故事[③]。在以后的岁月里，为了抗击外来侵犯，维护国家和民族的团结统一，发展祖国文化，开发祖国资源，古代许多深明大义的父母，都教育自己的子女为国出力。在宋代，民族英雄岳飞 20 岁那年，为了抗击侵犯中原的金兵，壮志从军，岳母姚安人在儿子背上刺下了"精忠报国"四个大字，并教育儿子切记"为国出力，休恋家乡"，"尽忠报国，名垂青史"。著名爱国诗人陆游临终还在《示儿》诗中为"不见九州同"而悲，要求儿孙们在宋兵收复中原之日，切莫忘记在祭奠时告诉他，好让他在九泉之下也为之欣喜。民族英雄文天祥，国亡家破，只身被俘，誓死不屈，留下"人生自古谁无死，留取丹心照汗青"的千古名句，气贯长虹，永照后人。所有这些，世世代代成为中国人民爱国主义家

① 至今犹忆李将军：访李烈钧先生的公子李赣驹 [N]. 解放日报. 1982–02–21(2).

② 王炳仁. 名人家教集锦 [M]. 北京：中国青年出版社，1987.

③ （汉）刘向集录《战国策·赵太后新用事》.

教之楷模，教育了后世无数中华民族的优秀儿女。我们的周恩来总理和夏明翰烈士幼年时，他们的母亲就给他们讲过许多古代民族英雄的故事，让他们接受爱国主义的熏陶①。

　　明清之际，在松江华亭出过父子民族英雄夏允彝和夏完淳。儿子夏完淳是江南诗坛新秀，殉难时年仅 17 岁。他们之所以成为民族英雄，同他们的家庭历来重视民族气节和爱国主义教育密切相关。据有关史料记载，夏允彝学识渊博，才华出众，"独处一室，志常在天下"②。他和妻子盛氏，对独子夏完淳从小认真教育，严格要求。在夏完淳 14 岁那年，夏允彝就率儿起兵抗清。南京失守，南明王朝濒于灭亡，夏允彝带领儿子，联络义师，准备收复，不幸首战败北，松江陷落，他决心以死激励后人。他留下遗书说："少受父训，长荷国恩。以身殉国，无愧忠贞。南都既没，犹望中兴。中兴望杳，安忍长存？……人谁无死，不泯者心。修身俟命，敬励国人。"父亲死后，国难家仇，更加坚定了夏完淳抗清的斗志，他勇敢地接过了父亲肩上的重任，按照父亲"破家纾难"的遗嘱，变卖了全部家产，捐作义师军饷，和老师陈子龙一起，继续为抗清而奔走呼号。后因叛徒出卖，不幸被捕，在南京狱中痛骂叛贼洪承畴。最后抱着"英雄生死路，却是壮游时"的信念，慷慨就义。他在《狱中上母书》中说："淳之志父之所遗，淳之身君之所用。"可见，爱国主义教育是夏氏家教的传统。

　　此外，明代大科学家徐霞客之母，虽已白发苍苍，还鼓励儿子远离家乡，考察祖国山川。为了证实自己身体健康，让儿不因自己而思念家乡，还亲自带儿子走了一程。在老母精神的鼓励下，徐霞客用了 30 多年时间，考察了 16 个省，为祖国的地理学和文学研究作出了杰出贡献。他的《徐霞客游记》被誉为"千古奇书"。

　　今天，我国人民正在从事的全面开创社会主义现代化建设新局面的伟大事业，是中国人民爱国主义运动发展的崭新阶段，要求每个愿意参加社会主义建设的人，首先必须是社会主义的爱国主义者。因此，爱国主义教育仍然是新时期社会、学校和家庭教育的极其重要课程。而中华民族的爱国主义传

---

① 甘抛头颅为真理：夏明翰烈士传略（一）[J]. 大地的儿子，新湘评论. 1979(4).

② 《明史稿·夏允彝列传》。

统源远流长，虽然我们今天的社会主义爱国主义已远非古代的爱国主义所能比拟，但是，古人爱国主义家教的传统，对于我们搞好社会主义的爱国主义家教，仍然很有教益。

六、重视正直、公正、廉洁、俭朴的教育

我国古代劳动人民以劳动为生，以勤俭为本，其家教自然崇尚勤劳俭朴，我们应当继承发扬。而剥削掠夺、营私舞弊、贪污腐化，则是由剥削者的本质决定的，是中国古代统治阶级的普遍现象。但在中国古代，剥削阶级中的有识之士，也有以正直公正廉洁俭朴自守，并以此来教育他们的子孙的。而且往往是正直者公正，公正者清廉，清廉者俭朴，正直公正廉洁俭朴融为一体。虽然，他们的动机大多出于维护本阶级的利益，但仍对我们有很大启发。

东汉范谤，是位刚正不阿的贤臣。他从小接受良好的家教，清心而有德操，敦厚、质朴、逊让、节俭，人称他是一位能以德行引导人的人。他在汝南功曹任上，坚持正义，敢于冒犯权贵豪强，反对宦官专权，因此被诬以结党之罪，两度被捕。当他最后向母亲诀别时，范母抑制内心悲痛，教导儿子：你现在与李膺[①]、杜密[②]齐名，死了又有什么遗恨呢？既要求得这样的好名声，又要求得高寿，怎能同时兼得呢？叮嘱儿子刚正不阿，视死如归。路人见了，都被范氏母子高尚的节操，坦荡的胸怀，感动得流下热泪[③]。唐代高宗时，皇帝纵容权臣李义府贪色枉法，奸蠹害政，侍御史王义方义愤填膺，疾恶如仇，欲上章弹劾，为国家除奸恶，但又怕进谏遭罪，连累老母，迟疑不决。王母知情义正词严地教训儿子："我闻汉王陵母[④]舍身以成子名，汝

---

① 李膺，字元礼，东汉颍川襄城（今湖北境内）人。与范谤同时代，汉桓帝时任司隶校尉、黄门常侍等。反对宦官专权，力主整饬纲纪，为宦官畏，受名士敬，声望很高，后因党事被害。

② 杜密：字周甫，颍川阳城人，从小有志向。桓帝时当过尚书令、太仆等官吏，也因党事坐罪自杀。与李膺齐名，世称李杜。

③ 《后汉书》党锢列传第五十七。

④ 王陵系刘邦手下重要将领。在楚汉相争时，项羽为了把王陵弄到手，就把他的母亲抓去当人质，诱逼王陵归降。王母深知刘邦得人心，能统一国家，就让王陵派来的使者转告王陵，要他协助刘邦定天下。说罢从使者身上夺过佩剑，当即自刎而死。（汉）刘向《列女传》记有此事。

能为国尽忠，虽死何恨？"^①后来王义方果然遭到贬落，但他们母子刚正忠烈之举却为人们赞扬。这些，都是古人教育为官之子为人正直、坚持正义的事例。

还有，西汉昭帝时，有一位担任京都地方长官的人叫隽不疑。他的母亲也善于家教，要求儿子为官公正，不冤枉好人。每次，隽不疑到所辖县内去视察囚徒的情况，检查有否受冤屈的人，回家时他母亲总要问他：有没有奏明朝廷，请求给一些人减刑或免罪，共救活了多少人？如果儿子没有为一些该平反的人平反，她就要发怒，甚至气得不吃饭。在剥削阶级统治的社会里，草菅人命是常有的事，隽母能教育儿子不要冤枉好人，确实难能可贵^②。

至于教育子孙当官要廉洁俭朴，这类史料就更多一些。例如，汉代的《韩诗外传》和《列女传》都记载有战国齐相田子之母责令儿子退还贿金百镒并向齐宣王请罪的故事^③。《晋书》记载，东晋名将陶侃之母湛氏为人正直，严于家教，常告诫儿子"贫贱志不移"，要儿子以历代英雄为榜样，刻苦自勉。陶侃年轻时曾任浔阳县（今江西九江）吏，专管渔业，有一次让人将鱼库中的一罐上好糟鱼带回家去孝敬母亲。陶母问明情由，把鱼原罐退回，并修书一封，批评儿子"不知奉公尽职"。此外，世称"包青天"的北宋包拯，曾立下"后世子孙仕宦，有犯赃者，不得放归本家，死不得葬大茔中，不从吾志，非吾子若孙"的家规^④。北宋的司马光著有《训俭示康》一文，列举大量史实证明："俭，德之共也，侈，恶之大也。"要求儿子不但自己要廉洁俭朴，而且还应以此教育后世子孙。

七、以身示教，重视环境和交往的影响

孔子说得好："其身正，不令而行。其身不正，虽令不从。"^⑤中国古代

---

① 旧唐书《王义方传》。

② 《汉书》和《列女传》均有记载。

③ （汉）韩婴《韩诗外传》卷九第二章，刘向《列女传》卷一。

④ 《宋史·包拯传》。

⑤ 《论语·子路》。

一些名人，教育子女重视身教。例如，除了人们熟知的"曾子杀猪"的故事，《韩诗外传》还记有孟母买肉的故事。据说，有一天孟家东邻杀猪，孟母对孟子戏言：杀猪给你吃。话一出口，孟母就后悔失言。为了不给孩子留下说谎的坏影响，孟母果然去东邻买了肉烧给儿子吃。不管这些故事的真实性如何，它至少说明一点，即古代许多善教子者，主张言行一致，以身示教。而前述明清之际夏允彝的壮举，对儿子夏完淳的影响，更是以身示教的突出事例。

荀子说："蓬生麻中，不扶而直；白沙在涅，与之俱黑。"[①]幼儿稚童，模仿性强，辨别力弱，环境对他们的影响很大。而环境的影响，又往往通过人们的交往实现，故而古代许多教育家、思想家都强调要教育子女善从师，慎择友。孟子的母亲，先把家安在坟地旁，后把家搬到集市上，最后住到一所学校旁，看到儿子对念书发生了兴趣，才定居下来。所谓"三迁教子"，几乎已经成为家教重视环境影响的经典事例。孟母重视环境对孩子的影响这一点，仍然值得今天的父母们注意。

说到交往，尤其是教育子女善从师慎择友的问题，古人的言论相当多。颜之推在他的《颜氏家训》中对子孙说："与善人居，如入芝兰之室，久而自芳也；与恶人居，如入鲍鱼之肆，久而自臭也。"因此，"君子必慎交游焉。"南宋的理学家、教育家朱熹在《与长子受之》这封家信中教育儿子："交游之间，尤当审择，虽是同学，亦不无亲疏之辨。"他还提出了"益友"与"损友"的标准，认为："大凡敦厚忠信，能言吾过者，益友也；其诌谀轻薄，傲慢亵狎，导人为恶者，损友也。"[②]朱伯庐在其《朱子家训》中也说："押昵恶少，久必受其累；屈志老成，急则可相依。"这些言论，对于我们今日的家教仍有一定的意义。

在结束本文的时候，有必要再一次说明，本文列举的只是中国古人家教的某些有益的经验，而不是对中国古代的家教作全面评价、对古人家教经验作系统总结。因此，在我们指出古人某些家教经验值得借鉴时，切不要忘记中国奴隶社会和封建社会的家庭教育，也是受当时社会的生产关系和生产力制约的，切不要离开历史条件去美化、拔高古人家教的某些方面。不要说剥

---

① 荀子《劝学》。

② 《朱子学归·卷十三·家道》。

削阶级的家庭教育经验中充斥着反动落后的糟粕，就是当时劳动人民的家庭教育，也受当时统治阶级意识形态的影响，受着落后生产方式的局限。我们主张批判地吸收古人家教的有益经验，开创社会主义家教的新局面。

（原载《杭州大学学报》1986 年第 16 卷第 1 期）

关于家庭教育的思考

——在全国家长学校学术研讨会^①上的总结讲话

（1991 年 5 月 15 日）

参加这次大会的，有来自茫茫草原的，有来自中原大地的，有来自祖国南疆的，为了一个共同的目的——进一步搞好家庭教育，从四面八方，走到一起来了。4 天会议不长，听了 4 位全国著名教育家、心理学专家（张健、吴畏、吕型伟、林崇德）的报告，又到石浦进行了一次别开生面的访问参观，给大家留下了深刻的印象。大会要我来作个小结^②，不一定能反映同志们的心声，只谈点看法，请同志们指正。

这次会议，我觉得可概括为 3 句话：一是提高了认识，二是交流了经验，三是开阔了思路。

一、提高了认识

（一）进一步提高了对教育（包括家庭教育）战略地位的认识。尤其从迎接国际上"两大挑战"的角度，明确了家庭教育的地位和家庭教育的重要意

---

① 本次全国家长学校学术研讨会于 1991 年 5 月 10 日至 15 日，在浙江省宁波市象山县举行。会议由中国教育学会、中华全国家庭教育学会、浙江省教育学会、浙江省家庭教育学会、宁波市教育学会联合召开，卢乐山、张健、吕型伟、吴畏、林崇德等领导和著名专家出席会议。来自全国各地妇联、教委、教育学会的领导及中小学校长和街道干部近 200 人参加研讨。

② 本人时任浙江省教科所所长、省教育学会副会长、省家庭教育学会会长，与林崇德教授共同发起这次会议，并参与主持会议。

义。人的成长，是学校、家庭、社会教育和个人主观努力的结果。家庭是建立在血缘关系基础上或建立在抚养关系基础上的社会最基层的细胞，它对孩子影响早、时间长，具有先行性和终身性的特点。家长与孩子大多数是血缘关系（抚养关系极少），容易感情相通，心灵相融，甚至产生心理感应或亲和效应，有利于对孩子进行教育，有利于孩子接受父母潜移默化的影响。我认为，这就是家庭影响孩子的重要规律。随着时代的发展，家庭对孩子的影响力在增加。我们省德育格局课题组调查结果表明：孩子们的成长"受家庭影响最大"的占 28%，"受学校影响最大"的占 36%。这说明家庭、社会、学校三方面对孩子的影响是不相上下的。因此，我们必须从年轻一代成长的规律看家庭教育的重要性，从当前青少年素质情况明确搞好家庭教育的紧迫性。昨天好多同志谈了许多实际事例，说明中国的年轻一代已经在素质方面向我们亮出了"黄牌"，应该引起我们每一个具有时代责任感的共产党员、青年干部、教育工作者的警觉，应该深切地感到，提高家长素质、搞好家庭教育是一件非常紧迫的事情。

（二）进一步明确了我国社会主义家庭教育，包括家长学校的指导方针、培养目标、教育内容、教育形式和方法。正确地理解、选择家庭教育的方针、目标、内容、方法，是关系到家庭教育的功能能否得到充分发挥的问题。研究家庭教育，提高家庭教育质量，首先要明确家庭教育的指导方针和培养目标。我们的家庭教育必须贯彻党和国家的教育方针，培养德智体美劳全面发展的社会主义建设者和接班人。但有的家长还不明确，自己的孩子到底怎么样才算是好的，他们只凭自己所谓的"好孩子"标准去教育，没有用党的教育方针和培养目标去统帅他们的目标。我认为，我们党和国家的教育方针和培养目标是马克思主义全面发展学识和毛泽东教育思想在社会主义新时期教育工作中的应用。它体现了党的基本路线的要求，符合我们国家、民族、广大人民的前途和利益，也符合我们子孙后代的利益。苏联教育家马卡连柯说过，教育好子女就是缔造国家未来的历史，就是为自己晚年创造幸福。今天我们的家长按照党和国家的教育方针与培养目标来教育子女，就是缔造我们社会主义共和国未来光辉的历史，创造自己的幸福。同时，还要进一步明确家庭教育的内容，从早期开始，就要循序渐进地对孩子实行德、智、体、美、劳 5

方面的有效教育，而且要抓住重点。重点就是德育，要把德育放在家庭教育的首位。

为什么把德育放在首位呢？

1. 符合几千年来中国家庭教育的传统。我们国家从上古时代开始就有家庭教育，重视家庭教育，认为"教家立范，品行为先"，要求子女有很好的道德修养。宋朝李清照父亲在谈到教育子女问题时讲过，气节、学问是人世间最宝贵的东西。讲"气节"也就是强调"德"。郑板桥 52 岁时生了一个男孩，当时他在山东潍县当知县，写信到江苏宣化老家，给代他主持家务的堂弟郑墨，信上说"夫读书中举中进士作官，此是小事，第一要明理做个好人"。在他看来，明理、做好人是第一要紧的大事。可见自古至今，把德育放在首位是中国家教的一大特色，也是中国教育的规律。

2. 符合培养目标。我们要培养的是社会主义建设者和接班人，一个人是不是社会主义的建设者和接班人，首先要看他的思想品质、政治方向；而要使年轻一代具备社会主义的思想品质，就需要家庭、学校、社会共同加强和优化年轻一代的德育。

3. 符合我国家庭和家庭教育的条件和特点。上海市人口普查办公室有个统计材料表明：25 岁以上人口中，大学以上文化程度比例，不仅低于美国、日本、加拿大，还低于菲律宾等国；25 岁以上文盲半文盲人口比例，不仅高于日本、美国、澳大利亚，还高于菲律宾等国。我们浙江农村情况也有个统计：长兴县天坪乡 42 个自然村，调查了 73 户家庭 161 位家长，文盲占 34.2%，小学程度占 50.1%。这就是我们家长文化程度的实际。根据这个实际情况，当前的家庭教育只能着重进行德育。当然，搞好家庭德育，也需要提高家长文化素质。不过，提高家长素质，还是以德为首。

4. 符合当前家庭教育的实际倾向。当前家庭教育的一个实际问题是重智轻德。杭州市上城区对几百个家长进行调查，发现 75% 以上的人只过问孩子的语文、数学成绩。重视孩子的语文数学学习并没有错，不过问孩子的品德养成就不对了。说明我们现在的家长重智轻德的倾向相当严重，把德育放在首位是有针对性的。

家庭怎么抓德育，也是本次研讨会的一个问题。有的同志从国情教育、传统教育角度讲，有的从"五爱"教育角度讲，也有的从非智力因素培养的这个角度讲，讲得都很生动。我是搞德育的，是中国教育学会下属德育专业委员会的委员，想说点自己的看法。

我认为家庭教育的德育要求不能太高，主要从这两方面进行教育。

（1）要培养孩子从小做一个诚实的人。

下面我说几个故事，重点讲讲要培养诚实的人。全国人大常委会委员邓初民同志，是北京大学教授，四川人。小时候，家里很穷，他妈妈叫他去邻居家借一把剃头刀。他很贪玩，半路上把刀掉了。回到家里，骗妈妈说"我没有借来"。后来，他妈妈知道了他借来又丢掉的情况，就狠狠地揍了他一顿，一定要他找回来，并且说："从小不诚实，长大何以为人！"

最近，《宁波日报》登了一则小新闻，说美国有个城市在搞"诚实节"，说的是这样一个故事：过去这个城市有一个 8 岁的小孩子，亲生父亲已经去世，他的继父有一次在杀人，被这个孩子看到了，结果继父把这个小孩抓了起来，严厉地说："你不能向警察去报告，警察调查时也不能说！"这个小孩回答："爸爸请你原谅，我不能说谎。"后来，这个继父把他吊起来打。打了之后，这个孩子还是这样说。结果这个孩子被活活打死。打死后，这个城的市民们给这个孩子立了一块碑，碑上刻有"为真理而屈死的XX孩子"几个字。从此以后，这个城市就把这个孩子死的那天定为"诚实节"。

现在我们孩子当中不诚实的问题，很值得我们注意。孩子时期，课堂上作弊，大起来就可能搞"假冒骗"，如果去执政的话，会不会搞阴谋？人们常说："不诚实的人是不可救药的。""人而无信非人也。"昨天吕老讲，有的人有眼有鼻有手有脚，却不是人。我觉得一贯不诚实的人算不得是真正的人。

同志们，我们要进行社会主义政治方向教育，要进行正确的世界观、人生观教育、价值观教育，就必须建立在诚实品质的基础上。否则，我们的政治方向教育，我们的世界观、人生观、价值观教育就建立在沙滩上面。

（2）家庭教育特别要重视责任感教育，培养孩子负责任的品质。

从社会发展规律讲，它的生存和发展的条件就是它的成员包括社会的细胞（如团体、家庭都是社会的细胞），都要对它负责任。如果每一个家庭成员都不对这个家庭尽责任，这个家庭就要崩溃；如果每个集体的成员都不对这个集体尽责任，这个集体就要瓦解；如果每个社会成员都不对这个社会尽责任，这个社会就要灭亡。有些同志说，东方同西方不一样，东方社会是以社会为中心，提倡个人对社会尽责，西方社会是以个人为中心，提倡社会服从个人。这种现象是有的，但我想问，西方的人要不要缴税？西方社会当中人民纳税，就是对社会尽责。任何一个社会，它的生存发展的前提就是社会成员对它尽责。我们是社会主义社会，只要大家共同努力，万众一心、众志成城，艰苦奋斗、奋发图强，就一定能够搞好有中国特色的社会主义建设，这叫作"众人拾柴火焰高"。

从个人道德角度讲，培养孩子这样那样的品德，关键是要孩子尽政治、法律、道德的责任。培养孩子孝敬父母，就是要孩子对自己的父母尽责任；培养孩子热爱祖国，就是要孩子尽保卫祖国、建设祖国的责任；培养孩子心中有他人、关心人、同情人、热爱人，就是要孩子对他人尽责任。因此培养孩子品德的核心就是要教育孩子对家庭、对社会、对祖国尽责任，对全人类尽责任。而要使孩子能够尽自己的责任，就要从小对他们进行责任感教育。要使孩子对祖国尽责，就要进行国情教育、理想教育和革命传统教育。建议大家从社会发展规律、从培养品德的规律来看，把责任感教育这件事牢牢装在心里，认真落实于行动。

要孩子自立、尽责任，还要培养孩子的劳动习惯。有个著名的教育家讲，劳动就是用自己的手去翻松自己心灵的土壤，播下良好品德的种子。不会劳动的人不可能对社会尽责任。培养孩子应从小做起，时时、处处培养，分层要求，逐步提高。

当然，重视德育并不是其他诸育都不抓了。但是家庭与学校是不同的，家庭就是家庭，不是学校。现在有一个值得注意的倾向是，相当多的老师，把学校的作业让家长去批，说什么是"初批"。这样一来，家庭教育就被扭曲了，学校教育的功能也被削弱。我觉得家庭教育在抓智育、美育时应重点抓三条：一要培养孩子正当的兴趣与爱好；二要培养孩子对生活的热情；三要培养孩子良好的习惯。关于习惯问题，在教育史上，据我所知，讲得最早的是孔夫子。孔子说："少成若天性，习惯之为常。"国外一些教育家也说"习惯是第二天性"。可以毫不夸张地说，习惯比金子还重要。现在有些家庭，不注意培养孩子按时起床，按时睡觉，课前预习，课后复习等习惯，因此，往往学习学不好。

有人强调家庭教育没有时间，没与孩子在一起，在一起也没法讲。我认为家庭教育更多的是无声教育。无声教育，主要有两样东西，一是父母长辈的背后形象，二是家庭的环境、气氛和作风。背后形象，就是孩子不在时你为自己塑造的形象。家长要严格要求孩子，首先应严格要求自己，孩子在场与不在场都应做到言行一致，不要孩子在场时能控制自己，不讲乱七八糟的话，孩子不在时，就忘乎所以。不然的话，孩子总有一天会知道家长的言行是不一致的。这是其一。其二要重视家庭的环境、气氛和作风。中国的家庭教育是相当重视家庭作风的。东汉时有个大官叫杨震，他当过东莱太守，后居太尉（汉朝最高军事长官）。他去东莱上任太守时，途经昌邑县，县令王宓是他的学生。为了巴结杨震，王宓怀藏黄金十斤，深夜送到他的房间里，说："感谢您的栽培，请您今后多多提携。"杨震大怒，拒绝接受。可是王宓竟说："深夜到此，无人知晓。"杨震严肃地回答："天知，神知，我知，你知，怎会无人知！"杨震当了太尉，他的子孙，经常粗茶淡饭，更不让他们仗着他的地位摆阔气抖威风。他的朋友劝他置地产、造房子，他也不肯。后来他的儿子很成器，孙子也很成器，他的曾孙还是很成器，四代人都位至极品。另一个例子，包公（包拯）墓里有一块石刻家训碑，其中有一段话说，凡是包氏子孙，有犯赃者，生不得归故里，死不得葬祖茔。再一个例子，浙江浦江县有户人家，它的第一代太公在世时（北宋末年），金衢大旱，这位太公就把上千亩田地山林卖了，烧粥给饥民吃。后来这位太公的孙子立下家规，说他们这户人家不准分家，而且要世世代代做好事。这样，这户人家从南宋开始到明朝英宗为止，不分家420多年。英宗四年，一场天火把他们的家烧掉了，分成了24户人家，共3000余人口。以后凡是外地人和家乡人上京赶考的、落难的、有病的，都可以到他们那里去住。他们孝义的家风传了许多代，一直传到明清，甚至影响到现代。由上可知，家风的影响是很大的。

（三）进一步明确了科学的教育功能观、期望观、人才观和质量观。关于教育功能，国内有多种多样说法。东北师大博士生导师王逢贤教授认为教育有政治功能、经济功能、传递文化功能、法治功能和全面发展人的功能等。

教育史上曾有人主张"工具论"，也有人主张"本体论"。所谓工具论，主要指为社会服务；本体论，主要指为个人发展服务。我们今天应该根据自己的实践，来确定、概括教育的功能。社会办教育就要为社会服务，"人民教育人民办，办好教育为人民"。今天的教育应突出两大功能，就是促进物质文明建设和精神文明建设这两大功能。但教育不是法院，也不是工厂，教育的特点就是培养人，其功能是通过培养人来实现的，所以，要以社会为中心，把教育为社会服务和促进人的全面发展结合起来解释教育的功能，即教育要按照社会的要求促进人的发展，通过培养人来为社会服务。

关于对子女的期望观、人才观、质量观，关键是人才观。家长都希望孩子成才，并没有错，但社会上流行"唯大学是人才"，只有大学生、博士生、专家、教授才是人才，而其他人都不是人才。这就失之偏颇。由于这种观念的存在，许多家长对子女的要求过高过急，势必脱离孩子实际，脱离社会实际。社会对人的要求是多种多样的；人的认识、智力、兴趣、爱好、才能是不同的，气质、性格不同，思想品德表现不同，人的发展也是不同的。因此，我们既要从社会的多种多样需要出发，又要从人的发展不同可能出发，因势利导，因人施教，合理培养。只有使孩子真正得到应有的培养，才是真正爱护孩子。过高期望，揠苗助长，只会伤害孩子。那么，什么样的人是人才，什么样的教育质量才是高质量呢？个人认为，能为社会主义的各行各业作出应有贡献的人，有所发明、有所创造的人，都是人才。能够通过培养人为经济发展服务、促进两个文明建设的教育，就是优质的教育。

二、交流了经验

这次会议，以石浦家长学校为主进行了办学经验交流，各地的同志都带来了很好的论文、经验，这对石浦、对浙江的家庭教育会有很大的促进。关于石浦的经验，同志们已经作了较高的评价，我只是从石浦办学的规律来说四点。

（一）有较高的战略眼光。石浦镇委、镇政府认识到，建设石浦镇的两个文明，关键是提高两代人的素质。他们看准了这一点，于是搞起了家庭教育，搞起了"三结合"教育，抓一代促两代，从而保证了社会主义物质文明和精神文明建设的顺利进行，这是很有战略眼光的。现在有相当一部分领导同志，就经济抓经济，好短期行为，杀鸡取蛋。从政治经济学观点讲，有的甚至是对生产资料掠夺性的使用。要把"两个文明"搞上去，关键是民族的素质，是下一代人与这一代人的素质，石浦抓住了这一点是站得高的。同志们回去向有关部门的领导汇报，我提议先讲这一点。

（二）敢于创造，有勇气走自己的路。毛泽东同志说："人类总是要不断地总结经验，有所发明，有所创造，有所前进，停止的论点，悲观的论点，无所作为的论点都是错误的。"其所以错误是因为它不符合人类几千年历史发展的规律。有些同志往往是该干不干，畏畏缩缩，而石浦的同志抓准矛盾，看准方向之后，就敢于下决心干下去，创出自己的事业。这一点是也很值得学习的。

（三）贵在认真，贵在坚持。毛泽东同志说："世界上怕就怕'认真'二字，共产党人是最讲'认真'的。"石浦办家长学校的重要经验，就是认真坚持，一抓到底。

（四）抓住了教育社会化、社会教育化的热点和关键，建立了有效的机制。教育社会化、社会教育化的热点是家长希望自己的孩子成才，关键在于提高家长的素质。只有抓住这个热点和关键，采取科学的措施，建立有效的机制，才能把学校教育的质量搞上去，把社会文明搞上去。建立机制有两部分，一是动力机制，一是工作机制。动力机制是党和政府指挥，教委、妇联、部队以及工厂企业各方积极参与，学校主动作为，这样，整个家长教育工作才能顺利启动。工作机制就是搞好教育社会化、提高家长素质的工作系统，家长委员会是组织保证，家长学校是培训基地，评选合格家长、优秀家长是激励机制。石浦的同志们，就在这些方面在世界家庭教育史上跨出了新的步伐。

在人类历史上，家庭早于学校。学校是在私有制产生后产生的。从原始社会蒙昧时期到文明时期，经历了血缘家庭、普那路亚家庭、对偶家庭，到了奴隶制社会，出现一夫一妻制家庭。在原始社会里的3种家庭中，都有教育。有了家庭教育，才慢慢提出了家长素质问题。孔子强调"其身正不令而行，其身不正虽令不从"，就是要求教育者包括家长、政府官员以身作则，做下一代人的表率。石浦镇在党委和政府的坚强领导下，实现了以家庭为起点、学校教育为主导、家长委员会为龙头，全社会重视青少年教育的教育社会化新格局。这里家庭教育的发展，对整个社会家庭教育的发展是起了导向作用，不愧为东海之滨的一颗教育明珠。

在这里，我代表在座的所有同志，再次对石浦镇委的同志、石浦镇校的同志，特别对余明成同志，以及领导石浦工作的象山县委、县政府和各个部门的同志表示衷心的感谢。

三、开阔了思路

这次研讨会的最重要的结果，是开拓了大家的思路。

这次会议使我们认识到，搞教育社会化、社会教育化，大有可为，前途无量。同志们都感到家长教育、家庭教育、教育社会化在全国范围内发展是不平衡的，即使在象山发展也是不平衡的，它需要我们扎扎实实、埋头苦干，去做许多许多的事情。需要调查研究，弄清情况；需要继续总结经验，揭示规律；需要提出进一步实践和研究的思路。在中国这块拥有 12 亿人口的土地上，为提高年轻一代乃至全民族素质，贡献我们的一份力量，是一件意义重大、大有可为的事情。

许多同志认为，在社会主义国家里，搞教育的人与那些富人比起来，真是穷得可怜。但是从某种意义上说，我们又是最富的。有位个体户朋友对我说："王老师，我现在是穷得只有钱。"我们搞教育的人，看到人才一代代培养出来，孩子一个个成长起来，心里是充实的，精神也是充实的。因此说我们是精神的富翁、物质的贫困者。我们不能去比"大团结"多少，但可以去比为祖国为下一代做了什么。如果石浦的精神还可以作进一步深挖的话，我们就要学习石浦的同志、石浦的老师这样一种无私奉献的精神。没有这样一种精神作支柱，就没有我们国家的未来。

我是搞教育科学研究的，现在觉得还有许多问题值得研究，罗列一下有这么几方面：(1)怎样才能科学地认识家庭教育、学校教育、社会教育各自的性质、地位、作用、特点、规律;(2)怎样普遍建立教育社会化、社会教育化的良性机制,包括家长参与学校教育的"度"怎样,各行各业如何育人;(3)怎样才能做到优生、优养、优教;(4)怎样才能建立家长教育体系,全面提高家长文化素质、品德素质和育人素质。这里有两个观念问题:

(1)成人教育。现在主要考虑如何为当地的经济发展服务,较少考虑怎样提高家长的素质,怎样为下一代的健康成长服务。浙江省家庭教育学会在全省进行过一次大的调查,发现父母亲受教育的程度高低与孩子的学业成绩、孩子的品行、孩子的个性特长,3项指标的差异成正比,父母教育程度越高,孩子的学业成绩和品行越好,个性特长也越多。19世纪末,美国有个大学讲师,叫斯特纳夫人,她说,中国之所以落后,是因为中国的封建社会主张"女子无才便是德",把孩子都交给了不识字的母亲去教育,所以孩子都教育不好,最终造成中国落后。其实,中国之所以落后主要是因为封建社会的生产关系。但斯特纳夫人确实也提出了一个社会问题,即父母的素质和子女素质的关系问题。山东也作过调查,结论说"孩子的个性特长和母亲的关系很大"。所以,我们要提高母亲的文化水平、教养水平。我们不能把成人教育只看成是提高眼前经济效益的教育,成人教育应包括优化后人素质的教育,发挥优化后代的作用。

(2)家长教育。包括家长学校学习和家长自学两部分。一位教育家说过,人都有权利当父母,但并不是人人都有资格当父母。"有权利"当父母容易,只要会生孩子就行;"有资格"当父母就难了,涉及当得好不好的问题。所以,我们提出全体家长都要接受教育和再教育的观点。家长学校是家庭教育的一种形式,它应该有这样4大类:第一类是预备家长学校,有的国家十年级有婚姻家庭伦理道德课,我们可以把它放在人口课里去,对高中的学生讲怎样做爸爸,怎样做妈妈,这就是预备家长学校(包括新婚家长学校);第二类是现实家长学校,就是已经当家长者参加的家长学校;第三类是隔代家长学校,就是爷爷、奶奶、外公、外婆参加的家长学校;第四类是特殊家长学校,包括失足青少年家长的学校、残疾人家长的学校、智障人家长的学校等。办学形式可以是有形的,也可以是无形的,还可以通过广播函授。不过,光靠家长学校还远远不够,还应该有家长自学的问题。另外,对家长教育的要求应该分层次，对大学毕业的、品德水平文化水平各方面都比较高的家长有什么要求，对文盲的家长和品德差的家长有什么要求，值得我们好好研究。

5. 怎样建立家长素质的评价体系？

现在石浦镇搞了合格家长、好家长评选，家长的素质怎么评价？虽然他们有一套办法，但也应该进一步研究。

6. 家长学校的性质、任务和原则是什么？

7. 怎么样去继承、借鉴古代的、外国的优秀的家庭教育经验？

以上这些问题供同志们思考。我相信下一次聚会的时候，同志们一定会写出更高质量的论文，带上更加丰富的经验，给我们以帮助。

（原载奚常云主编《家庭教育曙光》，北方妇女儿童出版社1993年2月第1版）

附 录

我的书面成果

一、教材和著作

《教育学》(师专用书)，1980 年夏与马兆掌、吕文升、赵相国合作编著。

《思想政治教育的理论和方法》(杭州大学教育系"德育原理"课讲稿)，1982 年 10 月由杭州大学教育系资料室铅印成册。浙江省教育学会 1981—1982 年优秀论文奖。

《刊授教育学》(中小学教师用书)，《浙江教育》杂志社组稿，本人任主编。《浙江教育》自 1984 年第 7 期起，每期发表一章，共 18 章。

《教育学教程》(浙江省高师用书)，邵宗杰主编，本人以编委会成员身份协助主编主持编写，自己执笔两章。浙江教育出版社 1986 年 6 月第 1 版，1988 年修订再版。获浙江社会科学 1985—1986 年优秀成果二等奖，被国家教委教材处评论为有自己特色的教育学教材。

《德育学》(协作教材)，华中师大、陕西师大、杭州大学、四川师大、西南师大、西北师大六院校教育系德育原理课教师共同编写，本人执笔两章。陕西人民教育出版社 1986 年 8 月第 1 版。

《初等教育学》(浙沪苏川小学教师进修用书)，我任第一主编，执笔"教育目的"等四章。浙江教育出版社 1987 年 7 月第 1 版。浙江省社会科学 1987—1988 年优秀成果三等奖。

《名人家教集锦》(学术资料)，与赵薇薇、石英等合作编写，我是主编兼第一作者，执笔全书的三分之一以上内容。中国青年出版社 1987 年 7 月第 1 版，1988 年 12 月第 2 次印刷。浙江省社会科学 1987—1988 年优秀成果三等奖。

《德育辞典》，收入朱作仁主编的《教育辞典》，江西教育出版社 1987 年 7 月第 1 版，1988 年 10 月获全国第一届优秀教育图书评选一等奖。

《家长手册小学分册》，由浙江省妇联儿少部与上海市妇联儿少部合作组编，本人为浙江编写组组长。长征出版社 1987 年 4 月第 1 版。

《思想品德》（浙江省小学实验教材），20 世纪 80 年代后期至 90 年代前半期在全省小学使用。包括教材 12 册，教参 12 册。本人担任该教材主编，主持编写和实验。

《春泥护花》（浙江省中小学 34 位优秀班主任的经验集锦），与陈文龙、谢恩光合作编写，本人实际操作。浙江教育出版社 1990 年 11 月版。

《中华骄子：传统美德故事选》，本人和时任金华市教委主任黄志成共同主编，中国友谊出版公司 1993 年 9 月版。

《班级教育的理论和方法》（专著），本人主编，拟定编写提纲，修改全部书稿，单独执笔三章，与其他人合作执笔三章。参加本书写作的还有方天培、杨章洪、朱永祥、王健敏、吕国材、洪致平、李济才、陈豪琪、徐仲安、胡光玉、徐丽华。浙江教育出版社 1994 年 1 月第 1 版。1999 年 9 月获得教育部全国第二届教育科学优秀成果二等奖。

《中小学传统美德教育初探》（专著），由我主编并执笔全书的核心部分。浙江教育出版社 1996 年 10 月第 1 版。

《道德启蒙教育研究》（专著），本人主编，执笔第 1 章《道德启蒙教育概述》。参与研究的主要成员还有罗维江、李贤荣、张丰、丁可民、邬庸铨等。浙江教育出版社 2000 年 9 版。获浙江省教育科学"九五"规划重大研究成果一等奖。

《今天我们怎样当家长》（家教指导用书），本人主编，负责全书设计、修改、统稿。陕西人民教育出版社 2001 年 3 月第 1 版。

《新世纪怎样当校长》（名校长学校管理论集），本人主编，负责设计、指导和修改。浙江教育出版社 2004 年 12 月第 1 版。

《学有特长》（浙江省教育学会"特长教育丛书"之一），本人主编，庞志康副主编，浙江教育出版社 2006 年 4 月版。

《小学生社会主义荣辱观读本》，本人主编，百家出版社 2006 年 7 月第 1 版。

《初中生社会主义荣辱观读本》，本人主编。百家出版社 2006 年 7 月第 1 版。

《当代班主任的精神和智慧》（优秀班主任论集），本人主编，研究出版社 2009 年 12 月第 1 版。

《智慧班主任育人锦囊》（专著），浙江省教育学会评选的 9 位十佳智慧班主任合著，谢玲玲主编。本人任顾问，对全书的写作进行全程具体指导。浙江少儿出版社 2017 年 6 月第 1 版。

二、论文

《少成若天性　习惯成自然》，《浙江教育》1979 年 10 月号。

《分析矛盾，解决矛盾，搞好共产主义道德教育》，《教育研究》1980 年第 1 期增刊。

《德育要从基础抓起》，《杭州大学学报》（哲学社科版）1980 年第 3 期。

《略谈五讲四美教育的必要性》，《教育研究》1981 年第 7 期。

《坚持德智体全面发展的目标》，《浙江教育》（中学版）1982 年第 8 期。

《坚持培养目标纠正片面追求升学率的错误倾向》，《浙江省教育学会第三届年会论文集》（1982 年）。

《培养孩子的共产主义思想品德是社会主义家教的首要任务》，《家庭教育》（浙江）1983 年第 1 期。

《怎样对子女进行革命理想教育》，《家庭教育》（浙江）1983 年第 1 期。

《爱和家教》，《家庭教育》（浙江）1983 年第 2 期。

《家庭爱国主义教育的内容和方法》，《家庭教育》（浙江）1984 年第 3 期。

《小学应当成为对学龄初期少年儿童进行共产主义教育的中心》，《浙江教育》（小学版）1983 年第 6 期。

《把全面发展的教育方针贯彻到底》，《浙江教育》（小学版）1983 年第 11 期。

《弱智教育简论》，收入 1986 年 11 月联合国教科文组织举办的"促进小学教育针对性与效益研讨会"文集。

《加强和改革德育为商品经济健康发展服务》，《中国教育学刊》1989 年第 1 期。

《基础教育应该为受教育者打好哪些基础》，《浙江教育科学》1989 年第 6 期。

《建立中小学德育工作新格局》，《浙江教育科学》1989 年第 7 期。

《德育与发展生产力》，《浙江教育科学》1990 年第 2 期。

《优秀班主任的精神支柱》，《浙江教育科学》1990 年第 4 期。

《中华民族优秀传统道德的继承和发扬》，《广州教育》1990 年第 5 ~ 6 期，本人为第二作者。

《应当重视民族气节教育》，《光明日报》1990 年 12 月 28 日。

《略论德育的地位和实效》，《教育探索》（黑龙江）1993 年第 3 期。

《中小学德育工作的永恒课题》，《浙江教育报》1995 年 1 月 18 日

《漫论以德育人》，《宁波教育科研》2004 年第 3 期卷首篇。

《另一种眼光看学生特长》，浙江《教育信息报》2006 年 4 月 25 日"前沿观察"。

《孔子的教育智慧和境界》，在 2011 年 9 月省实验研究会一次研讨会上发表。

《母校，省立初师的佼佼者》，载本人主编《八秩学子忆母校》，吉林大学出版社 2019 年 9 月版。

《落实教育目的，大面积提高实验学校的教育质量》，发表于 2023 年 3 月 24 日在浙江省教育学会实验学校分会 2022 年学术年会。

三、调查和实验报告

《九十年代浙江农村教育发展战略研究》，本人主持研究、审核修改，杨章宏执笔，《教育研究》1992 年第 8 期以浙江省教育科学研究所名义发表。

《建构 20 世纪 90 年代德育新格局》，浙江省哲学社会科学"八五"规划重点课题研究成果，本人为课题组长和本成果执笔者，收入省社联编著《论苑集萃》（续二），杭州大学出版社 1994 年 9 月第 1 版。

《经济较发达地区农村教育新模式探索》（"柯桥教育实验"第二轮实验方案），本人为第一作者。载于邵宗杰主编《一个有深远意义的农村区域教育实验》，教育科学出版社 1996 年 10 月第 1 版。

《浙江省长兴县农村初中后教育结构调查报告》（国家教委教育发展研究中心委托项目），1991 年在本省湖州市长兴县开展初中后教育结构调查研究后，

由浙江省教科所与长兴县教科所合作完成此报告。收入中国教育发展战略丛书《人力结构与教育结构》(华艺出版社 1994 年 12 月第 1 版)。本人是这次调查的主持人、实际参与者和调查报告的修改、审定人。

《"小幼衔接研究"项目杭州分项目实验总结》,本人执笔,1994 年 7 月 18 日完成。收入由教育部副司长朱慕菊牵头的总项目组公开出版成果集。

《"东南沿海地区小学道德启蒙教育和小学生道德心理研究"课题结题报告》,本人执笔,2000 年 12 月完成。

四、讲稿

《在浙江省首次实验小学工作会议上的发言》,发言时间:1986 年 12 月 26 日;发言地点:宁波市慈溪县;主要观点:全面发展实质是差异发展。

《遵循十一届三中全会的路线　认真做好中学生的思想政治教育工作》,1987 年 3 月 4 日为杭州市七县农村中学团干部集训会讲课。

《不良品德的矫正》,1987 年 8 月在舟山普陀海滨电影院给第一次省家教骨干培训班讲课。

《要重视儿童青少年良好意志品质的培养》,1988 年在浙江电视台经济台的讲座。

《在全省中小学班主任工作研讨会上的讲话》,1988 年 8 月 11 日于德清莫干山。

《关于德育的认识问题》,1990 年 7 月 13 日于拱墅区香园饭店为杭州市小学德育讲习班讲课。

《教育的几个理论问题和实际问题》,1990 年 8 月 11 日在杭州长桥宾馆,为"柯桥教育实验"第二轮骨干培训班讲课。

《德育三题》,1990 年 10 月 29 日为浙江省教委主办的市县教委主任(局长)讲习班讲课。

《从反对"和平演变"的高度努力做好本职工作》,1991 年 7 月 17 日,在浙江省教育学会第三次秘书长工作研讨会上的讲话。

《学习毛泽东教育思想的几点体会》,1993 年 12 月在金华和衢州两市教育学会有关会议上的发言。

《优秀传统伦理道德与中小学德育研讨会小结》，1994年11月14日于金华兰溪市。

《关于教学活动主体的若干问题》，1995年4月在浙江教育学院初中语文教坛新秀班讲课。

《在全国第七次现代班集体科学理论研讨会上的发言》，1998年11月7日于宁波北仑区顾国和中学。

《关于实验学校推进素质教育的几点建议》，1999年12月在丽水市缙云县召开的浙江省教育学会实验学校分会学术年会上，就实验学校贯彻落实中共中央、国务院《关于深化教育改革推进素质教育的决定》作发言。

《21世纪前期中小学道德教育瞻望》，在浙江省教育学会农村义务教育分会学术年会（2000年12月5日浙江温州苍南）和全国中小学养成教育研讨会（2000年12月25日浙江金华）上的报告。

《金华市"千名优秀班主任培养工程"道德教育专题讲稿》，2002至2004年期间，给金华市教育局千名优秀班主任培训班作道德教育专题讲座的长篇讲稿。

《全民社会主义荣辱观教育背景下的中小学德育》，2006年5—7月在宁波、余姚等地讲课。

《明天会更好》，在省实验学校研究会2005年年会（12月8日衢州）上的讲话稿。

《为全面推进素质教育而努力》，在省实验学校分会2006年绍兴年会上的讲话。

《学会反思》，2009年在安吉实验小学的讲课稿。

《德育理论和德育科研》，2009年3月2日在湖州市德育领雁班上的讲课稿。

《"四书"和当代学校道德教育》，2011年3月27日在杭州市德育高研班（临安於潜）的讲课稿。

《听宁波实验学校优秀班主任发言有感》，2013年3月20日在宁波实验学校联谊会班主任报告上的即席发言。

《立德树人和德育改革》，在省实验学校研究会2013衢州年会的发言稿。

《推进家教三题》，2014年7月6日为金华教育学院培训班作讲座。

《班主任工作的若干基本知识》，2014年10月16日省教育学会第二届智慧班主任培训会讲稿。

《交流经验，研讨问题，繁荣学术，提升智慧》，2015年11月26日在省智慧班主任培训班上讲话稿。

五、学术资料

《20世纪最后20年德育研究回顾》，2002年4月铅印，在省教育学会实验学校分会和德育分会有关学术会议上交流。

《认知发展的道德教育论》（译文），原文作者为美国柯尔伯格，本人于1994年春译出。

《道德品质的发展》（译文），原文作者柯尔伯格，本人译出时间同上文。

《价值观教育的反思方法》（译文），原文作者为美国教育哲学家克里威-裴克，翻译时间同上。

《关于道德教育的哲学观点》（译文），原文作者为美国威廉姆·富兰克纳，本人译出时间同上。

《行为与惩罚》（译文），本文系美国纽约州奥斯维哥县帕拉斯基初级—高级中学对学生不良行为的惩罚办法，根据帕拉斯基学区网站2013资料译出。

《美国纽约州奥斯维哥县帕拉斯基初级—高级中学2011—2012学生手册》（译文），根据帕拉斯基学区网站资料译出。

《美国休斯学校1997—1998家长手册》（译文），根据纸质资料翻译。

《美国锡拉丘兹市学区中小学行为规范》（译文），根据该学区2012—2013年学区手册翻译。

《德育专辑》，本人修改编辑，《浙江教育科育》1988年第4期。

《我所知道的日本青少年道德教育》，1990年11月参加中国教育代表团访问日本，回国后在金华东阳、衢州所作的报告，编入《衢州市教育学会通讯·1991年教育学术讨论会专辑》。

《探索家庭教育的规律：全国家长学校研讨会综述》，《中国教育学刊》

1991 年第 4 期，另一作者是杨群。

《全国中小学影视教育研讨会概述》，《浙江省教育学会简报》2004 年第 3 期。

六、评价文字

《〈小学德育课外读本〉序》，浙江少儿出版社 1990 年 6 月版。

《一项很有价值的研究》，为徐钢良主编《人人有特长：小学生特长培养研究》一书所写的序言，陕西人民出版社 2000 年 8 月版。

《〈养成教育的理论与实践〉序言》，为李贤荣主编《养成教育的理论与实践》（陕西人民出版社 2000 年 8 月版）而作。

《欣喜和祝贺》，为原绍兴市教育科学研究所所长许炳松主编的《陶行知创造教育思想研究》所写的序言。该书由中央文献出版社 2001 年 4 月版。

《教育科研的新视角》，本文是对原江西省教科所所长谭虎教授著作《教苑杂谭》的评价，发表于《教育评论》2003 年第 4 期。

《义务教育阶段学生责任心培养研究》序言　该书为金华市兰溪实验中学"学生社会责任心培养"课题第二轮研究书面成果集，辽宁师大出版社 2003 年 10 月版。

《〈曲园春〉序言》，《曲园春》是浙江省德清县乾元镇中心小学校本教材，2004 年 8 月 20 日印刷。

《班级德育的伦理学视角：金华市优秀班主任用伦理学指导班级道德教育》，为《东方教育研究》（吉林教育出版社出版）2004 年第 5 期"班级教育专题"所写的评论。

《〈弘扬百年校训培养民族精神〉序言》，该书系浙江省一级重点宁波市奉化中学"弘扬百年校训培养民族精神"课题的研究成果，由我作序，北京教育出版社 2005 年 6 月第 1 版。

《〈教育如此美丽〉序言》，该书由湖州南浔区钱丹慧校长主编，浙江大学出版社 2005 年 12 月第 1 版。

《为了教育公平》，本文是杭州市采荷二小校长孙小芙主编的《优质 均衡 高效 和谐》一书的序言之一，知识出版社 2006 年 12 月第 1 版。

《真专家》，为金华五中吴根土校长（特级教师）的专著《理念 实践 探索》所写的序言。该书由北京师大音像出版社于 2007 年 8 月出第 1 版。

《〈探索与奉献〉序言》，本书由许炳松主编，现代教育出版社 2007 年 10 月版。

《自主学习：一所农村初中的教育追求》序言 本书由浙江省萧山靖江中学原校长陈云水主编，中央民族大学出版社 2008 年 10 月版。

《杨一青教育思想的精髓是"个性化"》，本文收入教育部师范教育司组编的教育家成长丛书《杨一青与和谐教育》"专家评价栏"，北京师范大学出版社 2011 年 4 月版。

《〈诚信校园建设的理论与实践〉序》，本书由湖州市吴兴区月河小学校长楼黎社主编，浙江大学出版社 2008 年 4 月版。

《培育美好心灵》，本文是原绍兴柯岩中学校长 董建康编著的《读懂柯岩》一书（南京大学出版社 2017 年 7 月版）的序言。

《〈求索〉序言》，《求索》是曾任温州市瑞安实验小学校长的企业家黄良藏先生的文集，新华出版社 2018 年 5 月版。

《杰出的班主任工作专家》，为浙江省教育学会十佳智慧班主任、浙江省金华市胡海塘小学高级教师胡亚珍老师的专著《我们的故事》所写的序言，该书 2021 年 9 月由东北师范大学出版社出版。

《点赞温情教育》为省教育学会十佳智慧班主任、绍兴鲁迅小学高级教师柯民军老师的"温情教育"所写的评论，发表于《德育报》2022 年 6 月 27 日。

《为刘雪忠老师"做一名温暖、智慧的德育工作者"报告点赞》，对浙江省教育学会十佳智慧班主任、浙江省特级教师刘雪忠 2022 年 10 月 30 日的报告所作的点评。

七、工作研究

《教育科学工作者要把研究的重点转移到现实教育问题上来》，《浙江教育科学》1988 年第 1 期。

《关于办好地方教科所若干问题之管见》，1991 年 2 月 26 日在浙江全省第一次教科所长会议上的发言。

《浙江省教育学会第六届理事会向第七次代表大会的工作报告》(1991 年 12 月 21 日)。

《教育科研工作运行机制思考》,《中国教育报》1992 年 12 月 29 日第 3 版。

《教育学会秘书长工作简论》,收入《浙江省教育学会第七届理事会工作纪要》,1997 年 6 月刊印。

《为确保学会组织的持续高效运转而努力》,应省社联领导要求而作,收入同上书。

《适应新形势 跃上新台阶》,收入同上书。

《十年奉献 十年求索:为浙江省教育学会实验学校分会成立十周年而作》,收入《浙江省教育学会实验学校分会成立十周年会庆专刊》。

《回望省实验学校"教改之星"的评选》,2019 年 9 月 20 日在省教育学会实验学校分会"教改之星"候选人培训活动上的讲话。

(说明:本附录不含已经由本集刊行的文章和科普文章,也不含未经我同意具了我名姓的文章。所有书文均按发表或成文时间排列。)

与我有关的教育研究课题

"柯桥教育实验"。全国著名的农村教育改革实验。由原浙江省教委主任、省教科所首任所长邵宗杰先生主持，自 1987 年起至 1995 年，历时整 8 年，分"基础教育与人的社会化"和"经济较发达地区农村教育新模式研究"两个阶段进行，分别被列为全国教育科学"七五""八五"规划的国家教委重点课题，在绍兴市柯桥区的义务教育阶段学校中大面积实验。浙江省教科所负责具体的实施工作。本人在实验的第一轮期间是省教科所主持日常工作的副所长，第二轮期间是所长，参加实验全过程，在由邵宗杰先生任组长、省市县三级教育领导同志和有关负责人组成的柯桥教育实验领导小组中任副组长，协助组长分管实验的具体工作。包括在实验开始前选择实验基地，选派常驻实验区的研究人员，参与实验的宣传发动，对有关学校调查考察，对实验区学校领导和骨干进行培训，指导实验领导小组办公室搜集整理实验成果，准备供鉴定用的书面和影像资料，撰写了第二轮实验方案和实验报告等。2019年 12 月 5 日，绍兴市柯桥区教育局局长任宏亮在浙江省教育学会农村义务教育分会年会开幕式致辞时，还对 20 多年前邵宗杰先生和本人主持柯桥教育实验表示了感谢。

"培养小学生爱国主义情感实验研究"。本课题由我定名，是 1986 年至 1991 年浙江省教科所的重点研究项目，列入省教育科学规划"七五"重点课题。由本所指派年轻研究人员与省实验学校杭州安吉路小学组成联合实验组具体实施，我主持、指导并具体参与本项研究。研究报告获中国教育学会德育专业委员会 1993 年研究成果最高奖，收入原国家教委姬君式司长主编的《春泥扶花》丛书，家长、学生和社会反映良好。

"培养小学生良好个性品质实验研究"。本课题由邵宗杰老师定名，是浙江省教科所 1987 年至 1992 年的重点研究项目，也是省教育科学"七五"重点课题。由本所指派年轻研究人员与省实验学校胜利小学组成联合实验组具体实施，由我主持并具体指导。由于本课题的研究的难度比安吉路小学的实验更大，我为本实验所付出的精力和时间更多，具体实验内容、研究方案的明确和研究成果的撰写都由我最后决定，并经常到学校现场解决问题。《教育研究》杂志于 1990 年第 2 期以浙江省教科所、杭州市胜利小学联合实验组名义发表课题研究成果《培养小学生良好个性品质的实验研究》，1992 年通过了刘佛年、龚浩然、张定璋等著名专家的鉴定，家长和社会反映良好。曾获省教育科学规划优秀成果一等奖。

"高中生政治思想品德考核办法研究"。1988 年至 1991 年由省招生办公室承担的全国性课题，我曾以课题组副组长身份指导和参与研究，其成果曾获中国高等教育学会优秀论文一等奖。

"中华优秀传统道德和当代青少年教育"。浙江省哲学社会科学"八五"规划重点课题，运行时间为 1992 年 7 月至 1996 年 7 月，主要在本省义乌浦江等地实施，参与研究的除了浙江省教教科所 6 位研究人员外，还有金华市教科所、浦江县教育局的同志，义乌市城南中学、义乌市实验小学的领导和老师，研究的内容包括调查、实验、编写故事、组织浙江省传统伦理道德与中小学德育研讨会等。我任课题组组长，统筹课题研究工作，主持课题会议和全省研讨会，培训课题成员，具体参与研究活动，指导承担课题的有关单位开展研究，也是课题成果的主要执笔者和主编。本研究的部分成果入选为北京香山召开"东方伦理道德和青少年教育研讨会"大会发言材料，会后又收入公开出版的文集。

"'小幼衔接研究'项目杭州分项目实验"。1992 年至 1994 年，浙江省教科所应邀参加了教育部副司长朱慕菊牵头、联合国教科文资助的"小幼衔接项目研究"，我担任杭州分项目主任，两位年轻研究人员蹲点实验。我们于 1992 年 3 月至 7 月，1993 年 3 月至 7 月在杭州上城区胜利幼儿园大班；1992 年 9 月至 1993 年 1 月，1993 年 9 月至 1994 年 1 月在胜利小学一年级的一个班，各进行了两轮"幼小衔接"的实验，后一轮实验主要是对前一轮实验的验证。

这些实验主要研究幼儿园大班和小学一年级之间孩子的学习适应性、社会适应性和相关的心理素质与能力的培养，以帮助所有小学新生更快更好地适应小学生活。4 份实验报告和本人 1994 年 7 月 18 日完成的项目研究总结报告，被收入总项目组公开出版成果集。《浙江日报》于 1994 年 6 月 13 日发表了记者丁星云的《"胜利"接轨》介绍本项研究。

"东南沿海地区小学道德启蒙教育和小学生道德心理研究"。全国教育科学"九五"规划项目和中国教育学会"九五"教育科研重点课题。课题组曾在浙江全省范围内组织 13 个子课题组，于 1997 至 1999 年间进行了为期 3 年的课题群联合研究，参与研究者有省教育学会实验学校分会所属的 97 所实验学校和部分地市教科所的 200 余位同志，于 1999 年 11 月 26 日正式结题。我是总课题组组长，全程筹划和指导课题研究。包括拟定课题研究具体方案，主持开题、结题会议和多次课题学术会议，培训课题人员，深入子课题了解情况并帮助解决有关问题，撰写课题总结，主编课题成果专著。

台州哲商小学的"语文教学发展思维培养能力的研究"。应台州市教委的要求，我参与了对该课题的指导，是我调入浙江省教科所后最早用心关注的课题之一。后来北京师大著名心理学家林崇德也参与了对课题的悉心指导。本研究有力地推动了该校师资水平的进一步提高，浙江省特级教师、功勋教师王金兰也由此脱颖而出，辛亥革命烈士杨哲商先生名字命名的著名哲商小学的教育质量因此而更上一层楼。

杭州十四中学的"和谐教育研究"。杭州十四中根据 1995 年我任省督导组组长在该校评估省一级重点中学时提出的建议，立项"和谐教育"研究课题，进行了为时 5 年的研究，并邀请我任顾问。我曾多次参与该课题的工作会议，提出具体建议。

兰溪市实验中学的"学生责任心培养研究"。培养学生的社会责任心是当代教育的重大课题。本课题自 20 世纪末至 21 世纪初进行了两轮实验研究，第一轮为浙江省教育科学"九五"规划课题"初中生社会责任心培养研究"，由时任校长金良贵任组长和成果主编，公开出版研究成果《学会负责》（陕西人民出版社 2000 年 8 月）。第二轮是浙江省教育科学规划"十五"重点项目，由继任校长李益民任组长，在第一轮研究基础上深化研究义务阶段学生责任心的培养，公开出版理论成果《义务教育阶段学生责任心培养研究》（李益民主编，辽宁师大出版社 2003 年 10 月），经过这两轮研究，兰溪市实验中学对学生责任心的培养做了扎扎实实的工作，形成了自己的理论认识、培养模式和策略方法，进入了对这一问题研究和实践的高地，受到了群众和市长的赞赏。我是两轮研究的重要指导者，还为两轮理论成果写了序言。该研究成果获浙江省"十五"教育科学规划优秀成果三等奖、金华市优秀教育科研成果一等奖。

金华市教科所的"中小学生日常行为规范养成教育的理论与实践"。该课题是浙江省教育科学规划"九五"重点项目，由李贤荣、吴惠强主持，其育人价值和理论价值都不能小觑，金华市教科所坚持理论与实践相合的原则，通过编写《小学生日常行为规范养成手册》（12 册）、《初中生行为规范养成手册》（6 册），组织了一批中小学开展学生良好行为养成教育的实验，实效显著，影响很大；同时又总结实验材料，研究前人成果，探索良好行为习惯培养的规律，提出了很多有分量有创新意义的理论成果。我应邀担任总顾问，指导课题研究，参与设计和修改养成教育手册，撰写专著《养成教育的理论与实践》的序言，自始至终给予课题以理论的指导和具体的帮助。该课题于 2000 年 6 月结题，所编养成教育手册经国家教委基础教育司德育处认可，已由天津科技出版社公开出版，理论成果也公开出版。

武义县熟溪小学的"小学生培养的理论和实践"。浙江省教育科学"九五"规划研究课题，研究时间 1997 年 7 月至 2000 年 7 月。应金华市教科所之邀我参与了本课题的指导。主要做了 3 件事，一是赴现场考察，与学校有关领导和老师讨论实验指导思想和方略；二是赴旅社和来杭征求意见的课题书面成果执笔人详细讨论课题书面成果的修改，从理论和实践结合的角度无保留地贡献了自己的意见；三是为课题书面成果《人人有特长：小学生特长培养研究》写序言，对课题研究的科学理念及其成果作了比较全面中肯的分析评价。该课题荣获由浙江省人民政府颁发的浙江省基础教育教学成果一等奖。

嵊州第二中学的"高中生自信心培养实验研究"。1998 年 10 月 1 日起，参与对嵊州二中高三学生自我教育实验研究课题的指导。该课题的目的是通过引导学生自我教育提高他们的思想品德水平，并对他们进行有针对性的迎考心理辅导，改变他们的紧张焦虑心态。该校副校长和教科室主任曾来我家商讨，我也曾去该校作过讲座。我的学生钱义汶老师任子课题组组长，具体主持自己班学生的自我教育指导。本次实验取得明显成果，提高了学生为祖国好好学习的责任感，改变了一些学生临考的不良心理状态。后来知道，在这段时间里，该校学生高考成绩都不错，特别是 2000 年取得了非常出色的成绩。

兰溪市云山小学"小学生交往合作习惯与能力培养的实践研究"。浙江省教育科学"九五"规划课题，经过三学年运行，于 2002 年 9 月结题。该校曾请我去学校对全体课题组成员进行实验研究辅导，有关老师也来杭州我家商讨有关课题研究问题。出版课题成果专著时邀我题词，还在《在交往合作中成长》（成彩平主编，辽宁师范大学出版社 2002 年 9 月第 1 版）"后记"中表示："感谢王炳仁研究员的悉心辅导，并带病为专著详批细改。"

嵊州逸夫小学的"在优化学习行为中培养小学生健全人格的实践与研究"。该课题先后被列为 2002 年浙江省教育科学年度规划课题、联合国教科文组织中国教育学术交流中心教育实验专业委员会主持的"21 世纪学校优质教育研究"子课题。我受邀担任课题专家组组长，始终热情关注和帮助这一课题的研究和学校的发展。该校在课题书面成果《小学生人格培养新视角》（中央民族大学社 2008 年 6 月版）的"后记"和 2008 年 5 月 8 日 10 周年校庆专刊中，充分肯定我"六年多来一直关心逸夫小学师生的发展，鼎力支持学校的成长。是逸夫小学走上科研兴校之路的引路人"。经过省评委会的严格评审，本课题成果获得由浙江省人民政府颁发的浙江省第三届基础教育教学研究成果奖一等奖。

余姚实验小学的"小学生实践—体验道德教育模式的实验与研究"。该课题是 2002 年立项的浙江省教育科学规划课题，2005 年 3 月全部完成。作为学校教育科研顾问，我为该课题投入大量心智和精力。该校领导在课题书面成果《小学生实践—体验道德教育》（北京教育出版社 2005 年 6 月版）一书的"后记"中也郑重说明："在本课题的实验研究过程中，我校教育科研顾问、浙江省实验学校研究会会长、原浙江省教科所所长王炳仁教授进行了全程指导。"本书"成稿后，王炳仁教授挤时间审阅了我们的初稿，就有关章节的调整提出了意见，并对部分章节进行了具体修改"。该课题成果曾获宁波市中小学首届优秀成果评比一等奖，宁波市第四届基础教育教学成果评比一等奖，中国教育学会 1999—2004 年度教育科研优秀成果评比二等奖。

奉化中学"弘扬百年校训培养民族精神实验研究"。本课题在 2003 年至 2005 年运行，我应学生吴伟强的邀请，对该课题进行全程指导，还到该校参加过围绕课题的高中学生专题讨论会，出席课题鉴定会，最后为课题书面成果作序。本课题成果曾获得由浙江省人民政府颁发的浙江省基础教育教学成果奖二等奖。

西湖区的"德育一体化研究"。本课题在区教育局领导下，由特级教师黄黎明在全区范围内组织总课题组实施，从 20 世纪 90 年代延续到本世纪初。我受西湖区教育局时任局长吴吉椿同志邀请，担任总课题顾问，跟踪课题 10 多年，对总课题和学军小学、西湖小学、行知小学、九莲小学、留下小学、古荡小学、翠苑二小等许多子课题进行过具体指导，贡献了自己大量精力和智慧。

吴兴区月河小学的"未成年人思想和道德建设的深化和提升：小学诚信校园建设的研究"。浙江省教育科学规划"十一五"重点课题。我应该校楼黎社校长的邀请全程参与和具体指导课题研究。楼校长在本书后记写明："原浙江省教育科学研究院院长王炳仁教授和原湖州市教育科学研究所所长、浙江省特级教师邬墉铨，作为课题研究和《诚信校园建设的理论与实践》一书的顾问，对我们的课题设计、研究和本书的编写，给予全程关注和指导。王炳仁先生还为本书赐序"。本课题的成果曾荣获由浙江省人民政府颁发的 2006 年浙江省基础教学研究成果三等奖、湖州基础教育优秀科研成果一等奖。

其他我关注或指导过研究课题的学校还有：杭州市天长小学、滨江区西兴小学；宁波市鄞州江东实验小学、鄞州广德湖小学、象山石浦中心小学、慈溪实验小学；温州市瑞安实验小学；湖州市爱山小学、安吉县实验小学、长兴县实验小学、德清县清溪小学；嘉兴市实验小学、平湖市实验小学、海宁市实验小学、海宁淡桥小学；台州临温岭市方城小学；绍兴市鲁迅小学、嵊州剡山小学、柯桥区柯岩中学、柯桥区实验中学、上虞实验小学、上虞阳光学校、新昌县城关中学；衢州师范第一、第二附属小学；金华市兰溪市实验小学；丽水市囿山小学；舟山市沈家门小学等。

后　记

挺过了新冠肆虐的高峰，度过了风霜雨雪的寒冬，迎来了百花争艳的春天，华夏处处欣欣向荣。我的《教育研究探索集》也即将付梓。

在我准备将书稿送给出版社之时，适逢浙江省教育学会实验学校分会召开 2022 年学术年会，应分会领导之邀，我于 3 月 24 日在会上作了题为《落实教育目的，大面积提高实验学校教育质量》的发言。会后，又对本文集中的《教育目的论》作了修改，意在使我对这一问题的研究尽可能达到昨天和今天、中国和外国、理论和实践更好地结合，进一步彰显其在教育学理论体系中的核心地位。

在本书整理过程中，我的许多朋友向我提供了帮助，除了已经注明者之外，原杭州师院教科所所长、我的大学同班同学吕文升，原浙江外国语学院院长、浙江省教育学会实验学校分会会长鲁林岳，原江西教科所所长、家庭教育专家谭虎，原厦门市教科所所长、诗人谭南周，原杭州大学出版社社长蒋保纬，原育英学院党委书记、院长洪致平等曾经看过我的一些文章，并提出了宝贵意见。省教科院、省教育学会、省教育学会实验学校分会以及乡村教育分会，都给予我以热情的支持和鼓励。在此，一并表示我深深的谢意。

同时，也要借此机会，真诚地感恩今生曾经关爱、培养、教育、支持、帮助过我的所有亲人、老师、同学、学生、领导、同事、友人和所有相遇过的善良人。

作者
2023 年 4 月于杭州